BUDAPEST

Barbara Reiter

Micha… …ba

Die Seitenzahlen beziehen sich auf die Kartenausschnitte

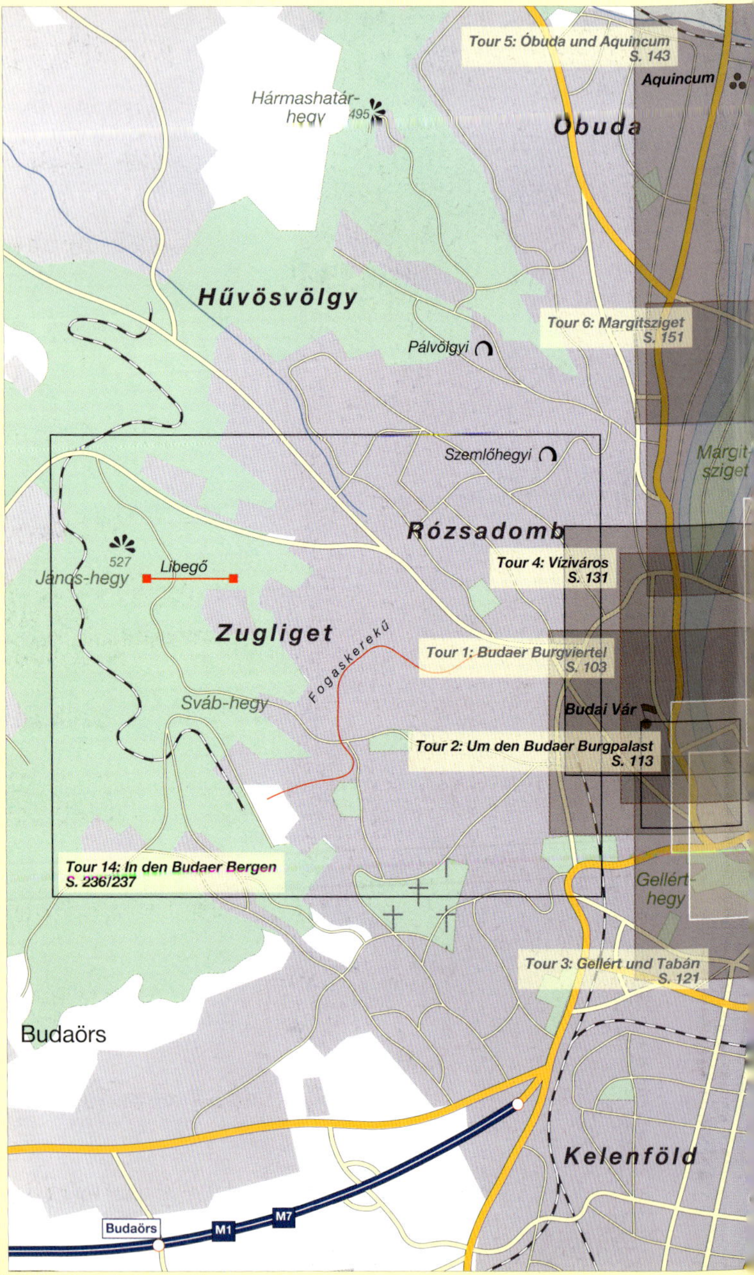

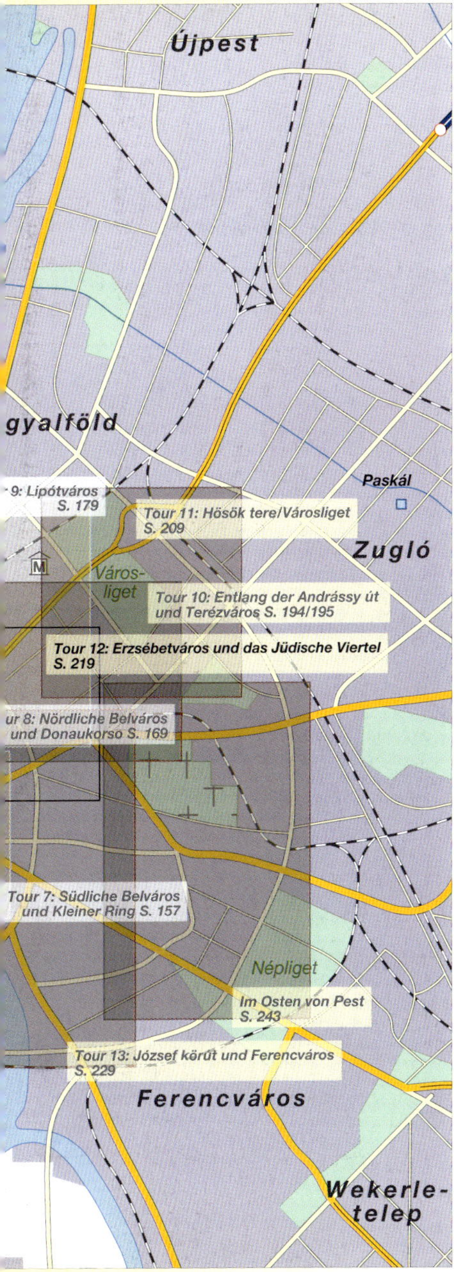
Újpest
gyalföld
Paskál
Zugló
9: Lipótváros S. 179
Tour 11: Hösök tere/Városliget S. 209
Város-liget
Tour 10: Entlang der Andrássy út und Terézváros S. 194/195
Tour 12: Erzsébetváros und das Jüdische Viertel S. 219
ur 8: Nördliche Belváros und Donaukorso S. 169
Tour 7: Südliche Belváros und Kleiner Ring S. 157
Népliget
Im Osten von Pest S. 243
Tour 13: József körút und Ferencváros S. 229
Ferencváros
Wekerle-telep

Text und Recherche: Barbara Reiter, Michael Wistuba
Lektorat: Horst Christoph
Redaktion und Layout: Nona-Andreea Kolle
Fotos: Barbara Reiter, Michael Wistuba
Karten: Judit Ladik, Gábor Sztrecska
Covergestaltung: Karl Serwotka
Coverfotos: oben: Platz vor der Stephansbasilika
unten: Kettenbrücke und Palais Gresham

Die Autoren danken Géza und Tünde aus Budapest-Érd für ihre Gastfreundschaft

Die in diesem Reisebuch enthaltenen Informationen wurden von den Autoren nach bestem Wissen erstellt und von ihnen und dem Verlag mit größtmöglicher Sorgfalt überprüft. Dennoch sind, wie wir im Sinne des Produkthaftungsrechts betonen müssen, inhaltliche Fehler nicht mit letzter Gewissheit auszuschließen. Daher erfolgen die Angaben ohne jegliche Verpflichtung oder Garantie der Autoren bzw. des Verlags. Beide Parteien übernehmen keinerlei Verantwortung bzw. Haftung für mögliche Unstimmigkeiten. Wir bitten um Verständnis und sind jederzeit für Anregungen und Verbesserungsvorschläge dankbar.

ISBN 978-3-89953-360-6

Originalausgabe 2007

INHALT

Stadttouren und Ausflüge

Alles im Kasten

Zeichenerklärung für die Karten und Pläne

- Hauptverkehrsstraße
- Straße
- Bahnlinie
- Fähre
- Rundgang mit Start und Ende
- Alternative
- Grünfläche
- Bebaute Fläche
- Gewässerfläche
- Friedhof
- Jüd. Friedhof
- M Staßenbahnhaltestelle
- M Bushaltestelle
- M Metrohaltestelle Linie 1
- M Metrohaltestelle Linie 2
- M Metrohaltestelle Linie 3
- HÉV Vorortbahnhaltestelle
- BUS Überlandbus
- P Parkplatz
- i Information
- Aussichtspunkt
- Allgemeine Sehenswürdigkeit
- Türkische Sehenswürdigkeit
- Jüdische Sehenswürdigkeit
- Denkmal
- Theater
- M Museum
- Klosterruine
- Kirche

Was haben Sie entdeckt?

Wenn Sie ein lauschiges Plätzchen, ein typisches Restaurant oder ein empfehlenswertes Hotel gefunden haben, lassen Sie es uns bitte wissen. Auch für Kritik und Verbesserungsvorschläge sind wir dankbar. Schreiben Sie an:

Barbara Reiter, Michael Wistuba
Stichwort „Budapest“
Michael Müller Verlag GmbH
Gerberei 19
91054 Erlangen
E-Mail: reiter.wistuba@michael-mueller-verlag.de

Sehenswertes am Wasser ...

Budapest – alte Pracht in neuem Glanz

Wer Budapest zuletzt vor 15 Jahren gesehen hat, wird staunen: Die einst rußgeschwärzten Fassaden sind auf Hochglanz poliert. Zugeparkte Plätze wichen Grünanlagen und Gastgärten, auf öden Industrieflächen entstanden neue Stadtviertel, und zu alteingesessenen Kaffee- und Gasthäusern gesellten sich Designerrestaurants mit internationaler Küche. Kurz: Ungarns Metropole hat sich seit den 1990er-Jahren tief gewandelt – ein Wandel, der dem alten Reiz der Stadt wenig anhaben konnte.

Trotz aller Veränderungen ist Budapest authentisch geblieben. Zum einen, weil die Erneuerung noch nicht flächendeckend um sich greift und manche Fassade immer noch bröckelt. Zum anderen, weil Budapest bemüht ist, die historischen Stadtteile nicht zu reinen Touristengebieten oder exklusiven Wohnvierteln zu stylen – es wird behutsam renoviert, um den einzigartigen Charme der Stadt zu erhalten. Diesen verdankt sie neben ihren architektonischen Schönheiten und der Lage an der Donau auch den Thermalquellen, den Kaffeehäusern, den verträumten Hinterhöfen, dem vielen Grün, dem reichen Kulturleben und einem prallen Festkalender. Davon lassen sich immer mehr begeistern – 2006 zählte Budapest 2,6 Millionen Besucher.

Die wahre Donaumetropole

Donaumetropole – diesen Beinamen verdient Budapest allein. Weder in Wien noch in Belgrad, nur hier fließt die „schöne blaue Donau“ breit und behäbig mitten durch die Stadt und bildet mit dem hügeligen West- und dem brettflachen Ostufer eine einzigartige

... und zu Land

Fluss-Landschaft. Die Stadtplaner taten ein Übriges dazu: Über Jahrhunderte schmückten sie die flussnahen Seiten mit monumentalen Prachtbauten und legten ansehnliche Brücken über das Wasser. So entstand jenes berühmte Donaupanorama, dessen Anblick von den Anhöhen Budas stets aufs Neue verzückt und nicht umsonst zum Weltkulturerbe zählt.

Eleganz von Belle Epoque und Jugendstil

Architektonisch ist Budapest vor allem ein Ausflug in die Gründerzeit und den Jugendstil. Es war das späte 19. und das frühe 20. Jahrhundert, eine Ära aufkeimenden Nationalbewusstseins, die der Stadt den Stempel aufdrückte. Am schönsten zeigt sich die Belle Epoque am Prachtboulevard Andrássy út, der durch seine harmonische Ganzheit das Auge erfreut und nach aufwendiger Sanierung in neuem Glanz erstrahlt. Aber auch Ödön Lechners Jugendstilbauten, die mit buntem Keramikdekor für kräftige Farbtupfer im Stadtbild sorgen, ziehen bewundernde Blicke auf sich. Wer es sich leisten kann, in einem der restaurierten Gründerzeit- und Jugendstilpaläste der neuen First-Class-Hotels zu logieren, kann den Glanz dieser Zeiten hautnah erleben.

Kultur pur – El Greco und der Zigeunerbaron

Die Hauptstadt Ungarns ist *das* kulturelle Zentrum des Landes. Die über 60 Museen zeigen neben römischen Mosaiken und mittelalterlichen Flügelaltären als besondere Highlights Werke von Raffael, El Greco und Georg Baselitz. Zu den Publikumslieblingen zählen das prächtig restaurierte Museum der Schönen Künste, das schon für seinen Bau sehenswerte Kunstgewerbemuseum und das Ludwig-Museum im neu angelegten Pester Kulturbezirk. Auch das Musik- und Theaterleben begeistert mit erster Qualität. Zahllose Veranstaltungen von Oper, Operette, klassischem Konzert bis Ballett locken allabendlich die Besucher in die traditionsreichen Häuser am „Pester Broadway“, in die

Budapest – ein Genuss bei Tag …

modernen Säle des Palasts der Künste – oder im Sommer unter den Sternenhimmel. Und auch Cineasten und Freunde von Klezmer, Volkstanz oder Zigeunermusik lassen sich in Budapest bestens unterhalten.

Wo sich die Szene trifft

Stets größer wird das Angebot an Bars, Clubs, Diskos und anderen Lokalen, wo man die Nacht zum Tag macht. Waren in den 1990er-Jahren die Ausgehgebiete noch auf die Innenstadt beschränkt, sind sie heute weiträumig über die Stadt verteilt. Freunde verrauchter Pubs werden ebenso fündig wie Jazzliebhaber und Fans cool gestylter Technotempel. Derzeit besonders angesagt sind die *Kerts* – mit Livemusik beschallte Sommergärten an den Donauufern oder in abbruchreifen Hinterhöfen. Zu den fast schon traditionellen Szenemeilen um den Liszt Ferenc tér und in der Ráday utca ist das Judenviertel neu hinzugekommen sowie die Gegend um die Petőfi-Brücke, wo ein ausgemusterter Schleppkahn zur begehrten Location avancierte. Heißer noch geht es in den Clubs auf der Óbudainsel zu, dort erreicht die Ausgelassenheit den jährlichen Siedepunkt beim siebentägigen Sziget-Festival.

Grüne Oasen und historische Badetempel

Budapest ist eine grüne Stadt. Eine Unzahl von Platanen lockert die Straßenzüge auf, schmückt die Donauufer und innerstädtischen Plätze. Dichter Laubwald bedeckt den Gellértberg und die Budaer Berge am westlichen Stadtrand. Die „Klassiker“ unter den Parkanlagen sind das Stadtwäldchen und die Margareteninsel. Dort sorgt, wenn sich die trocken-schwüle Sommerhitze über die Stadt legt, das große Palatinus-Strandbad bei Budapestern und Touristen für Abkühlung. Badewannenwarm und heilsam dagegen ist das Wasser in den berühmten Thermalbädern, die mit original türkischen Dampfbädern, schlossähnlichen Anlagen aus dem frühen 20. Jahrhundert und neuzeitlichen Thermenhotels den Planschspaß erhöhen.

... und bei Nacht

Denkmäler neu und verbraucht

Was wäre Budapest ohne seine Denkmäler? Die Stadt ehrt und liebt ihre Freiheitskämpfer, ihre Helden, Helfer und Freunde. Eine Gedenktafel reicht da meist nicht, mindestens eine Büste muss es sein, am besten ein überlebensgroßes Standbild. So gibt es in Budapest kaum einen Platz ohne Denkmal, Scharen von Büsten schmücken die Margareteninsel, Statuen in Reih und Glied den Heldenplatz. Und weil in der turbulenten Geschichte Ungarns der einstmals Hochgeschätzte schnell zur *Persona non grata* werden konnte, fand die denkmalverliebte Stadt auch für dieses Problem eine Lösung: Die Statuen der ausgemusterten Helden wurden eingesammelt und in einem Skulpturenfriedhof endgelagert.

Romantik bei Tag und Nacht

Händchen haltend durch die verwunschenen Gassen des Burgviertels flanieren, im Stadtwäldchen auf dem See herumrudern, in einem vom Flair der Monarchie umwehten Kaffeehaus stundenlang plaudern oder das Abenteuer auf der hölzernen Achterbahn im Vidám-Park gemeinsam bestehen – das „Paris des Ostens“ ist auch eine Stadt der Liebe. Nach einem Dinner bei Kerzenlicht und Pianomusik folgt das städtische Pflichtprogramm für Verliebte: eng umschlungen den Donaukorso entlang schlendern. Wen dann die Lichter der Kettenbrücke und der illuminierte Burghügel immer noch nicht mit romantischen Gefühlen übermannen, dem hilft vielleicht der Gedanke an die Suite im Vier-Sterne-Hotel, die man sich in Budapest noch leisten kann.

Wichtige Änderungen, die sich nach dem Druck dieser Auflage ergeben haben, sowie aktuelle Informationen zur Stadt finden sich im Internet unter www.michael-mueller-verlag.de, Budapest MM-City, Reise-News.

Orientierung in der Stadt

Budapest, die Hauptstadt Ungarns, liegt etwa in der Mitte der nördlichen Landeshälfte, dort, wo das Transdanubische Mittelgebirge in die schier endlos weite ungarische Tiefebene übergeht. Wichtigster Orientierungspunkt in Budapest ist die **Donau.** Sie fließt in Nord-Süd-Richtung rund 28 km durch das Stadtgebiet und teilt es in zwei ungleiche Hälften. Das flächenmäßig kleinere **Buda** am westlichen, rechten Donau-Ufer ist hügelig und grün, mit mittelalterlich-barocken Stadtteilen und Villenvierteln. Nahezu doppelt so groß ist **Pest** am östlichen Ufer: Pest ist flach und großstädtisch, geprägt von Gründerzeit- und Jugendstilbauten, breiten Boulevards, großen Parkanlagen und ausgedehnten Plattenbausiedlungen am Stadtrand. Bis ins 19. Jh. waren Buda und Pest selbstständige Städte, erst 1873 wurden sie, gemeinsam mit Óbuda im nördlichen Teil Budas, zu einer Stadt vereinigt.

Buda

Der I. Bezirk und Budas historisch bedeutendster Teil ist der Burgberg, auf dem sich das mittelalterliche **Burgviertel** mit der Matthiaskirche, die berühmte Fischerbastei (→ Tour 1) sowie der gewaltige **Burgpalast** mit seinen Museen befinden (→ Tour 2). Südlich davon, am Fuß des Burgbergs, erstrecken sich die Reste des alten Stadtteils **Tabán,** dann steigt der **Gellérthegy** (→ Tour 3) an, ein noch höherer Hügel, der mit steiler, bewaldeter Flanke zur Donau hin abbricht. Der von den Sowjets mit einem riesigen Denkmal markierte Gipfel ist für seine fabelhafte Aussicht bekannt. Nordöstlich des Burgbergs zieht sich **Víziváros** (→ Tour 4) das Donauufer entlang, ein altes Stadtviertel, das mehr mit Authentizität als mit touristischen Highlights aufwartet. Weit im Norden Budas trifft man schließlich auf **Óbuda** (→ Tour 5), die eigentliche Keimzelle Budapests, die heute vorstädtischen Charakter hat. Von einer früheren Römersiedlung sind ebenfalls noch Reste erhalten, die meisten in **Aquincum,** nördlich vom Zentrum Óbudas. Nach Westen hin wird Buda von den Ausläufern eines Mittelgebirges eingefasst, den **Budaer Bergen,** die ein beliebtes Villenviertel und Naherholungsgebiet sind. Die Berge steigen gleich westlich des Burgbergs allmählich an und gipfeln im 529 m hohen Johannesberg *(János-hegy),* von dessen Aussichtsturm man einen schönen Rundblick genießt (→ Tour 14).

Donaubrücken und Donauinseln

Mit 300 bis 600 m Breite fließt die Donau durch Budapest – sieben Straßen- und zwei Bahnbrücken sorgen innerhalb der Stadtgrenzen für die Verbindung von Ost nach West. Vier der Straßenbrücken sind Teil des einzigartigen Donaupanoramas, von der UNESCO zum Weltkulturerbe erklärt. Von Nord nach Süd sind das die Margaretenbrücke *(Margit híd)* mit dem berühmten Knick, die für ihre Festbeleuchtung bekannte Kettenbrücke *(Széchenyi lánchíd),* die elegante, weiße Elisabethbrücke *(Erzsébet híd)* und die grüne Freiheitsbrücke *(Szabadság híd),* eine der schönsten Brücken Europas. In der Donau liegen drei Inseln, die Óbuder Insel im Norden, die Csepel-Insel im Süden und in der Mitte die 2½ km lange **Margitsziget** – eine riesige, innenstadtnahe Parkanlage und deshalb überaus beliebt (→ Tour 6).

Pest

„Downtown Budapest", das Geschäftszentrum der Hauptstadt, liegt heute im V. Bezirk von Pest; es erstreckt sich am östlichen Donauufer zwischen Margareten- und Freiheitsbrücke und zerfällt in die beiden historischen Stadtteile – Belváros (Innenstadt) im Süden und Lipótváros (Leopoldstadt) im Norden, die etwa auf Höhe Kettenbrücke aneinander grenzen. **Belváros** (→ Touren 7 und 8), das ältere Stadtviertel, war bis ins 18. Jh. von einer Stadtmauer umschlossen, deren früheren Verlauf der bogenförmige **Kiskörút (Kleine Ring)** nachzeichnet. Mitten durch Belváros und parallel zur Donau zieht sich Budapests bekannteste Einkaufsstraße, die *Váci utca.* Im nördlich anschließenden, von Bank- und Amtsgebäuden geprägten

Die Kettenbrücke – Teil des Weltkulturerbes

Lipótváros (→ Tour 9) erhebt sich das monumentale Parlamentsgebäude, eines der Wahrzeichen Ungarns. Lipótváros war eine der fünf Pester Vorstädte, die nach Habsburgerkaisern benannt sind und sich in einem Halbkreis um die Belváros reihen: Südöstlich von Lipótváros (Leopoldstadt) folgt **Terézváros** (Theresienstadt), der VI. Bezirk. Ihn durchquert Budapests schönster Boulevard, die von Prachtbauten gesäumte **Andrássy út** (→ Tour 10). Sie beginnt am Kleinen Ring, streift das Lokalviertel am Liszt Ferenc tér sowie das Theaterviertel an der Nagymező utca und mündet auf dem repräsentativen **Heldenplatz** (Hősök tere), an den sich die große Parkanlage des **Városliget (Stadtwäldchen)** mit allerlei Vergnügungsangeboten anschließt (→ Tour 11). Südlich von Terézváros liegt **Erzsébetváros** (Elisabethstadt), der VII. Bezirk. Hier befindet sich das Jüdische Viertel mit einer der größten Synagogen der Welt (→ Tour 12). Südlich bis zur Donau hin folgen **Józsefváros** (Josefstadt) (VIII. Bezirk) und **Ferencváros** (Franzenstadt) (IX. Bezirk). Diese traditionellen Arbeiterbezirke wurden in den letzten Jahren durch aufwendige Sanierungsarbeiten enorm aufgewertet (→ Tour 13).

Budapest in Zahlen

Fläche/Höhe: Budapest breitet sich auf 525 Quadratkilometern aus, wovon 173 km² auf Buda und 352 km² auf Pest entfallen. Die Höhe an der Donau beträgt 96 m, die höchste Erhebung im Stadtgebiet ist der János-hegy in den Budaer Bergen mit 527 m ü. d. M.

Einwohner: 2006 lebten rund 1,7 Mio. Menschen in Budapest. Das sind etwa 300.000 weniger als 1990, reicht aber trotzdem noch für einen Platz unter den zehn größten Städten der EU. Zum Vergleich: In Berlin leben etwa doppelt so viele Menschen, in Wien annähernd gleich viele. Gemessen an der ungarischen Gesamtbevölkerung von 10,1 Mio., wohnt jeder Sechste in der Hauptstadt.

Die wichtigsten ethnischen Minderheiten in Budapest sind rund 80.000 Juden, die vor allem in Erzsébetváros und Újlipótváros wohnen, ca. 100.000 Roma *(Cigány)*, die vorwiegend in Józsefváros leben, sowie ca. 85.000 Ungarndeutsche.

Verwaltung: Verwaltungstechnisch ist die Stadt in 23 Bezirke geteilt, die (relativ) autonom von je einem Magistrat mit Bürgermeister verwaltet werden und über ein eigenes Bezirksparlament verfügen. An der Spitze der Gesamtstadt steht der Senat, das Budapester Stadtparlament zählt 66 Mitglieder. Stadtoberhaupt ist der Oberbürgermeister, der traditionellerweise aus dem linken Lager kommt. Seit 1990 ist dies Gábor Demszky.

Religion: Eifrige Kirchgänger sind die Budapester nicht. Rund 55 % sind katholisch, 20 % protestantisch, wovon 4/5 Anhänger der Reformierten Kirche und 1/5 Lutheraner sind. Der Rest teilt sich in Serbisch und Griechisch Orthodoxe, Juden und andere religiöse Gruppen.

Im Vergleich zu anderen Ländern des früheren Ostblocks ist die ungarische Atheistenfraktion mit rund 15 % relativ gering.

Parallel zum Kleinen Ring verläuft weiter östlich der **Große Ring (Nagykörút)** in einem weiten, 4 km langen Bogen durch Pest, von der Margaretenbrücke im Norden bis zur Petőfi-Brücke im Süden. Der Große Ring entstand Ende des 19. Jh. an Stelle eines zugeschütteten Donauarms und ist von einer Reihe bedeutender Jahrhundertwendebauten gesäumt. Der erste Abschnitt ist der *Szt. István körút* (St.-Stephansring) an der Nordgrenze von Lipótváros. Hier trifft man auf das prächtige Vígszínház (Lustspieltheater). Beim imposanten Westbahnhof beginnt der Teréz körút (Theresienring), es folgen der Erzsébet körút (Elisabethring) mit den Prachthotels Royal und New York, der József körút (Josefsring) mit dem nahen Kunstgewerbemuseum und schließlich der Ferenc körút (Franzensring). Die vier letzten Ringabschnitte tragen jeweils den Namen des Bezirks, den sie durchschneiden. Weiter östlich gibt es noch einen dritten, touristisch wenig interessanten Ring, der die Lágymányos-Brücke im Süden mit der Árpád-Brücke im Norden verbindet und am internationalen Busbahnhof Népliget und an der Rückseite des Stadtwäldchens vorbeiführt. Weil ausgehend vom Kleinen Ring breite Radialstraßen aus der Stadt führen, breiten sich die Pester Straßen spinnwebenartig nach Osten aus.

Der Gipfel des Gellérthegy bietet Aus- und Überblick

Das Wichtigste auf einen Blick

Jugendstil

Palais Gresham → S. 169 Tour 8
Postsparkasse → S. 178 Tour 9
Geologisches Institut → S. 215 Tour 11
Kunstgewerbemuseum → S. 228 Tour 13
Ladislauskirche Kőbanya → S. 244

Bäder

Gellért Bad → S. 127 Tour 3
Palatinus Strandbad → S. 150 Tour 6
Széchenyi Bad → S. 212 Tour 11

Kirchen und Synagogen

Matthiaskirche → S. 105 Tour 1
St.-Anna-Kirche → S. 135 Tour 4
Griech.-Orthodoxe Kirche → S. 168 Tour 8
Stephansbasilika → S.181 Tour 9
Große Synagoge → S. 223 Tour 12

Museen

Ungarische Nationalgalerie → S. 115 Tour 2
Vasarely-Múzeum → S. 144 Tour 5
Ungarisches Nationalmuseum → S. 161 Tour 7
Museum der Schönen Künste → S. 209 Tour 11
Kunstgewerbemuseum → S. 228 Tour 13
Ludwig-Museum → S. 233 Tour 13

Gedenkstätten

Holocaust-Mahnmal → S. 186 Tour 9
Haus des Terrors → S. 199 Tour 10
Holocaust-Denkmal → S. 219 Tour 12
Holocaust-Gedenkstätte → S. 231 Tour 13
Parzelle 301 → S. 244

Plätze

Corvin tér → S. 134 Tour 4
Fő tér in Óbuda → S. 141 Tour 5
Vigadó tér → S. 168 Tour 8
Vörösmarty tér → S. 169 Tour 8
József Nádor tér → S. 181 Tour 9
Szabadság tér → S. 184 Tour 9

Verkehrsmittel

Donau-Linienschiff → S. 44
Metro 1 → S. 42
Standseilbahn → S. 115 Tour 2
Zahnradbahn → S. 235 Tour 14
Kindereisenbahn → S. 235 Tour 14
Sessellift → S. 238 Tour 14

Konzertsäle

Duna Palota → S. 177 Tour 9
Franz-Liszt-Musikakademie → S. 198 Tour 10
Nationaler Konzertsaal → S. 232 Tour 13

Türkisches Erbe

Grabmal für Abdurrahmán → S. 104 Tour 1
Osmanische Grabsteine → S. 115 Tour 2
Rudas Bad → S. 125 Tour 3
Király Bad → S. 135 Tour 4
Türbe des Gül Baba → S. 136 Tour 4

Römische Reste

Amphitheater → S. 144 Tour 5
Ruinengarten Aquincum → S. 147 Tour 5

Denkmäler/Skulpturen

Reiterstatue Hl. Stephan → S. 107 Tour 1
Matthiasbrunnen → S. 117 Tour 2
Gellért-Denkmal → S. 125 Tour 3
Frauen mit Schirm → S. 142 Tour 5
Kleine Königstochter → S. 168 Tour 8
Imre Nagy-Denkmal → S. 179 Tour 9
Milleniumsdenkmal → S. 208 Tour 11
Anonymus-Denkmal → S. 207 Tour 11
Skulpturenpark → S. 241

Straßen und Promenaden

Úri utca → S. 108 Tour 1
Tóth Árpád sétány → S. 104 Tour 1
Váci utca → S. 156/171 Tour 7/8
Donaukorso → S. 168 Tour 8
Andrássy út → S. 192 Tour10

Brücken

Freiheitsbrücke → S. 126 Tour 3
Kettenbrücke → S. 134 Tour 4

Bauwerke

Pesti Vigadó → S. 172 Tour 8
Parlament → S. 184 Tour 9
Ungarische Staatsoper → S. 197 Tour 10

Aussichtspunkte

Fischerbastei → S.106 Tour 1
Burgpalast (Donauterrasse) → S. 114 Tour 2
Gellértberg → S. 122 Tour 3
Stephansbasilika (Kuppel) → S. 182 Tour 9
Elisabethturm → S. 238 Tour 14

Märkte

Ecseri Flohmarkt → S. 82
Zentrale Markthalle → S. 160 Tour 7

Kaffeehäuser

Ruszwurm → S. 111 Tour 1
Centrál Kávéház → S. 164 Tour 7
Gerbeaud → S. 174 Tour 8
Művész Kávéház → S. 203 Tour 10

Unterirdisches

Budavári Labirintus → S. 105 Tour 1
Pálvölgy und
Szemlő-hegy Höhlen → S. 238 Tour 14

Parks

Margareteninsel → S. 149 Tour 6
Károlyi kert → S. 158 Tour 7
Városliget → S. 207 Tour 11

Mit Kindern

Budavári Labirintus → S. 105 Tour 1
Palast der Wunder → S. 137 Tour 4
Budapester Zoo → S. 211 Tour 11
Großzirkus → S. 212 Tour 11
Vergnügungspark → S. 212 Tour 11
Tropicarium → S. 242

Abends

Ráday utca → S. 164 Tour 7
Nagymező utca → S. 193 Tour 10
Liszt Ferenc tér → S. 194 Tour 10

Aquincum: Reste der einstigen Römerstadt

Stadtgeschichte

Kaum eine europäische Metropole wurde in ihrer Geschichte so vom Schicksal geplagt wie die ungarische Hauptstadt: Ein vernichtender Mongolensturm im 13. Jh., 150 Jahre Türkenherrschaft, 170 Jahre Fremdherrschaft des kaiserlichen Wien, Frontstadt im Zweiten Weltkrieg, 45 Jahre Staatssozialismus, dazwischen Schauplatz sozialer Aufstände und politischer Revolten ... Kein Wunder, dass Freiheitskämpfer zu Helden avancierten und überall in der Stadt mit Denkmälern bedacht sind.

Von den Anfängen bis zur Landnahme (1.–9. Jh.)

Archäologische Funde belegen, dass der geschützte Bereich zwischen rechtem Donauufer und den Budaer Bergen schon in der Steinzeit (10.000 v. Chr.) bewohnt war. Im 4. Jh. v. Chr. siedelten sich Kelten an und nannten das Gebiet *Ak Ink* (deutsch: *viel Wasser*). Den Namen nutzten die Römer, die im 1. Jh. v. Chr. bis hier an das westliche Donauufer vorgedrungen waren, für ihr neues Militärlager *Aquincum*, das sich im heutigen Óbuda befand und später um eine Zivilstadt erweitert wurde. Nach der Teilung der römischen Provinz Pannonien 106 n. Chr. wurde Aquincum Hauptstadt von *Pannonia Inferior* („Unter-Pannonien"), 194 erhielt sie den Rang einer *Colonia* und damit das Recht zur Selbstverwaltung. Die 40.000 Einwohner zählende Stadt verfügte über zwei Amphitheater und lebte vom florierenden Handel und einem hoch entwickelten Handwerk. Ende des 3. Jh. bauten die Römer auch am östlichen Donauufer Befestigungen (neben der heutigen Elisabeth-Brücke) und nannten sie *Contra-Aquincum* – die Keimzelle für das spätere Pest.

Nach dem Rückzug der Römer gelangte das Gebiet um Budapest ab 404 im Zuge der Völkerwanderung zum Hunnenreich. Bald darauf kamen die Ostgoten, dann die Langobarden, die 568 durch die Awaren abgelöst wurden. Beide Donauufer blieben dabei stets besiedelt. Um 896 zog aus der Gegend um den Ural das nomadische Reitervolk der **Ungarn (Magyaren)** gen Westen. Sieben magyarische Stämme überrollten, angeführt von ihren Fürsten, das gesamte Pannonische Becken und setzten sich im späteren Óbuda und auf der südlichen Donauinsel Csepel fest. Die Zeit wird als **„Landnahme"** bezeichnet, 896 gilt den Ungarn als Geburtsjahr ihres Landes.

Ungarns erster König: Stephan, der Heilige

Zeit der Árpáden (10.–13. Jh.)

Oberster Heerführer der sieben Magyarenstämme (→ Milleniumsdenkmal S. 208) war Großfürst **Árpád,** nach dem die nachfolgende Herrscherdynastie benannt ist. Árpádenkönig **Géza** (972–997) gelang es, die Macht der Stammesfürsten zu zentralisieren und das Christentum ins Land zu holen. Sein Sohn **Stephan I.** *(der Heilige – Szent István)* wurde im Jahr 1000 zum ersten ungarischen König gekrönt. Reste seiner rechten Hand werden bis heute in der Budapester Stephansbasilika als Reliquie verehrt. Nach dem Tod des Königs kam es zu Aufständen unter der heidnischen Bevölkerung; dabei starb Bischof Gerhard *(Gellért)* 1046 auf dem später nach ihm benannten Budaer Berg den Märtyrertod.

Während der Königsitz zur Zeit der Árpáden in Esztergom am Donauknie lag, entwickelten sich Buda (das heutige Óbuda) und Pest (im Bereich des Donauübergangs bei der jetzigen Elisabethbrücke) zu Zentren des Südosteuropahandels, den zunächst die moslemischen Kaufleute beherrschten. Um 1220 kamen vermehrt deutsche Händler nach Pest. Die wirtschaftliche Blütezeit wurde 1241 durch den Ansturm der **Mongolen** jäh unterbrochen, die beide Siedlungen bis auf die Grundmauern niederbrannten. Um gegen weitere Angriffe gewappnet zu sein, ließ König **Béla IV.** (1235–1270) auf dem damals unbewohnten Hügelplateau am rechten Donauufer (heutiger Burgberg) eine Festung errichten und eine ummauerte Stadt anlegen, die auf der Anhöhe mehr Schutz bot und die Kontrolle des Donauübergangs ermöglichte. Er nannte sie Buda (auf Deutsch Ofen), aus dem ursprünglichen Buda wurde Alt-Buda *(Óbuda)*. Besiedelt wurde der Budaer Burgberg mit Ungarn, aus Pest kamen Deutsche. Beide Einwanderergruppen errichteten eigene Pfarrkirchen,

Was vom Mittelalter übrig blieb – Bastei des Burgpalasts

die einen die Magdalenenkirche, die anderen die Liebfrauenkirche (heute Matthiaskirche). Juden spielten im aufblühenden Wirtschaftsleben Budas ebenfalls eine wichtige Rolle. Auch Pest wurde wieder aufgebaut und erhielt 1244 das Stadtrecht, das 1255 auch Buda zuteil wurde.

Mittelalterliche Königsresidenz (14./15. Jh.)

Die Streitigkeiten um die ungarische Thronfolge nach dem Aussterben der Árpáden 1301 entschied **Károly Robert von Anjou** (1308–1342) für sich. Er verlegte den Königssitz nach Buda und ließ im Südteil der Stadt einen neuen befestigten Palast erbauen. **Sigismund** *(Zsigmond)* **von Luxemburg** (1387–1437), der eine Anjou geheiratet und so den ungarischen Thron bestiegen hatte, erweiterte den Palast, ließ steingemauerte Basteien um Buda anlegen und eine erste Pontonbrücke über der Donau errichten. Pest stand als bescheidene Markt- und Handelsstadt ganz im Schatten des prosperierenden Buda, dessen Oberschicht von deutschen Patriziern beherrscht war. Die fünf Jahrzehnte unter König Sigismund brachten eine kulturelle Blüte, doch waren sie auch gezeichnet vom Vormarsch des osmanisch-türkischen Reiches gegen Westen. Dem König, seit 1433 auch Kaiser des Heiligen Römischen Reichs, gelang es nicht, diesen zu stoppen.

Erst Reichsverweser und General **János Hunyadi** konnte 20 Jahre später die Türken 1456 in Belgrad besiegen und ihre Invasion – zumindest für 70 Jahre – aufhalten. Mit Hunyadis Sohn **Matthias Corvinus** *(Mátyás Hunyadi)*, der 1458 zum König gewählt wurde, begann ein goldenes Zeitalter. Buda wurde zu einem Zentrum der Renaissance, der Burgpalast prachtvoll ausgebaut und die in Buda ansässigen Juden rechtlich besser gestellt.

Nach der schicksalhaften **Schlacht bei Mohács 1526** im heutigen Südwestungarn, in der die ungarische Armee eine vernichtende Niederlage erlitten hatte und ihr Anführer König Ludwig *(Lájos)* II. Jagiello bei der Flucht ertrunken war, drangen die siegreichen Türken unter Sultan Sűleyman II. in Buda ein, plünderten die Schatzkammern, steckten die Stadt in Brand und verließen sie wieder. Erst 1541 wurden Buda, Pest und Óbuda endgültig von den Türken besetzt, in deren Hand sie nun 145 Jahre bleiben sollten.

Türkenherrschaft und Habsburger (15.–18. Jh.)

Mit Beginn der Türkenherrschaft war der Großteil der Ungarn und Deutschen aus der Stadt geflohen – das Leben in Buda trug fortan orientalische Züge. Aus gotischen Kirchtürmen wurden Minarette, und über den Straßen flatterte der türkische Halbmond. Türkische Bäder wurden gebaut, die Befestigungsanlagen verstärkt, und die Juden durften sich niederlassen und wirtschaftlich tätig werden. Während Buda zur Hauptstadt einer osmanisch-türkischen Provinz und von einem *Pascha*, einem Statthalter des Sultans, regiert wurde, konnte Pest seinen Charakter als ungarische Handelsstadt weitgehend bewahren. Türkische Gewohnheiten wie Kaffeetrinken und Rauchen verbreiteten sich allmählich auch hier unter den wenigen noch ansässigen Ungarn.

Nach einem erfolglosen türkischen Angriff auf Wien 1683 versuchten die kaiserlichen Truppen, zunächst ebenfalls erfolglos, Buda zurückzuerobern. Erst **1686** gelang dies einer europäischen Armee unter dem Kommando von **Karl V. von Lothringen** nach wochenlanger Belagerung. Buda und Pest waren zerstört, die türkenfreundlichen Juden waren vertrieben, die Einwohnerzahl sank auf unter 1000 und verringerte sich noch, als 1689 die Pest erstmals an der Donau wütete.

Seit König Ludwig II. in der Schlacht von Móhacs gefallen war ohne einen Nachfolger zu hinterlassen, sahen sich die Habsburger als die rechtmäßigen ungarischen Thronerben, zumal der spätere Kaiser Ferdinand I. von Habsburg mit Ludwigs Schwester verheiratet gewesen war. Aus Dankbarkeit für die Befreiung von den Türken verzichtete Ungarn auf das Recht zur Königswahl und wurde **Teil der Habsburgermonarchie**, womit eine neue Willkürherrschaft begann. Das Land wurde von Truppen besetzt, die Gegenreformation rigoros durchgezogen und die Steuern erhöht. Zum Wiederaufbau von Buda und Pest wurden deutsche Siedler geschickt, dennoch ging es nur schleppend voran. Aus dem noch immer von den Osmanen besetzten Serbien kamen

Das Welterbe der verschwundenen Bibliotheca Corviniana

Zur Zeit der Renaissance war Budapest ein Zentrum des Wissens. König Matthias Corvinus (1443–1490) und seine kunstsinnige Frau Beatrix von Neapel hatten eine Büchersammlung zusammengetragen, die europaweit bekannt war und in ihrem Umfang nur von der Bibliothek des Vatikans übertroffen wurde. Diese im Budaer Burgpalast untergebrachte *Bibliotheca Corviniana* umfasste mehr als 3000 kunstvoll bemalte Handschriften, darunter die sog. *Corvinen*, die mit Wappen und Gold verziert und in Leder gebunden im Namen der Herrscherfamilie angefertigt worden waren. Nach dem Tod des Königs 1490 und der türkischen Invasion 1541 ging die wertvolle Sammlung größtenteils verloren. 200 dieser Corvinen blieben bis heute erhalten, allerdings sind sie in 50 europäische und US-amerikanische Bibliotheken verstreut. Die meisten befinden sich in der Széchényi-Nationalbibliothek in Budapest, der Österreichischen Nationalbibliothek Wien und der Biblioteca Estense in Modena. 2005 wurden sie in die UNESCO-Liste des „Weltdokumentenerbes" aufgenommen. In einem Projekt der ungarischen Széchényi-Nationalbibliothek sollen sie digital erfasst und so zumindest virtuell wieder zusammengefügt werden.

Grabstätte eines türkischen Paschas im Burgviertel

Flüchtlinge und ließen sich an beiden Donauufern nieder. Buda wurde eine Weinbauernstadt, während sich in Pest alles um die Viehzucht drehte. Der Kaiser residierte in Wien, der Adel in Pressburg *(Pozsony)*, dem heutigen Bratislava, das seit 1541 Hauptstadt des türkisch nicht besetzten Ungarns war. Als Statthalter des Kaisers fungierte hier der sogenannte *Palatin nádor*. 1703–1711 kam es unter dem siebenbürgischen Fürst **Ferenc II. Rákóczi** (1676–1735) zum ersten bewaffneten Aufstand gegen die Habsburger, der aber erfolglos blieb. Trotzdem gilt Rákóczi bis heute als Nationalheld, der in Straßennamen und Denkmälern (z. B. vor dem Budapester Parlament) geehrt wird.

Erst ab dem zweiten Drittel des 18. Jh. kam es in Buda und Pest zu reger Bautätigkeit und einem wirtschaftlichen Aufschwung. Die Pester Vororte wurden wieder aufgebaut, 1766 eine Schiffsbrücke über die Donau errichtet. Kaiserin **Maria Theresia** (1740–1780) veranlasste die Erweiterung des Budaer Burgpalasts und brachte 1777 die Universität darin unter, die sie aus Oberungarn hierher verlegte. Durch Zuwanderung von Serben (Raizen), Griechen und Armeniern zählten Buda und Pest zusammen bald 45.000 Einwohner. Den Juden blieb es verboten, sich hier niederzulassen, sie durften sich nur außerhalb der Stadtmauern auf Ländereien des Adels ansiedeln, etwa auf dem Landgut der Zichys in Óbuda.

Mit Kaiser **Joseph II.** (1780–1790) kam ein Aufklärer und radikaler Reformer an die Macht. Er ließ nicht nur die Leibeigenschaft abschaffen und 1781 mit dem Toleranzpatent die freie Religionsausübung gewähren, er löste auch „entbehrliche" Klöster auf (wie jenes der Pauliner in Pest und das der Karmeliter in Buda) und führte in Ungarn Deutsch als Amtssprache ein. 1784 machte er Buda an Stelle von Pressburg wieder zur Hauptstadt, wichtige Behörden und der *Palatin nádor* hatten fortan hier ihren Sitz. Die Universität verlegte er im selben Jahr von Buda nach Pest, das bald zum geistigen Mittelpunkt des Landes wurde – und sich erneut zu einem bedeutenden Handelszentrum entwickelte, in dem wichtige Märkte und Messen stattfanden.

Reformen und Revolution (19. Jh.)

Der Ausdehnung von Pest standen nun die alten Stadtmauern im Wege, die 1788–1808 abgerissen wurden – **Palatin nádor Erzherzog Joseph** (1776–1847), ein Sohn Kaiser Leopolds II. und einer der wenigen bei den Ungarn beliebten Habsburger (→ Denkmal S. 181), berief eine Verschönerungskommission ein, die Pest planmäßig erweitern sollte. Dabei entstand der heutige Stadtteil Lipótváros (→ Tour 9).

Ab 1825 begann in Ungarn eine **Reformperiode,** die auch Buda und Pest massiv veränderte. Federführend war **István Graf Széchenyi** (1791–1860), ein reicher Großgrundbesitzer, der von seinen Reisen nach England moderne Ideen mitbrachte. Schon sein Vater Ferenc hatte 1802 als Zeichen für die Vision eines modernen ungarischen Nationalstaats die Nationalbibliothek und das Nationalmuseum gegründet. Sohn István schlug den Bau der Kettenbrücke als ersten festen Donauübergang zwischen Buda und Pest vor, gründete die Akademie der Wissenschaften, ließ eine erste Eisenbahnlinie zwischen Pest und Vác anlegen und initiierte nach dem verheerenden **Hochwasser von 1838,** das die Hälfte aller Gebäude in Pest zerstört hatte, die Regulierung der Donau. Er förderte den Bau einer Schiffswerft in Óbuda, den Ausbau der Dampfschifffahrt auf der Donau und die Ansiedlung von ersten Industriebetrieben im Süden Pests. Neu im Stadtbild Pests war auch ein Judenviertel, das nun nach dem Fall der Zuzugsbeschränkungen entstehen konnte. Mitte der 1840er-Jahre nahm die Reformbewegung unter dem Juristen **Lajos Kossuth** (1802–1894), der offen gegen Habsburg opponierte, radikale Züge an. Als der junge Dichter **Sándor Petőfi** am *15. März 1848* (heute Nationalfeiertag) auf der Freitreppe des Nationalmuseums seine verbotenen Verse *Nemzeti Dal* (Nationallied) verteilte, brach die bürgerliche **Revolution** aus. Im ersten Schrecken machte der Kaiser in Wien Zugeständnisse und billigte die Bestellung von **Lajos Batthyány** (1806–1849) zum ersten ungarischen Ministerpräsidenten. Doch unter dem neuen Kaiser **Franz Joseph I.** *(Ferenc József)* wendete sich das Blatt im September 1848. Die kaiserliche Armee marschierte in Ungarn ein, und im April 1849 war die Revolution mit Hilfe russischer Truppen endgültig niedergeschlagen. Sándor Petőfi starb auf dem Schlachtfeld, Lajos Batthyány wurde in Pest hingerichtet, Lajos Kossuth musste ins Exil. Im heutigen Budapest sind den drei ungarischen Nationalhelden große Plätze und imposante Denkmäler gewidmet.

In bewegter Pose: Nationalpoet Sándor Petőfi in Belváros

Vom Ausgleich 1867 zur Millionenmetropole

Nach 1849 verschärften die Habsburger ihre Repressionen und errichteten zur besseren Kontrolle der widerspenstigen Bürgerstadt am Gellértberg eine große Zitadelle. Erst der **Österreichisch-Ungarische Ausgleich 1867** entspannte die Lage etwas: Durch außenpolitische Niederlagen geschwächt, war Kaiser Franz Joseph zu Zugeständnissen gezwungen und Ungarn wurde selbstständiger, gleichberechtigter Teil der Habsburgermonarchie, die kaiserlich-königliche (k.u.k.) Doppelmonarchie Österreich-Ungarn. „Juristischer Vater" dieses Ausgleichs war der gewiefte Taktiker *Ferenc Deák* (1803–1876), dem in Budapest deshalb Platz und Denkmal gewidmet sind. Als erster Ministerpräsident wurde **Graf Gyula Andrássy** (1823–1890) vereidigt, Kaiser Franz Joseph I. und seine Frau Elisabeth *(Erzsébet)* bzw. Sisi, die am Zustandekommen des Ausgleichs großen Anteil gehabt haben soll, wurden in der Budaer Matthiaskirche zu König und Königin von Ungarn gekrönt – als Krönungsgeschenk erhielten sie Schloss Gödöllő (→ S. 245). Was jetzt noch fehlte, war eine Hauptstadt, die der Kaiserstadt Wien ebenbürtig war. Als erster Schritt wurden 1873 Buda, Pest und Óbuda zu Budapest vereinigt und brachten es damit auf insgesamt 310.000 Einwohner. Die folgenden Jahrzehnte in der Stadt waren von einem wirtschaftlichen Boom und enormer Bautätigkeit geprägt. So hielt ab 1870 die Eisen- und Maschinenindustrie auf der Csepel-Insel Einzug, später folgte die Elektroindustrie. Im Hinblick auf die **Milleniumsfeier 1896**, als Ungarn ein halbes Jahr lang den 1000. Jahrestag der Landnahme zelebrierte, veränderte Pest sein Gesicht völlig: Der Große und Kleine Ring wurden angelegt, die drei, heute nach Andrássy, Kossuth und Rákóczi benannten Radialstraßen trassiert, der Heldenplatz gebaut und die erste Untergrundbahn des europäischen Kontinents eröffnet. Neue Brücken verbanden bald die Donauufer, ein monumentales Parlamentsgebäude wuchs in die Breite, die Anzahl der Häuser verdoppelte sich, während sich die Zahl ihrer Stockwerke vervierfachte. Zur Jahrhundertwende hatte Budapest bereits 730.000 Einwohner, und noch vor dem Ersten Weltkrieg war die Millionengrenze erreicht.

Erster und Zweiter Weltkrieg (1914–1945)

Mit der Niederlage im **Ersten Weltkrieg** (1914–1918) brach die österreichisch-ungarische Monarchie zusammen. Ungarn wurde im November 1918 Republik und **Mihály Graf Károlyi** (1875–1955) erster Ministerpräsident; doch schon im März 1919 musste die Regierung zurücktreten. Auch die nun von Sozialdemokraten und Kommunisten gebildete **Räterepublik** unter Führung Béla Kuns hielt nur kurz: 133 Tage. Am 1. März 1920 wurde die Monarchie wieder formal eingeführt und mangels König – der letzte Habsburger Karl IV. war im Schweizer Exil – der frühere k.u.k. Admiral **Miklós Horthy** (1868–1957) zum Reichsverweser bestellt. Der **Friedensvertrag von Versailles-Trianon** (1920) bescherte Ungarn den größten Gebietsverlust aller Verliererstaaten: Zwei Drittel des Territoriums und der Bevölkerung fielen an Rumänien und Serbien, die damalige Tschechoslowakei und Österreich. Rund drei Millionen Magyaren lebten fortan als Minderheiten außerhalb der ungarischen Staatsgrenzen. Dieses „Trianon"-Trauma hat Ungarn bis heute nicht überwunden.

In Budapest stieg die Einwohnerzahl in den 1920/30er Jahren weiter an. Flüchtlinge und die Landbevölkerung drängten in die Stadt. Neue Vororte und Wohnsiedlungen entstanden, das Armenviertel Tabán zwischen Burgberg und Gellért-Berg wurde abgerissen und die ersten Villen in den Budaer Bergen angelegt. Buda und die Kettenbrücke erhielten ihre Festbeleuchtung. Das konservative Horthy-Regime war gekennzeichnet von sozialen Spannungen und Terror gegenüber den Anhängern der Räterepublik, also Kommunisten, Sozialisten und Juden. Diese nationalistische, antisemitische Stimmung verschärfte sich, als die Wahlen 1935 einen deutlichen Rechtsruck brachten. Oberstes außenpolitisches Ziel war seit 1920 die Revision des Vertrags von Trianon und die Rückgewinnung der abgetretenen Gebiete. Zu diesem Zweck näherte sich Ungarn Mitte der 1930er-Jahre Hitler-Deutschland an und erhielt mit dessen Hilfe – durch Verträge und militärische Besetzung – Teile Siebenbürgens, der Slowakei und Kroatiens zurück. Der Preis dafür war hoch: Ungarn musste 1941 an der Seite des Deutschen Reichs in den **Zweiten Weltkrieg** eintreten. Nach großen Verlusten an der Ostfront nahm die ungarische Führung 1944 Geheimverhandlungen mit den Alliierten auf. Als Hitler davon Wind bekam, ließ er im März 1944 Ungarn von deutschen Truppen besetzen. Adolf Eichmann bezog am Budaer Schwabenberg Quartier, die Gestapo im Pester Hotel Astoria. Horthy und seine Parteigänger wurden verhaftet und eine neue Regierung unter den ungarischen Faschisten, den **Pfeilkreuzlern** eingesetzt. Vergleichsweise spät begann nun in Ungarn die systematische Deportation und Ermordung der Juden. In Budapest wurden zwei Ghettos eingerichtet: eines im traditionellen Judenviertel in der Elisabethstadt und ein kleineres, internationales Ghetto in der Neu-Leopoldstadt.

Ab Sommer 1944 fielen die ersten alliierten Bomben auf Budapest, begehrte Ziele waren die Bezirke Angyalföld und Zugló, wo sich Munitionsfabriken befanden. Im Dezember rückte die sowjetische Armee von Osten her vor. Die Belagerung dauerte mehrere Wochen, rund zwei Drittel Budapests wurden dabei zerstört. Als die Front an das Pester Donauufer vordrang, sprengten die Nazi-Truppen beim Rückzug alle Donaubrücken. Im April **1945** war Budapest endgültig erobert. Die Bevölkerungszahl hatte sich von über 1,2 Mio. auf 830.000 verringert, 300.000 Budapester waren durch die Kriegsschäden obdachlos geworden. Die ersten Wahlen im November 1945 führten zu einer konservativ dominierten Mehrparteienregierung. Der Wiederaufbau in der Hauptstadt ging recht zügig voran und konzentrierte sich in erster Linie auf die Linderung der Wohnungsnot und die Wiederherstellung der Industrieanlagen.

Die Volksrepublik Ungarn (1947–1989)

Mit der so genannten *Salami-Taktik* gelang es der Kommunistischen Partei (MKP) scheibchenweise die demokratische Ordnung zu demontieren und Machteinfluss zu erlangen, bis Ungarn schließlich 1947 in eine **Volksrepublik** nach sowjetischen Vorbild umgewandelt wurde. **Mátyás Rákosi** (1892–1971) kam als stalinistischer Diktator ans Ruder. Banken und Industrie wurden verstaatlicht, Einparteiensystem und Planwirtschaft eingeführt. Politische Feinde verfingen sich im Netzwerk der **Geheimpolizei ÁVH** (später ÁVO), deren ehemaliges Hauptquartier an der Andrássy út heute das „Haus des Terrors“ (→ S. 199) beherbergt.

1949 kam es durch die Eingemeindung von sieben Städten und 16 Gemeinden zur Vergrößerung des Stadtgebiets von 10 auf 22 Bezirke (heute 23 durch Teilung des 20. Bezirks). Budapests Einwohnerzahl stieg auf 1,6 Mio., an der Peripherie der Metropole entstanden große Plattenbauviertel. Nach Stalins Tod 1953 wurde der als liberal geltende Kommunist **Imre Nagy** (1896–1958) Ministerpräsident, doch schon 1955 von Rákosi wieder entmachtet. Die Diktatur ging weiter, Ungarn trat dem Warschauer Pakt bei und die Unzufriedenheit der Bevölkerung stieg.

Eine Studentendemonstration am 23. Oktober **1956,** die bei der Technischen Universität in Budapest ihren Ausgang nahm, wuchs sich unerwartet zum **Volksaufstand** aus. Als die Geheimpolizei ÁVO vor dem Pester

2006 jährte sich der ungarische Volksaufstand zum fünfzigsten Mal

Rundfunkgebäude in die Menge schoss, kam es zum bewaffneten Kampf, Stalins Statue am Aufmarschgelände (heute Felvonulási tér) wurde gestürzt, das sowjetische Wappen aus den ungarischen Fahnen geschnitten. Der Partei blieb nichts übrig, als Imre Nagy erneut zum Ministerpräsident zu ernennen. Nagy bildete eine Mehrparteien-Regierung und erklärte Ungarns Austritt aus dem Warschauer Pakt. Wenige Tage später, am 4. November, rückten sowjetische Truppen an und begannen, den Aufstand mit 6000 Panzern blutig niederzuschlagen. Die Kämpfe dauerten sieben Tage, 6000 Menschen wurden getötet, das Budapester Stadtzentrum verwüstet. 200.000 Ungarn flüchteten über die österreichische Grenze in den Westen. Die Sowjets setzten eine neue Regierung unter **János Kádár** (1912–1989) ein, die 26.000 Freiheitskämpfer verhaften und 300 von ihnen hinrichten ließ, darunter auch Imre Nagy 1958.

Die 1960/70er-Jahre standen in Budapest ganz im Zeichen der Stadtentwicklung: Das Burgviertel und der Königspalast wurden wieder errichtet, die Elisabethbrücke erneuert, die Árpád-Brücke gebaut, der Pester Donaukorso angelegt, neue Wohnviertel erschlossen und eine neue Metrolinie eröffnet. Als János Kádár marktwirtschaftliche und demokratische Elemente in der Planwirtschaft allmählich zuließ (sogenannter „Gulaschkommunismus"), erreichte Ungarn den höchsten Lebensstandard im Ostblock, was dem Land den Beinamen „fröhlichste Baracke im sozialistischen Lager" eintrug. Nach Budapest kamen wieder Touristen aus dem Westen, für die protzige Hotelkästen an das Pester Donauufer gestellt wurden. 1987 wurden der Burgberg und das Donaupanorama von der UNESCO zum **Weltkulturerbe** erklärt. Nachdem sich Kádár in den 1980ern weiteren Reformschritten widersetzt hatte, musste er 1988 auf Druck der eigenen Sozialistischen Arbeiterpartei (MSZSP) den Sessel räumen. Der Demokratisierungsprozess schritt voran. Oppositionsgruppen und unabhängige Gewerkschaften wurden gebildet, die Helden des Aufstands 1956, unter ihnen Imre Nagy, rehabilitiert und in Ehrengräbern am Neuen

Friedhof in Kőbanya (→ S. 244) beigesetzt. Am 27. Juni 1989 fiel schließlich der Eiserne Vorhang an der ungarisch-österreichischen Grenze, deutsche Flüchtlinge aus der DDR konnten in den Westen ausreisen. Am 23. Oktober 1989, dem 33. Jahrestag des Aufstands von 1956, wurde die demokratische Republik Ungarn proklamiert.

Nach der Wende, die EU und neue Unruhen

Erwartungsgemäß gewannen die konservativen und liberalen Parteien Ungarisches Demokratisches Forum (MDF) und Bund Freier Demokraten (SZDSZ) die ersten freien Wahlen 1990 – weit abgeschlagen blieb die Sozialistische Partei (MZSP), der Nachfolger der Arbeiterpartei. Erster Ministerpräsident wurde **József Antall** (1932–1993). **Gábor Demszky** vom SZDZS gewann 1990 die Kommunalwahlen in Budapest und wurde als Oberbürgermeister bei allen folgenden Wahlen (zuletzt im Herbst 2006) bestätigt. Der Übergang in die freie Marktwirtschaft brachte hohe Arbeitslosigkeit und steigende Inflation mit sich, was der Sozialistischen Partei (MZSP) zum Sieg bei den Parlamentswahlen 1994 verhalf. Konfrontiert mit einem harten Sparpaket, das Ungarn auf EU-Kurs bringen sollte, steigender Inflation und einem dramatischen Rückgang der öffentlichen Sicherheit, schickten die Wähler 1998 die linksliberale Koalition wieder in die Opposition. Neuer Premier wurde **Viktor Orbán,** Führer der rechtskonservativen FIDESZ-MMP – der Beitritt Ungarns 1999 zur **NATO** und die 1000-Jahr-Feier der Krönung Stephans I. im Jahr 2000 fielen in seine Regierungszeit. Aus diesem Anlass wurde die Stephanskrone, Ungarns Symbol schlechthin (→ Kasten S. 184), vom Nationalmuseum in das Parlament überführt. Nach hartem Wahlkampf unterlag Orbán 2002 knapp zugunsten einer Neuauflage der linksliberalen Koalition aus MZSP und SZDSZ, mit **Péter Medgyessy** als Regierungschef. Ebenfalls 2002 wurde die Andrássy út in Budapest zum Weltkulturerbe erklärt. Der **Beitritt Ungarns zur EU** erfolgte am 1. Mai 2004. Im September 2004 musste Medgyessy wegen regierungsinternen Querelen zurücktreten. Der Unternehmer **Ferenc Gyurcsány** von der MSZP, einer der reichsten Männer Ungarns, übernahm sein Amt und behielt es auch nach den Wahlen im April 2006, bei denen erstmals seit der Wende eine Regierung im Amt bestätigt wurde. Aufgrund des EU-weit höchsten Budgetdefizits von 8 % und einer Arbeitslosenrate von rund 8 % verordnete Gyurcsány seinen Landsleuten ein rigoroses Sparpaket, das im September 2006 in Kraft trat. Gas, Strom, Wasser, Alkohol und Lebensmittel wurden teurer, die Umsatzsteuer auf 20 % erhöht und eine Solidaritätssteuer für Reiche eingeführt. Als wenige Tage später ein Tonbandmitschnitt einer parteiinternen Rede von Ministerpräsident Gyurcsány publik wurde, in der er in derben Worten die Untätigkeit seiner Regierung und mutwillige Lügen über den Staatshaushalt vor den Wahlen eingestand, kam es in Budapest zu Massenprotesten. Gewaltbereite Randalierer aus der rechtsextremen Szene erstürmten das MTV-Gebäude am Szabadság tér, die Budapester Polizei schlug mit unverhältnismäßiger Brutalität zurück, Gyurcsány lehnte einen Rücktritt ab. Auch die **Gedenkfeiern für den Volksaufstand** von 1956 im Oktober waren von Krawallen überschattet. Insgesamt wurden 800 Personen verletzt, der entstandene Sachschaden in Budapest betrug 40 Mio. €. Bis heute sind die Fronten verhärtet und die in Ungarn traditionell tiefe Feindschaft unter den linken und rechten politischen Parteien rückt ein Ende der politischen Krise in weite Ferne.

Perle des späten Jugendstils: das Gellért

Architektur und Kunst

Was in Budapest an Baukunst ins Auge springt, ist zumeist nicht älter als 170 Jahre. Historismus und Jugendstil prägen das Stadtbild, dazwischen finden sich ein paar Barockkirchen und Kuppeln aus der Türkenzeit. Werke früherer Baustile haben die Wirren der Geschichte nicht überlebt.

Römerzeit, Romanik und Gotik

Von der Römerstadt *Aquincum* sind in Óbuda noch bemerkenswerte Reste zweier Amphitheater sowie die Grundmauern von Thermen und Wohngebäuden erhalten. Kaum der Rede wert ist das Ruinenfeld von *Contra Aquincum* vor der Innerstädtischen Pfarrkirche in Belváros. Viel interessanter sind da die Grabsteine im Nationalmuseum und die reiche Sammlung an Funden im Archäologischen Museum Aquincum.

An mittelalterlicher Bausubstanz blieb nur weniges im Original erhalten: gotische Sitznischen in den Hauseingängen der Úri utca im Budaer Burgviertel, das gotische Marienportal und der Unterbau des Béla-Turms an der Matthiaskirche sowie der hochgotische Hallenchor in der Innerstädtischen Pfarrkirche in Pest. Nur ein Nachbau ist das romanische Säulenportal an der Kapelle von Schloss Vajdahunyad im Stadtwäldchen – das Original ist im westungarischen Ják zu sehen. Einen wahren Schatz an gotischer Malerei und Plastik aber hütet die Ungarische Nationalgalerie im Burgpalast.

Renaissance und Türkenzeit

Italienische Künstler brachten unter König Matthias Corvinus und seiner aus Neapel stammenden, zweiten Gemahlin Beatrix im späten 15. Jh. die

Renaissance an den Budaer Hof. Doch nach der Erstürmung der Stadt durch die Türken 1541 blieb von diesen Werken wenig übrig. Ähnlich erging es den Bauten, die die Osmanen in den folgenden 150 Jahren in Buda und Pest errichteten – sie wurden bei der Rückeroberung der Stadt zum großen Teil zerstört. Immerhin blieben die überkuppelten Räume im Rudas- und Király-Bad sowie das Grab des Gül Baba als schöne und wegen ihrer nördlichen Lage einzigartige Beispiele osmanischer Baukunst erhalten. Zudem ist in der Innerstädtischen Pfarrkirche in Belváros, die den Türken als Moschee diente, auch ein Mihrab (Gebetsnische) zu entdecken.

Barock

Nachdem sich die Habsburger nach der Vertreibung der Türken (1686) Ungarn einverleibt und den folgenden Rákóczi-Aufstand (1711) niedergeworfen hatten, konnte der Barock in Budapest endlich Fuß fassen. Unter dem Eindruck der Gegenreformation entstanden Mitte des 18. Jh. vor allem prächtige Sakralbauten, wie die Universitätskirche in Belváros und die St.-Anna-Kirche in Víziváros mit ihren schönen Doppelturmfassaden. Bescheidener sind die Elisabethkirche in Víziváros, die Pfarrkirche in Óbuda, die Franziskaner- und die Servitenkirche in Belváros. Barockfassaden gibt es auch im Budaer Burgviertel, etwa am Palais Erdődy, zu sehen. Die Baumeister kamen nahezu alle von auswärts, etwa *Matthäus (Máté) Nepauer* aus Wien, *Georg (György) Paur* aus der Oberpfalz sowie der bedeutendste – der Hildebrandt-Schüler *Andreas Mayerhoffer* (1690–1771) – aus Salzburg. Letzterer schuf auch das Palais Péterffy in Belváros und das Schloss Gödöllő.

Die Bildhauer und Maler der Barockzeit stammten meist aus Österreich und Italien. *Johann Bergl* stattete die Universitätskirche aus, *Carlo Bebo* die St.-Anna-Kirche. Dagegen wurden die Kanzeln und Altäre in den Ordenskirchen, wie in der Franziskanerkirche, oft von Laienbrüdern geschaffen. Einen umfassenden Überblick über die ungarische Malerei des Barock mit ihren Landschaftsgemälden, Stillleben, Allegorien und Porträts bietet die Ungarische Nationalgalerie.

Barocke Pracht am Portal der Universitätskirche

Klassizismus und Romantik

Der in der ersten Hälfte des 19. Jh. vorherrschende **Klassizismus** wird oft als erster ungarischer Nationalstil gesehen. Mit seinen schlichten Formen bildete er einen Gegenpol zu den barocken Schnörkeln, die als „typisch habsburgisch“ galten. Führender Architekt dieser Zeit war *Mihály Pollack* (1753–1835), der 1806 das Palais Sándor am Burgberg schuf, 1808 die Evangelische Kirche am Deák tér und um 1840 sein

Keramikdächer zieren die Bauten des Architekten Samu Pecz

Hauptwerk, das Nationalmuseum am Kleinen Ring. *József Hild* (1789–1876) begann den Bau der Stephansbasilika und errichtete einige Stadtpalais. Eine Meisterleistung des Klassizismus war 1839–1849 der Bau der Kettenbrücke über die Donau, der ersten festen Verbindung zwischen Buda und Pest, nach Plänen des Engländers *William T. Clark* (1783–1852).

Nach dem Scheitern der Revolution 1848 wurde in Budapest die Frage der nationalen Identität, ein typischer Zug der **Romantik,** immer lauter. Dies zeigte sich auch in der Baukunst, in der bis 1870 die orientalischen Formen als Hinweis auf die östliche Herkunft der Magyaren dominierten. Beste Beispiele sind die Große Synagoge und die Pester Redoute (Vigadó). An beiden Gebäuden war *Frigyes Feszl* (1821–1884) maßgeblich beteiligt, bei ersterem als Innenarchitekt, bei letzterem als Baumeister. Die Orthodoxe Synagoge von *Otto Wagner* zählt ebenfalls zu dieser Stilepoche.

Zu den Malern des frühen 19. Jh. gehört *Miklós Barabás* (1810–1898), Ungarns bedeutendster Porträtist, sowie der Landschaftsmaler *Károly Markó* (1791–1860). Ihre Werke hängen in der Nationalgalerie.

Historismus

Ab dem letzten Drittel des 19. Jh. war die dominierende Kunstrichtung in Budapest der Historismus, der auf alle klassisch gewordenen Baustile zurückgriff. Die Gebäude aus dieser Zeit geben der Stadt bis heute ihr Gepräge. Auftraggeber waren die öffentliche Hand und das Großbürgertum, die in monumentalen Prunkbauten die Bedeutung der Nation bzw. ihren Reichtum zur Schau stellen und die Kaiserstadt Wien an Pracht übertreffen wollten.

Wichtigster Architekt war *Miklós Ybl* (1814–1891), der für die Entwürfe zur Oper, zum Várkert und zum Hauptzollamt, für die Fertigstellung der Stephansbasilika und die Erweiterung des Budaer Burgpalast Formen der Neorenaissance wählte. Von ihm stammt auch der Plan für den Prachtboulevard Andrássy út. Das Parlament, Budapests größtes historistisches Bauwerk, schuf *Imre Steindl* (1839–1902). *Frigyes Schulek* (1841–1919) regotisierte die Matthiaskirche und errichtete ein Wahrzeichen der Stadt: die neoromanische Fischerbastei. *Samu Pecz* (1854–1922) bevorzugte bunte Keramikdächer, wie die Reformierte Kirche in Víziváros, die Zentrale Markthalle und das Nationalarchiv zeigen. Den Heldenplatz mit seinen beiden Museen entwarf der aus Galizien stammende *Albert Schickedanz* (1846–1915). Zur eklektischen Spät-

Das Parlament – Historismus in seiner schönsten Form

phase des Historismus, die ein echter Stil-Mix kennzeichnet, zählen der Justizpalast (heute Ethnographisches Museum) und das Palais New York, beide von *Alajos Hauszmann* (1847–1926). Hauszmann vollendete auch den Ausbau des Burgpalastes. Das aus Kopien zusammengewürfelte Schloss Vajdahunyad im Stadtwäldchen plante *Ignác Alpár* (1855–1922), der sich sonst als Spezialist für Bankgebäude einen Namen machte.

Mindestens so prächtig wie die Fassaden ist auch die Innenausstattung der Gebäude. Die meisten der Fresken malten der Deutsch-Ungar *Károly Lotz* (1833–1904), *Mór Than* (1828–1899) und *Bertalan Székely* (1835–1910) – und am prächtigsten gerieten ihre Werke im Parlament, in der Oper und in der Matthiaskirche. Székely schuf darüber hinaus auch monumentale Schlachtengemälde, ebenso sein Kollege *Gyula Benczúr* (1844–1920); bestaunen kann man ihre Arbeiten in der Nationalgalerie im Burgpalast. Weitere Räume sind dort dem Maler *Mihály Munkácsy* (1844–1900) gewidmet, der es als einziger zu internationalen Ruhm brachte. Nach Studien in Wien und München hatte er sich in Paris niedergelassen und, beeinflusst von Gustave Courbets Realismus, historische und biblische Großgemälde geschaffen – sein monumentales Wandbild „Die Landnahme“ (1896) schmückt das Budapester Parlament. Munkácsys Zeitgenossen *László Paál* (1846–1879) und *Pál Szinyei Merse* (1845–1920) waren die Wegbereiter des ungarischen Impressionismus. Das Ölbild „Picknick im Mai“ (1873) von Szinyei Merse gilt als Ungarns bekanntestes Gemälde und ist ebenfalls in der Ungarischen Nationalgalerie zu sehen.

Viele Plastiken auf den Plätzen der Stadt sind Werke des späten 19. Jh. Meistbeschäftigter Bildhauer war *Alajos Stróbl* (1856–1926), der etwa den Matthiasbrunnen im Burgpalast, die Statuen von Jokaí und Arany, die von Erkel und Liszt an der Oper, die

Musterbeispiel ungarischen Jugendstils – das Geologische Institut

Stephansstatue auf der Fischerbastei und das Kossuth-Mausoleum im Kerepesi-Friedhof entwarf. *György Zala* (1858–1937) schuf die Statuen für das Milleniumsdenkmal am Heldenplatz und das Elisabeth-Denkmal in Buda.

Ungarischer Jugendstil

Als Gegenbewegung zum auf Nachahmung reduzierten Historismus etablierte sich Ende des 19. Jh. der Jugendstil, der in Ungarn eigene Formen entwickelte und heute als *der* Nationalstil des Landes gilt. Folkloristische Motive, indisch-orientalische Muster und die Verwendung bunter Majolika-Fliesen für Dächer und Fassaden, die dafür eigens von der Keramik-Manufaktur Zsolnay im südungarischen Pécs hergestellt wurden, sind seine typischen Kennzeichen. Vater des ungarischen Jugendstils war der Architekt *Ödön Lechner* (1845–1914), seine Hauptwerke sind in Budapest zu sehen: das Kunstgewerbemuseum mit grüner Kuppel (1896), das Geologische Institut mit blauem Keramikdach (1899) und die gelb-grün gedeckte Postsparkasse (1901). Auch die Ladislauskirche in Kőbanya (1890), das Haus in der Váci utca 11, eine Villa hinter dem Stadtwäldchen (1905) und das Schmidl-Mausoleum am Jüdischen Friedhof (1903) stammen von ihm. Ebenfalls zum Jugendstil zählen das Palais Gresham (1907) sowie Eingangstor und Elefantenhaus im Zoologischen Garten (1911). Prächtige Interieurs haben sich in der Franz-Liszt-Musikakademie, im Gellért-Bad und im Geschäftslokal „Philanthia" in der Váci utca 9 erhalten. Bei dieser Fülle an Jugendstilobjekten steht Budapest in einer Reihe mit Städten wie Brüssel, Wien und Barcelona.

Bedeutende Maler dieser Zeit waren *József Rippl-Rónai* (1861–1927), dessen dekorativ-flächige Werke (u. a. „Dame im weißen Tupfenkleid", 1899) in der Nationalgalerie zu bestaunen sind, sowie *Tivadar Csontváry Kosztka* (1861–1927), dessen naive, teils abstrakte Gemälde künstlerisch kaum einzuordnen sind.

Die Moderne

Mit Ödön Lechners begabtestem Schüler *Béla Lajta* (1875–1920) kündigte sich in der ungarischen Baukunst die Moderne an. Exemplarisch seien zwei von Lajtas Bauten genannt: das Neue Theater von 1909 und das Rózsavölgyi-Haus am Servita tér 5 (1912). Während in den 1930ern unter dem Einfluss des Bauhausstils einige bemerkenswerte Wohnhausanlagen wie die Madach-Häuser am Deák tér entstanden, hinterließ die Architektur des Sozialistischen Realismus ihre Spuren vor allem in gesichtslosen Plattenbausiedlungen in den Randbezirken Kőbanya, Újpest, Óbuda und Kelenföld. Am Pester Donauufer wurde eine unattraktive Hotelzeile hochgezogen, am Burgberg 1976 das umstrittene Hotel Hilton errichtet.

Als Gegenbewegung etablierte sich in den 1970ern die **Organische Architektur.** Anstelle des Zweckbaus steht die organische Verbindung der Gebäude mit der Umgebung im Vordergrund, etwa durch lokale Baumaterialien oder dem Umfeld angepasste Oberflächengestaltung – Mensch und Natur dienen der architektonischen Formgebung als Inspirationsquelle. Hauptvertreter und berühmtester zeitgenössischer Architekt dieser Strömung ist *Imre Makovec* (geb. 1935), dessen Werke vorwiegend in den ländlichen Regionen Ungarns zu finden sind. In Budapest schuf er 1975 das Innere der Aufbahrungshalle am Farkasréti-Friedhof. Nach der Wende 1989 war *József Finta* (geb. 1955), ein Vertreter der Postmoderne, am aktivsten – er zeichnet für das Westend Center, das Hotel Kempinski und das Bank Center verantwortlich. An internationalen Architekten waren in jüngster Vergangenheit auch *Erik van Egeraat* und *Jean-Paul Viguier* in Budapest tätig, doch die ganz großen Namen waren (noch) nicht darunter.

Zwei bekannte ungarische Bildhauer des 20. Jh. sind mit ihren Werken aus Metall in Budapest stark präsent. *Imre Varga* (geb. 1923) gestaltete das Holocaust-Denkmal, die „Frauen mit Schirm“ in Óbuda, das Wallenberg-Denkmal, das Kodály-Denkmal am Burgberg sowie die Statue beim Bartók-Haus; weitere Werke sind in der Imre-Varga-Sammlung in Óbuda zu sehen. *László Marton* (geb. 1925) schuf die Liszt-Figur am Liszt-Ferenc-tér, die „Kleine Königstochter“ am Donaukorso und das Attila-József-Denkmal beim Parlament. Eine Wiederbelebung alten Keramikhandwerks in modernen Formen gelang *Margit Kovács* (1902–1977), der in Szentendre ein Museum gewidmet ist. Ungarns berühmtester Maler des 20. Jh. war *Victor Vasarely* (1908–1997), der seit 1930 in Paris lebte und zum Begründer der Op-Art wurde; einen guten Überblick über sein Œuvre gibt das Museum in Óbuda.

Die „Kleine Königstochter“ am Donaukorso

Keleti pályaudvar – am Ostbahnhof kommen die Züge aus dem Westen an

Anreise

Ungarns Hauptstadt liegt nah. Von München nach Budapest ist es kaum weiter als nach Hamburg, von Nürnberg genauso weit wie nach Paris, von Zürich sind es 1000 und von Wien nurmehr 280 km in die ehemals königliche Schwesterstadt.

Mit dem Flugzeug

Sicher die schnellste Lösung und manchmal auch die günstigste. Zahlreiche Airlines fliegen Budapest direkt an, die Flugzeit ab Berlin und Zürich liegt unter zwei Stunden, ab München sind es 70 Minuten.

Direktflüge mehrmals täglich bieten *Lufthansa* (www.lufthansa.com) und die nationale ungarische Fluggesellschaft *Malév* (www.malev.hu) ab Berlin, Frankfurt, Düsseldorf und München an. *Austrian* (www.aua.com) fliegt ab Wien, *Swiss* (www.swiss.com) und *Malév* heben in Zürich und Basel ab. Die günstigsten Tarife für Hin- und Rückflug liegen bei 140 bis 180 € und sind für Frühbucher erhältlich. Reguläre Tickets kosten ab 260 € aufwärts. Von den Billig-Airlines fliegen *German Wings* (www.germanwings.com) ab Köln-Bonn und Stuttgart sowie *Easy Jet* (www.easyjet.com) ab Berlin-Schönefeld und Dortmund täglich nach Budapest. Mehrmals wöchentliche Verbindungen bieten *Air-Berlin & Niki* (www.airberlin.de, www.flyniki.com) ab Nürnberg, Düsseldorf, Hannover und Hamburg an (Stand: Frühjahr 2007). Wer Monate im Voraus bucht, kann eines der seltenen 19- oder 29-Euro-Tickets der genannten Billig-Airlines ergattern, in der Regel zahlt man für Hin- und Rückflug 100–160 €. Zu buchen sind die Flüge über die Websites der Airlines oder in (Online-)Reisebüros.

Flughafen in Budapest

Der internationale Flughafen *Ferihegy* liegt in den östlichen Außenbezirken Budapests, 25 km von der Innenstadt entfernt, und verfügt über drei Terminals: In *Ferihegy 2B* starten und landen alle ausländischen Fluglinien, *Ferihegy 2A* ist für die ungarische Malév reserviert. Stadtnäher (16 km vom Zentrum) ist *Ferihegy 1*, das Terminal für Billigflieger. Zwischen den Terminals verkehren Shuttle-Busse.

Für den Weg vom Flughafen in das Stadtzentrum gibt es folgende Möglichkeiten:

Airport Minibus: eine Art Sammeltaxi für 8 bis 11 Passagiere. Der Minibus verkehrt von 5–1 Uhr alle 20–30 Min. zwischen Flughafen und allen Budapester Adressen. Tickets am Airport-Minibus-Schalter am jeweiligen Terminal. Tickets: einfach 2.300 HUF, hin und zurück 3.900 HUF. Für den Rückflug kann man den Minibus telefonisch bis spätestens 24 Std. vor Abflug bestellen. ✆ 2968555 (6–22 Uhr). www.airportshuttle.hu.

Bus 200 (Reptéri busz): verbindet Terminal 1 und 2 mit der Endstation der Metro 3 (Ⓜ 3) Kőbánya–Kispest, von 4.30–23.45 Uhr alle 10–20 Min. Fahrzeit 12–24 Min., als Ticket genügt ein Einzelfahrschein der BKV (→ Unterwegs in Budapest).

Bus 93: verbindet Terminal 1 mit Metro 3 (Ⓜ 3) Kőbánya–Kispest, allerdings nur Mo–Fr 4.55–20 Uhr, Sa 6.25–14 Uhr alle 30 Min.

Taxi: Seit August 2006 darf nurmehr Zónataxi die Stellplätze am Flughafen benutzen, womit der jahrelange Taxikrieg mit überteuerten Fahrtkosten beendet ist. Maximal zulässiger Tarif für eine Fahrt vom Flughafen in die Stadt sind 3.600 HUF. ✆ 3655555. www.zonataxi.eu.

Ferihegy-Express: Die Schnellbahn zwischen Ferihegy und Ostbahnhof (Keleti pu.) soll bis 2010 fertig sein.

Flughafeninfos und Auskunft: ✆ 2969696. www.bud.hu.

Mit der Bahn

Budapest ist an das europäische Schienennetz bestens angebunden. Züge aus West- und Süddeutschland sowie aus der Schweiz fahren über Wien. Wer aus Nord- und Ostdeutschland anreist, gelangt über Prag und Bratislava in die ungarische Hauptstadt.

Direktverbindungen nach Budapest gibt es **tagsüber** 2x tägl. von Berlin (Fahrtdauer ca. 12 Std.), 1x tägl. von Hamburg (ca. 14 Std.), Frankfurt/Main (10½ Std.), Nürnberg (8 Std.) und München (ca. 7 Std.). Ab Wien (ung. *Bécs*) verkehren seit 2007 die Direktzüge nach Budapest im Zwei-Stunden-Takt (ca. 3 Std. Fahrtzeit). Aus Deutschland und der Schweiz bietet sich auch eine Fahrt **über Nacht** an: *Euro-Night-Züge* mit Schlaf-, Liege- und Sitzwägen gibt es 1x tägl. ab Hamburg (*EN 491*, Fahrtdauer 16½ Std.), ab München (*EN Kálmán Imre*, 9½ Std.) und ab Zürich (*EN Wiener Walzer*, ca. 13 Std.).

Ein normales Bahnticket zweiter Klasse nach Budapest ist meist teurer als ein günstiger Flug (z. B. einfache Fahrt ab Köln ca. 140 €). Wer eines der zahlreichen Angebote von Deutscher Bahn, ÖBB und SBB nutzt, kann aber zu sehr günstigen Preisen mit dem Zug anreisen.

Sparpreis 25 und 50 (DB): Kontingentierte Sondertarife der Deutschen Bahn, bei denen man ein Viertel bzw. die Hälfte des Normalpreises (hin/zurück) sparen kann bei Kauf bis spätestens 3 Tage vor Reiseantritt, eingeschränkter Zugwahl, besonderen Stornobedingungen und Wochenendbindung. Bis zu 4 Mitfahrer erhalten darüber hinaus 10–50 %, Inhaber der BahnCard 25 zusätzlich bis zu 25 % Rabatt. Mit der kostenlosen TEE-Familienkarte können Eltern/Großeltern ihre bis zu 15 Jahre alten Kinder/Enkel gratis mitnehmen.

SparNight ab München: Sehr günstiges, kontingentiertes Angebot für Nachtzüge (z. B. EN Kálmán Imre). Wer rechtzeitig bucht, zahlt für den Sitzplatz 29 €, im Liegewagen 39 € und im Schlafwagen 59 € pro Fahrt. Online-Buchung möglich.

City Star Ticket (ÖBB), Plan und Spar Ungarn (SBB): Angebot der österreichischen bzw. Schweizer Bundesbahnen, das den Normalpreis (hin/zurück) um 25 % reduziert – bei Kauf bis spätestens 3 Tage vor Reiseantritt, eingeschränkter Zugwahl, Wochenendbindung und keinerlei

Umtauschmöglichkeit. Bis zu 4 Mitfahrer erhalten darüber hinaus 20–50 % Nachlass, Inhaber der ÖBB-Vorteilscard oder eines SBB-Halbtax-Abos, jeweils mit Railplus, zusätzlich bis zu 25 % Rabatt. Eltern/Großeltern können ihre bis 15 Jahre alten Kinder/Enkel gratis mitnehmen.

Sparschiene ab Wien und Graz: Wien-Budapest oder Wien-Graz (jeweils einfach) für nur 19 € pro Person! Allerdings kontingentiertes Angebot, Zugbindung und keine Sitzplatzreservierung. Kann bis 3 Monate im Voraus gekauft werden und ist für Kurzentschlossene meist nicht mehr erhältlich.

Europa Spezial/Surf und Rail (DB): Für Online-Bucher hat die DB günstige, allerdings kontingentierte Tickets (nur 2. Klasse) für Direktzüge ab Frankfurt, Nürnberg und München nach Budapest und retour im Angebot. Sie kosten 29 bis 49 €.

Information im Internet: www.bahn.de, www.oebb.at, www.sbb.ch, www.citynightline.ch, www.nachtzugreise.de. Die Ungarischen Staatsbahnen *(Magyar Államvasutak)*, bekannt unter ihrem Kürzel MÁV, bieten auf www.mav.hu und www.elvira.hu Infos in Deutsch.

Nyugati pályaudvar – vom Westbahnhof geht es in den Osten

Bahnhöfe in Budapest

Die Stadt verfügt über drei große, stark modernisierungsbedürftige Bahnhöfe (*pályaudvar*, abgekürzt pu.). Internationale Züge aus dem Westen und Norden kommen nahezu alle am **Ostbahnhof** *(Keleti pályaudvar)* an, einer Stahlkonstruktion aus dem 19. Jh. Vom **Westbahnhof** *(Nyugati pályaudvar)*, dessen imposante eiserne Halle vom Pariser Büro Eiffel (das mit dem Turm!) gebaut wurde, verkehren die Züge Richtung Osten und in den Süden Ungarns. Der **Südbahnhof** *(Déli pályaudvar)* dient dem Verkehr Richtung Plattensee und Kroatien. Der moderne Betonklotz liegt in Buda, Ost- und Westbahnhof liegen in Pest.

Klein- und organisierte Kriminalität beherrscht leider die Budapester Bahnhöfe. Man sollte daher sein Gepäck niemals unbeaufsichtigt lassen und nicht länger als nötig verweilen. In direkter Nachbarschaft aller drei Bahnhöfe gibt es Metro-Stationen (Ⓜ) und damit eine direkte Anbindung ans hauptstädtische Verkehrsnetz.

Keleti pályaudvar (Ostbahnhof) → Karte S. 243, VIII., Baross tér, ✆ 4134610. Internationaler Fahrkartenschalter 6.40–18.40 Uhr. Metro 2 (Ⓜ2) Keleti pu., Bus 7, 7A, 78.

Nyugati pályaudvar (Westbahnhof) → Karte S. 179, VI., Nyugati tér, ✆ 3498503. Metro 3 (Ⓜ3) Nyugati pu., Ⓣ 4, 6.

Déli pályaudvar (Südbahnhof) → Karte S. 103, I., Krisztina körút 37/A, ✆ 3756593. Metro 2 (Ⓜ2) Déli pu., Bus 7, Ⓣ 18, 59, 61.

Gepäckaufbewahrung *(Csomagmegőrző)* am Keleti pu. und Déli pu. 0–24 Uhr, am Nyugati pu. 5–24 Uhr. Kleine Gepäckstücke kosten 300 HUF, große 600 HUF pro Tag.

Mit dem Bus

Die weniger bekannte Alternative zur Bahn – sie ist deutlich preiswerter, bei langer Fahrtzeit aber auch anstrengender. Der internationale Busverband *Eurolines*, dem in Ungarn *Volánbusz*, in Deutschland die *Deutsche Touring*, in Österreich *Blaguss Reisen* und in der Schweiz *Alsa+Eggmann* angehören, bietet ganzjährig fahrplanmäßige Busverbindungen nach Budapest an. Abgefahren wird von rund 20 Großstädten in Deutschland und den 6 größten Städten Österreichs und der Schweiz. Die Busse verkehren 1x bis 4x pro Woche, ab Wien (U3-Station Erdberg oder Flughafen Wien) sogar 4x täglich (Fahrtdauer 3½ Std.).

Die Preise für Hin- und Rückfahrt liegen je nach Entfernung zwischen 146 € (z. B. Frankfurt/Main) und 43 € (Wien). Ermäßigungen gibt es für Kinder unter 12 (80 %), Studenten unter 26 und Senioren über 60 Jahren (je 10 %) sowie Frühbucher (bis 20 %). Ein Handgepäck und zwei Gepäckstücke werden kostenlos befördert. Tickets erhält man in den Büros der Busunternehmen (s. u.) und online.

Ankunftsstation der Busse aus dem Ausland ist der moderne Budapester Busbahnhof **Népliget** im südlichen Teil von Pest (Metro 3 Népliget).

Busbahnhof Népliget → Karte S. 243, Ticketverkauf Mo–Fr 6–18/19 Uhr, Sa/So 6–16/18 Uhr (die längeren Öffnungszeiten gelten für die Hauptsaison). Gepäckaufbewahrung *(Csomagmegőrző)* tägl. 6–21 Uhr, 250 HUF/Gepäckstück. Auskunft (6–20 Uhr) unter ✆ 0036-1-2198080. IX., Üllői út 131. Metro 3 (Ⓜ 3) Népliget, Ⓣ 1.

Volánbusz, Travel Centre am Népliget-Busbahnhof (s. o.); Travel Centre in der Pester Innenstadt, VIII., Rákóczi út 49/a. ✆ 0036-1-3182122. www.volanbusz.hu (in Englisch).

Deutsche Touring GmbH, Am Römerhof 17, 60486 Frankfurt/Main, ✆ 069/790350. Ticketverkauf auch in den 14 Verkaufsstellen der Touring in deutschen Großstädten, den Reisezentren der Deutschen Bahn und online unter www.deutsche-touring.com.

Blaguss Reisen/Eurolines Austria, Ticketverkauf an der U 3-Station Erdberg, 1030 Wien, Erdbergstraße 202, ✆ 0043-(0)1-7982900; in Reisebüros in St. Pölten, Salzburg und Linz sowie online unter www.eurolines.at.

Mit dem eigenen Fahrzeug

Wegen flächendeckender Parkgebühren und häufig vorkommender Autodiebstähle bzw. -aufbrüche ist die Anreise mit dem eigenen Fahrzeug nur eingeschränkt zu empfehlen. Von Westdeutschland und der Schweiz führen die Wege nach Budapest über Österreich. Man benutzt ab Wien die österreichische Ostautobahn A 4 bis zum Grenzübergang Nickelsdorf-Hegyeshalom und dann die ungarische Autobahn M 1 (E 60) über Györ und Tatabánya. Aus dem Osten Deutschlands bietet sich auch die Anreise via Dresden auf der E 55 nach Prag, über die tschechische Autobahn D 1/E 65 bis Brno/Brünn, die slowakische Autobahn D 2/E 65 bis Bratislava/Preßburg, den Grenzübergang Rajka und weiter über die ungarischen Autobahnen M 15 und M 1 an.

Der kürzeste, nicht unbedingt schnellste Weg für Reisende aus dem Süden Österreichs führt auf der Südautobahn A 2 bis Ilz/Fürstenfeld und weiter entlang der B 319 zum Grenzübergang Heiligenkreuz-Rábafüzes. Auf ungarischer Seite führt die E 66 auf der Nationalstraße 8 weiter bis Székesfehérvár, von wo man das letzte Stück bis Budapest auf der Autobahn M 7 zurücklegt.

Autobahnvignette Österreich: Pkw: 10-Tages-Vignette 7,60 €, 2-Monats-Vignette 21,80 €, Jahresvignette 72,60 €. Motorrad: 10-Tages-Vignette 4,30 €, 2-Monats-Vignette 10,90 €, Jahresvignette 29 €. Vignetten erhält man bei den Automobilclubs, an grenznahen Tankstellen, bei Postämtern und Tabaktrafiken.

Autobahnvignette Tschechien: Pkw: 7-Tages-Vignette 200 Tschech. Kronen (7 €), 1-Monats-Vignette 300 CZK (10,6 €), Jahresvignette 900 CZK (32 €). **Slowakei**: Pkw: 7-Tages-Vignette 150 Slowak. Kronen (4,3 €), 30-Tages-Vignette 300 SKK (8,7 €), Jahresvignette 1.100 SKK (ca. 32 €). In beiden Ländern keine Vignettenpflicht für Motorräder. Erhältlich ist die Vignette an der Grenze und in grenznahen Tankstellen.

Autobahnvignette *(Matrica)* Ungarn: Pkw/Motorräder: 4-Tages-Vignette 1.170 HUF (1. 5.–30. 9. 1.530 HUF), 10-Tages-Vignette 2.550 HUF, Monatsvignette 4.200 HUF, Jahresvignette 37.200 HUF. Vignetten sind an der Grenze und in größeren Tankstellen erhältlich.

Mit dem Tragflügelboot aus Wien direkt nach Budapest

Vignettenpreise: Stand 2007. Aktuelle Informationen zu Ungarns Autobahnen auf Deutsch unter www.autobahn.hu.

Licht am Tag: In Österreich und Tschechien muss auf allen Straßen ganztätig mit Abblendlicht gefahren werden, in der Slowakei nur von 15. Okt. bis 15. März, in Ungarn ganzjährig nur außerhalb von Ortschaften.

Verkehrsvorschriften in Ungarn: Das Tempolimit beträgt auf Autobahnen 130 km/h, auf Schnellstraßen 110 km/h, auf Landstraßen 90 km/h und im Ortsgebiet 50 km/h. Die Promillegrenze liegt bei 0,0 – Verstöße werden streng bestraft (Geldbußen bis 30.000 HUF). Telefonieren während der Fahrt ist nur mit Freisprechanlage gestattet. Seit März 2007 werden Verkehrsstrafen über 70 € EU-weit eingetrieben.

Pannenhilfe: ✆ 188 bzw. ✆ 0036-1-3451755.

Mit dem Schiff

Von etwa Anfang April bis Ende Oktober verkehren auf der Donau zwischen Wien und Budapest täglich Tragflügelboote. Die Fahrtzeit stromabwärts beträgt 5½ Std., stromaufwärts 6½ Std. Die einfache Fahrt kostet 79 €, das Return-Ticket 99 €. Studenten mit Ausweis erhalten 10 € Rabatt, Kinder (6–15 J.) zahlen die Hälfte. Ein Fahrrad schlägt mit 20 € je Fahrt zu Buche.

In Wien legt das Schiff beim DDSG Schifffahrtszentrum an der Reichsbrücke ab (U 1 Vorgartenstraße), Anlegestelle in Budapest ist der Belgrad-Kai (V., *Belgrád rakpart*) am Pester Ufer zwischen Elisabeth- *(Erzsébet híd)* und Freiheitsbrücke *(Szabadság híd)*.

Info/Buchung: Eine Fahrkarte ist schriftlich bzw. online zu reservieren bei MAHART PassNave, V., Belgrád rakpart, ✆ 0036-1-4844010, 4844025, 4844005, ✆ 0036-1-266-4201, hydrofoil@mahartpassnave.hu, www.mahartpassnave.hu oder www.wien-tragfluegelboot.budapestreisen.com.

Unterwegs in Budapest

Das Netz der öffentlichen Verkehrsmittel in Budapest ist mit 180 Buslinien, 14 Trolleybus-, 34 Tram- und drei Metrolinien gut ausgebaut. Der Transport ist schnell und nach den enormen Preissteigerungen der letzten Jahre mittlerweile fast so teuer wie in Berlin oder Wien.

Rund 1,4 Milliarden Fahrgäste werden alljährlich von den Budapester Verkehrsbetrieben **BKV** befördert (www.bkv.hu/angol). Aufgrund des dichten Netzes soll kein Punkt in der Stadt mehr als 500 m von der nächsten Haltestelle entfernt sein. Neben Metro (Ⓜ), Tram (Ⓣ) und Bus kommen im Stadtgebiet noch die HÉV-Vorortbahn und andere ungewöhnliche Verkehrsmittel, wie Wasserbusse und Seilbahnen (s. u.), zum Einsatz. Wegen des höllischen Verkehrs ist es nicht empfehlenswert, die Stadt mit dem eigenen Fahrzeug oder dem Fahrrad zu erkunden.

Tram Nr. 4: Stadtrundfahrt am Großen Ring

Betriebszeiten, Fahrpläne, Fahrkarten

Metro, Busse, Trolley-Busse, Straßenbahnen und die HÉV-Vorortbahn fahren täglich von 4.30 bis ca. 23.15 Uhr. In der Innenstadt und auf den Hauptstrecken wird ein Takt von meist nur wenigen Minuten eingehalten. Ab 23.30 Uhr übernehmen 30 Nachtbuslinien die Beförderung. Sie verkehren alle 30–60 Minuten.

Fahrpläne des gesamten öffentlichen Verkehrsnetzes hängen im Eingangsbereich der Metrostationen. In den gängigen Stadtplänen sind Tram- und Buslinien meist ohne Haltestellen eingetragen. Fahrpläne einzelner Linien gibt es zum Download unter www.bkv.hu/angol (englisch). Wichtige Fahrplan-Vokabeln enthält der kurze Sprachführer am Ende dieses Buchs.

Fahrkarten *(Jegyek)* erhält man nur im Vorverkauf. Man bekommt sie an den Fahrkartenschaltern *(Pénztár)* in größeren Metrostationen (tägl. 6–20 Uhr), an den nicht sehr zahlreichen Automaten (nur Metro-Tickets und Einzelfahrscheine; englische Menüführung), in Tabakläden oder in Zeitungskiosken. Kinder unter 6 Jahren fahren gratis, danach zahlen sie den vollen Preis. Stand der Preise: 2007.

Einzelfahrschein *(Vonaljegy):* Gilt für die gesamte Länge (ohne Umsteigen!) einer Metro-, Bus-, Tram- oder Zahnradbahnfahrt sowie für eine Fahrt mit der Vorortbahn HÉV innerhalb der Stadtgrenzen – jeweils für die Dauer von 60 Min. Bei jedem Umsteigen muss ein neuer Fahrschein gelöst werden. Die Fahrscheine sind bei der Metro vor Fahrtantritt bzw. in den Bussen und Straßenbahnen an den Automaten im

Hier fährt Europas zweitälteste U-Bahn

Wageninneren zu entwerten. Bei den älteren Entwertern muss man die Karte von oben einführen und den schwarzen Schacht zu sich ziehen. Einzelfahrscheine kosten 230 HUF, günstiger sind sie im 10er-Block (2.050 HUF) und 20er-Block (3.900 HUF).

Metro-Tickets: Wer nur U-Bahn fährt, kann dafür eigene, billigere Tickets verwenden. Teilstreckenkarten bis 3 Stationen ohne Umsteigen *(Métroszakaszjegy)* kosten 180 HUF, bis 5 Stationen mit Umsteigen *(Métroszakasz-átszállójegy)* 250 HUF, Umsteigekarten für mehr als 5 Stationen *(Métro-átszállójegy)* 380 HUF.

Tageskarte *(Napijegy):* Sie gilt einen Kalendertag (0–24 Uhr) für alle Verkehrsmittel und muss nicht entwertet werden. Der Preis von 1.350 HUF lohnt daher erst, wenn man mindestens sechs Fahrten plant.

3-Tage-Touristenkarte *(Turistajegy):* Gilt drei Kalendertage, muss nicht entwertet werden und kostet 3.100 HUF.

7-Tage-Karte *(Hetijegy):* Die nicht übertragbare Karte gilt 7 Tage ab dem eingetragenen Datum, muss nicht entwertet werden und kostet 3.600 HUF.

Zeitkarten für 14 und 30 Tage: Für diese Karten wird ein Passfoto benötigt; Preis: 4.800 bzw. 7.350 HUF.

Budapest Karte *(Budapest Kártya):* Sie ermöglicht die kostenlose Benutzung der Verkehrsmittel (s. u.).

Schwarzfahren: Die Fahrscheine werden sehr häufig von Kontrolleuren an den Metroausgängen oder in Straßenbahnen überprüft – deshalb die Fahrkarte stets bis zum Ende der Fahrt aufbewahren. Wer als Schwarzfahrer erwischt wird, zahlt sofort eine Geldbuße von 2.500 HUF, später mit Scheck 7.500 HUF.

BKV-Kundencenter: Auskünfte, Fahrpläne, Fundbüro Mo–Fr 8–17 Uhr. VII., Akácfa u. 18, ✆ 4616688-4. Metro 2 (Ⓜ2) Blaha Lujza tér.

Budapest-Karte *(Budapest Kártya)*

Die viel beworbene Karte gewährt kostenlose Fahrt mit den öffentlichen Verkehrsmitteln, freien oder um 20 % ermäßigten Eintritt in 60 Museen und Sehenswürdigkeiten sowie weitere Vergünstigungen von 10–20 % in Geschäften, Restaurants und Bädern. Die 48-Std.-Karte kostet für einen Erwachsenen und 1 Kind bis 14 Jahre 6.450 HUF (ca. 25,5 €), die 72-Std.-Karte 7.950 HUF (ca. 31 €). Die Karte ist in Tourismusbüros, Reisebüros, Hotels und an größeren Metro-Stationen (Ⓜ) erhältlich. Seit der Eintritt in viele große Museen frei ist, lohnt der Kauf der Karte nicht unbedingt.

Mit der Metro

Die drei Metrolinien M 1, M 2, M 3 mit insgesamt rund 30 km Strecke treffen sich an der Station Deák Ferenc tér in der Pester Innenstadt. An einer vierten Linie zwischen Kelenföld im Süden von Buda und dem Keleti-Bahnhof wird zur Zeit gebaut. Ein erster Abschnitt soll Ende 2009 mit fahrerlosen U-Bahnen in Betrieb gehen.

Metro 1 (gelb): Diese Linie (*Kisföldalatti*, „kleine U-Bahn" genannt) verbindet den Vörösmarty tér in der Pester Innenstadt mit dem Nordwestrand des Stadtwäldchens und verläuft großteils direkt unter der Andrássy út. Sie ist die älteste Untergrundbahn des europäischen Kontinents (nur die Londoner ist älter) und hat ein eigenes, kleines Museum am Deák tér (→ S. 181).

Metro 2 (rot): Diese Linie verbindet Buda mit Pest. Sie beginnt beim Südbahnhof (Déli pu.), quert die Donau unterirdisch und führt via Ostbahnhof (Keleti pu.) bis zum Örs vezér tere. Seit 2003 und noch bis 2008 wird sie umfassend modernisiert und ist daher zeitweise nur eingeschränkt in Betrieb.

Metro 3 (blau): Sie durchfährt Pest in Nord-Süd-Richtung von Újpest-Központ über Kálvin tér bis Kőbanya/Kispest.

Mit Bus und Tram

Das dichte Liniennetz der Busse durchzieht die ganze Stadt. Die normalen **Busse** *(Busz)* sind dunkelblau. Mit schwarzer Liniennummer halten sie an jeder Haltestelle, mit roter nur an größeren Verkehrsknotenpunkten. Wer aussteigen möchte, muss dies durch Drücken des Haltewunschknopfs ankündigen. Liniennummern mit rotem „E" *(Expressz)* fahren meist ohne Zwischenhalt bis zur Endstation. Die **Trolleybusse** *(Trolibusz)* sind dunkelrot und mit Nummern von 70 aufwärts gekennzeichnet – 1949 gingen sie aus Anlass von Stalins 70. Geburtstag erstmals in Betrieb. Die **Nachtbusse** tragen 900-er Nummern und können mit den üblichen Tickets ohne Zuschlag benutzt werden. Man muss an der Vordertür einsteigen und dem Fahrer den Fahrschein vorweisen. Bus 906 folgt dabei der Route von Tram 6, Bus 979 übernimmt die Route der Metro 1, Bus 950 die der Metro 3.

Die gelben **Straßenbahnen** *(Villamos)* sind meist schneller als Busse und vor allem auf Hauptstrecken unterwegs. Auf den Ringlinien 4 und 6 sind auch moderne, ebenfalls gelbe Niederflurzüge unterwegs.

Stadtrundfahrt mit Tram und Bus

Einige Budapester Straßenbahnen und Busse befahren schöne touristische Routen und lassen sich zu Stadtrundfahrten kombinieren:

Tram 2 fährt das aussichtsreiche Pester Donauufer entlang vom Palast der Künste im Süden bis auf Höhe der Margaretenbrücke. Dort kann man in **Tram 4** oder **Tram 6** umsteigen, mit der es am Großen Ring entlang und über die Petőfi-Brücke mit schönem Stadtpanorama in den Süden Budas geht. An der Endstation wechselt man in **Tram 18,** die vorbei am Gellért-Platz an der Rückseite des Burgbergs zum Moszkvá tér (Metro 2) bringt. Hier könnte man in den dunkelblauen **Várbusz** (*vár* = Burg) umsteigen, mit dem es in das Burgviertel hinaufgeht. Von der Várbusz-Endstation am Disz tér bringt **Bus 16** wieder über die Kettenbrücke hinüber nach Pest zum Deák tér (Metro 1, 2, 3). Von hier könnte man mit den **Tramlinien 47** oder **49** am Kleinen Ring entlang und über die Freiheitsbrücke wieder zum Gellért-Platz fahren, von wo es schließlich mit **Tram 19** das Budaer Donauufer bis zum Batthyány tér (Metro 2) geht.

Mit den HÉV-Vorortlinien

Die vier HÉV-Linien verbinden Budapest mit seinen ringsum gelegenen Vororten. Sie werden vorwiegend von Tagespendlern benutzt, Touristen gelangen mit den grünen Bahnen zu den Ausflugszielen vor den Toren der Stadt: vom **Batthyány tér** (Metro 2) in alle 10–20 Minuten via Óbuda und Aquincum nach Szentendre, von **Örs vezér tere** (Metro 2) vorbei am Hungaroring zum Schloss Gödöllő.

Innerhalb der Stadtgrenzen gelten auch bei der HÉV die üblichen Fahrscheine, jenseits davon sind Anschlusskarten *(HÉV-menetjegy)* zu lösen (90 HUF pro Zone).

Mit der Zahnradbahn in die Budaer Berge

Mit dem Schiff

Von Anfang Mai bis Ende August verkehrt auf der Donau täglich ein Linienschiff *(Hajójárat)* zwischen **Boráros tér** an der Petőfi-Brücke im Süden Pests bis nach **Csillaghegy** weit im Norden Budas. Touristisch relevante Anlegestellen entlang der zweistündigen Route, die Mo–Fr 4x bis 6x (Sa/So häufiger) befahren wird, sind Batthyány tér (Metro 2), die beiden Schiffshalte auf der Margareteninsel und Rómaifürdő ganz im Norden.

Tickets: BKV-Karten gelten nicht, man muss eigene Tickets an den Anlegestellen kaufen Einfache Fahrt: 600 HUF, Kinder (4–14 J.) 300 HUF, Fahrrad 500 HUF.

Sonstige Nahverkehrsmittel

Budapest verfügt über weitere reizvolle Transportmittel, die bei den jeweiligen Stadttouren erläutert werden. So bringt eine Standseilbahn auf den Burgberg (→ Tour 1, 2) und Zahnradbahn, Sessellift und Kindereisenbahn verbinden die Stadt mit den Budaer Bergen (→ Tour 14).

Mit dem Taxi

Die offiziellen Budapester Taxis tragen ein gelbes Nummernschild und eine gelbe Taxi-Leuchte auf dem Dach – darauf sollte man achten, denn die vielen illegalen Betreiber in der Stadt verlangen unverschämt hohe Preise. Überhaupt empfiehlt sich, den Fahrpreis bereits vor dem Einsteigen zu vereinbaren und darauf zu bestehen, dass der Taxameter eingeschaltet wird. Billiger und sicherer ist es, ein Taxi telefonisch vorzubestellen als auf der Straße anzuhalten! In den Call-Centern der unten genannten legalen Taxi-Betreiber wird auch deutsch oder englisch gesprochen:

Tarife: Der Preis setzt sich aus Grundgebühr (300–420 HUF), Kilometergeld (240–340 HUF/km) und Wartegebühr zusammen und ist nicht gerade günstig. Nächtens ist es um ca. 25 % teurer.

Taxiruf: Budataxi ✆ 233-3333, Budapest Taxi ✆ 433-3333, City Taxi ✆ 211-1111, Főtaxi ✆ 222-2222, Rádiótaxi ✆ 377-7777, Tele 5 Taxi ✆ 355-5555, 6x6 Taxi ✆ 266-6666, Taxi 2000 ✆ 200-0000.

Mit eigenem Auto

Zum Horrortrip kann es für den werden, der als Ortsunkundiger mit dem eigenen Fahrzeug durch Budapest unterwegs ist: ein verwirrendes Einbahnstraßensystem, die trennende Donau zwischen Pest und Buda, zahllose Schlaglöcher, kaum Parkplätze, Chaos in der Rushhour, viele Baustellen und die berühmt-berüchtigte undisziplinierte Fahrweise der Ungarn können einem den Nerv rauben.

Parken

Aus Sicherheitsgründen sollte man sein Fahrzeug in Budapest in einem Parkhaus oder einer Parkgarage abstellen. An den Metro-3-Stationen Kőbánya-Kispest und Újpest-Városkapu gibt es bewachte P+R-Parkplätze. Zudem verfügen viele Hotels über bewachte Parkflächen oder -garagen. Nahezu in der gesamten Innenstadt sind Parkgebühren zu zahlen.

Gebührenpflichtige Parkplätze: Sie sind an Parkverbotstafeln mit der Aufschrift *Fizető övezet* zu erkennen. Meist ist Mo–Fr 8–18 Uhr eine Parkgebühr von 200–500 HUF/Std. zu bezahlen. Die kürzeste Parkdauer *(Minimális díj)* sind 15 Min., die maximale *(Maximum)* 2–3 Stunden. Den Parkschein, den man hinter die Windschutzscheibe legt, erhält man am Automaten (Menüführung meist auch in Englisch und Deutsch), den man je nach geplanter Parkdauer mit Münzen zu 10, 20, 50, 100, 200 HUF füttert (kein Retourgeld!).

Zentral gelegene Parkgaragen und -häuser: II., Retek utca. (im Mammut-Einkaufszentrum), V., Aranykéz u. 4–6 (nahe Váci utca); VIII., Üllői út/Ecke Baross út (nahe Metro 3 Kalvin tér); V., Sas utca (unter dem Platz vor der Stephansbasilika); V., József Attila u. (unter dem Roosevelt tér); V., Vécsey utca (unter dem Szabadság tér). Die Parkgaragen und -häuser sind meist 0–24 Uhr geöffnet und kosten ca. 300 HUF/Std.

Falschparken/Parkzeitüberschreitung: Es gibt keine Milde für falsch parkende Ausländer. Parkstrafen betragen rund 4.000 HUF. Falschparker finden ihr Fahrzeug häufig mit einer Radkralle wieder – ein mehrsprachiges Informationsblatt an der Scheibe erläutert, wie man diese gegen eine Geldstrafe (15.000–25.000 HUF) wieder loswird. Das zuständige Büro (V., Gerlóczy u. 2) ist von 9–20 Uhr (ab 20 Uhr Notdienst) geöffnet.

Mietwagen

Für den Stadtverkehr ist ein Mietwagen ebenso wenig ratsam wie das eigene Fahrzeug. Wer dennoch einen benötigt, sollte ihn am besten gleich zu Hause buchen. Einen guten Preisvergleich bietet www.autovermietung.de.

In Budapest ist das Geschäft mit Leihwägen ein hart umkämpftes Feld. Neben den großen internationalen Anbietern kann sich auch das 1988 von einem Deutschen gegründete Familienunternehmen Fox Autorent mit seinem flexiblen Service und günstigen Preisen behaupten.

Grundvoraussetzung für das Mieten sind ein Mindestalter von 21 Jahren und der einjährige Besitz des Führerscheins. Die Kaution ist per Kreditkarte zu hinterlegen. Ein Kleinwagen kostet ab 36 € pro Tag.

Fox Autorent, gilt als bester Autovermieter Budapests. Nach Vorbestellung (per Telefon oder online) wird das Leihauto kostenlos an die gewünschte Adresse geliefert und wieder abgeholt. Büro im Hotel Intercontinental, V., Apaczai Csere J. u. 12–14, Hauptbüro in XXII., Nagytétényi út 48–50, ✆ 3829000. www.fox-autorent.hu.

Sixt, u. a. am Flughafen Ferihegy, tägl. 8–20/22 Uhr, ✆ 2965481; im Hotel Kempinski Corvinus, V., Erzsébet tér 7–8, Mo–Fr 8–17 Uhr, ✆ 4294384. www.e-sixt.de.

Hertz, u. a. am Flughafen Ferihegy, tägl. 8–22 Uhr, ✆ 2967171; im Marriott Hotel, V., Apaczai Csere Janos u. 4, tägl. 7–19 Uhr, ✆ 2664361. www.hertz.de.

Avis, u. a. am Flughafen Ferihegy, tägl. 8–22 Uhr, ✆ 2966421; V., Szervita tér 8, tägl. 8–18 Uhr, ✆ 3184240. www.avis.de.

Mit dem Fahrrad

Radfahrer sind zwar mittlerweile in Budapests Stadtbild recht häufig, doch wegen der schlechten Luft und der riskanten Fahrweise der ungarischen Pkw-Lenker ist das Sightseeing auf dem Drahtesel kein Vergnügen. Leider ist auch der vor einiger Zeit noch ambitionierte Ausbau des innerstädtischen Radwegenetzes ins Stocken geraten. Tadellose Radfahrmöglichkeiten bieten nur die Margareteninsel und der Donauradweg am rechten Ufer bis Szentendre. Fahrräder kann man an folgenden Stellen ausleihen:

Budapestbike, unweit der Großen Synagoge, gehört zum Café Szóda. Leihräder gibt

Grüne Promenade – die Andrássy út

es halbtags für 2.000 HUF, ganztags für 3.000 HUF. Tandems kosten 3.000 HUF bzw. 5.000 HUF. VII., Wesselényi u. 18, ✆ 30/9445533. www.budapestbike.hu.

Yellow Zebra, neben dem Tourinform-Hauptbüro beim Deák tér, tägl. geöffnet. Leih-Citybikes bis 5 Std. 1.500 HUF, ganztags 2.500 HUF, 2 Tage kosten 3.500 HUF, 3 Tage 4.500 HUF. V., Sütő u. 2, ✆ 2668777. www.yellowzebrabikes.com.

Zu Fuß

Wie viele andere Städte lässt sich auch Budapest am schönsten zu Fuß erkunden. Die Stadt ist überschaubar, die Entfernungen halten sich in Grenzen und selbst die Brücken zwischen Buda und Pest sind mit rund 380 m nicht übermäßig lang. Das Burgviertel ist ohnehin verkehrsberuhigt, die Váci utca Fußgängerzone. Wegen der vielen Schlaglöcher und unebenen Stellen ist es ratsam, auf den Weg zu achten. Noch ein Hinweis: Blinkt die Fußgängerampel Grün, sollte man stehen bleiben, denn schaltet sie unterwegs auf Rot, haben die Autofahrer im selben Moment schon Grün.

Organisierte Stadttouren

Das Angebot ist groß – von der Rundfahrt per Bus, Schiff oder Rad, jeweils mit oder ohne Verpflegung. Vieles kann online gebucht werden. Offenbar ist die Sache ein gutes Geschäft, denn jedes Jahr kommen neue Anbieter hinzu.

Stadtrundfahrten mit dem Bus

Stadtrundfahrten im klimatisierten Reisebus werden von zahlreichen Veranstaltern ganzjährig angeboten (unten eine Auswahl). Die übliche Route umfasst Heldenplatz, Parlament, Matthiaskirche, Fischerbastei sowie den Blick vom Gellértberg. Die Erklärungen sind zumeist auch in Deutsch. Eine 2-stündige Tour kostet 4.500–5.000 HUF, eine 3-stündige 6.500 HUF, also etwa so viel wie zwei 3-Tageskarten der Verkehrsbetriebe. Ein Preisvergleich unter den Anbietern lohnt sich: Manchmal ist Hotelabholung im Preis enthalten, Kinder unter 12 Jahren zahlen die Hälfte oder fahren in Elternbegleitung gratis (z. B. bei *Programcentrum*), *Budatours* und *Barbie-Bus* fahren im Sommer oben offen, und nur *Programcentrum* gewährt auf die Budapest-Karte Rabatt. Informationen erhält man in den Tourinform-Büros (→ S. 93), die Anmeldung zu den Rundfahrten erfolgt in den jeweiligen Büros:

Budatours, gelbe Busse mit Aufschrift City Tour. Starten 4–9x tägl., Mai bis Okt. halbstündlich ab 9.30 Uhr. VI., Andrássy út 2, ✆ 3747070. www.budatours.hu. Metro 1 Bajcsy-Zsilinszky út.

Programcentrum, weiße Busse mit blauer Aufschrift Budapest Sightseeing. Starten 2–4x tägl. und bieten auch Ausflüge nach Gödöllő und Szentendre (jeweils 40–50 €). V., Erzsébet tér 9–10 (im Hotel Le Meridien), ✆ 13177767. www.flyandbus.com. Metro 1, 2, 3 Deák tér.

Cityrama, weiße Busse mit Aufschrift Cityrama. Starten 2x tägl., Hotelabholung gratis. Auch Stadtrundfahrten inklusive Parlamentsführung und Ausflüge nach Gödöllő und Szentendre (jeweils 40–50 €). V., Báthory

u. 22 (nahe Parlament), ✆ 3024382. www.cityrama.hu. Metro 2 Kossuth tér.

Budapest Vision/Barbie Bus, dunkelgrüne oder rosa Busse, 2–3x tägl. nur von Mitte Mai bis Ende Okt. Kinder unter 11 Jahren gratis, kostenlose Erfrischungsgetränke an Bord. Kein Büro, Anmeldung unter ✆ 30-9222111. www.barbiebus.hu.

EUrama Hop-on und Hop-off, rote Busse mit Aufschrift Budapest City-circle Sightseeing. Die mit dem Siegel „Best of Budapest" ausgezeichnete Tour gibt es nur in Englisch. Sie startet 3–7x tägl. ab Hotel Intercontinental bei der Kettenbrücke und hält an 5 wichtigen Sehenswürdigkeiten entlang der 2-stündigen Route. Innerhalb der Geltungsdauer des Tickets kann man mehrmals zu- und aussteigen. Tickets: 24 Std. gültig 4.500 HUF, 48 Std. gültig 7.000 HUF, Kinder (8–12 J.) 50 % Nachlass. V., Apáczai Csere János u. 12–14 (im Hotel Intercontinental), ✆ 3276691. www.eurama.hu.

Rundfahrten mit dem Schiff

Reizvoll, wenn auch nicht gerade billig sind die Schiffstouren auf der Donau. Die Anlegestelle befindet sich am Pester Ufer vor dem Vigado tér (Redoutenplatz → Karte S. 169), von dem es üblicherweise stromabwärts bis unterhalb die Freiheitsbrücke und stromaufwärts rund um die Margareteninsel geht. Am schönsten sind die Rundfahrten am Abend, wenn Kettenbrücke, Parlament, Fischerbastei, Burgpalast und Zitadelle angeleuchtet sind.

Legenda bietet ganzjährig Rundfahrten auf sehr modernen Schiffen an: Tagestouren *(Duna bella)* von Mai bis Sept. 6–8x tägl., von Okt. bis April 1–2x tägl.; Abendfahrten *(Duna Legenda)* mit Musik und Infos vom Bildschirm von Mai bis Sept. 20.15, 21 und 22 Uhr, von Nov. bis Mitte März 18.30 Uhr, sonst nur 20.15 Uhr. Tickets inkl. 2 Getränke (bella/legenda): 3.800/4.700 HUF, Kinder (10–14 J.) 1.900/2.350 HUF, mit Budapest-Karte 20 % Nachlass. Tickets und Anlegestelle am Vigadó tér (vor dem Hotel Marriott), ✆ 2664190. www.legenda.hu.

Mahart Passnave, Tagesfahrten zwischen Margaretenbrücke und Hotel Gellért von März bis Ende Okt. 6–12x tägl.; Abendfahrten (rund um die Margareteninsel und bis zum Palast der Künste) mit Tanz, Musik und fakultativem Buffet (3.000 HUF) von Mai bis Ende Sept. tägl. um 19.30 Uhr, April/Okt. nur Fr/Sa/So. Tickets: 2.990 HUF, Kinder (6–15 J.) 1.490 HUF. Anlegestelle am V., Vigadó tér, Pier 6, ✆ 4844013. www.mahartpassnave.hu.

Beliebtes Wochenendziel der Budapester – die Margareteninsel

Fiakerrundfahrten

Fahrten mit der Kutsche werden im Burgviertel (Standort am zentralen Szentháromság tér) und auf der Margareteninsel angeboten. Eine 20-minütige Rundfahrt auf dem Burgberg kostet pro Person 1.500 HUF (Minimum: 2 Pers.), Kinder zahlen 1.000 HUF. Die Fahrten auf der Margareteninsel sind etwas günstiger.

Radtouren

Die oben unter „Radverleih" genannten Vermieter organisieren von April/Mai bis Sept./Okt. auch geführte mehrstündige Radtouren zu den wichtigsten Sehenswürdigkeiten der Stadt. Pro Person bezahlt man rund 5.500 HUF.

Das New York Palace ist das neue Luxushotel der Stadt

Übernachten

Das Angebot an Übernachtungsmöglichkeiten ist vielseitig. Von prunkvollen Hotels in historischen Palästen bis zu Campingplätzen an den grünen Stadträndern ist alles vorhanden. Dennoch: Zu den Kulturfestivals, um den Jahreswechsel und wenn die Formel 1 am Hungaroring Station macht, platzt Budapest trotz 40.000 Gästebetten aus allen Nähten.

Die Übernachtungspreise in Budapest entsprechen mittlerweile westeuropäischem Standard. Die Preisskala für ein Doppelzimmer mit Dusche/WC und Frühstück beginnt in der Hochsaison bei etwa 40 €, in zentraler Lage liegt sie darüber. Nach oben hin wird die Auswahl ständig größer, denn nahezu alle drei Monate eröffnet in Budapest ein neues, exklusives Luxus-, Apart-, Suiten- oder Boutique-Hotel. Dank Wochenendtarifen, Paket-Angeboten oder Frühbucherrabatten können sich auch weniger Betuchte eine Übernachtung in diesem Vier- oder Fünf-Sterne-Ambiente leisten. Doch im gleichen Maß wie das Angebot in diesen Kategorien steigt, verschwinden die einfachen, billigen Hotels. Sie sind nicht mehr gefragt, weil der Trend zu kürzeren Aufenthalten geht und die Ansprüche an Komfort und Ausstattung steigen – so wurden einige der einst preisgünstigen Innenstadtpensionen in teurere Mittelklassehotels umgewandelt. Auffällig aktiv dabei ist die internationale Accor-Gruppe (Mercure, Ibis, Novotel), die reihenweise Hotels erwirbt und modernisiert.

Allgemeine Tipps rund um die Buchung

Preise nach Saison und Lage

Die gewählte Reisezeit schlägt sich deutlich im Geldbeutel nieder: Hauptsaison ist von April bis Oktober. Gut 30–50 % niedriger sind die Preise von November bis März. Saftige Zuschläge gibt es zum Jahreswechsel, zu Ostern und zum Formel-1-Wochenende im August.

Entscheidend für den Preis ist auch die Lage der Unterkunft: Im **Pester Zentrum** und somit in der Nähe der Sehenswürdigkeiten und des Ausgehviertels ist es erwartungsgemäß am teuersten. Preiswerter ist die Budaer Seite, vor allem die **Budaer Berge,** wo es in heißen Sommertagen zum Schlafen angenehm sein kann. Dank der guten Bus- und Tramverbindungen in der Stadt ist man von dort in rund 25 Min. im Zentrum.

Die in unserem Reiseführer genannten Zimmerpreise beziehen sich, wenn nicht anders angegeben, auf ein Doppelzimmer mit Du/WC und Frühstück für 2 Personen. Die Preisspannen ergeben sich aus den Saisonzeiten. Nicht berücksichtigt haben wir die Zuschläge zum Jahreswechsel und zum Formel-1-Wochenende, die bis zu 300 % betragen können.

Reservierung vor der Reise

Unterkünfte können per **Telefon, Fax** oder **Mail** gebucht werden. Ratsam ist es, alle wichtigen Details schriftlich zu fixieren. Manche Hotels verlangen eine Anzahlung per Scheck, andere geben sich mit der Kreditkartennummer zufrieden. Häuser ab der Vier-Sterne-Kategorie sind oft sehr günstig, wenn sie als **Pauschalarrangement** (bei eigener Anreise) in einem Reisebüro oder via Internet gebucht werden.

Niedrigere Preise erhält man auch, wenn man direkt über das **Internet** bucht, entweder über die Websites der Hotels oder unter den folgenden Adressen:

www.budapesthotelstart.com – gute Hotelauswahl und -beschreibung mit Lageplan und Gästebewertungen; einfache Direktbuchung, keine Kreditkartenbelastung, günstige Tarife.

www.budapestinfo.hu/de – Online-Unterkunftsservice des Tourismusbüros, große Auswahl eher teurerer Hotels mit Beschreibung und Lageplan. Etwas unübersichtlich; keine Kreditkartenbelastung

www.budapesthotelreservation.hu/index.DE.php – mit „Best of Budapest" ausgezeichnete Seite, große Hotelauswahl, Zimmer erst nach Anfrage online buchbar.

www.hotel.de – bietet teurere und viele Hotels am Stadtrand an, leider immer häufiger ohne Frühstück und nur mit Vorausbelastung der Kreditkarte.

www.booking.com – gute Hotelauswahl und -beschreibungen sowie Bewertungen anderer Gäste, günstige Tarife.

Reservierung vor Ort

Wer ohne vorherige Buchung anreist, wendet sich am besten an die Budapester **Tourinform-Büros** (→ Information S. 93) oder eine der folgenden Agenturen:

IBUSZ, der größte Anbieter touristischer Dienstleistungen in Ungarn hat sein Hauptbüro unweit von Metro 3 Ferenciek tere, Mo–Fr 9–18 Uhr, Sa 9–13 Uhr. V., Ferenciek tere 10, ✆ 4852700. Eine Zweigstelle gibt es bei der Metro 1 Vörösmarty tér, Mo–Fr 8–17 Uhr. V., Vörösmarty tér 5, ✆ 3172322. www.ibusz.hu.

Express, Hauptbüro nahe von Metro 2 Astoria. Mo–Fr 8–18 Uhr, Sa 9–13 Uhr. V., Semmelweis u. 4, ✆ 2663277. www.express-travel.hu.

Frühstück und Parkplatz

Beim Preisvergleich sollte man darauf achten, ob das **Frühstück** im Zimmerpreis enthalten ist, was je nach Hotel unterschiedlich gehandhabt wird. Muss man extra zahlen, ist es oft netter und billiger, auswärts zu frühstücken – Möglichkeiten gibt es genug. Beim Hotelfrühstück handelt es sich in den besseren Häusern meist um ein Büffet, in Drei-Sterne-Hotels kann es aber schon vorkommen, dass man sich mit wässrigem Filterkaffee, Toastscheiben, einer Käse- und einer Wurstsorte und pappsüßem Fruchtsaftkonzentrat bescheiden muss.

Wer, was nicht zu empfehlen ist, mit dem eigenen Fahrzeug anreist, muss für dieses tief in die Tasche greifen: Bis zu 15 € pro Tag verlangen die Innenstadthotels für **Parkgaragen** oder Parkplätze.

Kinder

Kinder bis 4 Jahre wohnen zumeist kostenlos. Höher klassifizierte Hotels beherbergen Kinder in Begleitung der Eltern sogar bis 12 oder 16 Jahre kostenlos, manche verrechnen nur das Frühstück.

Reisende mit Behinderung

Die neuen Hotels der Vier- und Fünf-Sterne-Kategorie sind alle behindertengerecht gebaut und ausgestattet. Eine Liste älterer Hotels, die entsprechend modernisiert wurden, ist unter **www.meosz.hu** (engl.) zu finden.

Hotels, Pensionen und Appartements

Ungarische **Hotels** sind nach einem Fünf-Sterne-System klassifiziert. Wie vielerorts richtet sich die Sterneanzahl nach Ausstattungsdetails und sagt wenig über Aussehen und Alter der Möblierung aus. Vier- und Fünf-Sterne-Hotels bieten jedoch relativ zuverlässig den erwarteten gediegenen Komfort. Alle Zimmer verfügen über Bad, Telefon, TV, Minibar und einen entsprechenden Service. Auf das Vorhandensein eines Restaurants darf man sich bei Vier-Sterne-Betrieben allerdings nicht verlassen, oft gibt es nur eine Bar. Hat ein Hotel drei Sterne, so sind die Zimmer jedenfalls mit Dusche, WC und TV ausgestattet – in welcher Qualität auch immer. Sprüht der Brausekopf der Dusche in alle Richtungen und gibt der Fernseher nur unscharfe Bilder von sich, werden trotzdem oft 3 Sterne vergeben. Die Ungarn lieben es übrigens gut beheizt, weshalb man in Zimmern ohne regulierbare Klimaanlage schnell zum Nacktschläfer wird. Da Budapest auf heißen Quellen sitzt, gibt es auch einige Thermalhotels mit umfangreichem Kurangebot.

Eine **Pension** *(Panzió)* ist mit einem Drei-Sterne-Hotel vergleichbar und diesem preislich meist gleichgestellt. Günstigere Pensionen findet man in den Außenbezirken, dort handelt es sich meist um Familienbetriebe.

Zahlreiche Hotels bieten entweder zusätzlich oder ausschließlich **Appartements** an. Diese besitzen meist zwei Schlafzimmer und sind mit einer Küche ausgestattet, was für Familien zu empfehlen ist. Trotzdem gibt es in Appartementhotels üblicherweise Frühstücksservice, mitunter auch Restaurants. Der Preis unterscheidet sich wenig von den Hotelzimmertarifen.

Budaer Burgviertel, Gellérthegy, Víziváros

***** **Budapest Hilton** → Karte S. 103 **(13),** stadtbildprägender Glas- und Betonbau von 1976, jüngst renoviert. 322 elegante, klimatisierte, top ausgestattete Zimmer, drei Restaurants, zwei Bars, ein Café. Toll, aber viel teurer sind die Zimmer mit Donaublick. DZ 210–270 € (Specials auch für 150 €), Suite 300 €. I., Hess András tér 1–3, ✆ 8896600. www.budapest.hilton.com. Várbusz.

**** **Art'otel** → Karte S. 131 **(17),** zwischen Donauufer und Corvin tér gelegenes, mit Hunderten Kunstwerken des amerikanischen Künstlers Donald Sultan gestyltes Designhotel, 164 Zimmer und 9 Suiten. Verteilt sich auf vier Barockhäuser und einen modernen Trakt, die Zimmer bieten Blick zur Donau oder zur Fischerbastei. Exquisites Hotelrestaurant „Chelsea", trendige Café-Bar „Domino". DZ 198–210 € (Packages ab 120 €). I., Bem rakpart 16–19, ✆ 4879487. www.artotel.hu. Ⓣ 19 bis Halász utca.

**** **Gellért** → Karte S. 121 **(7),** altehrwürdiges Jugendstilhotel in guter Lage an der Freiheitsbrücke (seit 1918). Beeindruckendes, plüschiges Ambiente von Lobby und Bankettsälen. 234 Zimmer, aber nur die renovierten und teureren Superiorzimmer verdienen vier Sterne. In den Standardzimmern sind v. a. die Betten und die Badezimmer nicht mehr zeitgemäß. Toll ist, dass für Hotelgäste der Zugang in das berühmte Thermalbad nebenan frei ist. Café und Bierstube mit schöner Terrasse. DZ (Standard) 140–180 €, mit Donaublick teurer. Superior 180–220 €. I., Szt. Gellért tér 1, ✆ 8895500. www.danubiushotels.com/gellert. Ⓣ 19, 47, 49.

*** **Orion** → Karte S. 121 **(4),** kleines, sechsstöckiges Best-Western-Hotel in Víziváros in einer Parallelstraße zur Donau. Von außen wenig einladender Bau, die 30 eher kleinen, klimatisierten Zimmer wurden aber vor kurzem geschmackvoll renoviert. Nah bei Tram und Bus. DZ 90–140 €. I., Döbrentei u. 13, ✆ 3568583. www.bestwestern.at/orion. Ⓣ 19/Bus 86 bis Döbrentei tér.

**** **Flamenco** → Karte S. 121 **(12),** riesiger verkleideter Betonquader an der Südwestseite des Gellértbergs an einem kleinen Park. Beliebt als Kongresshotel, die 358 klimatisierten Zimmer sind komfortabel ausgestattet. Es gibt auch ein kleines Schwimmbad, Tennishalle und Tiefgarage. Ruhige Lage, den Park sollte man nächtens meiden. DZ 90–130 €. XI., Tas vezér u. 3–7, ✆ 8895650. www.danubiushotels.com/flamenco. Bus 7 bis Kosztolányi D. tér.

**** **Carlton Hotel Budapest** → Karte S. 131 **(24),** unweit des Clark-Adam-tér unterhalb der Fischerbastei gelegenes, außen wenig ansprechendes Hotel, die 95 Zimmer allerdings nett und modern ausgestattet. In letzter Zeit wurde die Freundlichkeit des Personals etwas bemängelt. DZ 85–110 €, Tiefgarage kostet extra. I., Apor Péter u. 3, ✆ 2240999. www.carltonhotel.hu. Ⓣ 19 bis Lánchid.

*** **Burg** → Karte S. 103 **(17),** kleines, gemütliches Nichtraucherhaus zentral im Burgviertel gegenüber der Matthiaskirche. Auf zwei Etagen (kein Lift) verteilen sich 26 Zimmer mit Du/WC/TV und Klimaanlage. Sie wurden 2001 renoviert, sind etwas spartanisch möbliert. Freundliches, mehrsprachiges Team an der Rezeption. DZ 99–115 €, Kinder bis 14 Jahre gratis. I., Szentháromság tér 7–8, ✆ 2120269. www.burghotelbudapest.com. Várbusz.

*** **Astra** → Karte S. 131 **(14),** kleines Hotel in einem 300 Jahre alten denkmalgeschützten Bau am Rand des Burgviertels. 9 geräumige, stilvoll mit Antiquitäten möblierte Zimmer mit TV, Klimaanlage und Minibar. DZ 100–112 €. I., Vám u. 6., ✆ 2141906. www.hotelastra.hu. Várbusz.

** **Professor's Guest House** → Karte S. 121 **(9),** Apartmenthotel im 7. Stock eines Gebäudes auf dem Campus der TU südlich des Gellértbergs. Die 17 zweigeschossigen, modernen Studios mit WC/Du/TV und Minibar stehen auch Nicht-Professoren zur Verfügung. DZ inkl. Frühstücksbuffet 58–66 €. XI., Sztoczek u. 5–7, ✆ 4634103. www.tanok.bme.hu/hotel. Ⓣ 6 bis Budafoki út.

* **Citadella** → Karte S. 121 **(6),** primitive Unterkunft in der Zitadelle auf dem Gellértberg. Jugendgruppen schätzen die meist langfristig ausgebuchten Schlafsäle, es gibt auch DZ mit Dusche (WC auf dem Gang, kein Frühstück) ab 46 €. I., Citadella sétány, ✆ 4665794. www.citadella.hu. Bus 27 ab Móricz Zs. körtér.

Budai-Hegység und südliches Buda

**** **Gold** → Karte S. 236/237 **(22),** familiäres Hotel an der Nordseite des Gellértbergs. Sieht von außen historisch aus, wurde aber erst 1997 erbaut. 25 modern eingerichtete Zimmer mit Parkettboden und Klimaanlage sowie Appartements für 4 Pers. Etwas laute Lage an der Durchfahrtsstraße. DZ 90–120 € inkl. Parkplatz. I., Hegyalja út 14, ✆ 2094775. www.goldhotel.hu. Ⓜ3 Ferenciek tere, dann Bus 8 bis Czakó utca.

**** **Normafa** → Karte S. 236/237 **(14),** im grünen Wald des Schwabenhügels gelegene Hotelanlage im alpinen Stil. Der Name „Norma-Baum" erinnert an eine Arie aus Bellini's Norma, die eine bekannte Sängerin einst hier unter einer Buche vortrug. Beherbergt ein bekanntes Ausflugsrestaurant und bietet Swimmingpool und Tennisplätze. Entspannte Atmosphäre. 71 erst jüngst geschmackvoll mit viel hellem Holz

Die Gäste des Gellért-Hotels schwimmen im Gellért-Bad kostenlos

renovierte Zimmer. DZ je nach Ausstattung 70–115 € (Angebote ab 55 €). XII., Eötvös út 52–54, ✆ 3956505. www.normafahotel.com. Ⓜ 2 Moszkva tér, dann Bus 21.

**** **Budapest** → Karte S. 236/237 **(11),** markanter 15-stöckiger Zylinder am Fuße der Budaer Berge, dennoch schnell ins Zentrum. Entstand in den 1960er-Jahren und war damals Vorzeigeobjekt, vor kurzem modernisiert. Jedes der 289 Zimmer hat eine einzigartige Aussicht. Gutes Preis-Leistungs-verhältnis. DZ 55–96 €. Restaurant mit Live-musik. II., Szilágyi Erzsébet fasor 47, ✆ 4889800. www.danubiusgroup.com/budapest. Ⓜ 2 Moszkva tér, dann Bus 22.

*** **Charles** → Karte S. 236/237 **(21),** freundlich geführtes Apartmenthotel in einem 6-stöckigen, unattraktiven Klotz an einer Hauptverkehrsstraße zwischen Burg- und Gellértberg. 70 jüngst renovierte, modern eingerichtete Studios mit Küche für Selbstversorger. Es gibt aber auch ein gutes Restaurant im Haus. Leider viel Verkehrslärm. DZ mit Frühstück 58–80 €, im Drei-Bett-Zimmer 77–100 €. I., Hegyalja út 23, Ecke Mészáros utca, ✆ 2129169. www.charleshotel.hu. Bus 8 bis Mészáros utca.

*** **Ábel Panzio** → Karte S. 236/237 **(23),** freundlich geführte Villa aus den 1920er Jahren mit zehn DZ im Südwesten des Gellértbergs. Entspannte Atmosphäre, DZ mit Bad 60–75 €. XI., Ábel Jenö u. 9, ✆ 2092537. www.abelpanzio.hu. Bus 40/Ⓣ 61 ab Móricz Zs. körtér bis Szüret utca.

*** **Pension Korona** → Karte S. 236/237 **(25),** kleine, aber feine Privatpension in den Budaer Bergen. 21 nette Zimmer, schöner Garten, Sauna, Restaurant. DZ mit Du/WC/TV 60–70 €. Sehr freundlicher Service, ruhige Lage. XI., Sasadi út 127, ✆ 3191255. www.koronapension.hu. Bus 53 ab Móricz Zs. körtér bis Nagyszalonta köz.

*** **Panda** → Karte S. 236/237 **(3),** vierstöckiger, moderner, ganz passabler Neubau im Wohnviertel Pasarét in den Budaer Bergen. 28 individuell eingerichtete Zimmer mit TV; herzhaftes Frühstücksbuffet. Sauna, Bierbar und Restaurant. Etwas abseits, aber guter Tram-Anschluss. DZ 50–60 €. II., Pasaréti út 133, ✆ 3941932. www.budapesthotelpanda.hu. Ⓜ 2 Moszkva tér, dann Ⓣ 56 oder Bus 5 bis Pasaréti tér.

*** **Rege** → Karte S. 236/237 **(4),** wenig ansprechender moderner Bau in relativ ruhiger Lage am Fuß der Budaer Berge. Restaurant, Bierstube. 164 etwas altmodische Zimmer mit TV und Minibar zu recht günstigen Preisen. DZ 54–66 €. Schwimmbad, Sauna und Solarium kosten extra (ca. 7 €). II., Pálos u. 2, ✆ 3915100. www.hunguesthotels.hu. Ⓜ 2 Moskva tér, dann Bus 22.

*** **Beatrix Panzió Hotel** → Karte S. 236/237 **(6),** familiäre Pension in den Budaer Bergen. 18 etwas altmodische Zimmer mit TV und Minibar, Garten mit Goldfischteich. DZ 55–65 €. II., Széher út 3, ✆ 2750550. www.beatrixhotel.hu. Ⓜ 2 Moszkva tér, dann Ⓣ 56.

* **Hotel Griff Junior** → Karte S. 236/237 **(24),** Low-Budget-Hotel in einem Betonklotz im Süden Budas, nahe beim Kelenföld-Bahnhof. Gute Verbindung ins Zentrum. 29 schlichte Zimmer mit Dusche (DZ 40 € inkl. Frühstück), 97 Zimmer mit Fließwasser und je 2–4 Betten (ca. 15 € p. P.). Restaurant, Bar, Fitnessraum. XI., Bartók Béla út 152, ✆ 2032398. www.gerandhotels.hu. Ⓣ 49/19 bis Szt. Gellért templom (nicht tér!).

Óbuda und Margitsziget

***** **Corinthia Aquincum** → Karte S. 143 **(9),** nahe dem Budaer Donauufer auf Höhe der Árpádbrücke gelegenes, vierstöckiges Thermalhotel mit 310 klimatisierten Zimmern. Wenn auch die dunkle Außenfassade und die Lage wenig ansprechend sind, überzeugen die jüngst renovierten, großzügigen Bad-, Fitness- und Wellnessanlagen im Inneren. DZ 140–200 €. Parkplatz extra. III., Árpád fejedelem útja 94, ✆ 4364100. www.corinthiahotels.com. HÉV Árpád Híd.

**** **Grand Hotel Margitsziget** → Karte S. 151 **(3),** stilvolles, 1873 gebautes und 2000 renoviertes Hotel in ruhiger Lage auf der Margareteninsel. Nostalgisches Ambiente, 164 Zimmer. Kur- und Wellness-Einrichtungen des benachbarten Spa Resort können mitbenutzt werden, die Häuser sind unterirdisch verbunden. Restaurant, Terrassencafé, Radverleih. DZ inkl. Badbenutzung 100–180 € je nach Ausstattung. XIII., Margitsziget, ✆ 4526200. www.danubiushotels.com/grandhotel. Ⓜ 3 Nyugati tér, dann Bus 26.

**** **Danubius Health Spa Resort Margitsziget** → Karte S. 151 **(2),** luxuriöses Spahotel in ruhiger Lage auf der Margareteninsel. Der neunstöckige Klotz (erbaut 1979) hieß früher „Thermalhotel" und wurde 2001 komplett renoviert. DZ inklusive Badbenützung 110–160 €. XIII., Margitsziget, ✆ 8894700. www.danubiushotels.com/margitsziget. Ⓜ 3 Nyugati tér, dann Bus 26.

*** **Fortuna Schiffshotel** → Karte S. 151 **(6),** am Pester Ufer auf Höhe der Margareteninsel verankertes Schiffshotel. Die 58 kleinen, modernen Zimmer mit Klimaanlage, TV und Minibar verteilen sich auf zwei Decks und sind nach Piraten oder Forschern benannt. Jedenfalls eine originelle Unterkunft. Restaurant, Pub und Café an Bord. DZ 55–80 €, Superiorzimmer bis 95 €. XIII., Szt. István park, Alsó rakpart, ✆ 2888100. www.fortunahajo.hu. Ⓣ 4, 6.

Belváros (Innenstadt), Donaukorso, Lipótváros

***** **Kempinski Corvinus** → Karte S. 179 **(51),** zentral gelegenes Nobelhotel der Extraklasse. Der 1992 eröffnete, 9-stöckige, postmoderne Glaspalast wurde 2003 renoviert und zählt zu den „Leading hotels of the World". 335 vollklimatisierte, top ausgestattete geräumige Zimmer, 30 Suiten, 2 Präsidentensuiten. Gourmetrestaurant, Bar, exklusive Läden, Fitnesscenter. DZ 170–400 € je nach Kategorie (Standard bis deluxe). V., Erzsébét tér 7–8, ✆ 4293777. www.kempinski-budapest.com. Ⓜ 1, 2, 3 Deák tér.

***** **Hotel Gresham Palace** → Karte S. 169 **(1),** Four-Seasons-Luxushotel in stilvoll renoviertem Jugendstilpalast von 1906. 179 gediegen und mit höchstem Komfort ausgestattete Zimmer und 14 Suiten, großteils mit Balkon und Gewölbedecken, Highlight auch im Preis sind die mehrgeschossigen Turm- und die zwei Präsidenten-Suiten (ab 3.500 €). Swimmingpool, zwei Restaurants, mehrere Bars und Lounges. DZ ab 250 €. V., Roosevelt tér 5–6, ✆ 2686000. www.greshampalace.com. Ⓜ 1 Vörösmarty tér.

***** **Le Meridien** → Karte S. 179 **(50),** ausgezeichnetes, 2000 eröffnetes Haus in einem historischen Gebäude beim Deák tér. 9 Etagen mit 218 im Art-Déco-Stil klassisch-elegant eingerichteten, geräumigen Zimmer und 26 Suiten. Die Farben blau und beige dominieren. DZ ab 209 € (Packages ab 150 €). Wellness-Bereich (Pool mit Glasdach), Frühstück und Parkplatz kosten extra. Kinder unter 12 logieren gratis. V., Erzsébet tér 9–10, ✆ 4295500. www.lemeridien.com. Ⓜ 1,2,3 Deák tér.

***** **Sofitel Atrium** → Karte S. 169 **(2),** moderner, spiegelverglaster Bau am Donaukorso mit unverbautem Blick auf den Burgberg. Die 355 klimatisierten, elegant-modernen Zimmer und Suiten gruppieren sich um einen Innenhof. Swimmingpool, schicke Restaurants, Bars, Souvenirshops, Terrassencafé Paris und Casino Las Vegas. DZ 185–280 € (Angebote ab 150 €). Frühstück extra. V., Roosevelt tér 2, ✆ 2661234. www.sofitel.com. Ⓣ 2.

**** **Boutique Hotel Zara** → Karte S. 157 **(43),** in der südlichen Belváros unweit der Geschäftsstraße Váci utca gelegenes, 2006 neu eröffnetes, elegantes Trendhotel spanischer Investoren. 74 minimalistisch gestylte, allerdings wenig geräumige Zimmer mit ebensolchen Bädern. Der Service muss noch auf Touren kommen, dafür ist die Lage des Hotels gut. DZ 95–200 €, günstige Packages buchbar. V., Só u. 6, ✆ 3576170. www.zarahotels.com. Ⓜ 3 Kálvin tér.

**** **Parlament** → Karte S. 179 **(22),** 2006 eröffnetes Best-Western-Hotel in einer relativ ruhigen Gasse der Leopoldstadt. 65 geschmackvoll, minimalistisch designte und modern ausgestattete Zimmer, Wellness-Bereich mit Whirlpool und Sauna. Kein Restaurant. DZ 119–180 €. Kinder bis 12 Jahre gratis. Parkplatz extra. V., Kálmán Imre u. 19, ✆ 3746000. www.parlament-hotel.hu. Ⓜ 2 Kossuth tér.

**** **Mercure Korona** → Karte S. 157 **(27),** an der Ecke Kalvin tér/Museumsring gelegener moderner, in Rosa und Türkis gehaltener unattraktiver Hotelkasten. Die 420 Zimmer sind voll klimatisiert und mit schalldichten Fenstern ausgestattet, was angesichts der Lage dringend nötig ist. Geboten werden neben Restaurant und Bar allerdings ein eigenes Parkhaus, Schwimmbad und Sauna. DZ 80–180 €. Frühstück und Parkplatz kosten extra, Kinder bis 16 Jahre nächtigen gratis. V., Kecskeméti u. 14, ✆ 4868800. www.mercure-korona.hu. Ⓜ 3 Kálvin tér.

****__Mercure Budapest City Centre__ → Karte S. 169 **(13),** zentraler geht's nicht – mitten in der Pester Fußgängerzone gelegener, 2004 vollständig erneuerter, moderner 7-stöckiger Bau, der bis Februar 2007 „Hotel Taverna" hieß. Trotz der zentralen Lage schläft es sich in den 227 klimatisierten Zimmern sehr ruhig. Restaurant, Bierstube, Eisdiele, Bar, Sauna, Tiefgarage und Bowlingbahn. DZ 125–160 € (Angebote ab 80 €). Frühstück extra. V., Váci u. 20, ✆ 4853100. www.accorhotels.com. Ⓜ 1 Vörösmarty tér.

**** **Astoria** → Karte S. 157 **(4),** 2005 komplett renoviertes Traditionshotel in verkehrsgünstiger Lage am Kleinen Ring. Es entstand 1914 nach dem Vorbild des New Yorker Waldorf Astoria, war 1945 Nazi-Quartier und erstrahlt heute wieder im alten Glanz mit Marmor, Bleikristallfenstern, Kristalllüster und einem prächtigen Empire-Foyer.

Gediegen sind auch die 133 Zimmer, nostalgisch elegant das Restaurant und Kaffeehaus Astoria Mirror. DZ 74–160 € je nach Ausstattung, im Superiorzimmer 30 € teurer. V., Kossuth Lajos u. 19–21, ✆ 8896000. www.danubiushotels.com/astoria. Ⓜ 2 Astoria.

**** **NH Budapest** → Karte S. 179 **(4),** in der Nähe des Großen Rings 2003 eröffnetes Hotel. Modern gestyltes Ambiente, verkehrsgünstige Lage. 160 Zimmer. DZ 90–130 €, Frühstück und Parkplatz kosten extra. XIII., Vígszínház u. 3, ✆ 8140000. www.nh-hotels.com. Ⓣ 4, 6.

*** **City Hotel Mátyás** → Karte S. 157 **(17),** zentral gelegene Hotel-Pension in einem Historismusbau am Pester Brückenkopf der Elisabethbrücke. 85 modern und hell möblierte Zimmer mit TV und Minibar. DZ 100–130 € (Angebote ab 90 €). Im Haus befindet sich das historische Restaurant „Mátyás Pince". V., Március 15. tér 8, ✆ 3384711. www.cityhotels.hu. Ⓜ 3 Ferenciek tere.

*** **City Hotel Ring** → Karte S. 179 **(11),** Hotel-Pension in zentraler Lage am Großen Ring. 39 geräumige, klimatisierte und modern eingerichtete Zimmer mit TV und Minibar. Kein Restaurant. DZ 110–130 € (Angebote ab 95 €). V., Szt. István krt. 22, ✆ 3405450. www.cityhotels.hu. Ⓣ 4, 6.

*** **Erzsébet** → Karte S. 157 **(2),** in idealer Innenstadtlage, 200 m vom Ferenciek tere entferntes, gehobenes Drei-Sterne-Hotel. Es stammt von 1986, seine 123 Zimmer wurden 2002–04 komplett renoviert und klimatisiert. In Erinnerung an einen Vorgängerbau ist es nach der Kaiserin und ungarischen Königin Sisi benannt. Kein Restaurant. DZ 94–124 €. V., Károlyi Mihály u. 11–15, ✆ 8893763. www.danubiushotels.com/erzsebet. Ⓜ 3 Ferenciek tere.

*** **Peregrinus** → Karte S. 157 **(38),** kleines Hotel in einem dreistöckigen Bau des 19. Jh. in ruhiger Innenstadtlage, 2004 modernisiert. 25 geschmackvoll eingerichtete Zimmer mit Parkettboden, TV und Minibar. Nachteil: es gibt keine Doppelbetten. DZ 90–120 €, günstige Packages. V., Szerb u. 3, ✆ 3915100. www.peregrinus-hotel.hu. Ⓣ 47, 49.

*** **Ibis Budapest Centrum** → Karte S. 157 **(36),** zentrale Lage am Beginn der Fußgängerzone und Lokalmeile beim Kálvin tér. 126 komfortable, klimatisierte Zimmer. Garten im Innenhof. DZ 65–145 €. Frühstück kostet extra, am besten kehrt man in einer der hier zahlreichen Cafés und Bars ein. Ráday u. 6, ✆ 4564100. www.ibis-centrum.hu. Ⓜ 3 Kálvin tér.

Um die Andrássy út und Terézváros

***** **Andrássy Hotel** → Karte S. 194/195 **(1),** exklusives Haus im Botschafterviertel unweit des Heldenplatzes. Einst war es Hotel der Kommunistischen Partei, 2004 wurde es umgebaut, heute gehört es zur Kette „Small luxury hotels of the World". Außen dominiert Bauhausstil, die 62 eleganten, individuell möblierten Zimmer sind in mediterranen Farben gehalten. Beherbergt eines der besten Restaurants der Stadt. DZ 150–350 € (günstigere Packages buchbar). Frühstück extra 20 €. VI., Andrássy út 111, ✆ 4622100. www.andrassyhotel.com. Ⓜ 1 Bajza utca.

**** **K+K Opera** → Karte S. 194/195 **(56),** beliebtes First-Class-Hotel in zentraler Lage unweit der Oper. Für sein geschmackvolles Innendesign und seine Atmosphäre gelobtes Haus. 206 komfortabel ausgestattete, geräumige Zimmer. Wellnessbereich, gemütliche Bistro-Bar. DZ 160–240 €. Révay u. 24, ✆ 2690222. www.kkhotels.hu. Ⓜ 1 Opera.

**** **Radisson SAS Béke** → Karte S. 194/195 **(5),** elegantes Traditionshaus mit Mosaikfassade am Großen Ring unweit des Westbahnhofs. 1912 startete es als Hotel Britannia, 1985 wurde es erweitert, mit Schwimmbad und Tiefgarage versehen, 2005 zuletzt renoviert. Üppig dekoriertes Interieur mit Buntglasfenstern, Wandgemälden und dem Café Zsolnay. 247 klimatisierte, komfortable Zimmer. DZ 90–130 €. VI., Teréz krt. 43, ✆ 8893939. www.danubiushotels.com/beke. Ⓣ 4, 6.

******Ibis Heroes Square** → Karte S. 209 **(4),** das frühere Hotel Liget, ein moderner Bau an der viel befahrenen Dózsa György út, rund 100 m vom Heldenplatz entfernt. 139 klimatisierte Zimmer. Sauna, Solarium. Kein Restaurant. DZ 90–130 €. VI., Dózsa György út 106, ✆ 2695300. www.ibishotel.com. Ⓜ 1 Hősök tere.

*** **Benczúr** → Karte S. 194/195 **(2),** im ruhigen Botschafterviertel unweit des Heldenplatzes gelegener Betonbau, der innen modernisiert wurde. 93 tadellose Zimmer mit TV und Minibar. Zwei Restaurants mit Gartenterrasse. DZ 60–110 € je nach Ausstattung und Saison. VI., Benczúr u. 35, ✆ 4795650. www.hotelbenczur.hu. Ⓜ 1 Hősök tere.

*** **Central Dominik Pension** → Karte S. 194/195 **(4),** zwischen Andrássy út und Király utca neu eröffnete Hotel-Pension. 27 enge, modern eingerichtete Zimmer mit TV

Das alte Grand Hotel Royal erstrahlt in neuem Glanz

und Minibar. Etwas hellhörige Wände, interessanter Hinterhof. Freundliches Personal an der Rezeption, bescheidenes Frühstück. DZ 55–75 €. VI., Szív u. 13, ✆ 4131650. www.dominikpanzio.hu. Ⓜ 1 Kodály körönd.

** **Medosz** → Karte S. 194/195 **(9),** einstiges Gewerkschaftshotel mit abschreckender Fassade. Wegen der idealen Lage beim Oktogon nimmt man auch die schlichte, aber immerhin preiswerte Ausstattung der 67 Zimmer in Kauf. DZ mit Bad 60–70 €. VI., Jókai tér 9, ✆ 3743000. www.medosz hotel.hu. Ⓜ 1 Oktogon.

Erzsébetváros, Józsefváros, Ferencváros

***** **Corinthia Grand Hotel Royal** → Karte S. 219 **(2),** 2003 eröffnetes Luxushotel in den Mauern des alten Grand Hotel Royal am Großen Ring. Sehr elegantes Ambiente mit Ballsaal, mehreren Restaurants, Kaffeehaus, Bistro und Kasino. 2006 kam ein luxuriöser Spa rund um das historische Schwimmbad von 1886 hinzu. 414 Zimmer. DZ ab 210 €, die Ambassador-Suite gibt es für wohlfeile 1.500 €. Frühstück und Garage extra. Der Service wird übrigens stark kritisiert. VII., Erzsébet krt. 43–49, ✆ 4794000. www.corinthiahotels.com. Ⓣ 4, 6.

***** **New York Palace** → Karte S. 219 **(15),** 2006 unter italienischer Regie eröffnetes Luxushotel mit 107 geräumigen Zimmern in einem neoklassizistischen Palast am Großen Ring. Wellnesscenter. DZ ab 270 €. VII., Erzsébet krt. 9–11, ✆ 8866111. www.newyorkpalace.hu. Ⓜ 2 Blaha Lujza tér.

**** **Nemzeti** → Karte S. 229 **(6),** eleganter, außen in Hellblau gehaltener Bau vom Ende des 19. Jh. am verkehrsreichen Blaha Lujza tér. Foyer und Restaurant sind noch aus der Zeit des Jugendstils. 76 vollklimatisierte, komfortabel ausgestattete Zimmer mit schalldichten Fenstern. Zwei Nichtraucheretagen. DZ 70–180 €, Frühstück und Parkplatz kosten extra. VIII., József krt. 4, ✆ 4772000. www.mercure-nemzeti.hu. Ⓜ 2 Blaha Lujza tér.

**** **Domina Fiesta** → Karte S. 219 **(11),** 2002 eröffnetes Hotel einer italienischen Gruppe in einem denkmalgeschützten Bau im Judenviertel. 112 modern-puristisch eingerichtete Zimmer mit zwei und drei Betten. Gute, innenstadtnahe Lage, schönes Restaurant unter altem Ziegelgewölbe. DZ 110–130 €. VI., Király u. 20, ✆ 3283000. www.dominafiesta.com. Ⓜ 1, 2, 3 Deák tér.

**** **Novotel Budapest Centrum** → Karte S. 229 **(5),** renovierter Jugendstilbau des einstigen „Palace Hotel" nahe beim Blaha Lujza tér. 227 komfortable, moderne Zimmer. Parkhaus, Wellnessbereich. Schön restaurierter, eleganter Speisesaal vom Ende des 19. Jh. DZ 120–170 €, Special Offers ab 77 €. Frühstück und Parkplatz kosten extra. VII., Rákóczi út 43–45, ✆ 4775400. www.novotel-bud-centrum.hu. Ⓜ 2 Blaha Lujza tér.

**** **Hungária** → Karte S. 229 **(2),** Best-Western-Hotel direkt gegenüber dem Ostbahnhof (Keleti pu.). Der 8-stöckige Bau ist mit seinen 499 modernen, in der Größe recht unterschiedlichen Zimmern angeblich Ungarns größtes Hotel und besonders bei Reisegruppen beliebt. Teile des Hauses stammen von dem 1915 eröffneten Vorgängerbau Hotel Imperial. Das etwas schwülstige Innere ist mit zeitgenössischer Kunst dekoriert. Tiefgarage, zwei Restaurants und eine Bar. DZ 85–130 €. VII., Rákóczi út 90, ✆ 8894400. www.danubiushotels.com/bwhungaria. Ⓜ 2 Keleti pu.

*** **Hotel-Panzió Baross** → Karte S. 229 **(1),** nahe dem Ostbahnhof (Keleti pu.); gepflegte und freundliche Hotel-Pension in den Obergeschossen eines schönen Altbaus. 40 modern möblierte, mit TV, Minibar und Safe ausgestattete Zimmer (1–4 Betten) und 5 Appartements (4 Pers.). DZ 74–96 €, 4-Bett-Zimmer/Appart. 98–120 € (im Angebot 20 € günstiger). VIII., Baross tér 15, ✆ 4613010. www.barosshotel.hu. Ⓜ 2 Keleti pu.

*** **Hotel City Inn** → Karte S. 229 **(18),** neuer, 6-stöckiger Hotelbau mit roter Fassade etwas abseits in der Josefstadt. Guter Anschluss ins Zentrum. 48 eher kleine, aber saubere und modern ausgestattete Zimmer mit TV und Minibar. DZ 78–104 €. VIII., Futó u. 55. www.cityinn.hu. Ⓜ 3 Ferenc körút.

*** **Atlas** → Karte S. 229 **(8),** neu renovierter, achtstöckiger moderner Hotelklotz außerhalb des Großen Rings. 136 modern und etwas spartanisch eingerichtete, klimatisierte Zimmer. Restaurant und Bar. DZ 60–86 €. VIII., Népszínház u. 39–41, ✆ 2990256. www.atlashotelbudapest.com. Ⓣ 28, 37 ab Ⓜ 2 Blaha Lujza tér.

*** **Corvin** → Karte S. 229 **(19),** 1996 erbautes Stadthotel in einer verkehrsberuhigten Zone südlich des Großen Rings. Hinter der „modernen" Jugendstilfassade trifft man auf 40 geräumige, etwas abgewohnte Zimmer mit TV und Minibar. Freundlicher Frühstücksraum. Gutes Preis-Leistungsverhältnis. DZ 65–85 €, 3-Bett-Zimmer 75–95 €. XI., Angyal u. 31, ✆ 2186564. www.corvinhotelbudapest.hu. Ⓣ 4, 6.

*** **Swing** → Karte S. 229 **(22),** am Großen Ring unweit der Petőfibrücke gelegenes kleines, preiswertes Hotel. 35 elegant und geschmackvoll ausgestattete Zimmer, in den malerischen Kellergewölben ist ein Fitness- und Wellnesscenter untergebracht. Restaurant und Pub. DZ 62–85 €. IX., Ferenc krt. 19–21, ✆ 2174436. www.hotelswing.hu. Ⓣ 4, 6.

*** **Platánus** → Karte S. 243 **(2),** schlichtes, dreistöckiges Haus an einer verkehrsreichen Straße am Rande des Népliget (Volkspark). Etwas außerhalb, aber gute Anbindung mit der Metro. 128 nicht mehr ganz taufrische Zimmer mit TV und Minibar und dünnen Wänden. Restaurant, Bar, Sauna. DZ 80–100 €, Angebote ab 40 €! VIII., Könyves Kálmán krt. 44, ✆ 3336505. www.hunguesthotels.hu. Ⓜ 3 Népliget.

Außerhalb des Zentrums

*** **Stadion** → Karte S. 243 **(1),** preisgünstiges Riesenhotel mit 377 Zimmern nahe beim Puskás-Stadion, Sport- und Messezentrum (Metrostation). 1982 als grauer Kasten errichtet, 2003 renoviert und bunt bemalt, bietet es heute moderne, in warmen Farbtönen möblierte Zimmer mit TV und Minibar. Restaurant, Café-Bar. Schwimmbad, Sauna, Solarium, Fitnessareal auf zwei Etagen (extra Gebühr). DZ 50–77 €. XIV., Ifjúság útja 1–3, ✆ 8895200. www.danubiushotels.com/stadion. Ⓜ 2 Stadionok.

** **Hotel Touring** → Karte S. 143 **(2),** preiswerte Unterkunft in Grünlage am nördlichen Stadtrand Richtung Szentendre. 44 Zimmer mit Dusche, WC, TV und Minibar (DZ 56 €); 77 Zimmer mit Fließwasser (DZ 48 €). Restaurant, Parkplatz, Garten. III., Pünkösdfürdő u. 38/Ecke Himzö utca, ✆ 2503184. www.gerandhotels.hu. HÉV bis Békasmegyer út.

Hostels und Herbergen

Recht gut ist in Budapest die Auswahl an Jugendherbergen und Backpackerhostels. Informationen erhält man bei der Jugendherbergsvereinigung *Mellow Mood* (V., Molnár u. 3, ✆ 4112390, www.hostels.hu/ger), die drei empfehlenswerte, moderne Hostels in zentraler Lage betreibt. Daneben gibt es auch saisonal geöffnete Wohnheime, die preiswert, allerdings spartanisch ausgestattet sind:

** **Mellow Mood Central Hostel** → Karte S. 169 **(12),** Luxus-Hostel mit 176 Betten in zentraler Lage in der Pester Innenstadt. Die Zimmer sind sauber, einfach, modern und geräumig, haben Parkettboden und 2, 4, 6 oder 8 Betten. Waschmaschine, Trockner und Miniküche sind vorhanden. DZ inkl. Frühstück 46–60 €, 3-Bett-Zimmer 60–75 €. V., Bécsi u. 2. www.mellowmoodhostel.com. Ⓜ 1 Vörösmarty tér.

** **Marco Polo Hostel** → Karte S. 219 **(25)**, traditionelle und beliebte IYHF-Jugendherberge mit 156 Betten im Judenviertel. Zimmer mit 2 und 4 Betten sowie Schlafsäle für 12 Personen. In letzteren kostet die Nacht 14–17 €/Pers., das DZ mit Du/WC bis zu 70 €, jeweils inkl. Frühstück. VII., Nyár u. 6, ✆ 4132555. www.marcopolohostel.com. Ⓜ 2 Blaha Lujza tér.

Domino Hostel → Karte S. 157 **(42)**, 2006 neu eröffnete Jugendherberge mit 146 Betten direkt in der Váci utca. Geräumige, moderne Schlafsäle mit 4, 6 oder 8 Betten, moderne Sanitäranlagen (14–16 €/Person), einige wenige DZ mit Dusche und WC für 40–48 €. V., Váci u. 77 (Eingang in der Havas u.), ✆ 2350492. www.dominohostel.com. Ⓣ 47, 49.

Privatunterkünfte

Günstige Preise und ein Einblick ins Alltagsleben der Budapester sind die Vorteile einer Privatunterkunft. Das Zimmer ist meist ein Doppelzimmer in einer Wohnung, Bad und WC werden oft mit dem Vermieter geteilt, üblicherweise gibt es kein Frühstück. Privatwohnungen dagegen hat man ganz allein zur Verfügung. Die Preise richten sich nach Saison, Lage und Ausstattung, es gibt drei Kategorien: In der Drei-Sterne-Klasse muss man mit rund 50–60 € pro Nacht für zwei Personen rechnen, in der billigsten Kategorie mit rund 35 €. Die Mindestmietdauer beträgt 4 Nächte, bei kürzeren Aufenthalten ist ein Zuschlag von 30 % üblich. Gebucht wird über Agenturen oder im Internet. Zum Teil preisen an den Bahnhöfen Vermieter mit Fotoprospekten ihre Zimmer und Wohnungen an.

IBUSZ, für Privatunterkünfte ist das Hauptbüro zuständig (Ⓜ 3 Ferenciek tere), Mo–Fr 9–18 Uhr, Sa 9–13 Uhr. V., Ferenciek tere 10, ✆ 4852700. www.ibusz.hu.

To-Ma-Tour, vermittelt vor allem Wohnungen. Mo–Fr 9–12 und 13–20 Uhr, Sa/So 9–17 Uhr. V., Október 6 u. 22, ✆ 3530819. www.tomatour.hu.

Tribus Hotel Service, vermittelt in der Pester Innenstadt gelegene Zimmer und Wohnungen, auch Online-Buchung möglich. V., Apáczai Csere János u. 1, ✆ 2668042. www.tribus.hu.

www.budapestrooms.com, Website mit zentral gelegenen Privatunterkünften zur Direktbuchung.

Camping

Sein Zelt darf man in Budapest nur auf Campingplätzen aufstellen. Diese befinden sich am Rande der Stadt, sind aber mit den öffentlichen Verkehrsmitteln gut erreichbar – und im Sommer gut belegt.

Római Fürdő Kemping → Karte S. 143 **(1)**, größter und bekanntester Campingplatz der Stadt, im Norden Richtung Szentendre gelegen. Schattige Anlage mit rund 360 Stellplätzen. Gut ausgestattet mit Swimmingpool, Spielplatz, Minimarkt, Restaurant. 2 Pers., Auto und Zelt zahlen ab 12 € pro Nacht. 45 Bungalows für 20–60 €/2 Pers. Ganzjährig geöffnet. Nebenan das große Romaifürdő-Freibad (→ S. 87). III., Szentendrei út 189, ✆ 3686260. www.hotels.hu/romai_camping. HÉV bis Romaifürdő.

Csillebérci AutóCamping → Karte S. 236/237 **(17)**, nicht der modernste, aber schön gelegener kleiner Zeltplatz auf dem Schwabenhügel in den Budaer Bergen. Swimmingpool, Restaurant, Tennisplätze. 2 Pers, Auto und Zelt ca. 15 €/Nacht, Bungalows für 2–3 Pers. 40–50 €. Mai bis Sept. geöffnet. XII., Konkoly Thege Miklós út 21, ✆ 3956527. Ⓜ 2 Moszkva tér, dann Bus 90. www.csilleberciszabadido.hu

Haller Camping → Karte S. 229 **(28)**, kleiner, zentrumsnah gelegener Platz in einem Park in Pest mit 40 Stellplätzen. 2 Pers., Auto und Zelt ca. 20 €. Mitte Mai bis Mitte Sept. geöffnet. IX., Haller u. 27, ✆ 4763418. www.hallercamping.hu. Ⓜ 2 Keleti pu., dann Ⓣ 24 bis Balázs Béla utca.

Zugligeti Niche Kemping → Karte S. 236/237 **(9)**, kleiner, Privatplatz mit rund 250 Stellplätzen am Waldrand in den Budaer Bergen. März bis Mitte Nov. geöffnete schattige Anlage, Rezeption und Imbiss sind in alten Straßenbahnwaggons untergebracht. Freundlicher Service. Restaurant. 2 Pers., Auto und Zelt ca. 12 €. XII., Zugligeti út 101, ✆ 2008346. www.campingniche.hu. Ⓜ 2 Moszkva tér, dann Bus 158 bis Zugligeti út, wo auch der Sessellift seine Talstation hat.

Essen und Trinken

Die Zeiten, als es nur „Borstenvieh und Schweinespeck" gab, sind in Budapest vorbei. In den letzten zehn Jahren hat sich die gastronomische Vielfalt enorm erweitert und reicht heute von klassisch-ungarisch über französisch bis fernöstlich, vom zünftigen Gewölbekeller über den eleganten Speisesaal bis zum schicken Designerlokal.

Seit einigen Jahren vorbei sind allerdings auch die Zeiten, wo man in Budapest die Mahlzeiten fast geschenkt bekam. In Spitzenrestaurants kann man im Vergleich zu anderen westeuropäischen Metropolen noch vergleichsweise günstig essen, ansonsten ist der Preisunterschied zu deutschen oder österreichischen Gaststätten nicht mehr groß. Immer seltener werden Touristenlokale, die mit folkloristischem Ambiente und Trachten tragenden Kellnern dem Klischee entsprechen und tadelloses Essen bei etwas gehobenen Preisen anbieten. An ihre Stelle treten trendig gestylte Restaurant-Bars, die wegen ihrer Preise wiederum fast nur von Touristen besucht werden. Erfreulich ist, dass sich auf der Speisekarte dieser neuen Betriebe neben internationalen Gerichten stets auch ungarische Spezialitäten finden, die oft neu interpretiert oder kreativ verfeinert werden – im Klartext: weniger fett zubereitet sind.

Auch **Vegetarier** müssen in Budapest nicht mehr ausschließlich von Gemüsebeilagen leben: Mittlerweile gibt es ein paar vegetarische Restaurants und auf zahlreichen Speisekarten eine Auswahl vollwertiger, fleischloser Gerichte.

Kulinarischer Tagesablauf

Ein ordentliches Frühstück *(reggeli)* besteht in Ungarn aus Kaffee oder Tee, Broten mit Salami, Würsten, Schinken, Käse, rohen Paprika und Tomaten, oft gibt es auch Omelettes und gekochte Eier. Dazu trinkt man eine Tasse Tee oder Kaffee. Das Mittagessen *(ebéd)* ist die Hauptmahlzeit des Tages. Sie wird üblicherweise gegen 13 Uhr verspeist und ist meist ein zweigängiges Menü. Abends wird privat oft nur kalt gegessen, etwa Wurst, Käse und eingelegtes Gemüse. Isst man auswärts, kommt ein dreigängiges Menü auf den Tisch. Übliche Zeit für ein Abendessen *(vacsora)* im Restaurant ist 19 bis spätestens 22 Uhr.

Lokale

Étterem und **Vendéglő,** Restaurant und Gasthaus, bieten heimische und/oder internationale Küche und unterscheiden sich nur wenig voneinander – das letztere ist vielleicht etwas preisgünstiger. Die architektonische Bandbreite reicht von stuckverzierten Speisesälen bis zu backsteinroten Kellergewölben, von puristischen Lounges bis zu holzvertäfelten Stuben. **Kisvendéglő** ist ein „kleines" Gasthaus und **Kertvendéglő** ein meist nur im Sommer betriebenes Gartenrestaurant. **Csárda,** die traditionelle ländliche Schänke ist in Budapest meist ein folkloristisches Lokal mit getrocknetem Paprika an den Wänden, das von Reisegruppen heimgesucht wird. Die **Halászcsárda** ist auf Fischgerichte (*halász* = Fischer) spezialisiert. Unter **Söröző** oder **Sörház** versteht man eine von Vormittag bis nachts geöffnete, bodenständige Bierstube, in der in schlichtem Ambiente Bier vom Fass (manchmal auch selbst gebraut) gezapft und ein kleiner Stehimbiss gereicht wird. Mitunter handelt es sich dabei aber um echte Absteigen. Viele Bierstuben bieten auch warme Küche an und sind eigentlich Restaurants. **Borozó** ist eine Weinstube in unterschiedlichster Qualität, die moderne Version ist die **Borbar.** **Bisztro** und **Büfé** sind meist billige Schnellgaststätten oder einfache Snackbuden mit Selbstbedienung. Hier werden die ungarischen Wurstspezialitäten serviert, falls sie nicht durch Hamburger, Döner oder Falafel ersetzt wurden.

Unbedingt einkehren muss man in einem Budapester **Kávéház** (Kaffeehaus). Im 19. Jh. gab es in Budapest noch an die 500, in denen die großen ungarischen Künstler und Denker ihre Tage und Nächte mit Politisieren, Zeitung lesen, Schauen und Sinnieren zubrachten – nach der sozialistischen Ära waren es nur mehr ein Dutzend. Mittlerweile wurden einige wieder eröffnet, wie das Café Central; manche sind teure Touristentreffs geworden, andere schon wegen ihrer nostalgischen Ausstattung sehenswert. Die neu hinzugekommene Generation an Kaffee-

Bierstube in Térezváros

häusern entspricht eher dem modernen Typ Café-Bar und serviert meist auch warme Gerichte. **Cukrászda** ist die Café-Konditorei mit herrlicher Patisserie und Eisspezialitäten. Ein **(Esz)presszó** ist eher eine Bar, in der neben Kaffee auch gerne Alkohol konsumiert wird. In der Zwischenkriegszeit als Treffpunkt beliebt, ist es heute eine aussterbende Spezies.

Bei den „Essen & Trinken"-Hinweisen in den Stadtspaziergängen sind die berühmtesten **Kaffeehäuser** und **Konditoreien** durch Kästen hervorgehoben.

Platz nehmen/Reservierung: Man kann sich in Ungarn im Restaurant seinen Platz selbst aussuchen, auch Dazusetzen ist üblich. In beliebten Lokalen ist es vor allem abends ratsam, rechtzeitig einen Tisch zu reservieren.

Verständigung im Lokal: In der Mehrzahl der ungarischen Lokale gibt es deutschsprachige Speisekarten, viele KellnerInnen sprechen Deutsch oder Englisch.

Tischmusik: eine ungarische Spezialität, ob im Gourmet-Restaurant oder im Touristenlokal. Mal spielt ein Streichquartett klassische Musik, mal schrammelt die nicht immer ganz echte Zigeunerkapelle. Zuweilen haben auch Jazz und Schlager oder der Mann am Klavier ihren Platz neben den Tischen. Wenn der erste Geiger einer Kapelle sich langsam nähert, sollte man ihn sofort weiterschicken. Kommt man zu spät, wird er, den Bogen fast in der Suppe, mit wehmütigem Lächeln eine sentimentale Zigeunerweise zum Besten geben. Das Trinkgeld, 500 HUF sind üblich, ist selten Dank dafür als vielmehr der Hinweis, endlich zum nächsten Tisch weiter zu ziehen.

Rechnung und Trinkgeld: Am besten ist es, wenn man nur Speisen bestellt, deren Preis man kennt. Trinkgeld wird in Höhe von rund 10 % des Rechnungsbetrags erwartet. Man sollte die Rechnung vor dem Zahlen genau prüfen, denn in vielen Restaurants werden auf die Endsumme 10–15 % (!) für Service aufgeschlagen. Ein entsprechender Hinweis zu diesem Zuschlag muss in der Speisekarte enthalten sein. Zusätzliches Trinkgeld ist dann natürlich nicht mehr notwendig. Wechselgeld sollte man ebenfalls sofort kontrollieren.

Das Gerbeaud in der Belváros ist Ungarns berühmteste Konditorei

Restauranttipps für jeden Geschmack (Auswahl)

Lokale in Buda sind *kursiv* geschrieben.

Ungarisch

Á la carte Kisvendéglő → Tour 4
Arany Bárány → Tour 8
Aranyszarvas → Tour 3
Bock Bisztró → Tour 12
Dom Söröző-Étterem → Tour 9
Fatál → Tour 7
Fekete Holló → Tour 1
Fortuna → Tour 1
Horgásztanya → Tour 4
Kacsa Vendéglő → Tour 4
Kárpátia → Tour 7
Kéhli Vendéglő → Tour 5
Kisbuda Gyöngye → Tour 5
Kispipa → Tour 12
Kulacs → Tour 12
Ladik Csárda → Tour 5
Lugas → Tour 14
Margitkert → Tour 4
Mátyás Pince → Tour 7
Nador Magyaros → Tour 9
Náncsi Néni → Tour 14
Postakocsi → Tour 5
Régi Sípos Halászkert → Tour 5
Rozmaring Kertvendéglő → Tour 5
Százéves Étterem → Tour 8
Szép Ilona Kisvendéglő → Tour 14
Tabáni Kakas → Tour 3
Új Sípos Halászkert → Tour 5

Ungarisch/International

Alabárdos → Tour 1
Bagolyvár → Tour 11
Belcanto → Tour 10
Café Kör → Tour 9
Café Pierrot → Tour 1
Café Vian → Tour 10
Etno Café & Lounge → Tour 8
Gerbeaud Sörház → Tour 8
Király Étterem → Tour 1
Kőleves Vendéglő → Tour 12
Leroy → Tour 9
Marcello → Tour 3
Menza → Tour 10
Meridon → Tour 9
Müvézinas → Tour 10
Negro → Tour 9
Remíz → Tour 14
Tabáni Terasz → Tour 3
Trófea Grill Restaurant → Tour 4
Vadrózsa → Tour 14

Russisch

Arany Kavíár → Tour 1

International

Apaletta → Tour 13
Apetito → Tour 1
Avocado → Tour 7
Baraka → Tour 10
Belg. Biercafé Mosselen → Tour 9
Belgian Brasserie Henri → Tour 4
Buena Vista → Tour 10
Callas Kávéház → Tour 10
Carne di Hall → Tour 4
Cyrano → Tour 8
Fresco → Tour 8
Goa → Tour 10
Gundel → Tour 11
Hemingway → Tour 3
Karma → Tour 10
Leroy Café Óbuda → Tour 5
Mokka → Tour 9
Múzeum → Tour 7
Noa Café → Tour 9
Normafa Grill → Tour 14
Rivalda → Tour 2
Robinson → Tour 11
Spoon → Tour 8
Tom George → Tour 9

Mediterran

Articsóka → Tour 10
Fausto's Étterem → Tour 10
Okay Italia → Tour 9
Pomo d'Oro → Tour 9
Replay Café → Tour 8
Trattoria Toscana → Tour 7

Vegetarisch

Biopont → Tour 13
Éden vegetáriánus étterem → Tour 4
Govinda → Tour 9
Vegetárium → Tour 7

Asiatisch

Marquis de Salade → Tour 10
Nefrit → Tour 14
Seoul Korean Restaurant → Tour 4
Új Lanzhou Étterem → Tour 4
Wasabi Sushi& Wok → Tour 5

Indisch/Thai/Indonesisch

Indigo → Tour 10
Kashmir → Tour 9
Nusantara → Tour 14
Thai Étterem → Tour 7

Französisch/Ungarisch

Abszint → Tour 10
Café Bouchon → Tour 10
Café Miro Grande → Tour 10
Gerlóczy Kávéház → Tour 9
Grand Café Oktogon → Tour 10
Képiró → Tour 7

Französisch

Chez Daniel → Tour 10
La Fontaine → Tour 9
Le Jardin de Paris → Tour 4
Lou Lou → Tour 9

Griechisch

Taverna Andreas/ Dionysos → Tour 7
Taverna Pireus Rembetiko → Tour 7

Amerikanisch

Iguana Bar & Grill → Tour 9

Jüdisch

Carmel Pince → Tour 12
Fülemüle → Tour 13
Hanna → Tour 12
Rosenstein Vendéglő → Tour 13

Bayerisch

Haxen Király Étterem → Tour 10
Kaltenberg Bierstube → Tour 13

Fisch

Bajai Halászcsárda → Tour 14
Óceán bár & grill → Tour 8
Régi Sípos Halászkert → Tour 5
Új Sípos Halászkert → Tour 5

Ungarische Spezialitäten

Die ungarische Küche ist deftig und bodenständig und hat viele Gemeinsamkeiten mit der Küche ihrer Nachbarländer Österreich, Slowakei, Kroatien und Serbien. Typisch ist die Verwendung von Gewürzpaprika, der den Speisen goldrote Farbe und deftigen Geschmack verleiht. Ein Überblick über Speisen (Étlap) und Getränke (Itallap).

Vorspeisen und Suppen

Als erster Gang wird meist Suppe *(Leves)* serviert, etwa Fleischsuppe aus Hühnchen *(Tyúkhúsleves)* oder Rindfleisch *(Húsleves)* mit Gemüse, Fleischstückchen und Nudeln. *Gulyás(leves)* ist in Ungarn ein dicker Gulaschsuppeneintopf mit Rindfleisch und Kartoffeln. Besonders lecker ist die Suppe, wenn sie als Kesselgulasch *(Bogrács gulyás)* über offenem Feuer gekocht wird, wie es einst die Rinderhirten taten (was weltweit unter Gulasch bekannt ist, ist in Ungarn übrigens *Pörkölt* → Hauptgerichte). Die berühmte scharfe Fischsuppe *(Halászlé)* wird aus Karpfen- oder Welsfilets zubereitet und mit Gemüse und viel Paprika verfeinert. Üppig ist auch die mit Räucherwurst und Schweinefleisch angereicherte Bohnensuppe *(Jókai Bableves)*. Eine sommerliche Variante ist die kalte Obstsuppe *(Hideg gyümőlcsleves)* aus Sauerkirschen oder Himbeeren. Typische warme Vorspeisen *(Meleg elôételek)* sind die *Hortobágyi Palacsinta,* mit Hackfleisch gefüllte Crêpes, panierte und gebackene Champignonköpfe *(Rántott gomba)*, die auch Vegetariern munden werden, sowie Gerichte aus Gänseleber *(Libamáj)*, *der* ungarischen Delikatesse schlechthin.

Hauptgerichte

Der Hauptgang ist üblicherweise ein Fleisch- oder Fischgericht. Für das berühmte Gulasch, in Ungarn *Pörkölt* genannt, wird gewürfeltes Schweine- (Sertéspörkölt), Rind- *(Marhapörkölt)*, Geflügel- *(Pörkölt csirke)* oder Wildschweinefleisch *(Vaddisznó)* geschmort. Klassische Beilagen sind Nockerln/ Spätzle *(Galuska)* oder Eiergerste *(Tarhonya)*. Typisch ungarisch sind auch das Paprikahuhn *(Csirkepaprikás)*, bei dem Hühnerviertel in dicker Paprika-Rahmsoße gedünstet werden, sowie mit einer Mischung aus Hackfleisch, Reis und Wurstbrät gefülltes Gemüse, z. B. Paprikaschoten *(Töltött paprika)* oder Kraut/Weißkohl *(Töltött káposzta)*. *Székely gulyás* ist ein Schweinegulasch mit Sauerkraut, das andernorts unter Szegediner Gulasch bekannt ist. *Tokány* ist dem Pörkölt sehr ähnlich, nur wird das Fleisch in Streifen geschnitten und mit Pfeffer statt mit Paprika gewürzt. Als Salat(garnitur) werden gerne eingelegte Paprika *(Almapaprika)*, Krautsalat *(Káposzta saláta)* oder eine saure Gemüsemischung à la Mixed Pickles *(Csalamádé)* gereicht. Blattsalat *(Fejes saláta)* ist eher selten. Letscho *(Lecsó)*, in Fett gedünstete Paprikaschoten, Zwiebeln und Tomaten, wird als Beilage oder als Hauptgericht mit heißer *Kolbász* (Dauerwurst) serviert – für Vegetarier natürlich ohne.

Der klassische Speisefisch Ungarns ist der Zander bzw. Fogosch *(Fogas)* aus dem Plattensee. Aus den Flüssen kommen Wels *(Harcsa)* und Karpfen *(Ponty)*, die paniert oder mit Gewürzpaprika zubereitet werden.

Zwischenmahlzeit

Als kleine – fleischlose – Zwischenmahlzeit am Straßenstand bieten sich gekochte Maiskolben *(Kukorica)* oder *Lángos* an. Diesen in Fett ausgebackenen Hefeteigfladen, der mit Knoblauch gewürzt oder mit Sauerrahm und Käse bestrichen wird, brachten einst die Türken ins Land. Berühmt ist Ungarn für seine Wurstspezialitäten: Die *Szalami* kam vermutlich mit italienischen Gastarbeitern. Weltbekannt ist die Wintersalami *(Téliszalami)*, die früher nur in den kalten Monaten von Oktober bis März hergestellt werden konnte; 100 Tage wird sie geräuchert und erhält durch dreimonatige Reifung den weißen Edelschimmel. Paprikasalami *(Paprikas szalami)* ist eine etwas würzigere Variante. *Debrecziner* sind ebenfalls

Kesselgulasch modern

Dobos Torte – Gaumenkitzel Schicht für Schicht

geräucherte Würste mit Gewürzpaprika, die auch nach langem Kochen noch weich und saftig bleiben. *Hurka* ist eine Blut- oder Leberwurst und *Kolbász* eine pikante (Paprika-)Wurst.

Süßspeisen und Desserts

Ein ungarisches Mahl endet mit einer süßen, kalorienreichen Nachspeise *(Édességek/Desszertek)*, etwa einem Strudel aus Blätterteig *(Rétes)*, der mit Äpfeln *(Almás)*, Nüssen *(Diós)*, Mohn *(Mákos)*, Kirschen *(Meggyes)* oder Topfen/Quark *(Túrós)* gefüllt ist – oder mit *Palacsinta*, den hauchdünnen süßen Palatschinken mit ähnlichen Füllungen. Am berühmtesten ist die *Gundel-Palacsinta*, die mit Nusscreme gefüllt, mit heißer Schokolade übergossen und (als Touristenspektakel) flambiert wird. Leckere Spezialitäten sind Schomlauer Nocken *(Somlói Galuska)* aus Biskuitstücken, in Rum getränkten Rosinen und Schokoladesoße sowie Quarkklöße/Topfenknödel *(Túrósgombóc)*. *Die* ungarische Torte ist *Dobos Torta*, bei der sich unterhalb einer goldgelben Karamellglasur fünf bis acht Biskuitschichten mit Schokoladencreme abwechseln. Erstmals kreiert wurde sie 1885 vom Budapester Konditormeister József Dobos. Ähnlich zubereitet wird die *Esterházy Torta* – allerdings aus Nussbiskuitschichten und Vanillecreme. *Rigó Jancsi* ist ein nach einem berühmten Geiger benannter Biskuitkuchen mit Schokoladencremefüllung, die Gerbeaudschnitten *(Zserbószelet)* aus der berühmten Konditorei werden mit geriebenen Nüssen gefüllt und mit Schokolade glasiert.

Getränke

Sekt, Rot- und Weißwein, Tokajer, Bier, Obstbrand, Unicum und Mineralwasser – die Getränkevielfalt Ungarns ist groß.

Wein und Sekt

Dank des günstigen Klimas hat der Weinbau in Ungarn seit Jahrhunderten Tradition. Kooperationen mit österreichischen, italienischen und französischen Winzern trugen dazu bei, dass die Qualität der **Weine,** die aus den 22 ungarischen Anbaugebieten kommen, seit dem Fall des Eisernen Vorhangs enorm gesteigert werden konnte. Namen wie József Bock, Ede und Zsolt Tiffán, Huba und Lászlo Szeremley, Attila Gere, Ferenc Takler, Vilmos Thummerer und der 2005 tragischerweise verunglückte Tibor Gál sind heute über die Grenzen des Landes bekannt. Produziert wird zu 75 % Weißwein *(fehér bor)*, Rotwein *(vörös bor)* ist seltener, dafür berühmter. Die wichtigsten weißen Rebsorten sind trockene, wie *Chardonnay* und Welschriesling *(Olaszrizling)*, die halbtrockenen Lindenblättriger *(Harslevelű)*, Ruländer/ Pinot gris/Grauer Mönch *(Szürkebarát)* und Grüner Sylvaner *(Zöldszilváni)* sowie die aromatischen *Traminer, Furmint* und Muskat Ottonel *(Muskotály)*. Die wichtigsten Rotweinsorten sind die trockenen Blaufränkischer *(Kékfrankos)*,

Kadarka (eine rein ungarische Sorte), Blauer Portugieser *(Kékoportó), Cabernet* und *Pinot Noir* sowie der halbtrockene *Merlot.* Die besten, gehaltvollsten Rotweine kommen aus den Gebieten **Villány-Siklós** und **Szekszárd** im Südwesten Ungarns, die besten weißen vom Plattensee, aus **Badacsony** und **Somló.** Der in KP-Zeiten so berühmte und dann zum Massenfusel verkommene Rotwein **Erlauer Stierblut** *(Egri Bikavér),* eine Cuvée aus mindestens drei Rotweinsorten, erhielt in den letzten Jahren durch streng überwachte Kriterien ebenfalls eine „Blutauffrischung".

Gerne getrunken wird in Ungarn auch Wein mit Sodawasser, in Deutschland Weinschorle, in Österreich Gespritzter und in Ungarn *Fröccs* genannt.

Beim Weinkauf (als Souvenir sehr beliebt!) sollte man übrigens auf die Kategorie am Etikett achten: *Minőségű bor* ist Qualitätswein, *Különleges Minőségű bor* Prädikatswein. *Száraz* steht für trocken, *félszáras* für halbtrocken, *félédes* für lieblich und *édes* für süß. Gute Weine bekommt man bereits für etwa 1.500 HUF, für Spitzenqualität legt man um die 7.500 HUF ab.

Der bekannteste ungarische **Sekt** *(pezsgő)* stammt von der Kellerei **Törley,** die seit 1881 in Budafok im Süden Budapests Schaumweine nach französischer Methode herstellt. Eine weitere Sektmarke ist **Hungaria.**

Tokajer

Der edelsüße **Tokajer Ausbruch** *(Tokaji Aszu)* ist Ungarns berühmtester (Weiß-)Wein, den der französische König Louis XIV. einst mit dem Attribut „Wein der Könige, König der Weine" bedachte. Er stammt aus der Gegend um Tokaj im äußersten Osten Ungarns und entsteht dadurch, dass einem Grundwein aus Furmint- oder Harslevelű-Trauben drei bis sechs Bütten *(Puttonyos)* Maische aus edelfaulen Trockenbeeren zugesetzt werden. Je mehr Bütten, desto länger muss der Tokajer im Fass reifen und desto süßer und teurer ist er (bis zu 10.000 HUF). Weniger süß und einer Spätlese vergleichbar ist der **Tokajer Szamaorodner,** dem keine Trockenbeeren zugefügt werden – er wird trocken *(száras)* als Aperitif oder süß *(édes)* als Dessertwein angeboten. Ein „gewöhnlicher" Wein ist der **Tokajer furmint.**

Sekt aus Ungarns Hauptstadt

Haus der Ungarischen Weine

Eine gute Gelegenheit, die unterschiedlichen Weine Ungarns kennen zu lernen und zu verkosten, bietet das *Haus der Ungarischen Weine* im Zentrum des Budaer Burgviertels, das täglich von 12–20 Uhr geöffnet ist → S. 111.

Schnaps und Likör

Was wäre Ungarn ohne **Pálinka?** Der berühmte klare Obstbrand wird in mehreren Geschmacksrichtungen angeboten und als Aperitif oder Digestif getrunken. Die bekanntesten dieser Wässerchen sind *Barackpálinka* aus Aprikosen bzw. Marillen und der aus

Ein „kaiserlicher" Digestif

Pflaumen gebrannte *Szilvapálinka. Cseresznyepálinka* wird aus Kirschen und *Körtepálinka* aus Birnen destilliert. Am besten sind Pálinkas, die aus sonnenverwöhnten Früchten der südlichen Tiefebene um Kecskemét hergestellt werden.

Ein weiteres Nationalgetränk und ebenfalls gut für die Verdauung, aber nicht jedermanns Geschmack ist **Unicum.** Der Magenbitter wird seit über 200 Jahren von der Familie Zwack nach einem geheimen Rezept aus 40 Kräutern und Wurzeln produziert. Seinen Namen erhielt er von Kaiser Joseph II., der 1790, als ihm sein Leibarzt Dr. Zwack erstmals das Gebräu verabreichte, den Tropfen mit dem Ausruf „Das ist ein Unicum!" kommentiert haben soll. Weitere Details zu dem Getränk erfährt man im 2003 eröffneten Zwack-Museum im Pester Stadtteil Ferencváros (→ Tour 13).

Bier

In Ungarn werden auch Biere *(Sör)* gebraut. Von der Budapester Brauerei Dreher, X., Kőbanya, stammen *Dreher Classic,* das dunkle bzw. schwarze *Dreher bak* sowie Ungarns süffige Paradebiere *Arany Ászok* und *Kőbányai.* Außerhalb Budapests gebraut werden *Borsodi* und *Soproni Ászok.* Daneben werden viele importierte bzw. in Lizenz hergestellte Biere aus dem übrigen Europa angeboten, allen voran die tschechischen Sorten *Budweiser Budvar, Pilsner Urquell* und *Staropramen.*

Kaffee und Alkoholfreies

Dank der türkisch-osmanischen Besatzer wurde Kaffee schon früh in Ungarn bekannt. Traditionellerweise wird er als starker, kleiner Espresso *(eszpresszó, kávé oder mokka)* getrunken. Ein großer Espresso ist ein *dupla,* mit Milch wird er *tejes kavé* genannt. Filterkaffee ist untypisch und meist ein wässriges Gebräu, daher ordert man am besten Cappuccino. *Theodora,* das bekannteste ungarische Mineralwasser *(ásványvíz),* kommt vom Rand des Plattensees.

Trinksitten auf Ungarisch

Noch heute weigern sich viele Ungarn, mit Biergläsern anzustoßen. Mit Wein ja, mit Bier auf keinen Fall. Schuld daran sind Habsburger Soldaten: Die stießen nach der Revolution 1848/49 mit Gerstensaft an, als ungarische Generäle hingerichtet wurden – für echte Patrioten bis heute eine Beleidigung! Da stampft man lieber mit dem Humpen auf den Tisch, ruft zum Wohl *Egészségedre!* – und kühlt nach diesem Zungenbrecher seine Kehle.

Nächtliches Treiben auf der Nagymező utca

Nachtleben

Schon im 19. Jahrhundert reiste die bessere Wiener Gesellschaft donauabwärts, um das berühmte Budapester Nachtleben auszukosten. Heute ist es wieder soweit: Touristen in Partylaune jetten am Wochenende mit dem Billigflieger aus halb Europa in die ungarische Hauptstadt und machen dort die Nacht zum Tage.

Die Auswahl ist riesig: Über 150 Locations listet die Programmzeitschrift *Pesti Est* wöchentlich auf, in denen man sich nahezu täglich bei Live-Konzerten, Parties und DJs-Lines vergnügen kann. Es sind Cafés, Bars, Pubs, Clubs und Diskotheken und – ganz typisch für Budapest – oft ist ein Lokal alles in einem. Untertags ein Restaurant, Pub oder Café, das dann ab 22 Uhr die meist im Untergeschoss gelegenen Tanzflächen beschallt. Die größte Dichte an Ausgehmöglichkeiten bietet der Pester Bezirk Terézváros beiderseits der Andrássy út mit dem Liszt Ferenc tér und der Nagymező utca sowie der südliche Teil der Innenstadt (Belváros) mit der angrenzenden Ráday utca. Etwas schräg sind die zahlreichen Lokale im Judenviertel.

Große **Diskotheken** gibt es in Budapest wenige, dafür umso mehr Läden mit guter Live-Musik und einzigartigem Ambiente, etwa **Jazzlokale** (z. B. *Jazz Garden, Fat Mo's Music Club, Columbus Club)* oder die beliebten **Open-Air-Clubs,** die in den Sommermonaten ihre Tore öffnen. Auch sie gibt es in allen Varianten, vom Biergarten bis zur Diskothek. Vorzugsweise liegen sie am Donauufer, z. B. beiderseits der Petőfibrücke, auf der Margareteninsel und der Óbuder Werftinsel oder als **Kert** (Garten) in heruntergekommenen Hinterhöfen oder Baulücken in den Bezirken Erzsébetváros, Ferencváros und Józsefváros. Zu den bekanntesten Open-Air-Lokalen zählen *Zőld Pardon, Szimpla Kert* und *Café del Rio*.

Die Clubs verlangen, je nach Lokal und Event, Eintrittspreise zwischen 500 und 6.000 HUF, manche sind gratis. Bier und Wein sind etwas günstiger, Cocktails und Drinks gleich teuer wie in den westlichen Nachbarländern.

> Die besten Veranstaltungshinweise zum städtischen Nachtleben finden sich im Kapitel *Zene*/Rubrik *Helyek* im wöchentlichen Programmmagazin **Pesti Est,** das kostenlos in Lokalen ausliegt. Es ist zwar nur auf Ungarisch erhältlich, doch kommt man mit Hilfe der Wörter *Ajánló* (Tipp), *Jegyár* (Eintritt), *Elővét* (Vorverkauf), *Ingynes* (Eintritt frei) und den Angaben zum Datum (→ S. 250) erstaunlicherweise gut zurecht. *Pesti Est* bedeutet übrigens Pester Abend.

Cafés, Pubs, Jazzclubs, (Disko-)Bars

Budaer Burgviertel, Gellérthegy

Oscar American Bar → Karte S. 103 **(1),** der US-Filmpreis ist Namensgeber dieser In-Bar am Rand des Burgviertels, die für ihre Cocktails berühmt ist. Serviert wird auch leichte Küche, von Tapas über Pasta bis Huhn. Ab 17 Uhr geöffnet. I., Ostrom u. 14. www.oscarbar.hu.

Libella Kávéház → Karte S. 121 **(8),** typisches, gemütliches, wenn auch etwas verrauchtes Studentenlokal gegenüber der Technischen Universität beim Szt. Gellért tér mit günstigen Preisen für Bier und Snacks. Mo–Fr 8–1 Uhr, Sa 10–1 Uhr, So 12–2 Uhr. XI., Budafoki út 7, ✆ 2094761.

Belváros, Lipótváros

Gödör Klub → Karte S. 179 **(48),** beliebtes Kulturzentrum und Lounge am Erzsébet tér unterhalb des durchsichtigen Wasserbeckens. Jeden Abend Konzerte (Rock, Jazz, World Music) und Events, meist ab 20 Uhr – im Sommer weitet sich der Club bis auf die Freitreppen aus. Tägl. 16–2 Uhr. V., Erzsébet tér. www.godorklub.hu.

Beckett's Irish Bar → Karte S. 179 **(21),** riesiges In-Lokal an der Ecke, irische Atmosphäre mit Guinness, Whiskey und Pool-Billard. Party-Nights und Live Music am Wochenende, wichtige Sport-Events am Großbildschirm. Abends schnell voll. Mo–Fr 12–1 Uhr, Sa/So 12–2 Uhr. V., Bajcsy-Zsilinszky út 72. www.becketts.hu.

Columbus Jazzclub → Karte S. 169 **(10),** gemütlicher, eleganter Jazzklub auf einem Schiff vor dem Donaukorso mit Konzerten namhafter Interpreten, täglich ab 20.30 Uhr. Reservierung ist ratsam. Das Columbus Pub ist bereits ab 12 Uhr geöffnet. V., Vigadó tér 4. www.zeeneafedelzeten.hu.

Jazz Garden → Karte S. 157 **(41),** heimische und internationale Jazz-Musiker performen in dem beliebten Club mit intimer Atmosphäre täglich ab 21 Uhr. Tägl. 12–24 Uhr. V., Veres Pálné u. 44a, ✆ 2667364. www.jazzgarden.hu.

Fat Mo's Music Club → Karte S. 157 **(25),** bei Touristen und Budapestern beliebter Treffpunkt, der jeden Abend ab 21 Uhr in entspannter Atmosphäre Live-Musik (Jazz, Blues, R&B) bietet. Do/Fr/Sa gibt es ab 24 Uhr Parties (Funk, Soul) für das junge Publikum. Bier vom Fass, Cocktails und Tex-Mex-Küche. Mo–Fr 12–4 Uhr, Sa 18–4 Uhr, So 18–2 Uhr. V., Nyáry Pál u. 11. www.tatmo.hu.

For Sale Pub → Karte S. 157 **(51),** gemütliches Lokal mit Studentenflair und großer Auswahl an ungarischen Speisen. Originell die Dekoration: Gäste haben sich auf Decken und Wänden mit ihren Visitkarten verewigt. Tägl. 12–3 Uhr. V., Vámház krt. 2, ✆ 2670576. www.forsalepub.hu.

Irish Cat Pub → Karte S. 157 **(26),** eingesessenes Kellerlokal mit bunt gemischtem Publikum, wenig irisch, dafür aber viel Stimmung bei Guinness und Popmusik. Tägl. 11–2 Uhr. V., Múzeum körút 41.

Cha-Cha-Cha Underground Café → Karte S. 157 **(34),** in der Passage der Metrostation Kálvin tér. Aus der schmuddeligen, preiswerten Café-Bar wird ab 22 Uhr ein Disco-Club für junge Partylöwen. Jede Nacht steht ein anderer DJ an den Turntables – bis 4 Uhr früh. Den Sommer über zieht der Klub auf die Margareteninsel. www.chachacha.hu. Ⓜ Kálvin tér.

Andrássy út, Terézváros und Liszt Ferenc tér

Barokko Club & Lounge → Karte S. 194/195 **(45),** neues, cooles Lokal im minimalistischen Retro-Design am Liszt-Ferenc-Platz. In der Café-Bar im Erdgeschoss gibt es jeden Abend Lounge-Musik und mehrmals die Woche ab 21 Uhr DJ-Betreuung; im Club im Untergeschoss wird ab 23 Uhr Funk, R&B und Soul aufgelegt. Mi–Sa 12–3 Uhr, So–Di 12–2 Uhr. VI., Liszt Ferenc tér 5, ✆ 3220700. www.barokko.hu.

Cactus Juice → Karte S. 194/195 **(14),** gemütliches Pub und Restaurant im Stil des Wilden Westens, das für seine große Whisky-Auswahl bekannt ist. DJ-Nights (Funk). Mo–Do 12–2 Uhr, Fr–Sa 12–4 Uhr, So 16–2 Uhr. VI., Jókai tér 8. www.cactusjuice.hu. Ⓜ 1 Oktogon.

Picasso-Point → Karte S. 194/195 **(20),** gemütliches, abgeschabtes Lokal mit Atmosphäre der 1970er. Do–Sa DJ-Nights und Karaoke-Shows, Latin, Funk, R&B, Hip-Hop, Dance. Mo–Mi 16–24 Uhr, Do 16–2 Uhr, Fr 16–4 Uhr, Sa 18–4 Uhr. VI., Hajós u. 31. www.picassopoint.hu.

Soho London Pub és Mulató → Karte S. 194/195 **(19),** Mi/Sa ab 23 Uhr Funk und House, Do/Fr ab 23 Uhr Pop und Latin. Tägl. ab 16 Uhr, Sperrstunde ist 4 Uhr früh. VI., Nagymező u. 31. www.soholondon.hu.

Café Mediterran → Karte S. 194/195 **(22),** mediterran gestylter, nicht überdrehter Club mit kleiner Tanzfläche im Untergeschoss. R&B, Hip-Hop, nette Partys, gute, preiswerte Cocktails. Tägl. 10–2 Uhr. VI., Liszt Ferenc tér 10.

Erzsébetváros und Jüdisches Viertel

Alcatraz → Karte S. 219 **(26),** die Kellner servieren in Sträflingskleidung, jeden Abend gibt es Live-Musik (Salsa, Rock, Jazz, Blues, Swing) ab 21 bzw. 22 Uhr. Mo–Mi 18–2 Uhr, Do–Sa 18–4 Uhr. VII., Nyár u. 1. www.alcatraz.hu. Ⓜ 2 Blaha Lujza tér.

Szóda → Karte S. 219 **(21),** unweit der Großen Synagoge 2003 eröffnete, gemütliche Café-Bar im Retro-Design: viel Orange, rot gepolsterte Bänke und Sodaflaschen (daher der Name) als Dekoration. Untertags verkehren hier v. a. Studenten, abends gemischtes Publikum bis Mitte 40. Preiswertes Essen, gutes Bier und gratis Szoda. Im Untergeschoss kleine Tanzfläche, auf der man sich Fr/Sa ab Mitternacht vergnügen kann. Tägl. 8–5 Uhr (!). VII., Wesselényi u. 18. www.szoda.com.

Champs Sport Pub → Karte S. 219 **(29),** legendärer Treffpunkt für Sportfans unweit der Großen Synagoge. Bei 35 Bildschirmen und zwei Supersize-Screens verpasst man

kein Tor in der jubelnden Menge. Cocktail-Bar, After-Work-Parties, Funky-Disko und Parties Fr/Sa. Gutes Essen, aber nicht ganz billig. Tägl. 12–2 Uhr. VII., Dohány u. 20. www.champs.hu.

Old Man's Music Club → Karte S. 219 **(19),** der große Keller ist legendär und als Aufreißzone beliebt. Ab 21 Uhr Livemusik von Rock über Funk und Country bis Jazz, anschließend Disko bis 4 Uhr. Gemütliches Ambiente. VII., Akácfa u. 13, ✆ 3227645. Ⓜ 2 Blaha Lujza tér.

Szimpla → Karte S. 219 **(4),** seit 2001 bestehender, beliebter Treffpunkt der alternativen Szene im Judenviertel mit Dupla Restaurant und Szimpla Kávézó, in denen man preiswert essen und trinken kann (ungarische Küche, Hauptgerichte bis 1.300 HUF). Im Keller Mi/Do abends Livemusik (Blues, Jazz). Mo–Fr 10–2 Uhr, Sa/So 12–2 Uhr. VII., Kertész u. 48. www.szimpla.hu.

Szimpla Kert → Karte S. 219 **(27),** der mit Sperrmüll möblierte „Einfache Garten" in einem abbruchreifen Hinterhof genießt mit seiner Mischung aus Biergarten, Chill-Out-Area und Hausbesetzung mittlerweile Kultstatus. Täglich Livemusik (viel Jazz) und alternatives Filmprogramm im Szimpla Kertmozi, einem schrägen Kino. Preiswert. Tägl. 12–3 Uhr. VII., Kazinczy u. 14. www.szimpla.hu.

Sark presszó → Karte S. 219 **(6),** 2002 eröffneter, kultiger Treffpunkt mitten im Judenviertel. Alternatives Publikum, stets gut besucht. Im Kellergeschoss Do/Fr/Sa Livemusik bis 4 Uhr morgens. Im Sommer geschlossen, dann residiert Sark als Open-Air-Club *Sark Kert* auf der Margareteninsel. Mo–Sa ab 12 Uhr, So 16–2 Uhr. VII., Klauzál tér 14.

Clubs und Diskotheken

Gellérthegy, Óbuda-Werftinsel und Margitsziget

Citadella Garden Club → Karte S. 121 **(6),** Open-Air-Club in der Zitadelle am Gellértberg. Zwei Dancefloors und ein unbeschreiblicher Blick auf das nächtliche Budapest. Fr/Sa 23–5 Uhr. XI., Citadella sétány. www.citadella.hu.

Rudas Romkert → Karte S. 121 **(5),** der im Sommer geöffnete „Ruinengarten" an den südlichen Außenmauern des Rudasbades, tagsüber ein Biergarten, mutiert ab 22 Uhr zu einem der gefragtesten Sommer-Open-Air-Clubs der Stadt. Fr/Sa meist rappelvoll. I., Döbrentei tér 9–11.

Bed Club → Karte S. 143 **(3),** riesiger Club nördlich von Aquincum mit drei Tanzflächen und Sofa-Betten. Mehrere Bars, teure Drinks, strenger Türsteher, schickes, jüngeres Publikum und bekannt gute DJs. Funk, Rock, Rave, Pop. Juli/Aug. Fr/Sa ab 21 Uhr. III., Reményi Ede u. 3. www.bed.hu. HÉV bis Filatorigat.

Dokk Club/Dokk Beach → Karte S. 143 **(5),** der zurzeit angesagteste Club der Stadt. Wer schön, reich und „in" ist, zeigt sich hier bzw. wird vom Türsteher eingelassen. Untergebracht in einem umgebauten Dock im Süden der Werftinsel mit hohen Decken, riesiger Tanzfläche, Gogos und den besten DJs der Stadt. Juli/Aug. öffnet der angeschlossene Open-Air-Club *Dock Beach* mit Südseeambiente auf einer Plattform im Wasser. Sehr teuer, in der VIP-Area verkehrt internationale Prominenz. Funk, Jazz, House, Techno, Electronic. Themenabende mit Livemusik und Gay-Events einmal pro Monat. Mo–Sa 21–4 Uhr (ab 24 Uhr ziemlich voll). III., Hajógyári-Sziget 122. www.dokkdisco.hu. HÉV bis Árpád híd.

Holdudvar → Karte S. 151 **(5),** Open-Air-Club. 2006 zog der legendäre „Mondhof" vom Hof des Universitätsgebäudes am Museumsring in das alte Casinogebäude auf der Margareteninsel um, wo DJs den Sommer über täglich ab 22 Uhr mit ihren Sets auf die Tanzfläche laden. Ⓣ 4, 6.

Cha-Cha-Cha Terasz → Karte S. 151 **(7),** rund 200 m von der Margaretenbrücke entferntes Sommerdomizil (Mai bis Sept.) des gleichnamigen Clubs vom Kalvin tér. Große Terrasse an der Donau, an kleinen Holzhütten werden Pálinka, Cocktails und Bier ausgeschenkt, laute Musik. DJ-Betreuung und Konzerte nahezu täglich von 22–4 Uhr früh. Eingang an der Südseite des Atklétikai Centrum. www.chachacha.hu. Ⓣ 4, 6.

Copacabana Beach → Karte S. 151 **(1),** an der Nordspitze der Margareteninsel, unter der Brückenrampe gelegener, gestylter Open-Air-Club mit Strand- und Karibikfeeling. Cocktails und Bier sowie Gegrilltes als Unterlage. Salsaparties, Latinpop, R&B. Ab 21 Uhr. Eingang etwas versteckt bei einer kleinen Tür im Brückenpfeiler. www.copacabana.hu. Bus 106.

Andrássy út, Terézváros, Erzsébetváros

B7 Club → Karte S. 194/195 **(21),** großer Club der Stadt für die jüngere Nachteulen-Generation. Gogo-Girls, Party- und DJ-Nights, Erotic und Chippendale Shows. Mo/Mi/Fr/Sa 22–5 Uhr. Pop, Chartmusik. VI., Nagymező u. 46–48. www.b7.hu.

Rocktogon → Karte S. 194/195 **(12),** gemütlicher Club mit Rock, Punk, Ska, Heavy Metal, live oder von der Vinyl-Scheibe. Konzerte Do–Sa ab 20 Uhr Türsteher kontrollieren scharf, wer hinein darf. Mo–Do 18–24 Uhr, Fr–So 18–4 Uhr. VI., Mozsár u. 9.

Bamboo Classic Music Club → Karte S. 194/195 **(8),** Funk, Soul, R&B, Latin Music, live und DJ-Nights. Gogo-Girls. Do–Sa 21–5 Uhr. VI., Dessewffy u. 44. www.bamboomusicclub.hu.

Moulin Rouge → Karte S. 194/195 **(34),** das 1898 eröffnete Revue-Theater mit seinem prächtigen Interieur befindet sich neben dem Operettentheater. Ab 22.30 Uhr Cabaret-Shows im Stil der 1920er Jahre mit herrlichen Kostümen und viel nackter Haut. Nach Mitternacht wird es zum Club mit Latin und Diskomusik. Mi–Sa 22.30–4 Uhr. VI., Nagymező u. www.moulinrouge.hu.

Piaf → Karte S. 194/195 **(24),** plüschiger, mit rotem Samt gestylter Club, der oben Pianomusik und im Geschoss darunter eine belebte Tanzfläche bietet. Fr/Sa 22–6 Uhr morgens geöffnet und daher für viele „die letzte Station". VI., Nagymező u. 25.

Bank Dance Hall → Karte S. 179 **(16),** bei Youngsters (18–25) beliebter, riesiger Tanzpalast im rechten Trakt des Westbahnhofs.

Rap, R&B, Funk, House, Techno, Trance, Hip-Hop – verteilt auf drei Ebenen. Zu essen gibt es Pizza und Salate, zu trinken Bier im Plastikbecher. Fr/Sa 22–5 Uhr. VI., Teréz krt 55. www.bankdancehall.hu. Ⓜ 3 Nyugati pu.

Bahnhof Music Club → Karte S. 179 **(18),** gut besuchte Disco direkt im Westbahnhof mit Konzerten und DJ-Nights, zwei Dance-Floors, Funky, R&B, House, Indie Pop, Hip-Hop. Do–So 20–4 Uhr. VI., Nyugati tér (Eingangsseite). www.bahnhof.hu.

Club Seven → Karte S. 219 **(22),** beliebter Club, außen unspektakulär, innen plüschiges Ambiente und vielfältiges Programm: Jazzabende, DJ-Nights, Cabaret- und Chippendale-Shows, Karaoke, Gogo-Girls. Türsteher kontrollieren scharf, für Damen ist der Eintritt frei. Tägl. 12–5 Uhr. VII., Akácfa u. 7. www.clubseven.hu.

Józsefváros, Ferencváros und um die Petőfibrücke

West-Balkán Kicsi → Karte S. 229 **(16),** der alternative „Kleine West-Balkan" liegt in einer Baulücke hinter dem Corvin-Kino. Den Sommer über gibt es einen baumbestandenen, ruinösen Kert (Biergarten), wo sich´s herrlich chillen lässt. Nebenan heruntergekommene, winterfeste Räume, Bier, Sandwiches, Ausstellungen, Tischfussball. Im Keller legen Do–Sa spätabends DJs auf (Electronic, Alternative, World Music). Tägl. ab 14 Uhr. VIII., Kisfaludy u. 36. www.west-balkan.com.

West-Balkán Nagy → Karte S. 229 **(17),** weil der kleine West-Balkan meist randvoll ist, suchten sich die Betreiber eine zusätzliche Location und fanden sie in einer Baulücke, auf der einmal die Corvin-Promenade entstehen soll. Bis dahin vergnügt sich hier das junge, alternative Publikum bei den täglich ab 21 Uhr gebotenen Live- und DJ-Acts (Funk, World Music, Electronic). Tägl. ab 14 Uhr. VIII., Futó u. 46. www.west-balkan.com.

Trafó Bar Tangó → Karte S. 229 **(20),** der Club im Untergeschoss des Kulturzentrums im alten Industriegebäude bietet fast täglich ab 21/22 Uhr Events und DJ-Lines (Alternative, Pop, Diso). IX., Liliom u. 41. www.trafo.hu.

Club Inside und Buddha Beach → Karte S. 229 **(23),** riesige Anlage mit fünf trendigen Clubs am Pester Donauufer zwischen Petőfi- und Szabadság-Brücke; Partys und DJ-Nights, breite Musikauswahl (Jazz, Hip-Hop, Funky, Soul, R&B, Latin und Salsa). Wegen seiner entspannten Atmosphäre und der großartigen Aussicht besonders beliebt ist der Outdoor-Club Buddha Beach. Mi–Sa. IX., Közraktár u. 9–11. www.clubinside.hu.

A38 Hajó → Karte S. 229 **(26),** umgebauter ukrainischer Schleppkahn, der seit 2003 am Budaer Donauufer in Höhe der Petőfi-Brücke ankert. Angesagter Treffpunkt mit Restaurant, drei Bars und cooler Terrasse.

Täglich ab 21 Uhr Live-Konzerte (Jazz, World Music, Rock) und bekannte DJ-Größen. Tägl. 11–4 Uhr. XI., Pázmány Péter sétány, híd budai hídfő. www.a38.hu.

Café del Rió → Karte S. 229 **(25),** riesiger, stets gut besuchter Open-Air-Club am Budaer Kopf der Petőfi-Brücke. Türsteher entscheiden, wer für diesen sommerlichen, cool gestylten Hot Spot schick genug ist. Man kommt zum Tanzen (House, Electronic), zum Chill-out mit Karibik-Feeling oder wegen der feinen Cocktails. April bis Ende Sept. tägl. 14–5 Uhr. XI., Goldmann György tér 1 (nördlich der Brücke), ✆ 2972158. www.rio.hu.

Zöld Pardon → Karte S. 229 **(27),** legendärer, großer Open-Air-Club und Kert (Biergarten) auf der Budaseite südlich der Petőfi-Brücke. Tolle Livemusik, zwei Dancefloors, bekannte DJs, mehrere Bars. Hip-Hop, Chartmusic, Pop. Gemischtes Publikum von ganz jung bis Mitte 40. XI., Goldmann György tér, ✆ 2791880. www.zp.hu.

Außerhalb

E-Klub → Karte S. 243 **(3),** war 1968 die erste Studentendisko, heute ist es ein beliebter Club im Volkspark (Népliget). Zwei Dancefloors werden von den DJs mit House und Funk bzw. mit Hits der 1980er und 90er Jahre beschallt. Fr/Sa 22–5 Uhr. X., Népligeti út 2. www.e-klub.hu. Ⓜ 3 Népliget.

Schwules und lesbisches Nachtleben

Die Gayszene bietet ein ständig größer werdendes Angebot an Café, Bars, Clubs, Saunas und Gay-Parties. Informationen im Internet finden sich unter der Rubrik Freizeit auf der Website der Budapester Touristenamts **www.budapestinfo.hu** sowie im umfassenden Führer **www.budapest.gayguide.net** (in Englisch). Die kostenlose Monatszeitschrift *Na Végre!* (Na endlich!) hat eine Beilage in Englisch. Gay-Parties gibt es mindestens einmal pro Monat an verschiedenen Locations. Eine Party-Serie ist **PURE** (www.pure.i-shop.hu), die andere **Candy!** (www.candybudapest.com.). Das Angebot für Lesben ist eher kärglich.

Action Gay Bar → Karte S. 157 **(22),** kleiner, stets gut besuchter Kellerclub mit großem Angebot: Darkroom, Go-Go-Dancers und Live-Shows jeden Abend um 0.30 Uhr. Viel Leder. Eingang von der Straße nur mit einem A und Regenbogenflagge gekennzeichnet. Tägl. 21–5 Uhr. Mindestverzehr: 1.300 HUF. V., Magyar u. 42. www.action.gay.hu. Ⓜ 3 Kálvin tér.

Café Capella → Karte S. 157 **(30),** legendäre Gay-Disko auf drei Ebenen, mittlerweile auch viele Heteros. Drag Shows (0 und 1 Uhr), am Mi vor allem schwules Publikum. Live-Acts starten meist Fr/Sa ab 0 Uhr. Eintritt inkl. Freigetränk. Tägl. 22–5 Uhr. V., Belgrád rkp. 23. www.capellacafe.hu. Ⓜ 3 Ferenciek tere.

Magnum Szauna → Karte S. 229 **(14),** größte Gay-Sauna der Stadt mit Fitness- und Massageräumen, Darkrooms, Bar. Show Fr 21 Uhr. So–Do 12–1 Uhr, Fr/Sa 13–4 Uhr. VIII. Csepreghy u. 2/Ecke Mária utca. www.magnumszauna.hu. Ⓣ 4, 6 Baross utca.

Living Room Club → Karte S. 157 **(5),** Lesbenparty jeden letzten Samstag im Monat. House, R&B, Chartmusik. 22–5 Uhr. V., Kossuth Lajos u. 17. Ⓜ 2 Astoria.

Kasinos und Night-Clubs

Wer das Glücksspiel einer heißen Sohle vorzieht, hat in den rund ein Dutzend Budapester Kasinos reichlich Gelegenheit. Die meisten befinden sich in den Luxushotels der Stadt. Mindestalter für den Besuch ist 18 Jahre, gespielt wird in Euro, US-Dollar und mittlerweile auch in Ungarischen Forint.

Las Vegas Casino → Karte S. 157, im Gebäude des Sofitel am Donaukorso. Amerikanisches Roulette, Black-Jack, Poker, Spielautomaten. Amerikanisches Ambiente, keine Abendkleidung erforderlich. Tägl. 0–24 Uhr. V., Roosevelt tér 2, Eintritt 3.000 HUF, mit Budapest-Karte frei. www.lasvegascasino.hu. Ⓣ 2.

Tropicana Casino → Karte S. 157, gespielt wird in zwangloser Dschungelatmosphäre mit Cocktailbar unter Palmen, sogar die Croupiers haben Hawaii-Hemden an. Amerikanisches Roulett, Black-Jack, Poker, Spielautomaten. V., Vigadó u. 2. Eintritt: 3.000 HUF, mit Budapest-Karte frei. Tägl. 11–6 Uhr. www.tropicanacasino.hu. Ⓜ 1 Vörösmarty tér.

Várkert Casino → Karte S. 121, das Gebäude von Miklós Ybl am Budaer Ufer ist eines der elegantesten Casinos der Stadt. Roulette, Poker, Black-Jack. Tägl. 16–24 Uhr, Eintritt frei. I., Ybl. Miklós tér. www.varkert.com. Ⓣ 19.

Auf dem Pester Broadway: Operettentheater und Moulin Rouge

Oper, Konzert, Kino, Festival

Budapest hat zwei Opernhäuser, ein Operettentheater, mehrere Musicalbühnen, einzigartige Konzertsäle, zwei Tanztheater, über vierzig Schauspielbühnen, stilvolle Kinopaläste, Folkloreensembles und alternative Kulturzentren – kurzum: ein unglaublich reiches Angebot.

Bei dieser Fülle hat man die Qual der Wahl. Wer des Ungarischen nicht mächtig ist, wird Theateraufführungen eher außer Acht lassen und sich auf das breit gefächerte musikalische Angebot konzentrieren. Seitdem viele ausländische Filme in Originalversion gezeigt werden, steht auch einem Kinobesuch nichts im Wege, der zudem die Gelegenheit bietet, eines der prächtig renovierten alten Filmtheater von innen zu erleben.

Einen Überblick über wichtige Kulturtermine bieten das mehrsprachige Monatsheft *Budapest Panorama* (www.budapestpanorama.com) und das alle zwei Monate erscheinende *Programme* (engl./dt.), die beide kostenlos in Tourinform-Büros (→ S. 93) und größeren Hotels ausliegen. Wer Ungarisch spricht, besorgt sich am besten das monatliche, kostenlose Programm-Magazin *Súgó* (deutsch: Souffleur).

Oper, Operette, Musical, Tanz

Das Niveau der Aufführungen in Budapest ist von hoher Qualität, hat doch das Land eine lange musikalische Tradition. Als Schöpfer der ungarischen Nationaloper gilt Ferenc Erkel (1810–93), dessen *Bank Bán* und *Laszló Hunyadi* – neben italienischen und deutschen Opernklassikern – regelmäßig auf den Spielplänen stehen. Von Béla Bartók (1881–1945), dem weltbekannten Komponisten des 20. Jh., stammen der Einakter *Herzog Blaubarts Burg* und die Ballette *Der wunderbare Mandarin* und *Der hölzerne Prinz*, die zum Standardrepertoire der Häuser zählen. Berühmt sind auch die Operettenkomponisten Ferenc (Franz) Léhar (1870–1948) und Imre Kálmán (1882–1953). Léhars *Lustige Witwe* sowie Kálmáns *Csárdásfürstin* und *Gräfin Mariza* sind bis heute populär.

Opern werden in der Originalsprache gesungen, Operetten mit deutschen, Musicals mit englischen Übertiteln gespielt. Die Aufführungen beginnen üblicherweise um 19 Uhr. Von Ende Juni bis Mitte September ist Sommerpause.

Kartenverkauf und Ticketpreise

Tickets sind im Voraus an Vorverkaufsstellen (Karten- und Reisebüros) und meist auch direkt und billiger an den Kassen der Veranstaltungsorte erhältlich. Für den Ticketkauf im Internet benötigt man fast immer Ungarisch-Kenntnisse. Die Preise sind meist niedriger als zuhause. Ein Platz in der Oper kostet 4–40 €, für klassische Konzerte sollte man 4–25 € einplanen. Einige Vorverkaufsadressen:

Matáv Jegyiroda, neben dem Operettentheater. Mo–Do 10–18 Uhr, Fr 10–17 Uhr. VI., Nagymezö u. 19, ✆ 3023841. Ⓜ 1 Oktogon.

Ticket Express, Mo–Fr 10–18.30 Uhr, Sa 10–15 Uhr. VI., Andrássy út 18, ✆ 3120000. Ⓜ 1 Opera.

Concert & Media, Mo–Fr 11–19 Uhr, Sa/So 13–19 Uhr. VI., Jókai tér 9, ✆ 3743026. Ⓜ 1 Oktogon.

Ungarische Staatsoper (Magyar Állami Operaház), eines der schönsten Opernhäuser der Welt (→ S. 197). Oper und Ballett auf internationalem Niveau. Ticketverkauf im Haus tägl. 11–17 Uhr und unter www.jegymester.hu. VI., Andrássy út 22, ✆ 3312550. www.opera.hu. Ⓜ 1 Opera.

Erkel Theater (Erkel Színház) → Karte S. 229, die zweite Spielstätte der Staatsoper in einem riesigen, wenig ansprechenden Bau unweit des Keleti Bahnhofs, v. a. ungarische Werke. Ticketverkauf im Haus und Di–So ab 11 Uhr unter www.jegymester.hu. VIII., Köztársaság tér 30, ✆ 3330540. Bus 7 bis Blaha Lujza tér oder Ⓜ 2 Blaha Lujza tér.

Budapester Operettentheater (Budapesti Operett Színház), schmucker Jugendstilbau im Theaterviertel für die leichte Muse (→ S. 193). Operetten und Musicals, z. B. „Rudolf" und „Mozart" in Coproduktion mit den Vereinigten Bühnen Wiens und seit 2006 auch das Klezmermusical „Brauttanz". Ticketverkauf im Haus Mo–Fr 10–19 Uhr, Sa/So 13–19 Uhr. VI., Nagymező u. 17, ✆ 3124866. www.operett.hu. Ⓜ 1 Oktogon.

Madách-Theater (Madách Színház), frühmoderne Musicalbühne am Großen Ring (→ S. 221), im Programm etwa neu inszenierte Versionen von „Phantom der Oper" oder „Chicago". Kartenverkauf im Haus tägl. 13–18.30 Uhr. VII., Erzsébet krt. 29–33, ✆ 4782041. www.madachszinhaz.hu. Ⓣ 4, 6.

Nationales Tanztheater (Nemzeti Táncszínház), das 2001 gegründete staatliche Tanztheater präsentiert mit mehreren Ensembles das gesamte Spektrum vom ungarischen Volkstanz bis zum zeitgenössischen Ballett sowie internationale Gastspiele. Die beiden Spielstätten: das frühere *Burgtheater* auf dem Burgberg (→ S. 115), I., Színház u. 1–3, ✆ 3758649, Kartenverkauf tägl. 13–18 Uhr, Várbusz, Standseilbahn – und das *Festivaltheater* im neuen Palast der Künste (→ S. 75). www.dancetheatre.hu.

Thália Theater → Karte S. 194/195, gegenüber dem Operettentheater und von diesem auch mit Operetten und Musicals bespielt. Daneben auch Tanz, Sprechtheater und Folkloreabende. VI., Nagymező u. 22–24, ✆ 3310500. www.thalia.hu. Ⓜ 1 Oktogon.

TRAFÓ, ein Schwerpunkt des Kulturzentrums im alten Industriegebäude (→ S. 228) ist zeitgenössischer Tanz auf internationalem Niveau. Kartenverkauf im Haus Mo–Fr 14–20 Uhr, Sa/So 17–20 Uhr. IX., Liliom u. 41, ✆ 4562055. www.trafo.hu. Ⓣ 4, 6.

Merlin Theater (Merlin Szinház) → Karte S. 169, das 1991 eröffnete internationale Theater unweit des Deák tér zeigt u. a. Gastspiele internationaler Tanzkompanien. Kartenverkauf im Haus tägl. 10–18 Uhr. Deák tér, ✆ 3179338. www.merlinszinhaz.hu. Ⓜ 1, 2, 3 Deák tér.

Klassische Konzerte

Der wegen seines Jugendstilinterieurs und seiner Akustik berühmteste Konzertsaal Budapests befindet sich im Bau der Musikakademie, die nach Franz (Ferenc) Liszt (1811–86) benannt ist. Der Klaviervirtuose und Komponist prägte das ungarische Musikleben, später waren es Zoltán Kodály (1882–1967) sowie der schon erwähnte Béla Bártok und sein Zeitgenosse Ernő (Ernst) Dohnányi (1877–1960). Ihre Werke sind aus dem heutigen Konzertkalender der Stadt nicht mehr wegzudenken. Dessen Umfang rührt auch daher, dass sich Budapest fast ein Dutzend Symphonieorchester leistet. Die führenden sind das Budapest Festivalorchester *(Budapesti Fesztiválzenekar BFO)*, das 1853 von Ferenc Erkel gegründete, in der Staatsoper beheimatete Budapester Philharmonieorchester *(Budapesti Filharmóniai Társaság, BPO)* sowie die Ungarische Nationalphilharmonie *(Nemzeti Filharmonikus Zenekar)*, die seit 2005 im Palast der Künste ihr Zuhause hat, aber auch andernorts musiziert. Bekannt sind auch das Orchester des Ungarischen Rundfunks, das Dohnányi-Orchester und das Donau-Symphonieorchester *(Duna Szimfonikus Zenekar)*. Klassische Konzerte beginnen meist um 19.30 Uhr. Eine gute Terminübersicht gibt www.koncertkalendarium.hu.

Franz-Liszt-Musikakademie (Zeneakadémia), Orchester-, Kammer- und Solistenkonzerte in eindrucksvollem Ambiente (→ S. 198). Nagyterem ist der große, Kisterem der kleine Saal. Ticketverkauf im Haus Mo–Fr 10–20 Uhr, Sa/So 14–20 Uhr. VI., Liszt Ferenc tér 8, ✆ 3420179. Ⓜ 1 Oktogon.

Palast der Künste (Művészetek Palotája), der neu gebaute Kulturpalast im Süden Pests (→ S. 232) verfügt über zwei Säle, in denen renommierte Orchester- und Solistenkonzerte nationaler und internationaler Interpreten gespielt werden: **Nationaler Konzertsaal Béla Bartók (Bartók Béla Nemzeti Hangversenyterem)** und **Festivaltheater (Fesztivál Színház).** Kartenverkauf im Haus Mo–Fr 13–18 Uhr, Sa/So 10–18 Uhr. IX., Komor Marcell utca 1, ✆ 5553300. www.mupa.hu. Ⓣ 2.

Donaupalast (Duna Palota), in dem neobarocken Saal unweit der Kettenbrücke (→ S. 177) spielt das Donau-Symphonieorchester von September bis Mai vornehmlich für Touristen populäre Klassik. V., Zrínyi u. 5, ✆ 3172754 oder ✆ 2355500. Ⓣ 2 bis Roosevelt tér.

Programmtafel am Madách-Theater

Kammer- und Kirchenmusik

Beachtenswerte Kammermusikabende und -matineen finden im **Béla-Bartók-Gedenkhaus (Bartók Béla Emlékház)** in den Budaer Bergen (→ S. 238) statt, wo häufig das berühmte Bartók-Quartett auftritt, sowie im **Ferenc-Liszt-Gedenkmuseum** in der Alten Musikakademie auf der Andrássy út (→ S. 199). Als repräsentative Veranstaltungsorte dienen auch der Zeremoniensaal in der **Akademie der Wissenschaften** (→ S. 172) und der Kuppelsaal des **Parlaments** (→ S. 184).

Orgelkonzerte und -festivals gibt es regelmäßig in der akustisch ausgezeichneten **Matthiaskirche** am Burgberg (→ S. 105), in den beiden innerstädtischen Gotteshäusern **St.-Michaelskirche (Belvárosi Mihály templom,** → S. 156) und **Franziskanerkirche (Ferenciek templom,** → S. 159) sowie in der **St.-Anna-Kirche** am Batthyány tér in der Wasserstadt (→ S. 135). Die Veranstaltungen beginnen zwischen 19 und 20 Uhr, Tickets kosten 3.000–5.000 HUF.

Folklore

Ungarischer Volkstanz und Zigeunermusik werden in Budapest in abendfüllenden touristischen Programmen von den drei besten Folkloreensembles des Landes präsentiert. Die Truppen wurden in den 1950ern gegründet und bestehen aus jeweils rund 30 Tänzern, einem Zigeunerorchester und einem Volksmusikensemble. Tickets kosten 3.300–5.600 HUF. Wer unverkitschte, authentische ungarische Volksmusik sucht oder eine der zahlreichen Budapester Klezmerbands hören will, ist im Fonó-Musikhaus richtig und auch billiger dran.

Budaer Redoute (Budai Vigadó), im schön renovierten Konzertsaal in Víziváros (→ S. 134) gestaltet das Staatliche Folkloreensemble *(Magyar Állami Népi Együettes)* rund 100 Abende pro Jahr. I., Corvin tér 8, ✆ 2015017. Ⓣ 19.

Donaupalast (Duna Palota), hier tanzen und musizieren das Donau-Folkloreensemble *(Duna Müvésegyüttes)* und das Raikó-Ensemble *(Rajkó Népiesgyüttes)*. Adresse (→ S. 75).

Puppentheater (Bábszínház), regelmäßig tritt hier das Rajkó-Ensemble auf. Adresse s. u.

Fonó-Musikhaus (Fonó Budai Zeneház), in dem Kulturzentrum im Süden Budas spielen renommierte Ensembles (z. B. Méta, Sebő) aus Ungarn, Siebenbürgen und der Vojvodina echte Volksmusik. Es finden auch sog. Tanzhaus- *(Táncház-)* Abende statt, bei denen man unter fachkundiger Anleitung alte Volkstänze mittanzen kann. Die Tanzhaus-Idee entstand in den 1970ern, führte zur Wiederbelebung der traditionellen Musik und ist besonders unter der städtischen Jugend beliebt. Bisweilen treten im Fonó auch Budapester Klezmerbands auf (z. B. Di Naye Kapelye, Klezmer R's). Karten 800–1.200 HUF. XI., Sztregova u. 3, ✆ 2065300. www.fono.hu. Ⓣ 18 oder 47 bis Kalotaszeg utca.

Theater

Merlin-Theater (Merlin Szinház), bisweilen englischsprachige Theateraufführungen von internationalen Truppen auf Ungarntournee. Adresse (→ S. 74).

Puppentheater (Bábszínház), es zählt zu den größten Puppentheatern Mitteleuropas (→ S. 196) und bringt jährlich 320 Vorstellungen für Groß und Klein auf die Bühne. Gezeigt werden Märchen, Theater, Opern und Ballette (z. B. Zauberflöte, Der hölzerne Prinz, Nussknacker). Tickets 500–2300 HUF. Kartenverkauf im Haus tägl. 9–18 Uhr. VI., Andrássy út 69, ✆ 3172754. Ⓜ 1 Vörösmarty utca.

Nationaltheater (Nemzeti Színház), in dem 2002 eröffneten Bau im Süden Pests (→ S. 232) wird klassisches Sprechtheater in Ungarisch geboten. Einmal pro Monat ist die englische, in Budapest beheimatete *Madhouse Theatre Company* zu sehen. Kartenverkauf im Haus Mo–Fr 10–18 Uhr, Sa/So 14–18 Uhr. XI., Bajor Gizi Park 1, ✆ 4766800. www.nemzetiszinhaz.hu. Ⓣ 2.

Lasertheater (Lézerszínház) → Karte S. 243 wer will, kann im Planetárium im Népliget (Volkspark) täglich (außer 11. bis 31. Juni) Lasershows zu internationaler Popmusik genießen. Beginn 19.30 Uhr. Ticket 2.290 HUF, mit Budapest-Karte 20 % Nachlass. www.lezerszinhaz.hu. Ⓜ 3 Népliget.

Konzerthallen

Kommen internationale Stars nach Budapest, treten sie entweder im Palast der Künste (→ Konzerte) oder an folgenden Plätzen auf:

Lászlo-Papp-Sportarena (Budapest Arena) → Karte S. 243, die 2003 in moderner, ansprechender Architektur errichtete Halle bietet Platz für bis zu 12.500 Zuschauer. Hier waren schon Liza Minelli, Shakira und Robbie Williams zu Gast, daneben finden große Sportwettkämpfe statt. Benannt ist die Halle nach Ungarns legendärem Boxer László Papp (1926–2003). XIV., Stéfania út 2. www.budapestarena.hu. Ⓜ 2 Stadionok.

Kongresszentrum (Kongresszusi Központ) → Karte S. 236/237, die 1975 von József Finta errichtete Anlage südwestlich des Burghügels besitzt eine große, modernisierte Konzerthalle mit guter Akustik. XII., Jagelló ut 1–3. www.bcc.hu. Ab Ⓜ 2 Moszkva tér mit Ⓣ 61 bis Csörsz utca.

Petőfi-Halle (Petőfi-Csarnok) → Karte S. 209, in der 1985 erbauten, unschönen Halle (ca. 3.000 Plätze) mitten im Stadtwäldchen geben sich internationale Rockstars das Mikro in die Hand. XIV., Zichy Mihály u. 14. www.petoficsarnok.hu. Ⓜ 1 Sécheny fürdö.

Kinos

Die Kinolandschaft in Budapest ist zweigeteilt. Die großen, modernen Multiplexkinos in den Shopping Malls locken mit amerikanischen Blockbustern junges Publikum an. Dagegen sind die in Ungarn sehr beliebten Programmkinos teils in stilvollen, historischen Filmtheatern untergebracht, konzentrieren sich auf den europäischen Qualitätsfilm und haben ein etwas älteres Publikum, in dem fast jeder Sechste ein Tourist ist. Kein Wunder, werden doch die meisten Filme in Originalversion mit ungarischen Untertiteln gezeigt und die Tickets sind mit 600–1.200 HUF günstiger als im Westen. Darüber hinaus bereichern jährlich 15 bis 20 Filmfestivals das Celluloidangebot der Stadt.

Die beste Übersicht über die Filme in englischer Originalversion bieten die wöchentlichen Programmmagazine *Pesti Est* (ung.) und *Budapest Funzine* (engl.), die kostenlos in Tourinform-Büros, Lokalen und Hotels ausliegen. Pesti Est hat eine englischsprachige Seite *Movie* im Kapitel *Mozi* (Kino), Funzine listet die Multiplex-Kinos und die „Artmozi"-Kinos mit entsprechenden Hinweisen auf.

Will man Filme in ungarischen Kinoprogrammen ausfindig machen, sind folgende Vokabeln wichtig: *fel(íratos)* kennzeichnet eine Originalversion in Deutsch *(ném.)*, in Amerikanisch *(am.)* oder Englisch *(ang.)*, jeweils mit ungarischen Untertiteln. Achtung: *Szinkronizált (SZ)* oder *magyarul beszelő (MB)* stehen für synchronisierte Filme in Ungarisch.

Úrania Nationales Filmtheater (Nemzeti Filmszínház) → Karte S. 219, das schönste Kino der Stadt mit prächtigem Theaterflair im großen Saal mit 700 Sitzen. VIII., Rákóczi út 21. www.urania-nf.hu. Ⓜ 2 Astoria.

Bem Mozi → Karte S. 131, Programmkino, das ungarische Werke in Retrospektive und künstlerisch Wertvolles aus ganz Europa meist im Original zeigt. II., Margit krt. 5/b, Ⓣ 4, 6 bis Margit utca.

Viele Budapester Kinos sind noch wahre Filmpaläste

Puskin → Karte S. 157, Pester Innenstadtkino mit stilvollem, historischem Interieur mit anspruchsvollen Streifen. Kino für älteres und weibliches Publikum. V., Kossuth Lajos u. 18. www.artmozi.hu. Ⓜ 2 Astoria.

Művész → Karte S. 194/195, eines der renommiertesten Kinos der Stadt mit fünf Sälen am Großen Ring und eher avantgardistischem Programm. VI., Teréz krt. 30. www.artmozi.hu. Ⓣ 4, 6 oder Ⓜ 1 Nyugati pu.

Corvin Budapest Filmpalota → Karte S. 229, der historische Filmpalast wurde 1996 in ein Multiplex umgebaut. Kommerzielles Programm, einiges im englischen Original. VIII., Corvin köz 1. Ⓜ 3 Ferenc körút.

Palace Cinemas, die großen Multiplexkinos mit je rund einem Dutzend Sälen sind den gleichnamigen Shopping Malls (→ S. 83) angeschlossen; gezeigt werden aktuelle internationale Filme, davon viele im englischen Original: **West End,** VI., Váci út 1–3, Ⓜ 3 Nyugati pu. **Mammut,** II., Lövőház u. 2–6, Ⓣ 4, 6. **MOM Park,** XII., Alkotás út 53, Ⓣ 61 oder 59 ab Ⓜ 2 Moszkva tér.

Duna Plaza, XIII., Váci út 178, Ⓜ 3 Gyöngyösi utca. www.palacecinemas.hu.

Neues Kino aus Tradition

Für Furore sorgen in jüngster Zeit die neuen Filme aus Ungarn. Selbst in Low-Budget-Produktionen gelingt es kreativen jungen Filmemachern, die Besucher der Programmkinos mit einer hypnotischen Bildsprache in den Bann zu ziehen und die Juroren bei Filmfestivals zu begeistern.

So feierte Benedek Fliegauf (geb. 1974) bei der Berlinale mit „Rengetek – Wildnis" (2003) und dem Drogenfilm „Dealer" (2004) Erfolge. György Pálfi (geb. 1974) gab 2002 mit dem Stummfilm „Hukkle" sein viel beachtetes Kinodebüt. In dem mehrfach ausgezeichneten Werk „Kontroll" (2003) bannte Nimród Antal (geb. 1973) die Atmosphäre der Budapester Metro auf Leinwand. In Locarno ausgezeichnet wurde Kornél Mundruczó (geb. 1975) für seine seltsam abstrakten „Pleasant Days" (2002). Der Nachwuchs zitiert seine Lehrer, wie etwa Altmeister Béla Tarr (geb. 1955), und geht dennoch mutig neue Wege.

Es scheint ganz so, als würde den Ungarn das Cineastische im Blut liegen – hatten sie doch bei vielen berühmten Filmen der Kinogeschichte ihre Finger im Spiel: Michael Curtiz (alias Mihály Kertész 1888–1962) führte Regie bei „Casablanca" (1942), Altmeister István Szábo (geb. 1938) bei „Mephisto" (1981). Sir Alexander Korda (1893–1956), der als Sándor Laszlo Kellner zur Welt kam, produzierte Stummfilme und 1949 „Der Dritte Mann". Regisseur László Benedek (1905–92) schuf 1953 in „The Wild One" mit Marlon Brando das erste Roadmovie der Filmgeschichte.

Die Musik zu „Quo Vadis" (1951) und „Ben Hur" (1959) komponierte Miklós Rózsa (1907–95), die Drehbücher zum Tanzfilm „Flashdance" (1983) und den Erotik-Thriller „Basic Instinct" (1992) schrieb der gebürtige Ungar József Antal „Joe" Eszterhas (geb. 1944). 1981 gewannen Ferenc Rofusz und Kameramann Vilmos Zsigmond je einen Oskar für den Trickfilm „Die Fliege". Festivalbesuchern wird auch Miklós Jancsó (geb. 1921) mit seinen skurrilen Werken ein Begriff sein. Sein viel gerühmtes Alterswerk ist „Gottes Laterne in Budapest" (1999).

Festivals, Feste und Veranstaltungen

Januar/Februar/März

Budapester Opernball, Höhepunkt der Ballsaison am vorletzten Samstag im Fasching, viel internationale Prominenz und prächtige Roben. Für rund 240 € pro Person ist man dabei. www.operabal.com.

Tag des Frühjahrsaufstands, 15. März, Feiertag zum Gedenken an die Revolution 1848. Tausende Ungarn in Rot, Weiß und Grün legen Kränze nieder und entzünden Kerzen.

Budapester Frühlingsfestival, in den letzten zwei Märzwochen, größtes und bekanntestes Kulturfestival des Landes mit rund 200 hochkarätigen Veranstaltungen. Oper, Theater, Tanz, Jazz, Ausstellungen, Folklore. www.fesztivalcity.hu.

Juni

Pannonisches Weinparlament, am 2. Juniwochenende im Stadtwäldchen rund um die Burg Vajdahunyad, Festival der Spitzenweine mit Kostproben, Trödelmarkt, Zigeunermusik. www.pannonbor.hu.

Brückenfest (Hídünnep), an einem Samstag Mitte Juni – Umzüge, Konzerte, Spielplätze, Jahrmarkt und Tanzvorführungen im Umkreis der Kettenbrücke, die einst an einem 17. Juni eröffnet wurde.

Donaukarneval, Mitte Juni, 10-tägiges internationales Kulturtreffen an mehreren Schauplätzen der Innenstadt mit Volkstanz, Blas- und Weltmusik. www.dunaart.hu.

Budapesto Búcsú, am vorletzten Juniwochenende, Budapester Volksfest zur Erinnerung an den Abzug der sowjetischen Truppen. Tanz, Worldmusic und Klassikkonzerte von den Donaubrücken bis zum Heldenplatz bei freiem Eintritt. www.festivalcity.hu.

Juli/August

Sommer-Open-Air-Festival, Mitte Juni bis Ende Aug., internationale Pop- und Rockkonzerte sowie Tanz- und Opernaufführungen auf der traditionellen Freilichtbühne (seit 1938) auf der Margareteninsel *(Margitszigeti szabadtéri színpad)*. Kinder- und Familienprogramme und Tanz im Freilichttheater im Budaer Városmajor-Park. Tickets unter www.szabadter.hu.

Sommer auf der Kettenbrücke, Sa/So von Anfang Juli bis Ende August – Donaukorso und die Brücke werden zu einer einzigen Flaniermeile mit vielen Musikdarbietungen.

BudaFest Sommer-Musikfestival, Juli bis Mitte August, bekanntes, auf Touristen zugeschnittenes Klassikfestival. Oper, Ballett und Klezmermusik werden im Hilton Dominikaner-Hof *(Dominikánus udvar)* am Burgberg aufgeführt; Orchesterkonzerte vor der Stephansbasilika, selbst die Staatsoper öffnet vorübergehend ihre Pforten. Tickets unter www.viparts.hu.

Tér-Film-Zene Festival, Juli bis Mitte August, neues Open-Air-Filmfestival nach Wiener Vorbild vor dem Parlament, wo man ab 16.30 Uhr kostenlos Kinder-, Musik- und Tanzfilme auf einer Riesenleinwand sehen kann. www.terfilmzene.hu.

Großer Preis von Ungarn, am 1. Augustwochenende, Formel-1-Rennen auf dem Hungaroring (seit 1986 und noch mindestens bis 2011) → Sport S. 88.

Szigetfestival, 2. bis 3. Mittwoch im August, berühmtes einwöchiges multikulturelles Festival auf der Óbuder Werftinsel. Rock, Pop, Weltmusik, Jazz, Heavy Metal, Hip-Hop, Techno, aber auch Theater, Tanz und Klassik an über 60 Orten. Die Stars 2006 waren Radiohead, Franz Ferdinand und The Scissor Sisters. In der eigens aufgebauten Festivalstadt mitsamt Zeltplätzen und 400.000 Besuchern aus aller Welt herrscht eine Woche Dauerdelirium. Die Tickets (22 €/Tag, 110 €/Woche) sind vergleichsweise billig. www.sziget.hu.

Fest der Handwerke, Mitte August, traditioneller (seit 1986) und authentischer Volkskunstmarkt *(Mesterségek Ünnepe)* mit 400 Ausstellern, Volkstanz und Handwerksvorführungen rund um den Budaer Burgpalast. Eintritt ca. 800 HUF. www.mesterporta.hu.

Stephanstag, 20. August, Nationalfeiertag mit Stephansprozession am Vormittag, Konzerten, Bühnen und Märkten am Pester Donauufer, Air Race und Riesenfeuerwerk ab 21 Uhr auf dem Gellértberg und den Donaubrücken.

Budapest Parade, letzter Samstag im August, Techno-Umzug auf der Andrássy út, ab 22 Uhr After-Parties beim Volksstadion. www.budapestparade.hu.

Jüdisches Sommerfestival, letzte Augustwoche, Klezmer- und Kantorkonzerte, Ausstellungen, Jüdische Buch- und Filmtage und koschere Leckereien. www.jewishfestival.hu.

September/Oktober

Internationales Wein- und Sektfestival, 1. Septemberwoche, ungarische Weinregionen laden an ihren Ständen rund um die Budaer Burg zur Verkostung der besten Tropfen, dazu gibt es kulinarische Leckerbissen, Volkstanz und Konzerte. Eintritt ca. 8 €. www.winefestival.hu.

Budapester Herbstfestival BŐF, 3. Oktoberwoche, Festival der zeitgenössischen Kunst. Tanz, Foto- und Medienkunst, Theater, Happenings. www.festivalcity.hu.

Dezember

Weihnachtsmarkt am Vörösmarty tér, 60 Stände präsentieren ab dem 1. Adventssonntag ausschließlich traditionelles Kunsthandwerk aus Ungarn. Die Fassade des Gerbeaud dient als Adventkalender, dazu gibt es täglich Volkstanz- und Folkloreaufführungen.

Festkonzert des 100-köpfigen Zigeunerorchesters, 30. Dezember, traditionelles Galakonzert des berühmten Orchesters mit exklusiver Weinverkostung im Kongresszentrum. Tickets (40–90 €) unter www.viparts.hu.

Silvestergala und -ball, 31. Dezember, festliches Gala-Dinner von Gundel in der Staatsoper, anschließend Ball ins Neue Jahr. Tickets von 290–410 € unter www.viparts.hu.

Antiquitäten gibt es fast an jeder Ecke

Einkaufen

Seit dem Ende des Sozialismus hat sich viel getan. Internationale Handelsketten haben ihr Filialnetz über die Stadt gelegt, zentrumsnahe Shopping Malls haben vielen Traditionsläden den Garaus gemacht. Dafür erstrahlen die alten Markthallen in neuer Pracht und die Läden mit Porzellan, Wein, Design und Volkskunst „made in Hungary" sind schick wie nie zuvor.

Beim Bummel durch die berühmte Váci utca oder eines der zahlreichen neuen Shopping Center sieht man vor allem die internationalen Markengeschäfte, die es fast überall in Europa gibt, deren Produkte in Ungarn aber oft sogar teurer sind. Im Preis günstig ist alles, was in Ungarn hergestellt wird, von Wein über Schuhe, Textilien, Design, Holzarbeiten bis Glas und Keramik. Zu finden sind diese Stücke entweder in repräsentativen Shops an prominenter Adresse oder in kleineren Läden in Hinterhöfen und Passagen, die schnell eröffnen und schon bald auch wieder schließen. Zugemacht haben indes nahezu alle der altmodischen, noch vor der Wende gegründeten Warenhausketten *(Áruház)* wie *Luxus* und *Skála,* in denen das staubige Flair des Realsozialismus zu spüren war. Nicht versäumen darf man den Besuch einer der alten Markthallen, die mit ihrem bunten Warenangebot ein Fest für alle Sinne bieten.

Einkaufsstraßen

Die Pester Fußgängerzone **Váci utca** mit ihren Seitengassen und Passagen ist noch immer die bekannteste Einkaufsadresse der Stadt (→ Touren 7 und 8). Hier findet man internationale Mode, Folklore, Porzellan und Souvenirs (→ Kasten S. 84). Aufgeholt hat der elegante Boulevard **Andrássy út** (→ Tour 10), auf dem sich vorwiegend internationale

Nobelmarken angesiedelt haben. Weniger exklusiv ist die **Rákóczi út** mit ihren Modegeschäften, in der vor allem die Budapester einkaufen. Die Antiquitätenstraße der Stadt ist die **Falk Miksa utca** in der Leopoldstadt (→ Tour 9), wo sich ein Geschäft an das andere reiht. *Antikvitas*-Läden gibt es aber auch im Burgviertel. Die Buch- und Musikantiquariate konzentrieren sich am **Museumsring** (Múzéum körút) am Rande der Innenstadt (→ Tour 7).

Die einzelnen Geschäfte stellen wir in den jeweiligen Stadtspaziergängen vor. Die **Öffnungszeiten** der meisten Läden sind Mo–Fr 9/10–18/19 Uhr sowie Sa bis 13/14 Uhr.

Zentrale Markthalle – Konsumkathedrale aus Glas und Eisen

Märkte

Markthallen

Budapest hat eine große und vier kleine historische Markthallen *(Vásárcsarnok)*, die 1897 alle am selben Tag eröffnet wurden. Diese schon wegen ihrer Architektur sehenswerten, an Bahnhofshallen erinnernden monumentalen Eisenkonstruktionen sind bis heute mit quirligem Treiben erfüllt, wenn auch teilweise in Form eines Supermarkts. Schönstes Exemplar und Touristenattraktion ist die *Zentrale Markthalle*. Dazu gesellen sich einige neuere überdachte Wochenmärkte *(piac)*. An Marktständen wird übrigens nicht gehandelt und stets in bar gezahlt.

Központi Vásárcsarnok (Zentrale Markthalle) → Tour 7, der „Bauch von Budapest" ist eine Sehenswürdigkeit ersten Ranges und daher detailliert in der Tour beschrieben. Mo–Fr 6–18 Uhr, Sa 7–13 Uhr. IX., Vámház körút 1–3. Ⓣ 2, 47, 49 oder Ⓜ 3 Kálvin tér.

Belvárosi Vásárcsarnok (Innerstädtische Markthalle) → Tour 9, die schmucke, unlängst renovierte Markthalle liegt mitten in Lipótváros gegenüber der Jugendstil-Postsparkasse. Sie beherbergt einen großen Supermarkt und einige Stände mit Gemüse, Obst und Kleiderschürzen. Mo 6.30–17 Uhr, Di–Fr 6.30–18 Uhr, Sa 6.30–14 Uhr. V., Hold u. 13. Ⓜ 2 Kossuth tér.

Rákóczi téri Vásárcsarnok → Tour 13, das große Backsteingebäude in übler Umgebung am Rákoczi tér bietet einen Supermarkt und farbenfrohe Obst- und Gemüsestände fern von Touristenströmen. Mo 6–16 Uhr, Di–Fr 6–18 Uhr, Sa 6–13 Uhr. VIII., Rákóczi tér 7–9. Ⓣ 4, 6.

Klauzál téri Vásárcsarnok → Tour 12, die alte Markthalle im Zentrum des Judenviertels teilen sich Obst- und Gemüsestände sowie ein Kaiser's Supermarkt. Mo–Fr 7–20 Uhr, Sa 7–15 Uhr. VII., Klauzál tér 11 oder Akacfa u. 48. Ⓣ 4, 6.

Batthyány téri Vásárcsarnok → Tour 4, 2003 wurde die historische Markthalle im Zentrum der Wasserstadt in ein kleines Einkaufszentrum umgebaut, mit einem täglich geöffneten SPAR-Supermarkt im Erd-

Der „Bauch von Budapest"

geschoss sowie Bankfilialen und Shops im Obergeschoss. I., Batthyány tér 5. Ⓜ 2.

Lehel tér piac → Tour 9, 2003 modern und farbenfroh überdachter, stimmungsvoller Markt, auf dem die Budapester unter sich sind. Obst, Gemüse, Fleisch, Fisch, Korbwaren, Haushaltsartikel, Kleidung, Blumen. Mo–Fr 6–18 Uhr, Sa 6–14, So 7–11 Uhr. XIII., Lehel tér. Ⓜ 3.

Flohmärkte

Zu den bekanntesten Märkten zählen der Ecseri-Flohmarkt und der Chinesenmarkt. Im Unterschied zu den Gemüsemärkten ist Feilschen hier an der Tagesordnung.

Ecseri Gebrauchtwarenmarkt (Használtcikk piac), der weit im Südosten Pests gelegene Markt wird noch immer nach seinem alten innerstädtischen Standort in der Ecseri-Straße genannt. Unzählige Stände reihen sich auf dem geschlossenen, mit Wellblech überdachten Areal aneinander, Tand und Trödel gibt es en masse: Möbel, Grammophone, Ansichtskarten, kommunistische Medaillen, Spitzen, Porzellanpuppen, Ikonen und auch Antiquitäten. Sa/So frühmorgens lassen sich die besten Schnäppchen ergattern. Mo–Fr 8–16 Uhr, Sa 6–15 Uhr, So 8–13 Uhr. XIX., Nagykőrösi út 156. www.csapi.hu. Ⓣ 2, 4 oder 6 bis Boráros tér, ab dort Bus 54 bis Használtcikk piac.

Flohmarkt (Bolhapiac) Petőfi Halle → Karte S. 209, die zentrale Lage im Stadtwäldchen zeichnet diesen kleinen Wochenendflohmarkt aus. Sa/So 8–14 Uhr. Zichy Mihály út 14. www.bolhapiac.com. Ⓜ 1 Széchenyi fürdő.

Chinesenmarkt → Karte S. 243, der 1994 entstandene „Markt der vier Tiger" hinter dem Kerepesi-Friedhof ist eine Welt für sich. Über 3000 Stände, umgeben von zahllosen Containern, sind hier auf einer Fläche von etwa 30 Fußballfeldern vereint. Zu kaufen gibt es fast alles, tatsächlich dürfte es sich hier um einen der größten Umschlagplätze Europas für gefälschte Sportkleidung (v. a. Nike, Puma, Adidas) handeln. Fotografieren und Filmen ist jedenfalls verboten, und am Eingang wachen stämmige Typen. Tägl. 7–18 Uhr. VII., Kőbányai út 21–23. Ⓜ 2 Blaha Lujza tér, dann Ⓣ 28.

Lebensmittel

Lebensmittelgeschäfte gibt es im Zentrum Budapests an vielen Ecken. Oft sind es kleine, unscheinbare Läden, bezeichnet mit *Csemege* (Delikatessen) bzw. *Élelmiszer* (Lebensmittel) und einem angehängten *Bolt, Üzlet* oder *Áruház* für Geschäft. Zumeist gehören sie den ungarischen Handelsketten **CBA** oder **Coop** an, die beide aus dem Zusammenschluss von Einzelhändlern entstanden sind. Dann gibt es einige **Rothschild**- und **Real**-Supermärkte, den Rest bilden Ableger internationaler Konzerne: die belgisch-französischen **Match**-Supermärkte, die **Plus**-Märkte der deutschen Tengelmann-Gruppe sowie die **Spar**-Märkte der österreichischen Spar AG, zu der seit 2003 auch die **Kaiser's**-Supermärkte gehören. In Lebensmittelgeschäften kann man Mo bis Fr oft ab 7 Uhr, Sa nachmittags und teilweise auch So vormittags einkaufen. Manch kleiner CBA-Laden (z. B. VII., Almássy tér 17) hat auch rund um die Uhr geöffnet.

Shopping Malls

Knapp ein Dutzend wurden in den letzten Jahren aus dem Boden gestampft, und bei den Budapestern sind sie besonders beliebt. Mit ihren angeschlossenen Restaurants, Clubs und Kinokomplexen haben die Shopping Malls großen Unterhaltungswert und bestechen mit ausgedehnten **Öffnungszeiten:** unter der Woche bis 21 Uhr, sonntags ganztägig. Die meisten Malls sind mit der Metro schnell erreichbar. Zu den interessantesten gehören:

Westend City Center → Karte S. 179, der 2000 errichtete, von Ungarns Stararchitekt József Finta geplante und für seine postmoderne Architektur gelobte Bau hinter dem Westbahnhof (Nyugati pu.) ist nach eigenen Angaben eines der größten Einkaufs- und Vergnügungszentren Mitteleuropas. Es beherbergt 400 Markengeschäfte, davon 200 Mode- und viele Drogerieläden, ein Hilton-Hotel, 33 Restaurants und Cafés und ein Palace-Multiplex-Kino. Die Heißluftballonfahrten vom Dachgarten (*Budapest Kiláto*, 15 Min. ca. 20 €/Person) sind zurzeit eingestellt. Mo–Sa 10–21 Uhr, So 10–18 Uhr. VI., Váci út 1–3. www.westend.hu. Ⓜ 3 Nyugati pu.

Mammut I und II → Karte S. 131, beliebter, in Buda gelegener, 1998 erbauter Komplex, der 2001 erweitert wurde – eine Glaspassage verbindet die beiden Teile. 320 Shops, darunter Benetton, Hervis, Mexx, Kookai und Saturn, 34 Cafés und Restaurants sowie ein Palace-Kinocenter. Der Wochenmarkt *Fény utca piac* hat hier ebenfalls Unterschlupf gefunden. Mo–Sa 10–21 Uhr, So 10–18 Uhr. II. Széna tér und Lövoház u. 2–6. www.mammut.hu. Ⓜ 2 bis Moszkva tér oder Ⓣ 4, 6.

Duna Plaza, der im Norden Pests gelegene futuristisch anmutende Komplex war 1996 die erste Shopping Mall der Stadt. 150 Shops, darunter ein großer Virgin Megastore, Alexandra Bücher, B & J Sport, Budmil und Marks & Spencer, außerdem Bars, Restaurants und ein Multiplex-Kino. Mo–Fr 10–21 Uhr, Sa/So 10–19 Uhr. XIII., Váci út 178. www.dunaplaza.net. Ⓜ 3 Gyöngyösi utca.

MOM Park → Karte S. 236/237, das westlich des Burgbergs gelegene und im Vergleich zu neueren Malls unspektakuläre Center hat neben 70 Shops (darunter ein großer Match-Supermarkt) ein modernes Palace-Kino-Center zu bieten. Mo–Fr 10–21 Uhr, Sa/So 10–20 Uhr. XII., Alkotás út 53/Ecke

Das Mammut-Einkaufszentrum, was sonst?

Csörsz u. www.mompark.hu. Ⓣ 61 oder 59 ab Ⓜ 2 Moszkva tér.

Campona trotz seiner Lage am südlichen Rand von Buda floriert dieses Shopping Center, nicht zuletzt wegen seines modernen Palace-Cinemas und dem Tropicarium (→ S. 242). Mo–Sa 10–22 Uhr, So 10–18 Uhr. XXII., Nagytétényi út 37–45. www.campona.hu. Ⓣ 4, 6 bis Móricz Zs. Körtér, dann Bus 3.

Corvin Áruház → Karte S. 229, eines der letzten Warenhäuser, das noch in sozialistischer Zeit (1976) eröffnet wurde und dem Kapitalismus bis jetzt Paroli bieten konnte. Zentrale Lage unweit des Großen Rings. Mode und Dekor, Spielzeug und Kaiser's Szupermarket (Mo–Fr 7–20, Sa 7–15 Uhr). Mo–Fr 10–19 Uhr, Sa 10–15 Uhr. VIII., Blaha Lujza tér 1–2. Ⓜ 2 oder Ⓣ 4, 6.

Arena Plaza, das größte Shopping- und Entertainmentcenter Ost- und Mitteleuropas soll bis Ende 2007 auf dem Gelände einer früheren Pferderennbahn hinter dem Ostbahnhof (Keleti pu.) fertig gestellt sein. Es wird 200 Shops, ein IMAX- und ein Multiplex-Kino beherbergen.

Hungarika

Mit diesem sperrigen Begriff umschreiben die Ungarn ihre landestypischen Produkte, die sich gut als Souvenirs eignen. Dazu zählen flüssige Köstlichkeiten wie der feine Tokajer Wein, der feurige Marillenschnaps aus Kecskemét *(Barackpálinka)* und der bittere Kräuterlikör *Unikum* (→ S. 66). Essbare Mitbringsel sind die in die schwarz-goldenen Rex-Ciborum-Döschen abgefüllten Gänseleberpasteten *(Pâté de foie gras)* und Wurstspezialitäten. Weltberühmt ist die Pick-Salami aus dem südungarischen Szeged, wobei man hier zur paprikalosen, mittelharten Wintersalami *(Téliszalami)* greifen sollte. Die Herz-Salami aus Budapest ist durchaus gleichwertig.

Pick – Ungarns berühmte Salami

Hungarika sind auch die Produkte zweier bekannter Manufakturen: *Herend-Porzellan* erzeugt in Mittelungarn seit 1842 feines Tafelgeschirr mit zartem Blumendekor, *Zsolnay aus Pécs* ist für schillernd glasierte Zier- und Gebrauchskeramik bekannt. Nicht jedermanns Geschmack sind die farbenfrohen Stickereien aus dem südungarischen Kalocsa, die Blusen und Tischwäsche zieren. Aus dieser Landesecke kommt auch der berühmte rote Paprika *(Piros Paprika)* – die Schoten kann man frisch, zum Trocknen auf einen Strang gefädelt oder gemahlen in einem Säckchen mitnehmen. Den roten Paprika gibt es in sechs Stufen mit zunehmender Schärfe: extra *(különleges)*, Delikatess *(csemege)*, edelsüß *(édes-nemes)*, halbsüß *(félédes)*, Rosen *(rózsa)* und scharf *(csípős)*, wobei scharf eigentlich unessbar und edelsüß am gängigsten ist. Beste Einkaufsquelle für Hungarika ist übrigens die Zentrale Markthalle.

Das Gellért-Bad – Badespaß mitten in der Stadt

Baden, Sport und Freizeit

Budapest bietet zahlreiche Möglichkeiten für sportliche Aktivitäten und zur Freizeitgestaltung. Weltberühmt sind die Heil- und Schwimmbäder, die mit Thermalwasser und interessanter Architektur punkten. Die Grünanlagen in und um die Stadt laden zum Laufen, Wandern und Radfahren ein.

Wer andere oder ausgefallene Sportarten ausüben möchte, erhält entsprechende Informationen in den Tourinform-Büros (→ S. 93) bzw. in den dort ausliegenden kostenlosen Budapest-Stadtführern.

Budapests Bäder

Auf dem Gebiet der Haupt- und Kurstadt, die sich auch Bad Budapest nennen dürfte, sprudeln 123 heiße Quellen und versorgen täglich bis zu 40 Bäder mit insgesamt 30.000 m^3 Thermalwasser. Schon die Römer wussten das mineralhaltige, heiße Wasser zu schätzen und errichteten die ersten Thermen. Die türkisch-osmanischen Besatzer belebten im 16./17. Jh. die Badekultur aufs Neue und verankerten ihre traditionelle Badehauskultur in der ungarischen Lebensart. Bis heute werden die Bäder der Stadt nicht nur zur Linderung vieler Beschwerden aufgesucht, sondern als soziale Treffpunkte und Orte der Entspannung gesehen. Im frühen 20. Jh., als in Europa der Kurtourismus blühte, kamen repräsentative Badepaläste wie das Széchenyi- und das Gellért-Bad hinzu. Ab den 1930ern entstanden die Strand- und Freibäder, die teilweise auch mit Thermalwasser befüllt werden.

Die 15 wichtigsten Badeanlagen der Stadt sind im Besitz der Budapester Heil- und Thermalbäder AG *(Budapest Gyógyfürdői és Hévízei Rt.)*, einem städtischen Unternehmen, das notorisch unter Geldmangel leidet. Dementsprechend zäh geht auch die Renovierung der Bäder vor sich, mit der diese in punkto Hygiene und Komfort zeitgemäßen Ansprüchen angepasst werden sollen. Die in dieser Hinsicht empfehlenswertesten Ganzjahresbäder sind das *Gellért-*, das *Széchenyi-* und das *Rudas-Bad.*

Information Einen guten Überblick über Zusammensetzung und Heilwirkung der einzelnen Thermalwässer bietet www.heilbaderbudapest.com.

Ganzjährig geöffnete Bäder

Die Bäder sind meist täglich ab 6/7 Uhr morgens geöffnet und schließen zwischen 17 und 19 Uhr. Kassenschluss ist immer eine Stunde vorher. Tickets kosten 5–9 €, im Gellért 12 €. Ein Trinkgeld von 100 HUF für die Kabinenwarte ist üblich.

Gellért-Bad (Gellért gyógyfürdő) → Karte S. 121, in Buda am Fuß des Gellértbergs (→ Tour 3). Es zählt zu den schönsten Heilbädern Europas dank seiner großen Jugendstil-Schwimmhalle und den kleinen, reich verzierten Thermalbädern (26–38 °C, getrennt für Männer und Frauen). Von Mai bis Okt. gibt es zusätzlich zwei große Becken im Freien samt Wellenanlage (seit 1927!). Das Gellért ist das teuerste Thermalbad der Stadt, das mit den meisten Touristen und dem größten Angebot an medizinischen Anwendungen. Bis März 2008 Renovierungsarbeiten bei laufendem Betrieb. Mo–Fr 6–19 Uhr, Sa/So 6–17 Uhr. Eintritt: Schwimmbad 2.800 HUF, inkl. Thermalbad 3.100 HUF, unter 3 Std. Rückerstattung eines Minimalbetrages. Mit Budapest-Karte 10 % Nachlass. XI., Kelenhegyi út 4, ✆ 4666166. Ⓣ 47, 49.

Széchenyi-Bad (Széchenyi gyógyfürdő) → Karte S. 209, neobarocke Palastanlage mitten im Stadtwäldchen (→ Tour 11). Mit seinen 15 Becken (26–38 °C) zählt es zu den größten Badeanlagen Europas. Es gibt drei Schwimmbecken und acht „gemischte" Thermalbäder. Die Becken im Freien sind ganzjährig geöffnet, die Sonnenterrassen von Mai bis August. Gegen Aufpreis gibt es zahlreiche Wellness-Angebote. Im Széchenyi findet man v. a. Familien mit Kindern, Touristen und die berühmten Schach spielenden Rentner. Bis März 2008 Renovierungsarbeiten bei laufendem Betrieb. Touristen benutzen den Eingang gegenüber dem Großzirkus. Thermalbad tägl. 6–19 Uhr, Schwimmbad bis 22 Uhr. Eintritt: 2.200 HUF, unter 3 Std. Rückerstattung eines Minimalbetrags. Mit Budapest-Karte 10 % Nachlass. XIV., Állatkerti krt. 11, ✆ 3633210. Ⓜ 1 Széchenyi fürdő.

Rudas-Bad (Rudas gyógyfürdő) → Karte S. 121, aus der Türkenzeit stammendes Bad am Fuß des Gellértbergs bei der Elisabethbrücke (→ Tour 3). Bietet eine große Schwimmhalle und sechs Dampfbassins (16–42 °C), darunter das berühmte achteckige, überkuppelte Becken, um das sich vier kleinere Becken mit unterschiedlich temperiertem Wasser reihen. Seit der Totalrenovierung 2005 ist das Rudas auch für Frauen zugänglich. Das Publikum war seit jeher etwas älter, mit den (Disko-)-Nächten sollen nun Jüngere angelockt werden. *Schwimmbad* (gemischt) Mo–Fr 6–18 Uhr, Sa/So 6–14 Uhr. *Dampfbad* (gemischt) Fr/Sa 22–4 Uhr (Diskonacht), Sa/So 6–17 Uhr. Dampfbad (Herren) Mo/Mi/Do/Fr 6–20 Uhr, Damen Di 6–20 Uhr. Eintritt: Schwimmbad 1.400 HUF, Dampfbad 2.200 HUF, unter 3 Std. Rückerstattung eines Teilbetrags. I., Döbrentei tér 9, ✆ 3561322. Ⓣ 18,19 oder Bus 7.

Lukács-Bad (Lukács gyógyfürdő) → Karte S. 131, nahe dem Budaer Brückenkopf der Margaretenbrücke gelegenes, freundliches Thermalbad vom Ende des 19. Jh. Es hat eine beliebte Trinkhalle und bietet 8 Becken, davon drei ganzjährig geöffnete Schwimmbecken inklusive Erlebnispool in zwei Innenhöfen. Eine Sonnenterrasse ist von Mai bis Aug. geöffnet. Die Thermalbäder, die nur getrennt besucht werden können, sind bis 2008 wegen Renovierung geschlossen. Mo–Fr 6–19 Uhr, Sa/So 6–17 Uhr. Thermalbad: Damen Mo/Mi/Fr; Herren Di/Do/Sa. Eintritt: Thermal/Schwimmbad je 1.700 HUF, unter 3 Std. Rückerstattung eines Teilbetrags. II., Frankel Leó út 25–29, ✆ 3261695. Ⓣ 17.

Király-Bad (Király gyógyfürdő) → Karte S. 131, sehr renovierungsbedürftiges, schummeriges Bad aus der Türkenzeit in Víziváros (→ Tour 4), erkennbar an den grünspanigen Kuppeln. Kompliziertes Kabinensystem und wenig auf ausländische Gäste eingestellt. Verfügt nur über vier kleine, unterschiedlich temperierte Thermalbecken (26–40 °C) und hat deshalb eine Badezeitbeschränkung von 1½ Std. (Sa 1 Std.). Seit Schließung des Rác-Bades 2002 sind die Männertage im Király-Bad Schwulentreffpunkte, was 2005 zu einer Badehosenpflicht führte. Damen Mo/Mi/Fr 7–18 Uhr, Herren Di/Do/Sa 9–20 Uhr. Eintritt 1200 HUF. II., Fő u. 82–84, ✆ 2014392. Ⓜ 2 Batthyány tér.

Rác-Bad (Rác fürdő) → Karte S. 121, soll nach mehrjähriger Renovierung 2008 als Teil eines Wellnesshotels wieder eröffnet werden. II., Hadnagy utca 8–10. Ⓣ 18, 19.

Beliebt und ganzjährig von 7 bis mindestens 21 Uhr geöffnet sind auch die Thermalbäder der großen Hotels **Corinthia Aquincum, Health Spa Resort** und **Grand Hotel Margitsziget** (→ Übernachten).

Sommerbäder

Die ungarischen Freibäder *(Strandfürdő)* sind von Anfang Mai bis Anfang/Mitte Sept. geöffnet. Die bekanntesten:

Palatinus strandfürdő → Karte S. 151, Budapests größte Freibadanlage mit 8 großen Becken (28–32 °C), Rutschen und Wellenbädern in einem riesigen Areal auf der Margareteninsel. Es gibt auch kleine Bassins mit bis zu 36 °C heißem Thermalwasser. In diesem Freibadklassiker sind an Spitzentagen bis zu 20.000 Badegäste, zusätzliche Action bieten DJs live und Parties. Auch vielen Touristen gefällt es hier. Mai bis Aug. tägl. 9–19 Uhr. Eintritt: 1.600 HUF, Kinder (2–18 J.) 1.400 HUF, mit Kabine teurer, mit Budapest-Karte 10 % Nachlass. XIII., Margitsziget, ✆ 3404505. Bus 26 ab Ⓜ 2 Nyugati tér.

Római Strandfürdő → Karte Umschlag vorne, Strandbad neben dem Római-Fürdő-Campingplatz im nördlichen Óbuda. Riesige, grüne Anlage mit alten Bäumen und weiten Wiesen, einem großen Schwimm-, einem Erlebnis- und einem Kinderbecken (bis 26 °C), fünf Rutschen, Fontänen und einer Wildwasserbahn – alles 2000 modernisiert. Juli/Aug. tägl. 9–20 Uhr. Eintritt 1.300 HUF, Kinder (2–18 J.) 1.100 HUF. III., Rozgonyi Piroska u. 2, ✆ 3889740. HÉV Római fürdő oder Wasserbus der BKV.

Pünkösdfürdői, noch weiter nördlich als das Római-Strandbad, am Donauufer gelegen. Kleine, ruhigere Anlage mit schattigen Bäumen, drei Becken und zwei kurzen Rutschen. Mai bis Aug. tägl. 9–19 Uhr. Eintritt 1.000 HUF, Kinder 800 HUF. III., Királyok útja 272, ✆ 3886665. HÉV Békásmegyer oder Bus 34 oder Wasserbus der BKV.

Baderegel und Kleiderordnung

Nicht-Ungarn staunen bisweilen über die archaischen Gepflogenheiten in Budapests Bädern, die meist in Schwimm- und Thermalbäder getrennt sind: Im *Schwimmbereich,* der für beide Geschlechter gleichzeitig zugänglich ist, herrscht häufig Badekappenpflicht und eine vom Bademeister überwachte vorgeschriebene Schwimmrichtung. Die reinen *Thermalbereiche* sind üblicherweise nach Geschlechtern getrennt, was in kleineren Bädern zu eigenen Damen- und Herrenbadetagen führt. Die bis zu 42 °C heißen Becken sind reine Heilbäder, dienen also der Entspannung – es wird nicht geplanscht und nicht geschwommen, und man sollte nicht länger als 20 Minuten darin verweilen. Und weil man hier geschlechtermäßig unter sich ist, wird traditionell nackt gebadet – oder man verwendet den hinter der Kasse ausgehändigten Lendenschurz aus Leinen. Natürlich darf man auch sein privates Badetrikot tragen, das heiße Thermalwasser soll jedoch für den Stoff schädlich sein.

Eine Wissenschaft für sich ist das Kästchen-Sicherheitssystem in vielen Bädern. Hat man seine Sachen nach dem Umziehen in einem Kästchen abgelegt, wird dieses vom Kabinenwart mit einem Generalschlüssel verschlossen. Der Besucher erhält eine Kontrollplakette mit einer Nummer, die an der Innenseite des Kästchens notiert und beim Öffnen kontrolliert wird. Diese Nummer ist nicht mit der Kästchennummer identisch, letztere muss man sich daher gut merken. Gibt es eine Badezeitbeschränkung, wird auch die Ankunftszeit am Kästchen notiert. Fragen an das Personal helfen in der Regel nicht weiter, denn kaum jemand spricht eine Fremdsprache. Ein Besuch in einem Budapester Badetempel ist also in jeder Hinsicht ein Erlebnis ...

Paskál strandfürdő → Karte Umschlag vorne, in einem neuen Wohnviertel im Osten Pests gelegen. Gilt mit seinen weiten Grünflächen als das schönste und modernste Freibad Budapests. Zwei große Becken (26–30 °C), viele Familien. Juli/Aug. tägl. 10–18 Uhr. Eintritt: 1.000 HUF, erm. 800 HUF. XIV, Egressy út 178/f, ✆ 2526944. Bus 82 ab Ⓜ 2 Örs vézer tere.

Sport aktiv und zum Zuschauen

Eislaufen

Városligeti Műjégpálya (Kunsteisbahn im Stadtwäldchen) → Karte S. 209, die historische Eislauffläche gehört zu den größten Europas (→ Tour 11) und ist von vielen Werbefotos vertraut. Auch Verleih von Eislaufschuhen. Ende Okt. bis März Mo–Fr 9–13/16–20 Uhr, Sa 9–13/14–1 Uhr, So 10–14/16–20 Uhr. Eintritt für 4 Std.: Mo–Fr 400 HUF, Sa/So 800 HUF, mit Budapest-Karte frei. XIV., Olof Palme sétány 5. Ⓜ 1 Hősök tere.

Budapester Abendsport: Eislaufen im Stadtwäldchen

Laufen, Wandern, Radfahren

Beliebte Areale zum Laufen, Joggen oder Walken sind die **Margareteninsel** (→ Tour 6) und das **Stadtwäldchen** (→ Tour 11). Das schönste Wandergebiet in unmittelbarer Stadtnähe sind die **Budaer Berge** (→ Tour 14), die auch viele Mountainbiker nutzen. Radfahren im Stadtbereich ist kaum zu empfehlen, als Ausflug bietet sich der Radweg entlang der Donau nach Szentendre (→ S. 245) an. Radverleih → S. 45.

Fußball

Fußball ist in Ungarn die populärste Sportart, selbst wenn internationale Erfolge seit Jahrzehnten ausbleiben (→ Kasten S. 227). In der ersten, von einer Brauerei gesponserten **Borsodi Liga** spielen 16 Mannschaften, darunter zurzeit die Budapester Vereine MTK Hungária, Vasas SC, Újpest FC und Hónved FC. Detaillierte Infos in Deutsch unter www.ungarn-fussball.de. Die wichtigsten Stadien:

Puskás-Ferenc-Stadion → Karte S. 243, das frühere Népstadion bietet Platz für 75.000 Zuschauer. Hier spielt die Nationalelf. XIV., Istvánmezei út 3–5. Ⓜ 2 Stadionok.

FTC Stadion → Karte S. 243, Heimstätte der „Grün-Weißen" von Ferencváros mit 18.000 Plätzen. IX., Üllői út 129. Ⓜ 3 Népliget.

Formel 1

Zu den attraktivsten Sportveranstaltungen des Landes zählt der auf dem Hungaroring (19 km nordöstlich von Budapest) jährlich am 1. Sonntag im August ausgetragene **Große Preis von Ungarn** der Formel 1. Den Hungaroring erreicht man an Renntagen mit dem Shuttlebus ab Árpádhíd oder mit der HÉV ab Ⓜ 2 Őrs vezér tere. Tribünenplätze kosten 100–400 €, Rasenplätze 100 €, VIP-Tickets ab 2.400 €. Für den Campingplatz am Renngelände muss man extra zahlen. Detaillierte Informationen unter www.hungaroring.hu.

Air Race World Series – auch die „Formel 1 der Lüfte" macht in Budapest Station. Jeweils am 20. August bewältigen die 14 besten Kunstflieger der Welt einen mit schwimmenden Toren ausgesteckten Renn-Parcours auf der Donau und unterfliegen (!) dabei die Kettenbrücke. 1.000.000 Zuschauer sind bei diesem kostenlosen Event live dabei. www.redbullairrace.com.

Wissenswertes von A bis Z

Adressen

Adressen schreiben sich in Budapest zum Beispiel so: IX., Űllői út 131. II/12. Die römische Ziffer bezeichnet den Bezirk *(kerület)*, es folgen Straßenname, Hausnummer, Stockwerk *(emelet)* und Türnummer. Wird an Stelle der römischen Ziffer für den Bezirk die vierstellige Postleitzahl verwendet, so steht die erste Ziffer (1) für die Stadt Budapest, die zweite und dritte ergeben die Bezirksnummer (z. B. 1128 für den 12. Bezirk).

Glossar

utca (abgekürzt u.) = Straße/Gasse; *út* = (breite) Straße; *körút* (abgekürzt krt.) = Ring; *tér* oder *tere* = Platz; *rakpart* = Kai; *híd* = Brücke; *sétány* = Allee; *köz* = Passage; *hegy* = Berg; *központ* = Zentrum; *kert* = Garten; *udvar* = Hof.

Behinderte

Bei behindertengerechten Einrichtungen hat Ungarn noch großen Nachholbedarf. Nur neuere Hotels und wenige Budapester Sehenswürdigkeiten sind rollstuhlgerecht ausgestattet, das öffentliche Verkehrssystem ist mit Ausnahme der neuen Straßenbahngarnituren auf den Linien 4 und 6 eigentlich unbenutzbar. Der Ungarische Behindertenverband MEOSZ gibt telefonisch und auf seiner Website (in Englisch) entsprechende Informationen.

- *Information* **Ung. Behindertenverband MEOSZ,** III., San Marco u. 76, 1032 Budapest, ✆/℻ 3888951. www.meosz.hu.

Diplomatische Vertretungen

- *Ungarische Botschaften* **Deutschland,** Unter den Linden 76, 10117 Berlin. Mo–Do 8–16.30, Fr 8–14 Uhr. ✆ 030/2031007, ℻ 030/2291314. www.ungarische-botschaft.de

Österreich, Bankgasse 4–6, 1010 Wien. Mo–Do 8–16.30, Fr 8–14 Uhr. ✆ 01-53780300, ℻ 01-5359940, kom@huembvie.at.

Alles auf den Beinen: Margaretenbrücke am Stephanstag

Schweiz, Muristraße 31, 3006 Bern. Mo–Do 8.30–16 Uhr, Fr 8.30–14 Uhr. ✆ 0313528572, 📠 0313512001. www.hungemb.ch.

• *Ausländische Botschaften in Budapest*

Deutsche Botschaft, I., Úri u. 64–66, 1014 Budapest. Mo–Fr 9–12 Uhr. ✆ 4883500, 📠 4883505. www.deutschebotschaft-budapest.hu.

Österreichische Botschaft, VI., Benczúr u. 16, 1068 Budapest. Mo–Fr 8–10 Uhr. ✆ 4130240, 📠 3511165. www.austrian-embassy.hu.

Schweizerische Botschaft, XIV., Stefánia út 107, 1143 Budapest. Mo–Fr 10–12 Uhr. ✆ 4607040, 📠 3849492. www.eda.admin.ch/budapest.

Dokumente

Auch innerhalb der EU müssen Personaldokumente ins Reisegepäck. Für die Einreise nach Ungarn und einen Aufenthalt bis 90 Tage braucht man einen gültigen Personalausweis, eine Identitätskarte oder einen Reisepass. Kinder unter 16 Jahren brauchen – sofern sie nicht Schweizer Staatsbürger sind – keinen eigenen Pass, wenn sie in dem ihrer Eltern eingetragen sind. Weil Ungarn dem Schengen-Abkommen voraussichtlich erst 2008 beitreten wird, gibt es an den Grenzen weiterhin Kontrollen.

Wer mit dem eigenen Fahrzeug unterwegs ist, muss Führerschein und Fahrzeugschein bei sich haben. Die Mitnahme der internationalen Grünen Versicherungskarte ist zu empfehlen.

Drogen

Einfuhr, Handel, Besitz und bereits der bloße Konsum von Drogen (auch Haschisch und Marihuana) werden in Ungarn mit Haftstrafen geahndet.

Feiertage

Arbeitsfreie Feiertage sind 1. Januar (Neujahr, *Újév*), 15. März (Gedenken an die Revolution 1848), Ostern *(Húsvét)*, 1. Mai (Tag der Arbeit, *A munka ünnepe*), Pfingstmontag *(Pünkösd)*, 20. August (Stephanstag, Gedenken an den ersten König Ungarns, *Az államalapítás ünnepe*), 23. Oktober (Nationalfeiertag/*Nemzeti Ünnep*, Gedenken an den Volksaufstand 1956 und die Ausrufung der Republik 1989), 1. November (Allerheiligen, *Mindenszentek*), 25./26. Dezember (Weihnachten, *Karácsony*). An all diesen Tagen ist arbeitsfrei – Geschäfte, Banken und auch kleinere Museen sind geschlossen.

Fundbüro

Das städtische Fundbüro liegt im V. Bezirk, Erzsébet tér 5, ✆ 1174961, das der Budapester Verkehrsbetriebe im BKV-Kundencenter (Mo–Fr 8–17 Uhr), VII. Bezirk, Akácfa u. 18, ✆ 4616688-4.

Geld

Bis zur Einführung des Euro (frühestens 2013) ist die ungarische Währungseinheit der **Forint** (HUF, Ft). Es gibt Münzen zu 1, 2, 5, 10, 20, 50 und 100 und Banknoten zu 200, 500, 1000, 2000, 5000, 10.000 und 20.000 Forint. Der aktuelle 200-Forint-Schein ist grün und zeigt mit Róbert Károly einen König aus dem Hause Anjou. Den roten 500-Forint-Schein schmückt Freiheitskämpfer Fürst Ferenc Rákóczi II., den blausandfarbenen 1000-Forint-Schein Renaissance-König Matthias Corvinus, der gelbliche 2000-Forint-Schein zeigt Gábor Bethlen, einen Freiheitskämpfer des 17. Jh. Violett-grün ist der 5000-HUF-Schein mit dem „großen Ungarn" István Széchenyi, rotbraun der 10.000-HUF-Schein, auf dem Ungarns erster König Stephan abgebildet ist. Vom größten Schein schließlich, dem 20.000er, blickt streng der Jurist Ferenc Deák.

Hotels der höheren Kategorien, einige innerstädtische Supermärkte und Restaurants akzeptieren auch **Euro-Bargeld.**

100 HUF = 0,40 €
1 € = 248 HUF
100 HUF = 0,66 CHF
1 CHF = 153 HUF
Stand: Mai 2007

Geldwechsel ist in Banken, Wechselstuben und an Hotelrezeptionen möglich. **Öffnungszeiten** der Banken sind Mo–Do 8–1 Uhr, Fr 8–15 Uhr. Umtauschquittungen müssen bis zur Ausreise aufbewahrt werden. Der Vergleich aushängender Wechselkurse lohnt sich, da man einen vermeintlich besonders günstigen Kurs manchmal mit höheren Bankprovisionen bezahlt. Grundsätzlich ist der Kurs in Ungarn günstiger als zu Hause. Ratsam ist es auch, die eingewechselten Forint im Land zu verbrauchen, weil der Rücktausch kostspielig

Bezahlt wird mit Königen und Freiheitskämpfern

ist. Vom illegalen Tausch auf der Straße raten wir dringend ab – man erhält meist Falschgeld.

Euro-Reiseschecks können in Wechselstuben und Banken persönlich unter Vorlage der Reisedokumente eingelöst werden. Meist wird eine Bearbeitungsgebühr einbehalten. Die gängigen internationalen **Kreditkarten** (Eurocard/Mastercard, Visa, Diners Club, American Express) und die **Maestro-Karte** werden von größeren Hotels, teureren Restaurants und in Warenhäusern und Läden internationaler Ketten akzeptiert. Für kleinere Geschäfte und Gaststuben sollte man immer Bargeld bei sich haben.

An den zahlreich vorhandenen **Geldautomaten** kann mit Maestro- oder Kreditkarte sowie Geheimnummer Bargeld abgehoben werden. Aus Sicherheitsgründen sollte man die Automaten in den Vorräumen der Banken nutzen. Der tägliche Höchstbetrag entspricht dem persönlichen Kartenlimit, üblicherweise 400 €. Das Abheben kostet einen Fixbetrag, es sei denn man nutzt eine Filiale seiner eigenen Bank, dann ist sie gebührenfrei. Mit Kreditkarte kostet das Abheben pro Transaktion 2–4 % des Betrags, mindestens aber 5 € (für in Deutschland ausgegebene Karten) bzw. 2,50 € (bei österreichischen Kreditkarten).

Je nach Ausstellungsland einer Karte gelten folgende **Sperrnummern:** Bei Verlust der Maestro-Karte: ✆ 0049-116116 (D), ✆ 0800-2048800 (A), ✆ 0041-848888601 (CH, UBS-Karten), ✆ 0041-800800488 (CH, Credit Suisse). Bei Verlust einer Kreditkarte: ✆ 0049-116116 (D, alle Karten), ✆ 0043-1-71111-770 (A, VISA), ✆ 0043-1-71701-4500 (A, MasterCard), ✆ 0043-1-501350 (A, Diners Club), ✆ 0041-442008383 (CH, VISA, MasterCard), ✆ 0041-448354545 (CH, Diners Club).

Gesundheit

Erste Hilfe und Notfallambulanz sind für Ausländer kostenlos. Für weitergehende Behandlungen gilt die **Europäische Krankenversicherungskarte (European Health Insurance Card/EHIC),** die sich meist auf der Rückseite nationaler Versicherungskarten befindet. Mit ihr sollte es möglich sein, direkt zum Arzt zu gehen, ohne die Kosten vorstrecken zu müssen. Dies funktioniert allerdings nicht problemlos. Ärzte, die nicht im staatlichen Gesundheitssystem arbeiten, akzeptieren die Karte oft nicht. Die Behandlung muss dann bar bezahlt werden, die Kosten werden zu Hause gegen Vorlage einer Quittung von der Krankenkasse zurückerstattet. Der Abschluss einer kurzfristigen privaten **Reisekrankenversicherung** ist daher ratsam, denn sie deckt im Notfall auch einen Heimtransport.

Wer zwischen Frühjahr und Herbst Ausflüge in die grüne Umgebung Budapests plant, dem sei eine **Zeckenschutzimpfung** dringend empfohlen.

Apotheken (*Gyógyszertár* oder *Patika*) sind üblicherweise Mo–Fr 8–18/20 Uhr und Sa 8–14 Uhr geöffnet. Über Notdienste informiert ein Aushang. Einige Apotheken bieten einen 24-Stunden-Service an. Die meisten Medikamente sind um vieles billiger als in der Heimat, viele dürfen allerdings nur gegen Rezept abgegeben werden.

- *Ärztlicher Notdienst* Falck SOS Hungary (0–24 Uhr), ✆ 2000100.
- *Zahnärztlicher Notdienst* SOS Dental Service (0–24 Uhr), ✆ 2679602.
- *24-Stunden-Apotheken* **Teréz Patika,** am Großen Ring (Ⓣ 4/6), VI., Teréz körút 41, ✆ 3114439. **Déli Gyógyszertár,** beim Südbahnhof (Déli pu., Ⓣ 61), XII., Alkotás u. 1/B, ✆ 3554691.

Haustiere

Hunde und Katzen benötigen für Reisen innerhalb der EU einen **EU-Heimtierausweis.** Dieser wird bei Vorliegen einer eindeutigen Kennzeichnung des Tieres (Tätowierung, Mikrochip) ausgestellt und muss einen Nachweis über eine gültige Tollwutimpfung (mindestens 30 Tage, maximal 12 Monate vor Grenzübertritt) enthalten. Die Einfuhr von **Kampfhunden** (z. B. Bullterrier, Pitbull, nicht jedoch Rottweiler und Dobermann) ist verboten. Hundebesitzer müssen ihre Lieblinge an öffentlichen Plätzen an der Leine, in öffentlichen Verkehrsmitteln mit Maulkorb führen.

Information

Im In- und Ausland unterhält das **Ungarische Tourismusamt** mehrere Informationsbüros (s. u.), die vielfältiges Prospektmaterial versenden. Die Internet-Adresse lautet: *www.ungarn-tourismus.de.* Unter ✆ 00800-36000000 erhält man zudem gebührenfrei telefonische Auskünfte.

- *Deutschland* 10117 **Berlin,** Wilhelmstr. 61. ✆ 030/2431460, 📠 030/24314613, ungarn.info.berlin@t-online.de, www.ungarn-tourismus.de.

60528 **Frankfurt/Main,** Lyoner Str. 44–48. ✆ 069/9288460, 📠 069/92884613, ungarn.info.frankfurt@t-online.de.

• *Österreich* 1010 **Wien,** Opernring 1/R/707. ✆ 01-585201210, ✆ 01-585201215, ungarninfo@ungarn-tourismus.at, www.ungarn-tourismus.at.
• *Schweiz* 8032 **Zürich,** Hegibachplatz/Minervastr. 149. Di–Fr 11–1 Uhr, Sa 10–17 Uhr. info@ungarn-tourismus.ch, www.ungarn-tourismus.ch.

Das städtische Tourismusamt **Budapest Tourinform** *(www.tourinform.hu)* betreibt eine Telefon-Hotline (s. u.) sowie mehrere Informationsstellen in Budapest, an denen neben Auskünften und Prospekten auch kostenlose praktische Stadtführer und -pläne in Deutsch erhältlich und Tickets für Veranstaltungen zu kaufen sind. Im Internet ist die Stadt Budapest unter *http://deutsch.budapest.hu* vertreten, offizielle Touristinformationen gibt es unter *www.budapestinfo.hu* (auch in Deutsch).

Tourinform Hotline, telefonische Auskünfte von 0–24 Uhr in Deutsch und Englisch, ✆ 003630/3030600 aus dem Ausland, ✆ 0680/630800 aus Ungarn.

Tourinform Hauptbüro, 2 Min. von der zentralen Metrostation entfernt, V., Sütö u. 2. Tägl. 8–20 Uhr ✆ 4388080. Ⓜ 1, 2, 3 Deák tér.

Zweigstellen von Tourinform gibt es ...

am **Oktogon,** VI., Liszt Ferenc tér 11. Mo–Fr 10–18 Uhr, Sa 10–16 Uhr, Juni bis Ende Sept. tägl. 10–19 Uhr. ✆ 3224098. Ⓜ 1 Oktogon.

am **Westbahnhof** (Nyugati Pályaudvar), neben Bahnsteig 10, VI., Teréz körút 55. Mo–Fr 10–18 Uhr. ✆ 3028580. Ⓜ 3 Nyugati tér.

im **Burgviertel (Budai Várinfo),** unweit der Mattiaskirche, I., Szentháromság tér. Mo–Fr 10–1 Uhr, Sa/So 10–16 Uhr, Juni bis Ende Okt. tägl. 9–20 Uhr. ✆ 4880475. Várbusz.

am **Flughafen,** Ferihegy Repülötér; Terminal 1, 2A und 2B. Alle tägl. 9–22 Uhr, ✆ 4388080.

Internet-Cafés

Internet-Cafés sind in Budapest zahlreich vertreten. Die unten genannten sind zentral gelegen und mit vielen Plätzen ausgestattet. Die Website *www.hotspotters.hu* (in Englisch) listet alle kostenlosen und kostenpflichtigen Hot Spots in der Stadt auf.

Private Link, größtes Cybercafé mit 96 Plätzen. VIII., József körút 52, tägl. 0–24 Uhr.

Prachtapotheke an der Andrássy út

700 HUF/Std., billige Nacht- und Sa/So-Tarife. www.private-link.hu.

AMI Internet, V., Váci u. 40, tägl. 9–2 Uhr. 40 Computer, ca. 400 HUF/Std.

Yellow Zebra Internet, beim Deák tér neben dem Tourinform-Büro, Suto u. 2 (Innenhof). VI., Dessewffy u. 45, tägl. 9/10–19/20 Uhr. 7 Terminals, 400 HUF/Std.

Electric Café, VII., Dohány u. 37, tägl. 9–24 Uhr. 27 Terminals, 200 HUF/Std. www.electriccafe.hu.

Kinder

Für kleine und größere Kinder bietet Budapest eine Reihe an Attraktionen – bei schönem wie auch bei Regenwetter. Ein Hauptziel ist das *Stadtwäldchen,* wo es einen großen Park, einen Teich zum Bootfahren, den Zoologischen Garten, den Großzirkus und den Rummelplatz Vídám Park mit Loopings Star und Grottenbahn gibt. Bei Regen lockt in der Südostecke des Parks das *Verkehrsmuseum* mit seinen Lokomotiven und der Modelleisenbahn. Aufregend sind die Haie und Rochen im *Tropicarium* im Süden von Buda, spannend die Experimente im Haus der Zukunft im *Millénaris-Park.* Viel Spaß bietet ein Ausflug mit der *Zahnradbahn* oder der

Kindereisenbahn in die Budaer Berge, ein kurzes Vergnügen die Fahrt mit der *Standseilbahn* auf den Burgberg. In bizarre unterirdische Reiche entführen das *Labyrinth im Burgviertel* und die beiden *Tropfsteinhöhlen* in den Budaer Bergen. Viel Auslauf gibt es auf den weiten Wiesen der *Margareteninsel*, die man im Sommer am besten mit einem Schiff ansteuert. Dort locken auch das riesige Palatinus-Freibad und die bunten Tretautos, mit denen man auf der Insel herumkurven kann.

Klima und Reisezeit

Aufgrund seiner Becken- und Binnenlage hat Budapest ein gemäßigtes Kontinentalklima mit relativ heißen Sommern und kalten Wintern. Die Niederschlagsmengen sind mit durchschnittlich 600 mm im Jahr gering, die jährlichen 2000 Sonnenstunden liegen weit über dem mitteleuropäischen Durchschnitt. Das Frühjahr zieht im April mit einer raschen Erwärmung ein, die Kraft der Sonne sorgt dann bis weit in den Spätherbst für angenehme Temperaturen. Mit dem regenreichen November kündigt sich der Winter an, der im Januar und Februar durch arktische Kaltlufteinbrüche in Budapest ziemlich frostig (bis –15 °C) werden kann. Mitunter bleibt dann für einige Tage eine Schneedecke von wenigen Zentimetern liegen, was üblicherweise zu einem gewaltigen Verkehrschaos führt.

Die beste **Reisezeit** sind die sonnenreichen Monate von April, wenn bei mildem Frühlingswetter die Budaer Berge wieder grünen und die Parkbäume blühen, bis in den goldenen Herbst Ende Oktober. Im Juli kann es in Budapest unerträglich heiß und stickig werden – eine Stadtbesichtigung wird dann zur Qual. Mitte August, wenn die Formel 1 in Budapest gastiert, ist die Stadt komplett ausgebucht, die Übernachtungspreise sind dann um das Zwei- bis Dreifache erhöht. Ab November wird es ruhiger. Die Touristen kommen wieder zu den Weihnachtsfeiertagen und über den Jahreswechsel, der in den Straßen Budapests ausgiebig gefeiert wird.

• *Internetwetter* www.met.hu (ung.), www.weatherinhungary.com/de (dt.).

Kriminalität

Die Situation unterscheidet sich wenig von der in anderen europäischen Großstädten. Wer die üblichen Vorsichtsmaßnahmen beachtet und spätabends einsame und düstere Ecken meidet, wird kaum Probleme haben. Die größten Gefahren sind Taschen-, Trick- und Autodiebstahl. Im Gedränge, etwa in Bussen, Straßenbahnen und an U-Bahn-Schaltern, in Einkaufszentren

Das Wetter in Budapest

	Höchst-temperatur Ø	Tiefst-temperatur Ø	Sonnenstunden pro Tag Ø	Regen-tage Ø
Januar	3 °C	–2 °C	2	7
Februar	6 °C	–1 °C	3	6
März	12 °C	3 °C	4	6
April	17 °C	7 °C	6	6
Mai	23 °C	12 °C	7	8
Juni	26 °C	14 °C	8	8
Juli	28 °C	16 °C	9	6
August	27 °C	15 °C	8	6
September	23 °C	12 °C	7	5
Oktober	17 °C	8 °C	5	5
November	8 °C	3 °C	2	7
Dezember	4 °C	–1 °C	2	8

Juli in Budapest: die Stadt kühlt sich ab im Palatinus Strandbad

oder touristischen Treffpunkten (z. B. Zentrale Markthalle, Heldenplatz, Burgviertel, Váci utca) sollte man besonders auf seine Wertsachen achten. Ratsam ist es auch, sein Fahrzeug, vor allem wenn es sich um neue Fabrikate von Mercedes, BMW, Audi oder Geländewägen handelt, ausschließlich auf bewachten Parkplätzen abzustellen und nichts Wertvolles (auch keine Autopapiere) im Wagen liegen zu lassen.

Sein Geld los ist, wer auf der Straße illegal Geld wechselt oder sich zu einem Glücksspiel (z. B. Hütchenspiel) hinreißen lässt. In beiden Fällen sind Betrüger am Werk, die Falschgeld anbieten bzw. mit falschen Mitspielern operieren. Gewarnt wird in Budapest auch vor illegalen Taxis, denen das gelbe Nummernschild und das gelbe Taxi-Zeichen fehlt und die horrende Fahrpreise verlangen. Wer ein Taxi braucht, sollte es nicht auf der Straße anhalten, sondern telefonisch bestellen, sich vor Fahrtbeginn nach dem Preis erkundigen und den Taxameter während der Fahrt im Auge behalten.

Allein reisende Männer sollten sich auch vor so genannten „Konsummädchen" in Acht nehmen. Diese jungen, attraktiven Frauen fordern mit Charme zu einem gemeinsamen Lokalbesuch auf. Allerdings wollen sie eingeladen werden – wobei dem Rechnungsbetrag mehrere Nullen angehängt werden und dieser rigoros mit mafiaähnlichen Methoden eingetrieben wird.

Literatur

Ungarische Autoren haben seit Jahren einen festen Platz auf den internationalen Bestsellerlisten. In ihren Büchern geht es meist um Kommunismus, Nazi-Zeit und Tod. Ein paar Tipps:

- *Geschichte* **György Dalos,** *Ungarn in der Nussschale. Geschichte meines Landes* (2005), Beck. Der in Berlin lebende Ungar lädt zu einem empfehlenswerten Ausflug in die Vergangenheit seiner Heimat ein.

Paul Lendvai, *Die Ungarn – Eine tausendjährige Geschichte,* Goldmann (2001). Das viel gelobte Standardwerk des ungarisch-österreichischen Star-Journalisten zeichnet ein einfühlsames Porträt des „einsamsten Volkes in Europa".

• Belletristik **Georg Kövary,** *Ein Ungar kommt selten allein – Der Magyarenspiegel aufpoliert,* Starks-Sture (2006). Kövary gewährt mit viel Humor und Selbstironie Einblicke in seine Heimat.

György Konrád, *Sonnenfinsternis auf dem Berg,* Suhrkamp (2005). Der autobiografische Roman eines der führenden Intellektuellen Ungarns ist eine beeindruckende Ungarn-Studie in der zweiten Hälfte des 20. Jh.

Sándor Márai, *Die Glut* (2001) und *Das Vermächtnis der Eszter* (2002), beide Piper Verlag. Die Wiederentdeckung des 1989 verstorbenen Márai für den deutschsprachigen Markt begann mit diesen beiden Romanen, in denen es um Wiedersehenserlebnisse vor der Kulisse des untergehenden Habsburgerreiches geht.

Imre Kertész, *Roman eines Schicksallosen,* Rowohlt (2002). Dem Nobelpreisträger von 2002 gelang mit diesem Buch, in dem er in autobiografischen Zügen den Gang eines Teenagers ins KZ beschreibt, die Entmystifizierung von Auschwitz.

Péter Nádas, *Der eigene Tod,* Steidl (2003). Der Budapester Schriftsteller und Fotograf beschreibt seine Rückkehr ins Leben nach einem Herzinfarkt.

Péter Esterházy, *Harmonia Caelestis* (2001) und *Harmonia Caelestis – Verbesserte Ausgabe* (2003), beide Berlin Verlag. Der Budapester Adelsspross setzte in der 900-seitigen Familienchronik seinem Vater zunächst ein literarisches Denkmal. In der verbesserten Ausgabe berücksichtigte er auch dessen Spitzeltätigkeit nach 1956, die erst kurz zuvor bekannt wurde.

Hugo Hartung, *Ich denke oft an Piroschka,* Ullstein Tb (2002). Mit der zuckersüßen Romanze im Ungarn der 1920er Jahre traf der Münchner Autor mit der Erstausgabe 1954 den Nerv der Zeit. Der darauf basierende Filmklassiker mit Liselotte Pulver prägte das Ungarn-Bild der Deutschen für Jahrzehnte.

Ephraim Kishon, *Eine Weltreise des Humors in 13 Länder,* Lübbe (1998). Vergnügliche Satiren für Reisefreaks aus der weltberühmten Feder des 1942 in Budapest als Ferenc Hoffmann zur Welt gekommenen Bestsellerautors.

Antal Szerb, *Reise im Mondlicht,* dtv (2003). Der schon 1945 verstorbene Szerb wurde wie Márai für das deutschsprachige Publikum wieder entdeckt. In seinem Roman über einen jungen Mann, der seine Ehefrau bereits auf der Hochzeitsreise in Italien verlässt, erweist er sich als famoser Erzähler.

Museen

Dem Kulturinteressierten bietet Ungarns Hauptstadt über 60 Museen, darunter international renommierte Leckerbissen wie das *Museum der Schönen Künste* am Heldenplatz und die *Nationalgalerie* im Burgpalast. Die meisten Museen und Ausstellungen sind **montags geschlossen** und sonst von 9 bis 18 Uhr geöffnet. In der Nebensaison (November bis März) schließen einige bereits um 16 Uhr. Kleinere Sammlungen sind oft nur einzelne Tage geöffnet.

Die großen Museen haben ihre Exponate auch in Englisch und/oder Deutsch beschriftet oder bieten mehrsprachige Führer und Audioguides an. Das Museumspersonal spricht meist nur Ungarisch. Wer in den Museen fotografieren möchte, muss an der Kasse eine Lizenz erwerben, die bis zu 3.500 HUF kosten kann.

Ein Verzeichnis aller in diesem Reiseführer beschriebenen Museen finden Sie im Register.

Eintritt frei in Budapester Museen

Seit 2004 ist der Zutritt zu den Dauerausstellungen zahlreicher Budapester Museen gratis, darunter ins Nationalmuseum, die Nationalgalerie und das Museum der Schönen Künste. Wechselausstellungen jedoch kosten Eintritt.

Notrufe

Zentraler Notruf ✆ 112

Polizei *(Rendőrség)* ✆ 107

Rettung/Notarzt *(Mentők)* ✆ 104

Feuerwehr *(Tűzoltók)* ✆ 105

Pannenhilfe ✆ 188 bzw. ✆ 01-3451755

Öffnungszeiten

Die Öffnungszeiten (Symbol ⏱) von Banken, Museen und Postämtern sind in diesem Kapitel unter den Rubriken „Geld", „Museen" und „Post" angeführt. Im Kapitel „Einkaufen" (→ S. 80) finden Sie die Öffnungszeiten der Läden, die der Bäder im Kapitel „Baden, Sport, Freizeit" (→ S. 85).

Post

Die ungarische Post *(Magyar Posta)* hält ihre Ämter in der Hauptstadt üblicherweise Mo–Fr 8–18 Uhr und Sa 8–12 Uhr offen. Länger geöffnet haben die Postämter beim Westbahnhof (*Nyugati pályaudvar,* VI., Teréz körút 51, Mo–Sa 7–21 Uhr) und beim Ostbahnhof (*Keleti pályaudvar,* VIII., Baross tér 11/C, Mo–Sa 7–21 Uhr, So 8–20 Uhr).

Das **Porto** für Postkarten und Briefe (bis 20 g) kostet in Länder innerhalb Europas 120 bzw. 170 HUF, nach Österreich 40 bzw. 60 HUF und in außereuropäische Länder 140 bzw. 170 HUF. **Briefmarken** kauft man am besten in einer Tabaktrafik *(trafik),* in Postämtern steht man meist lange in der Warteschlange. Die ungarischen **Briefkästen** sind rot und mit einem Posthorn geschmückt.

Ungarns Post ist rot

Radio und Fernsehen

Die drei staatlichen **Radiosender** sind der Nachrichten- und Informationskanal *Kossuth Rádió* (UKW 107,8), *Petőfi Rádió* (94,8) mit einem Mix aus Kultur, Unterhaltung und News sowie *Bartók Rádió* (105,3) mit klassischem Musikprogramm. Zu den Privatsendern gehören *Rádió I* (103,9), *Danubius* (103,3), *Est FM* (98,6) und *Juventus* (89,5), die einen Mix aus ungarischer und internationaler Popmusik bieten. Einer der meistgehörten Sender ist *Sláger Rádió* (100,8), der, wie der Name ahnen lässt, Schlagermusik spielt. *Bridge FM* (102,1) bringt Rockmusik und stündlich von 5 bis 22 Uhr englischsprachige Nachrichten.

Das staatliche ungarische **Fernsehen** *Magyar Televízió (MTV 1, MTV 2),* einst von der Kommunistischen Partei kontrollierter Propagandasender, ist auch heute noch stark von der Regierung beeinflusst und von staatlichen Zuwendungen abhängig, weswegen es zuletzt Ende 2006 massive Kritik von der EU hagelte. Das Programm ist altbacken – streng dreinblickende Männer referieren elendslang über Politik. Die beiden Privatsender *Duna TV* und *RTL Klub* bieten ein moderneres Programm, der erste eher konservativ, der zweite in typischer RTL-Manier. *TV2* ist die ungarische Kopie des RTL-Senders. Daneben gibt es noch weitere lokale Sender. In jedem Hotelzimmer mit TV ist mindestens ein deutschsprachiger Kanal zu empfangen, meist RTL oder Sat 1.

Danke für die Übersetzung

Rauchen

Ein Nichtraucherschutzgesetz verbietet in Ungarn seit 1999 das Rauchen in öffentlichen Gebäuden und Verkehrsmitteln. Gastronomiebetriebe ab einer bestimmen Größte sollten in Nichtraucher- und Raucherbereiche getrennt sein. No-Smoking heißt auf Ungarisch *Tilos a dohanyzás.*

Sprache

Ungarisch gehört zur finno-ugrischen Sprachfamilie und hat mit den anderen indoeuropäischen Sprachfamilien (romanisch, slawisch, germanisch) keinerlei Gemeinsamkeiten. Ungarisch zu lernen ist deshalb überaus mühsam; dem Deutschsprachigen macht schon die unterschiedliche Aussprache der Konsonanten und Vokale Probleme. Doch für eine Budapest-Reise muss man nicht Ungarisch lernen. In Geschäften, Restaurants und Hotels wird perfektes Verkaufs- oder Speisekartendeutsch gesprochen, und unter den jüngeren Ungarn ist Englisch weit verbreitet. Hinweise, um zumindest die Namen der Straßen und Sehenswürdigkeiten halbwegs korrekt auszusprechen, gibt am Ende des Buchs unser „Kleiner Sprachführer".

Strom

Die Netzspannung in Ungarn beträgt 220 Volt, Adapter sind nicht erforderlich.

Telefonieren

Telefonieren mit dem **Handy** ist in Ungarn problemlos möglich, aber teuer. Den Markt teilen sich die drei Anbieter *T-Mobile, Pannon GSM* und *Vodafone.* Wer Geld sparen will, telefoniert von den **öffentlichen Telefonzellen** aus. Dafür benötigt man Münzen (20, 50, 100 HUF) oder Telefonkarten *(Telefonkártya)* zu 50 oder 120 Einheiten, die man in Tabakläden, an Kiosken, in Hotels und auf Postämtern erhält. Bei **Ferngesprächen innerhalb Ungarns** wählt man die 06, wartet den Signalton ab und wählt dann die Vorwahl- und Rufnummer des Teilnehmers. Die Vorwahl für Budapest ist 1. Bei Gesprächen **von Ungarn ins Ausland** wartet man nach der 00 das Freizeichen ab, bevor man mit der Vorwahlnummer des Landes fortsetzt. Am günstigsten ist Telefonieren von 19–7 Uhr, an Wochenenden und an Feiertagen.

Internationale Vorwahlen: nach Deutschland: 0049, nach Österreich: 0043, in die Schweiz: 0041. Immer gilt: Die Null der Ortsvorwahl entfällt.

Vorwahl nach Budapest: ab Deutschland, Österreich und der Schweiz jeweils 0036-1; innerhalb Ungarns 06-1.

Toiletten

Öffentliche WCs sind in Budapest rar, kostenpflichtig und lassen in punkto Sauberkeit einiges zu wünschen übrig. Wenn es mal drängt, am besten die Gemächer eines besseren Hotels, Restaurants oder Einkaufscenters aufsuchen.

Toilettenbezeichnung *Nöi* oder *Nök* (Damen), *Férfi* oder *Férfiak* (Herren).

Zeit

Auch in Ungarn gilt die Mitteleuropäische Zeit (MEZ). Beginn und Ende der Sommerzeit decken sich mit der in Deutschland, Österreich und der Schweiz.

Zeitungen/Zeitschriften

In Budapest erscheinen zwei deutschsprachige Wochenblätter mit Aktuellem zu Politik, Wirtschaft, Sport und Kultur. Der traditionsreiche *Pester Llyod (www.pesterlloyd.net)* kommt mittwochs heraus, die *Budapester Zeitung (www.budapester.hu)* montags. *Budapest Week, The Budapest Sun* und *Budapest Times* sind wöchentlich erscheinende englischsprachige Zeitschriften. Deutschsprachige und internationale Presse wird in Bahnhöfen, an Zeitungskiosken der Innenstadt und in großen Hotels verkauft.

Die meistgelesenen ungarischen Tageszeitungen sind die Boulevardblätter *Blikk,* das ungarische Schwesterblatt des Schweizer *Blick,* und *Metro,* die kostenlose U-Bahn-Zeitung. Bei den Qualitätsblättern hat das frühere Organ der Kommunistischen Partei, die heute unabhängige, linksgerichtete *Népszabadság* (Volksfreiheit), die Nase vorn, gefolgt von der konservativen *Magyar Nemzet* (Ungarische Nation), der SZDSZ-nahen *Magyar Hírlap* (Ungarische Presse) und der ebenfalls linksgerichteten *Népszava* (Volksstimme). *168 Ora* und *HVG* sind liberale Wochenzeitschriften.

Im Handyzeitalter meist verwaist

Zoll

Innerhalb der EU dürfen Waren für den privaten Gebrauch ohne Mengenbeschränkung aus- und eingeführt werden. Als Richtmenge pro Person gelten: 800 Zigaretten, 400 Zigarillos, 200 Zigarren, 1 kg Tabak, 10 l Spirituosen über 22 % Alkoholgehalt, 20 l unter 22 % Alkoholgehalt, 90 l Wein und 110 l Bier. Eine Ausnahme gibt es punkto Zigaretten für Reisende mit Wohnsitz in Österreich – sie dürfen aus Ungarn nur 25 Stück einführen.

Für Reisende aus Nicht-EU-Ländern gelten folgende Obergrenzen: 2 l Wein (bis 15 % Vol.), 1 l Spirituosen (über 15 % Vol.), 200 Zigaretten, 50 Zigarren, 250 g Pfeifentabak, 500 g Röstkaffee.

Im Burgviertel finden sich viele Wahrzeichen der Stadt

Tour 1: Budaer Burgviertel

Verwinkelte Gassen, mittelalterliche Häuserzeilen, gemütliche Cafés und kleinstädtischer Charme prägen die historische Bürgerstadt auf der Nordseite des Burgbergs – der ideale Start für einen Budapest-Rundgang. Mit der Matthiaskirche und der für ihren Ausblick berühmten Fischerbastei bietet das Burgviertel zwei architektonische Höhepunkte.

Der Burgberg *(Várhegy)* ist ein von Höhlen und Stollen durchzogenes Kalksteinplateau, das sich 60 m über dem rechten Donauufer erhebt. Seit Mitte des 13. Jh. gibt es hier oben eine befestigte Siedlung. Den nördlichen Teil des Burgbergs nimmt das Burgviertel *(Várnegyed),* die historische Bürgerstadt, ein, während am südlichen Sporn der gewaltige Burgpalast (*Várpalota* → Tour 2) thront. Zwischen den beiden liegt der Dísz tér, ein lang gestreckter Platz, der von Westen durch das Stuhlweißenburger Tor *(Fehérvári kapu)* und von Osten durch das Wassertor *(Vízikapu)* zu erreichen war. Die Auffahrten gibt es bis heute, doch die Tore existieren nicht mehr (weitere Wege auf den Burgberg → Praktische Infos/Stadtverkehr S. 109).

Wer durch die Gassen der verkehrsberuhigten, etwas verschlafen wirkenden Bürgerstadt schlendert, dem fällt die schachbrettförmige Anlage des Viertels auf, die auf die planmäßige Bebauung nach dem Mongolensturm 1241 zurückgeht. Die meisten Häuser haben einen gotischen Kern, der hinter barocken und klassizistischen Fassaden aus dem 17./18. Jh. verborgen ist. Und manch mittelalterliches Bauteil, Fenster oder Türbogen, ist auch an den Außenmauern sichtbar. „Műemlék"-Marmortafeln (ung. *Denkmal*) kennzeichnen die denkmalgeschützten Gebäude.

Während sich um die Hauptattraktionen des Burgviertels – Matthiaskirche und Fischerbastei – die Touristengruppen tagsüber nur so tummeln, wird es hier abends schnell ruhig. Dann ist der Blick von oben auf das Lichtermeer der Millionenstadt noch eine Spur romantischer.

Spaziergang

Ausgangspunkt der Tour durch die Bürgerstadt ist der **Dísz tér (Paradeplatz)** an ihrem südlichen Ende. Der weite Platz ist beidseitig von ein- und zweigeschossigen Barockhäusern gesäumt, darunter das fotogene, ockerfarbene Postamt (Nr. 15), gegenüber das spätbarocke Palais Batthyány (Nr. 3) von 1743. Am oberen Ende des Platzes erinnert das **Hónved-Denkmal** (1893) an den verlorenen Aufstand gegen die Habsburger 1848/49: Ein Soldat der Aufständischen (Hónved) schwingt Schwert und Fahne, der Engel hinter ihm einen Lorbeerzweig. Links haltend, geht es die Úri utca (Herrengasse) weiter. Rechts, in Nr. 9, befindet sich der Eingang zum → **Budavári Labirintus.** Gleich die nächste Quergasse biegen wir rechts hinüber in die breite **Tárnok utca (Schatzmeistergasse),** an der im Mittelalter die Kaufleute siedelten und sich heute Restaurants und Souvenirläden in modernen Bauten und alten Gemäuern an den Touristen goldene Nasen verdienen wollen. Einen Eindruck vom früheren Straßenbild geben die gotischen Häuser Nr. 14 und 16 gleich rechts um's Eck. Im Haus Nr. 18 nebenan lohnt das in der alten „Apotheke zum Goldenen Adler" eingerichtete → **Aranysas patikamúzeum (Apothekenmuseum)** einen Besuch.

Von hier sind es nur mehr wenige Schritte – vorbei an einem Fiakerstand und dem etwas abseits gelegenen Tourismusbüro – zum höchsten Punkt des Burgbergs, dem **Szentháromság tér**

Die Fischerbastei – Budapests schönster Aussichtsbalkon

(Dreifaltigkeitsplatz). Er ist *das* touristische Zentrum des Viertels und verdankt seinen Namen der prächtigen, 14 m hohen Barocksäule in der Mitte, die 1714 zum Dank für das Ende der zweiten Pestepidemie errichtet wurde: Der sechseckige, von Heiligenfiguren bestandene Sockel, der einen Obelisken trägt, ist ein Werk von Philipp Ungleich. Wegen Restaurierungsarbeiten ist die Säule zurzeit demontiert.

Bevor wir uns der den Platz beherrschenden Matthiaskirche zuwenden, ein Blick zu zwei weiteren Gebäuden: das mit dem Uhrtürmchen und dem Erkerfenster an der Ecke zur Szentháromság utca ist das **Alte Rathaus** von Buda (frühes 18. Jh.). Seit 1992 beherbergt es das Collegium Budapest, das erste *Institute for Advanced Studies* in Osteuropa. Die Statue in der Nische unter dem Erker ist die griechische Göttin Pallas Athene, die das Stadtwappen in Händen hält. Der neugotische Palast an der Nordseite des Platzes ist das frühere Finanzministerium; in seinen Kellergewölben (Eingang auf der rechten Seite) lädt das *Haus der Ungarischen Weine* täglich zur Kostprobe (s. u. „Einkaufen").

Nun aber zu einer Hauptattraktion des Burgbergs, der → **Matthiaskirche (Mátyás-templom),** deren sehenswertes (kostenpflichtiges) Inneres man durch das gotische Portal an der Südfront betritt. Die Rückseite der Kirche umrahmt die viel fotografierte, neoromanische → **Fischerbastei (Halászbástya),** die einen einzigartigen Blick auf die Donau und Pest bietet – busladungsweise strömen die Touristen täglich über ihre Treppen und Gänge, auch in dem Sommercafé in den Arkaden ist selten ein Tisch frei. Vor der Bastei steht auf einem prächtigen Steinsockel die bronzene → **Reiterstatue des Hl. Stephan,** des ersten Königs von Ungarn. Die weißen Mauern der Fischerbastei spiegeln sich in der Glasfassade des 1976 eröffneten Luxushotels Hilton Budapest. Der nicht unumstrittene Bau integriert einen gotischen Turm, die spätbarocke Fassade eines Jesuitenkollegs und die Überreste eines Dominikanerklosters aus dem 13. Jh. in die Architektur der 1970er Jahre.

Zwischen Matthiaskirche und Hotel hindurch erreichen wir den schmalen, dreieckigen Platz **Hess András tér,** der nach jenem Drucker benannt ist, der 1473 die *Chronica Hungarorum,* das erste ungarische Buch, fertigte. Das Denkmal in der Mitte zeigt aber nicht ihn, sondern Papst Innozenz XI., der 1686 die polnisch-österreichisch-ungarische Armee bei der Vertreibung der Türken unterstützte. Rechts haltend geht es nun in die östlichste der vier nahezu parallelen Altstadtgassen, in die beschauliche **Táncsics Mihály utca.** Vom 13.–16. Jh. bildete sie den Kern des Budaer Judenviertels. An beiden Seiten reihen sich zweigeschossige Häuser mit klassizistischen und barocken Fassaden. Auffällig ist das barocke → **Palais Erdödy** (Nr. 7). Das Haus Nr. 9 nebenan, einst Kaserne und Gefängnis, zieren Gedenktafeln für die beiden hier inhaftierten Revolutionäre Lajos Kossuth und Táncsics Mihály. Weiter im Norden der Gasse erinnert in der einstigen → **Mittelalterlichen Synagoge** (**Középkori zsidó imaház,** Haus Nr. 26) mit einer kleinen Schau an die jüdische Gemeinde des Viertels. An der Ecke zum Bécsi kapu tér folgt die mit einem hohen Turm versehene, neoklassizistische **Lutherische Kirche (Evangélikus templom),** die 1896 auf dem schmalen, keilförmigen Grundstück errichtet wurde.

Der dreieckige **Bécsi kapu tér (Wiener-Tor-Platz)** am Nordpunkt des Burgviertels ist nach dem Stadttor benannt, das 1936 zum 250. Jahrestag der Türkenbefreiung wiedererrichtet wurde; von der Plattform des Tores hat man allerdings nur eine bescheidene Aussicht. Dominierendes Gebäude am Platz ist das 1913–20 nach Plänen von Samu Pecz gebaute neoromanische **Nationalarchiv (Nemzeti levéltár)** mit dem markanten, bunten Keramikdach. Hier werden historische Urkunden aus über acht Jahrhunderten aufbewahrt, darunter Verträge, Schenkungsakte, Familienarchive, Stadt- und Baupläne u. v. a. Von der früheren Bebauung des Platzes zeugen die einstöckigen Bürgerhäuser, besonders hübsch das Ensemble auf der linken Seite mit den spätbarocken Fassaden aus dem 18. Jh.

Die **Fortuna utca** führt, vorbei an einigen Restaurants, vom Bécsi kapu tér zu-

rück zur Matthiaskirche. Wir gehen aber gleich rechts durch die Hatvani utca in die **Országház utca (Landhausgasse),** die ihren Namen von dem Gebäude Nr. 28 erhielt: Hier, in dem von Kaiser Joseph II. aufgelösten Klarissinnenkloster tagte Ende des 18. Jh. erstmals das ungarische Ständeparlament. Heute wird der Große Sitzungssaal von der Akademie der Wissenschaften genutzt. Wer die Gasse noch kurz links bergan geht, entdeckt an den Häusern Nr. 18–22 gotische Bauteile aus dem 15. Jh. Wieder zurück, liegt am Nordende der Gasse der Kapisztrán tér, an dem der gotisch-barocke Glockenturm und ein einsam aufragendes gotisches Fenster an die im 2. Weltkrieg zerstörte **Maria-Magdalena-Kirche (Magdolna templom)** erinnern. 1276 wurde die Kirche erstmals erwähnt und war Gotteshaus der ungarischen Christen. Die Nordseite des Platzes schließen das Budaer Rathaus (Városhaza) und das von zwei Kanonen bewachte → **Museum für Militärgeschichte (Hadtörténeti Múzeum)** ab. Das Denkmal vor dem Gebäude zeigt den Namensgeber des Platzes, János Kapisztrán – eigentlich Giovanni Capistrano, ein italienischer Franziskanermönch – der 1456 an der Seite von János Hunyadi erfolgreich gegen die Türken kämpfte.

Tárnok utca: Kleinstadtflair im Burgviertel

Spazieren wir zur Rückseite des Militärmuseums, an der sich auch der Eingang befindet, stehen wir auf der **Tóth Árpád sétány,** der nach einem Dichter benannten und von Kastanien bestandenen Promenade auf der Befestigungsmauer. Sie bietet einen schönen Blick auf die Budaer Berge und ist vor allem in der Abendsonne als Spazierweg beliebt. Folgen wir ihr nach rechts, erreichen wir das mit historischen Kanonen bestückte Esztergomer Rondell, auf der die ungarische Fahne bis heute an den Sieg über die Türken erinnert, der 1686 an diesem Festungsabschnitt besiegelt wurde. Ein Stück weiter wird auf der Anjou Bastei auch dem damaligem Gegner gedacht: Der schlichte, von einem Turban bekrönte Stein ist das **Grabmal für Abdurrahmán,** dem letzten Pascha von Budapest, der hier im Alter von 70 Jahren im Kampf fiel. Zurück am Kapisztrán tér, folgen wir nun der → **Úri utca (Herrengasse),** der längsten Straße des Burgviertels, zurück zum Startpunkt unseres Spaziergangs. Wo die Úri utca die Szentháromság utca (Dreifaltigkeitsgasse) quert und sich zu einem kleinen Platz weitet, erhebt sich das bemerkenswerte → **Reiterstandbild des András Hadik.** Von der Szentháromság utca nach links bietet sich ein schöner Blick auf die Matthiaskirche. In der Nr. 7 dieser Gasse würde sich nun die berühmte Biedermeierkonditorei *Ruszwurm* für einen süßen Ausklang der Tour anbieten – aber nur Glückspilze werden auf Anhieb einen der sieben Tische ergattern.

Hinter dem Hadik-Denkmal geht es auf der Úri utca in wenigen Minuten zurück zum Dísz tér. Doch schöner ist es, nochmals rechts auf die Befestigungsmauer auszuweichen und auf der Tóth Árpád Promenade mit Blick auf den Burgpalast zum Dísz tér zurückzukehren. Wer Lust hat, kann hier den Spaziergang um den Burgpalast (→ Tour 2) fortsetzen.

Sehenswertes

Budavári Labirintus: Die Stollen unter dem Burgviertel bestehen aus natürlichen Karsthöhlen, die im Lauf der Jahrhunderte ausgebaut und miteinander verbunden wurden. So entstanden rund 10 km Gänge, die als Vorrats- und Weinkeller und in Kriegszeiten als Unterschlupf und Munitionslager dienten. Im Zweiten Weltkrieg versteckten sich hier die deutschen Besatzungstruppen vor der anrückenden sowjetischen Armee, später war das Labyrinth militärisches Sperrgebiet. Heute wird ein 1200 m langer Abschnitt touristisch genutzt. Mit einer Öllampe in der Hand geht es durch die in neun pseudo-historische Abschnitte unterteilte düstere Unterwelt, vorbei an skurrilen Wachsfiguren und beschallt von Geisterbahngeräuschen. Kinder werden ihren Spaß daran haben – oder sich fürchten ...

Tägl. 9.30–19.30 Uhr. Eintritt 1.500 HUF, erm. 1.100 HUF. Mit Budapest-Karte 25 % Nachlass. Warme Kleidung mitnehmen. www.labirintus.com. I., Úri utc 9. Várbusz, Bus 16.

Apothekenmuseum „Goldener Adler" (Aranysas patikamúzeum): In dem mittelalterlichen Handelshaus eröffnete im 18. Jh. die erste Apotheke des Burgviertels. Das heutige Museum zeigt in vier Räumen die barocke Originaleinrichtung, eine Alchemistenküche sowie weitere pharmazeutische Geräte und Utensilien aus dem 16./17. Jh. Die Fassade schmückt das schmiedeeiserne Hausschild zum „Goldenen Adler", in einer Nische ist eine naiv-folkloristische Keramik von Margit Kovács (1974) zu sehen.

März bis Ende Dez. Di–So 10.30–17.30 Uhr, Nov. bis Feb. 10.30-15.30 Uhr. Eintritt frei. www.semmelweis.museum.hu.I., Tárnok utca 18. Várbusz, Bus 16.

Matthiaskirche (Mátyástemplom): Die Krönungskirche der ungarischen Könige heißt eigentlich Liebfrauenkirche. Erst im 19. Jh. erhielt sie ihren heute gebräuchlichen, von König Matthias Corvinus (1458–1490) entlehnten Namen, der die Baugeschichte des Gotteshauses wesentlich beeinflusste. Er ließ den im 13. Jh. zur Zeit König Bélas IV. als Pfarrkirche der deutschen Siedler errichteten Bau um Seitenkapellen, ein Oratorium und einen Südturm erweitern. Die türkischen Besatzer verwandelten das Gotteshaus in die Hauptmoschee von Buda, nach der Rückeroberung gelangte sie an die Jesuiten, die sie im Stil des Barock erneuerten. 1867 würdigten die Habsburger die Kirche durch die Krönung von Franz Joseph I. und Elisabeth (Sisi) zum ungarischen Königspaar. Franz Liszt komponierte für diesen Anlass seine

Matthiaskirche – hier wurden Ungarns Könige gekrönt

berühmte Krönungsmesse. 1874–1894 war Frigyes Schulek mit umfassenden Restaurierungsarbeiten beauftragt, die der Kirche wieder ein gotisches Aussehen verliehen: Schulek schuf die dem Szentháromság tér zugewandte Westfassade mit einer Kopie der einstigen mittelalterlichen Fensterrose, setzte dem nördlichen (linken), noch aus dem 13. Jh. stammenden Béla-Turm ein spitzes, farbiges Ziegeldach auf, ließ den 80 m hohen, steinernen Matthiasturm neu mauern und das Kirchendach mit bunter Zsolnay-Keramik decken. Das wichtigste im Original erhaltene gotische Element der Kirche ist das Marienportal an der Südseite, durch das man die Kirche betritt. Das Relief im Tympanon stammt aus dem 14. Jh. und stellt Tod und Himmelfahrt Mariens dar.

Der **Innenraum** überrascht mit üppiger Bemalung – fast wähnt man sich in einer byzantinischen Kirche. Kein Fleckchen an Wänden und Decken, das nicht mit geometrischen Mustern und Pflanzenmotiven verziert ist – eine bizarre Mischung aus mittelalterlicher Malkunst, Volkskunst und ungarischem Jugendstil. Die Fresken und Glasmalereien wurden 1890 von Bertalan Székeley und Károly Lotz geschaffen. Einige der Wandgemälde zeigen die Krönungszeremonie von 1867, auch die Fahnen der damaligen Kronländer im Mittelschiff zeugen von dem feierlichen Ereignis. Neugotisch gestaltet wurden Hochaltar und Kanzel. Von den Seitenkapellen ist die *Loretokapelle* links vom Eingang einen Blick wert. Hier stehen zwei anmutige barocke Madonnen, die eine aus Ebenholz, die andere aus rotem Marmor. Die *Dreifaltigkeitskapelle* im nördlichen Seitenschiff birgt unter einem Steinbaldachin die neugotischen Sarkophage des Árpádenkönigs Béla III. und seiner Gemahlin Anne de Châtillon, deren Gebeine im 19. Jh. aus der Königsbasilika in Székesfehérvár hierher überführt wurden. In der *Ladislauskapelle* links neben dem Hochaltar ist eine Kopie des berühmten aus Gold geschmiedeten Kopfreliquiars des Heiligen zu sehen, deren Original aus dem 15. Jh. in der Kathedrale von Györ aufbewahrt wird. Wegen ihrer guten Akustik ist die Matthiaskirche ein beliebter Ort für klassische Konzerte – jährlich gibt es hier rund 80 Aufführungen, bei denen auch die 7000 Pfeifen zählende Rieger-Orgel machtvoll ertönt.

Der Zugang zu **Kirchenmuseum** und **Schatzkammer** befindet sich rechts vom Hochaltar. Zunächst geht es durch die neoromanische Krypta mit Grabplatten der Árpádenkönige aus Székesfehérvár, man steigt, vorbei an einer marmornen Sisi-Büste, über eine elegante neugotische Wendeltreppe in das Königsoratorium hinauf, wo Nachbildungen der ungarischen Krönungsinsignien zu sehen sind. Vom prächtigen Malteser-Rittersaal und den Béla-Sälen auf der nördlichen Empore, wo Wappenschilder, liturgisches Gerät und Plastiken ausgestellt sind, bietet sich ein schöner Blick ins Kirchenschiff.

Ⓞ Mo–Fr 9–17 Uhr, Sa 9–13 Uhr, So 13–17 Uhr. Eintritt (Kirche + Museum): 650 HUF, erm. 450 HUF, Familien 1.100 HUF. Mit Budapest-Karte frei. Audio Guide (deutsch) 400 HUF. Gottesdienste mit Kirchenmusik jeden Sonntag um 10 Uhr. www.matyas-templom.hu. Várbusz, Bus 16.

Fischerbastei (Halászbástya): Was da so mittelalterlich aussieht, hat kaum mehr als 100 Jahre auf dem Buckel. 1899–1905 errichtete Frigyes Schulek an der Stelle der baufälligen Burgmauer die strahlend weiße Bastei im neoromanischen Stil – nicht als Festung, sondern als dekorative Umrahmung der Matthiaskirche. Die Halászbástya besteht aus sieben durch Arkaden und Aussichtsterrassen (im Sommer gebührenpflichtig) miteinander verbundenen Türmchen, die in ihrer Form an die Nomadenzelte der Magyarenstämme erinnern. Ihren Namen erhielt die Bastei

Café mit Aussicht in den Arkaden der Fischerbastei

von der Budaer Fischerzunft, die einst in dem unterhalb gelegenen Stadtteil zu Hause und daher für die Verteidigung dieses Stadtmauerabschnitts zuständig war. Eine großzügige, doppelarmige Freitreppe führt von der Mitte der Bastei in die Fischerstadt, die später Wasserstadt (Víziváros → Tour 4) genannt wurde. Das untere Treppenende schmückt ein Ritterstandbild von János Hunyadi, der 1456 die Türken bezwang. Unweit davon ist eine bronzene Reiterstatue des Hl. Georg zu sehen, deren Original aus dem 14. Jh. sich in Prag befindet.

Ⓞ Mitte März bis Ende April 9–19 Uhr, Mai bis Mitte Sept. 9–23 Uhr, Mitte Sept. bis Mitte Okt. 9–21 Uhr. Eintritt 330 HUF, erm. 165 HUF. Mitte Okt. bis Mitte März Eintritt frei. Várbusz, Bus 16.

Reiterstatue des Hl. Stephan: 10 Jahre, von 1896 bis 1906, arbeitete Alajos Stróbl an dem bronzenen Standbild, auf dem der erste ungarische König mit Stephanskrone und Krönungsmantel hoch zu Ross zu sehen ist. Schulek, der Architekt der Fischerbastei, entwarf den Marmorsockel mit den vier Löwen und den Seitenreliefs mit Szenen aus dem Leben des Heiligen. Schulek verewigte sich im Relief an der Rückseite in der Figur, die das Kirchenmodell zeigt.

Palais Erdödy: Der elegante, 1750–1769 nach Plänen von Matthäus Nepauer für Graf Erdödy errichtete barocke Stadtpalast umschließt einen schönen Innenhof. Untergebracht ist hier das Musikwissenschaftliche Institut der Akademie der Wissenschaften sowie das Béla-Bartók-Archiv. In den Sommermonaten gibt es häufig Ausstellungen, die dem berühmten ungarischen Komponisten gewidmet sind.

Mittelalterliche Synagoge (Középkori zsidó imaház): In zwei mit farbenfrohen Fresken geschmückten früheren Synagogenräumen aus dem 17. Jh. sind liturgische und profane Gegenstände der Budaer Juden ausgestellt. Beim Toreingang sind mittelalterliche jüdische Grabsteine zu sehen sowie Fragmente einer älteren Synagoge von

Innenhof in der Úri utca

1461, die im Hof eines Nachbarhauses freigelegt wurden.

Ⓛ Mai bis Ende Okt. Di–So 10–17 Uhr. Eintritt 450 HUF, erm. 200 HUF. Mit Budapest-Karte frei. www.btm.hu. I., Táncsics Mihály utca 26. Várbusz, Bus 16.

Museum für Militärgeschichte (Hadtörténeti Múzeum): Das in einer ehemaligen Kaserne von 1830 eingerichtete Museum zeigt erwartungsgemäß Uniformen, Flaggen, Waffen, Landkarten, Medaillen und Munition vom 16. bis 20. Jh. Themenschwerpunkte sind der Unabhängigkeitskampf 1848/49 und der ungarische Aufstand 1956. Ergänzend gibt es häufig Wechselausstellungen.

Ⓛ Di–So 10–18 Uhr, Okt. bis März 10–16 Uhr. Eintritt in die Dauerausstellung frei. www.hm-him.hu. I., Tóth Árpád sétány 40. Várbusz.

Úri utca (Herrengasse): Mit farbig abgesetzten barocken und klassizistischen Fassaden reihen sich hier die prächtigsten Bürgerhäuser und Stadtpaläste aneinander. Adelige, reiche Kaufleute, Tuchhändler und Vertreter der Kirche waren in der Herrengasse schon seit dem 13. Jh. zu Hause. Haus Nr. 64–66 rechter Hand ist heute die Deutsche Botschaft, im Nachbarhaus Nr. 62 (Primasi Palota) residiert der Erzbischof von Esztergom-Budapest und Primas in Ungarn. Schöne Barockfassaden zieren auch die folgenden Häuser bis Nr. 56. Gegenüber hat sich im Haus Nr. 49 das **Telefonmuseum (Telefónia Múzeum)** niedergelassen. Hier steht die von 1928–1985 betriebene, noch immer funktionsfähige Telefonzentrale des Burgviertels – die Anlage füllt einen ganzen Raum und ist das Herzstück der Ausstellung. Ein weiterer Saal widmet sich mit zahllosen technischen Details

Ein Hallo erobert die Welt

Wenn das Telefon klingelt, hebt die halbe Welt mit einem „Hallo“ ab. Doch bei kaum einem klingelt's, wenn er den Namen des Mannes hört, dem wir das Hallo verdanken. Der Budapester Wissenschaftler Tivadar Puskás war es nämlich, der gemeinsam mit seinem berühmteren Kollegen Thomas Edison 1877 in Boston die erste Telefonzentrale testete. Und da geschah es: Puskás hörte erstmals die Stimme vom anderen Ende der Leitung und frohlockte in seiner Muttersprache *Hallom!* (zu deutsch *Ich höre*!).

der Entwicklung des Telefons, ausgehend vom ersten Apparat von Alexander Bell (1876) über die von Thomas Edison und den Ungarn Tivadar Puskás, Ferenc Puskás und Gábor Baross weiterentwickelten Geräte. Ein dritter Raum präsentiert das öffentliche Fernsprechwesen mit historischen Telefonzellen und -apparaten, Telefonmünzen und -wertkarten.

Di–So 10–16 Uhr. Eintritt 400 HUF, erm. 100 HUF. Mit Budapest-Karte frei. Museumseingang am Sa/So und Feiertagen in der Országház u. 30. www.postamuzeum.hu. Várbusz.

Viele Gebäude der Herrengasse weisen noch mittelalterliche Elemente auf. So gibt es in den Torgängen der Häuser Nr. 40 und Nr. 32 schöne **gotische Sitznischen** zu entdecken. Ihre Funktion ist nicht eindeutig geklärt – waren es Ruhebänke für die Nachtwächter, Plauschecken für die Dienerschaft, Verkaufsstände der Kaufleute oder einfach hübsche Statussymbole nach dem Motto: Einer fängt an, und alle machen es nach? Ein besonders stimmungsvoller Innenhof versteckt sich übrigens hinter dem Tor von Haus Nr. 31.

Reiterstandbild des András Hadik: Der gebürtige Ungar András Hadik (1710–1790) war Kommandant der Budaer Burg und erklomm Mitte des 18. Jh. in der k.u.k.-Armee in Windeseile die Karriereleiter: Kaiserin Maria Theresia machte ihn zum General eines Husarenregiments. Im Siebenjährigen Krieg unternahm Hadik 1757 mit seinen Truppen den berühmten „Husarenritt" nach Berlin, das er einen Tag lang besetzt hielt. Der später geadelte Hadik war einer der wenigen Ungarn, die es am Wiener Hof zu hohen Ehren brachte. Hadiks Pferd ist übrigens einen genaueren Blick wert. Weil das Berühren seiner Hoden bei Prüfungen Glück bringen soll, sind sie strahlend auf Hochglanz poliert.

Stets gut besucht: das Ruszwurm

Praktische Infos

(→ Karte S. 103)

Stadtverkehr zum Burgberg

Bus 16: startet am Deák tér in Pest (Ⓜ 1, 2, 3), hält am Clark-Ádám-tér am Budaer Kopf der Kettenbrücke und endet am Dísz tér. Alle 12–30 Min. von 5–23 Uhr.

Várbusz: Der „Burg"-Minibus startet in der Várfok utca beim Moszkva tér (Ⓜ 2 rot) und durchquert das Burgviertel bis zum Dísz tér. Alle 3–10 Min. von 5–23 Uhr.

Fußweg: Vom Clark-Ádám-tér am Budaer Kopf der Kettenbrücke führt rechts die Königstreppe (Király lépcső), immer rechts haltend, in rund 20 Minuten auf den Dísz tér.

Standseilbahn (Sikló): führt vom Clark-Ádám-tér auf den südlichen Burgberg. Tägl. alle 10 Min. von 7.30–22 Uhr. Tickets: 700 HUF, Hin- und Rückfahrt 1.300 HUF. Kinder (3–14 Jahre): 400 bzw. 750 HUF. Zeitkarten der BKV sind nicht gültig.

Café Miró: beliebter Treffpunkt im Burgviertel

Essen & Trinken

Alabárdos (16), das „Hellebarden"-Lokal mit viel gelobter, vom Michelin ausgezeichneter Küche ist in einem gotischen Bau untergebracht. Zur Auswahl stehen z. B. Gänseleber kalt und warm (ca. 4.000 HUF), ungarische Fischgerichte (5.500 HUF), Hirschrücken mit flambierten Erdbeeren (8.000 HUF). Abends Gitarrenmusik. Mo–Fr 19–23 Uhr, Sa 12–16 und 19–23 Uhr. I., Országház u. 2, ✆ 3560851. www.alabardos.hu.

Király Étterem (5), im touristischen Luxusrestaurant „zum König" nimmt man in elegantem Ambiente unter einer Glaskuppel ungarische Klassiker von Hortobágy-Palatschinken bis Graurindfilet zu sich – zum königlichen Durchschnittspreis von 7.000 HUF. Abends Zigeuner- und Operettenmusik, dann ist Reservierung nötig. Tägl. 12–24 Uhr. Táncsics Mihály u. 25, ✆ 2129891. www.kiralyrestaurant.hu.

Arany Kaviár (3), im opulenten „Goldenen Kaviar", dem bekanntesten russischen Restaurant Budapests, speist man wie zur Zeit der Zaren – russischer und persischer Kaviar (bis zu 12.000 HUF), Hummer, Shrimps, geräucherter Fisch oder Borschtsch (1.500 HUF), Schaschlik (3.800 HUF). Und zum Nachspülen eiskalter Wodka. Reservieren! Tägl. 12–24 Uhr. I., Ostrom u. 19, ✆ 2016737. www.aranykaviar.hu.

Café Pierrot Restaurant (14), das in einem historischen Bürgerhaus 1982 als erstes privates Café eröffnete Lokal ist mittlerweile ein feines, gastronomisch hoch gelobtes Restaurant, das internationale, ungarische und vegetarische Küche zu gehobenen Preisen serviert. Saisonal wechselnde Karte. Abends Live-Pianomusik. Tägl. 11–24 Uhr. Fortuna u. 14, ✆ 3756971. www.pierrot.hu.

Fekete Holló (15), der touristische „Schwarze Rabe" bietet traditionell zubereitete ungarische Gerichte bei dezenter Zigeunermusik. Große Portionen, die Qualität schwankend, die Preise höher (Hauptgerichte 2.500–6.000 HUF). Die kleine Bilderbuch-Terrasse in der Altstadtgasse ist bei warmem Wetter den Jagdräumen im Inneren vorzuziehen. Tägl. 12–23 Uhr. I., Országház u. 10, ✆ 3562367. www.feketehollovendeglo.hu.

Apetito Restaurant & Café (11), 2006 neu eröffnetes Lokal mit geschmackvoll-modernem Interieur, in dem feine ungarische Küche in kleinen Appetithäppchen (Apetitos) auf den Tisch kommt. Pasta und Salate gibt es für 2.000 HUF, Fleisch und Fisch für ca. 4.000 HUF – um wirklich satt zu werden, bräuchte man mehrere Portionen. Große Weinauswahl. Tägl. 9–24 Uhr. I., Hess András tér 6, ✆ 4887416. www.apetito.hu.

Fortuna (10), Traditionsrestaurant in Gewölberäumen des 14. Jh., mit drei Speisesälen, die an Ritterstuben erinnern. Klassisch-

Ungarisches von Gänseleber bis Gulasch, Hauptgerichte 2.700–3.000 HUF, Salate ca. 1.200 HUF. Im Weinkeller kann man sich für viel Geld eine Flasche Wein abfüllen und persönlich etikettieren lassen. Tägl. 12–16 und 19–1 Uhr. I., Hess András tér 4, ✆ 3756857. www.fortuna-restaurant.hu.

Önkiszolgáló (6), eines der alten, eher schmuddeligen Selbstbedienungsrestaurants, das Mo–Sa von 11.30–14 Uhr billige Mittagsmenüs serviert (unter 1.000 HUF). Oberhalb des Fortuna, Eingangstür links in der Fortuna-Passage. I., Hess András tér 4.

Ruszwurm Cukrászda (19), berühmtes Biedermeiercafé im Zentrum des Burgviertels (seit 1827) mit nur 7 Tischen. Traumhafte Torten und Kuchen (500 HUF), auch zum Mitnehmen. Meist großer Andrang. Tägl. 10–19 Uhr, Szentháromság u. 3, ✆ 3755284. www.ruszwurm.hu.

Café Miró Vár (20), beliebter, im Miró-Stil farbenfroh dekorierter Treffpunkt mit Terrasse mitten im Burgviertel, wo man sich nach der Tour mit Sandwiches, Salaten, Desserts, Kaffee oder Cocktails stärken kann. Tägl. 9–24 Uhr. I., Úri u. 30, ✆ 2015573.

Einkaufen

Herend Porzellan (18), Markengeschäft der traditionsreichen (seit 1842) ungarischen Manufaktur mit edlem Tafelgeschirr. Mo–Fr 10–18.30 Uhr, Sa 10–14 Uhr. Szentháromság u. 5.

Haus der Ungarischen Weine (Magyar Borok Háza) (12): In dem großen Kellergewölbe gegenüber dem Hilton-Hotel kann man aus 22 ungarischen Weinregionen 450 Weinsorten mit Hilfe viersprachiger Info-Tafeln kennen lernen, 70 monatlich wechselnde Sorten verkosten und flaschenweise kaufen. Ticket 4.000 HUF, mit Budapest-Karte 15 % Nachlass. Für den Besuch sollte man etwa 2 Stunden veranschlagen. Tägl. 12–20 Uhr. I., Szentháromság tér 6. www.winehouse.hu.

Hand Made Studio (22), alles ist hier handgefertigt – von traditioneller Trachtenkleidung über Folklorepüppchen bis Schmuck. Tägl. 10–18 Uhr. I., Tárnok u. 1.

Barocke Fülle in der Úri utca

Litea Könyvesbolt (7), gut sortierter Buch- und CD-Laden mit fremdsprachiger Abteilung in der Fortuna-Passage. Mo–Sa 10–18 Uhr, So 13–18 Uhr. I., Hess András tér 4. www.litea.hu.

Fortuna Galéria (9, 21), antike Möbel und Herend-Porzellan in zwei Filialen im Burgviertel: I., Fortuna u. 11 und Tárnok u. 10. www.fortuna11.hu.

Relikvia (8), Antiquitätenladen mit Möbeln, Gemälden, Schmuck und Porzellan. Tägl. 10–18 Uhr. I., Fortuna u. 21.

Várfok Galéria (4), eine der ersten Privatgalerien der Stadt; Schwerpunkt: fotorealistische Kunst. Di–Sa 11–8 Uhr. I., Várfok u. 14. www.varfok-galeria.hu.

Bortasaság (2), viele gute ungarische Weine und hervorragende Beratung. Samstagnachmittag sind die Weinproben gratis. Mo–Fr 10–20 Uhr, Sa 10–18 Uhr. I., Batthyány u. 59. www.bortarsasag.hu.

Thront machtvoll über der Donau: der Budaer Burgpalast

Tour 2: Um den Budaer Burgpalast

Der monumentale, von einer Kuppel bekrönte Burgpalast dominiert den Budaer Burgberg. Im Lauf seiner Geschichte wurde er immer wieder erobert, zerstört, wieder aufgebaut und erweitert. Seine Funktion als Königsresidenz verlor er schon vor 400 Jahren. Heute beherbergt er zwei bedeutende Museen und die Nationalbibliothek.

Es waren die Könige aus dem Haus Anjou, die im frühen 14. Jh. erstmals im Südteil des Burghügels einen Palast erbauten. Erhalten ist davon kaum etwas. Mauerreste von Nachfolgebauten sind im Untergeschoss des heutigen Palastes zu sehen. Ein prächtiges Renaissanceschloss entstand im 15. Jh. unter König Matthias Corvinus, das während der türkischen Besatzungszeit allmählich verfiel und schließlich in den Kämpfen zur Befreiung Budapests 1686 gänzlich zerstört wurde. 1719 beauftragte der Habsburger Karl III. den Neubau eines barocken Palastes. Seine Tochter Maria Theresia erweiterte diesen ab 1748 um zwei Flügel. Von 1790 an diente der Palast den kaiserlichen Statthaltern als Residenz, die Kaiser hielten sich höchstens zu Kurzbesuchen hier auf. Nach dem österreichisch-ungarischen Ausgleich von 1867 (→ Stadtgeschichte) wurde der Burgpalast nochmals vergrößert. Architekt Miklós Ybl setzte an die Westseite des Burgbergs einen weiteren Flügel, wodurch ein geschlossener Innenhof entstand. Nach seinem Tod 1891 führte Alajos Hauszmann die Arbeiten fort und gab dem Palast mit der 62 m hohen Kuppel und zwei zusätzlichen donauseitigen Flügeln seine heutigen Ausmaße. 1920 bis 1944 residierte hier der Reichsverweser Admiral Hórthy. Im Zweiten Weltkrieg schwer beschädigt und innen völlig ausgebrannt, wurde der Gebäudekomplex ab

1950 wieder aufgebaut – mehr zweckmäßig als originalgetreu, wie die nüchternen Museumsräume und die geschmacklosen Fenster zeigen. Die gleichzeitig durchgeführten archäologischen Grabungen brachten allerdings bis dahin unbekannte Bauteile aus dem Mittelalter zu Tage.

Spaziergang

Startpunkt des Spaziergangs ist der **Dísz tér** (→ Tour 1) an der Grenze von Bürgerstadt und Palastbereich. Nach einem Abstecher auf die donauseitige Bastei, wo auf einer Bank unter Bäumen der Komponist Zoltán Kódaly als Skulptur von Imre Varga sitzt, folgen wir der **Színház utca (Theatergasse)** Richtung Süden. Am Beginn steht rechts die von Einschusslöchern gezeichnete, fenster- und dachlose Ruine des früheren Kriegsministeriums – ein befremdlicher Anblick in der sonst gepflegten Anlage. Ihr gegenüber liegt der barocke Bau eines 1782 von Joseph II. aufgelösten Karmeliterklosters, in dem später ein Kasino eingerichtet wurde und heute das Restaurant *Rivalda* (→ Essen und Trinken) residiert. Die ehemalige Klosterkirche wurde 1786 in das → **Burgtheater (Várszínház)** umgebaut. An dieses schließt das elegante, klassizistische **Sándor-Palais (Sándor palota)** an, das Graf Vince Sándor 1806 von Mihály Pollack errichten ließ. 1867–1944 regierten hinter der weißen, reliefverzierten Fassade Ungarns Ministerpräsidenten, seit 2002 ist das Palais der Amtssitz des Staatspräsidenten – uniformiertes Wachpersonal ist daher stets zugegen. In der Grünanlage gegenüber sind die Grundmauern einer 1410 unter Sigismund von Luxemburg erbauten Kapelle freigelegt.

Die Szinház utca geht an ihrem Südende über in den Szent György tér (St. Georgs-Platz), eine weite Fläche vor dem umzäunten Burgareal, wo nur mehr der Name an die gleichnamige Mittelalterkirche erinnert. In dem achteckigen Pavillon linker Hand befindet sich die Bergstation des → **Sikló**, der vom Clark Ádám tér heraufkommenden Standseilbahn. Stets drängen sich hier an der Brüstung die Schaulustigen, um den Blick über die Bahntrasse hinweg auf Kettenbrücke, Palais Gresham und die Kuppel der Stephansbasilika zu genießen.

Eine prächtige neobarocke Einfriedung, auf deren Eckpfeiler ein riesiger bronzener **Turul-Vogel** seine Schwingen ausbreitet (→ Kasten S. 116), trennt den Platz von der donauseitigen Gartenanlage des Burgpalasts. Hinter dem schmiedeeisernen Prunktor (tägl. 6–24 Uhr geöffnet) steigt man hinab zur über 300 m langen Donaufront des Palastes. Etwa in ihrer Mitte, auf der Terrasse vor dem Kuppelbau, erhebt sich das 1900 von József Róna gestaltete bronzene **Reiterstandbild Prinz Eugen von Savoyen,** der 1697 in der Schlacht von Zenta im heutigen Serbien den entscheidenden Sieg über die Türken errang. Diesen versinnbildlichen die nackten, steinernen Gefangenen, die zu beiden Seiten des Pferdes kauern. Wer bis an den vorspringenden Mauerteil am Südende der Terrasse geht, kann sich an der beliebten Fotoperspektive erfreuen, bei der das Parlament direkt über dem Pfeiler der Kettenbrücke steht.

Zoltán Kódaly genießt und schweigt

Hinter dem Prinz-Eugen-Denkmal befindet sich der Haupteingang zur → **Ungarischen Nationalgalerie (Magyar Nemzeti Galéria),** die den gesamten östlichen Teil des Burgpalastes besetzt und eine riesige Sammlung ungarischer Kunstwerke vom Mittelalter bis ins 20. Jh. präsentiert. Der kleine Durchgang rechts führt in den äußeren, nach Westen offenen Palasthof, der den Blick auf die Budaer Berge freigibt. In seiner begrünten Mitte steht die Skulptur eines ungarischen Pferdehirten *(Csikós),* der sein Ross bändigt (1901). Die Aufmerksamkeit und kletternde Kinder zieht allerdings der monumentale → **Matthiasbrunnen** an der Palastfassade auf sich, der von Alajos Stróbl 1904 wie ein Bühnenbild gestaltet wurde. Nach dem Brunnen links haltend erreichen wir durch das nach seinen steinernen Wächtern benannte **Löwentor** den Innenhof des Burgpalasts, der von neobarocken Fassaden umschlossen ist.

An der westlichen (rechten) Seite befindet sich die → **Nationalbibliothek Széchenyi (Nemzeti Széchenyi könyvtár);** linker Hand führt ein (sporadisch geöffneter) Seiteneingang zur Nationalgalerie, geradeaus geht es zum → **Budapester Historischen Museum (Budapesti Történeti Múzeum).** Man durchquert dessen Aula, verlässt den Burgpalast durch die Tür an ihrer Rückseite und steigt die Treppen in die vorgelagerten Befestigungsanlagen aus dem 14./15. Jh. hinunter. Wir befinden uns nun im sogenannten Mordgang, von dem wir durch eine Maueröffnung in den ehemaligen Zwinger wechseln.

Nun muss man sich entscheiden, wo man seine Tour beenden möchte: wieder oben an der Donauterrasse des Burgpalasts, am Clark Ádám tér bei der Kettenbrücke oder im Stadtteil Tabán. Für die Donauterrasse wendet man sich gleich links und folgt dem breiten Weg zur einst den Königen vorbehaltenen Auffahrt zum Palast, die bergauf zum Prinz-Eugen-Denkmal zurückführt. Geht man hingegen die Auffahrt bergab, passiert man das **Große Rondell (Nagy Rondella),** die mächtige Torbastei aus dem 15. Jh., und gelangt durch weitere Torbögen zum Clark Ádám tér (→ Tour 4). Richtung Tabán orientiert man sich an dem runden, mit einem Kegeldach versehenen **Keulenturm** (Buzogány Torony), an dessen Fuß das über Treppen zu erreichende **Ferdinandstor** von 1838 (tägl. 6–24 Uhr ge-

Das Burgtheater und das Sandór-Palais, der Sitz des Staatspräsidenten

öffnet) den Weg hinab in das Stadtviertel am Südende des Burgbergs freigibt. Unterwegs führt ein kurzer Abstecher nach links zu einem umzäunten Garten, in dem sich die Überreste eines Türkenfriedhofs finden: mit Turbanen bekrönte **osmanische Grabsteine**. Unten angekommen, halten wir uns links Richtung Ybl Miklós tér am Donauufer, an dem die Tramlinie 19 entlangfährt (→ Tour 3).

Sehenswertes

Burgtheater (Várszínház): Das 1787 eröffnete Haus war das erste ständige Theater Budapests. 1790 gab es hier erstmals eine Aufführung in ungarischer Sprache – bis dahin wurde ausschließlich in Deutsch gespielt. Gedenktafeln an der Fassade erinnern daran, dass Joseph Haydn 1800 hier einer Aufführung seiner „Schöpfung" beiwohnte und Beethoven im selben Jahr hier konzertierte. Seit 2001 dient das Burgtheater dem Nationalen Tanztheater als Spielstätte (→ Tanz S. 74). Im Sommer finden im ehemaligen Klosterhof nebenan Freilichtaufführungen statt.

Sikló (Standseilbahn): Die Standseilbahn wurde 1870 eingeweiht, um die k.u.k. Beamten zur Arbeit in den Burgpalast zu befördern. Nach massiven Kriegsschäden ging das nostalgische Gefährt erst 1986 wieder in Betrieb, um heutzutage vorwiegend Touristen das Treppensteigen zu ersparen. Die Sikló gilt als die älteste Standseilbahn der Welt, die noch auf ihrer ursprünglichen Trasse verkehrt.

Betriebszeiten tägl. alle 10 Min. von 7.30–22 Uhr. Tickets: einfach 700 HUF, Hin- und Rückfahrt 1300 HUF. Kinder (3–14 J.): 400 bzw. 750 HUF. Zeitkarten der BKV sind nicht gültig.

Ungarische Nationalgalerie (Magyar Nemzeti Galéria): Die 1975 vom früheren Justizpalast (heute Ethnographisches Museum) hierher umgezogene, hochrangige Schau ungarischer Kunst beginnt im **Erdgeschoss,** links vom Haupteingang hinter dem Museumsshop:

Ein Lapidarium zeigt dort Steinarbeiten und Bauteile vom Mittelalter bis zur Renaissance, darunter Fragmente des einstigen Burgpalasts sowie den Marmorkopf des Königs von Kalócsa, ein Meisterwerk der Romanik. In den donauseitigen Räumen (schöne Aussicht!) sind gotische Skulpturen und Tafelbilder aus dem 14./15. Jh. zu bewundern, von denen die lieblichen Schnitzarbeiten *Madonna mit Jesuskind* von *Toporc* (um 1420) und *Hl. Dorothea* von *Barka* (um 1420), sowie das *Madonnenbild* von *Bártfa* (1465–70) zu erwähnen sind.

Im **ersten Stock** setzt sich die gotische Abteilung im einstigen Thronsaal fort, dort sind ihre Prunkstücke – 15 komplett erhaltene Flügelaltäre aus dem frühen 16. Jh. – zu sehen. Die Exponate werden im angrenzenden Vestibül nur noch von der *Heimsuchung (Maria und Elisabeth)* des (unbekannten) Meisters M. S. übertroffen, einem Altarbild aus Selmecbánya von 1506. In den zur Donau gewandten Sälen repräsentieren Stillleben, Porträts, Skulpturen und sakrale Werke die Kunst der Spätrenaissance und des Barock; namhafte Meister dieser Zeit waren neben den Ungarn Ádám Mányoki (1673–1757) und Jakab Bogdány (1660–1724) vor allem die Österreicher Franz A. Maulbertsch und Raphael Donner.

Der Turul – der Vogel der Nation

Um die Ursprünge ihres Volkes und seinen Weg ins heutige Ungarn zu erklären, greifen die Magyaren gern auf den Turul zurück. Dieser falkenähnliche Vogel soll um 800 die Urmutter der Ungarn, Emese, im Schlaf geschwängert und ihr im Traum die Geburt eines Stammhalters versprochen haben. Zur Welt brachte sie Álmos (ung. *der Erträumte*), den Vater des Großfürsten Árpád, der die erste Herrscherdynastie Ungarns begründete. Die Story scheint nicht ganz neu, erinnert sie doch an den Heiligen Geist, der in Gestalt einer Taube über Maria kam ...

Eine andere Legende lässt den Turul nicht als Erzeuger, sondern als Reiseleiter auftreten, der den sieben Stammesfürsten bei der Landnahme den rechten Weg gewiesen haben soll. Auf diese Weise zum Nationalsymbol avanciert, wachen die Turule bis heute über Budapest: Sie sitzen auf den Pfeilerspitzen der Freiheitsbrücke und auf den Säulen der Treppenanlage zur Gellért-Statue. Ein riesiges Exemplar bewacht neben der Standseilbahn den Eingang zur Burg. Und sein Gegenstück in den Bergen über Tatabánya grüßt den Budapest-Besucher schon bei der Anfahrt auf der Autobahn M 1.

Das gesamte übrige erste Stockwerk widmet sich mit zahllosen Werken dem 19. Jh. Prominent platziert ist das 7 x 3,5 m große Historiengemälde *Rückeroberung der Budaer Burg 1686* (1896) von Gyula Benczúr. Weitere Hauptwerke dieser Art von Historienmalerei sind die Schlachtenbilder *Frauen von Eger* (1867) und *Entdeckung des Leichnams von Ludwig II.* (1860) von Bertalan Székely sowie *László Hunyadi* (1859) von Viktor Madarász. Neben Biedermeierlandschaften von Károly Markó (z. B. *Visegrád*, 1826) und den klassizistischen Gemälden eines Károly Lotz (z. B. *Badende Frau*, 1901) sind mehrere Räume dem Dreigestirn Pál Szinyei Merse, Mihály Munkácsy und László Paál gewidmet, den Pionieren des Impressionismus und Realismus in Ungarn. Szinyei Merses Ölbilder *Picknick im Mai* (1873) und *Frau in Lila* (1874) gelten gemeinhin als die bekanntesten Werke der ungarischen Malerei.

Über das weitläufige zentrale Treppenhaus, das mit dem riesigen, naiv-surrealistischen Hauptwerk von Tivadar Kosztka Contváry *Ruinen des griechischen Amphitheaters in Taormina* (1905) geschmückt ist, geht es in den **zweiten Stock** zur Kunst aus der ersten Hälfte des 20. Jh. Aufmerksamkeit verdienen hier die frühexpressionistischen Werke von Károly Ferenczy (z. B. *Der Maler*, 1923) und die vom Jugendstil geprägten Arbeiten von József Rippl-Rónai (z. B. *Frau mit Käfig*, 1892). Im **dritten Stock** schließlich folgt eine kleine Sammlung zur Kunst nach 1945.

Vom dritten Stock kann man bei Schönwetter von April bis Ende Oktober zur Panoramaterrasse am unteren Rand der **Kuppel** hochsteigen (300 HUF, Kinder bis 6 Jahre frei; Tickets nur an der Hauptkasse im Erdgeschoss). Die **Krypta der Habsburger Palatine** (Nádor kripta) mit dem Marmorsarkophag des beliebten Palatins Joseph kann nur mit Führung und nach Vereinbarung besucht werden (500 HUF).

Im äußeren Palasthof

Ⓘ Di–So 10–18 Uhr. Eintritt in die Dauerausstellung frei, Wechselausstellungen: 1.500 HUF, erm. 750 HUF, mit Budapest-Karte 20% Nachlass. www.mng.hu. Sikló, Várbusz, Bus 16.

Matthiasbrunnen: Das Thema des Brunnens ist einer romantischen Ballade des Dichters Mihály Vörösmarty entlehnt. Zentrale Figur darin ist König Matthias Corvinus, der am oberen Absatz des Wasserfalls in Jagdausrüstung stolz einen erlegten kapitalen Hirsch präsentiert – in Begleitung von zwei Jagdgehilfen und drei durstigen Jagdhunden. Am rechten Sockel sitzt die bildhübsche Bauerstochter Szép Ilonka *(Schöne Helena)*, die sich in den vermeintlichen Jägersmann verliebt. Links in eine Kutte gehüllt, der Hofchronist,

Die Standseilbahn: schnellster Weg auf den Burgberg

der die Anekdote aufzeichnet – die übrigens tragisch endet: Als die schöne Ilonka von der wahren Identität des Jägers erfährt und damit die Aussichtslosigkeit ihrer Liebe erkennt, stirbt sie an gebrochenem Herzen.

Nationalbibliothek Széchenyi (Nemzeti Széchenyi könyvtár): 1985 wurde die 1802 von Ferenc Graf Széchenyi begründete Büchersammlung aus dem Nationalmuseum in den Westflügel des Burgpalasts verlegt. Mit sieben Millionen Büchern und Schriften sowie 200.000 Landkarten ist sie heute die größte Bibliothek Ungarns. Ihre kostbarsten Schätze sind die *Chronica Hungarorum* von 1473, das erste in Ungarn gedruckte Buch, die *Gesta Hungarorum* (12. Jh.) des berühmten unbekannten Chronisten (→ Anonymus-Denkmal im Stadtwäldchen) sowie 32 Handschriften aus der ebenso berühmten *Bibliotheca Corviniana* (→ Kasten S. 23).

Führung Nur für Gruppen und nach Vereinbarung: ✆ 224-3745, pr@oszk.hu. Tikket 200 HUF. www.oszk.hu.

Budapester Historisches Museum (Budapesti Történeti Múzeum): Das im Südflügel des Burgpalastes eingerichtete Museum, auch Burgmuseum genannt, lädt zu einem Gang durch Budapests Stadtgeschichte ein; beeindruckender aber sind die im **Untergeschoss** freigelegten und rekonstruierten Reste des mittelalterlichen Königspalasts – es sind Teile der im 14. Jh. erbauten Burg: ein Rittersaal *(Gotischer Saal)* mit einer Sammlung gotischer Skulpturen, die 1974 auf dem Burgberg im Schutt entdeckt wurden, das Untergeschoss der *Palastkapelle* sowie Gänge und Kellerräume. Der *Renaissancesaal* erinnert mit Keramikkunst an die Zeit von Matthias Corvinus.

In den **oberen Geschossen** dokumentiert das Museum anhand von archäologischen Funden, Keramik, Gebrauchsgegenständen, Kunsthandwerk und Textilien anschaulich die historischen Epochen der Stadt: von der Urgeschichte bis ins 13. Jh. (2. Stock) sowie vom Mittelalter bis zur Neuzeit (Erdgeschoss und 1. Stock).

🕐 März bis Okt. Mi–Mo 10–18 Uhr; Nov. bis Feb. nur bis 16 Uhr. Mitte Mai bis Mitte Sept. auch Di. Eintritt 1.100 HUF, erm. 550 HUF, mit Budapest-Karte frei. Audioguide (engl.) 850 HUF. www.btm.hu. Sikló, Várbusz, Bus 16.

Praktische Infos

(→ Karte S. 113)

Stadtverkehr zum Burgberg

→ Tour 1.

Essen & Trinken

Rivalda (1), schickes Lokal in historischem Gemäuer; die sehr gute, kreative mediterrane und internationale Küche trägt die Handschrift des weit gereisten Küchenchefs; häufig wechselnde Karte, abends Live-Pianomusik. Schöner Innenhof. Hauptgerichte 2.500–4.000 HUF. Tägl. 11.30–23.30 Uhr. I., Színház utca 5–9, ✆ 44890235. www.rivalda.net.

Die Aussicht vom Gellérthegy ist grandios

Tour 3: Tabán und Gellérthegy (Gellértberg)

Vom Stadtviertel Tabán im Süden des Burghügels geht es hinauf auf den 235 m hohen Gellértberg. Der dicht bewaldete Felsen mit seiner markanten Freiheitsstatue ist ein Wahrzeichen Budapests, die Aussicht vom viel besuchten Gipfel ist einzigartig. Die Thermalquellen an seinem Fuß speisen die schönsten Bäder der Stadt.

Einst war Tabán, der Stadtteil zwischen Burg- und Gellértberg, ein stimmungsvolles Viertel, in dem Handwerker und Händler ihren Geschäften nachgingen. Im 17. Jh. siedelten hier Serben (damals auch Raizen genannt), die vor den Türken nach Budapest geflüchtet waren. Der Name Raizenbad (Rác-Fürdő) erinnert noch heute daran. Als das Viertel zu Beginn des 20. Jh. zusehends verkam, wurden die alten Häuser 1933 im Zuge der Stadterweiterung niedergerissen und durch Parkanlagen ersetzt. Doch ein paar wenige, heute mit Sorgfalt gepflegte Häuser, die Tabáner Pfarrkirche und die noch aus der Türkenzeit stammenden Bäder blieben bestehen. Beide, das Rudas- und das Raizenbad, kleben am unteren Rand des Gellértbergs. Dieser Stadthügel, der schon zur Jungsteinzeit bewohnt war, zählt zu den frühesten Siedlungsgebieten Budapests. Im 17. und 18. Jh. soll es hier von Hexen nur so gewimmelt haben. Später waren seine Südhänge dicht mit Weinstöcken bewachsen, die Mitte des 19. Jh. der Reblaus zum Opfer fielen. Der Berg trägt den Namen des venezianischen Bischofs Gerhard (ung. *Gellért*), der hier den Märtyrertod erlitt. Wer den Berg nicht zu Fuß besteigen möchte, kann den Bus benutzen (s. u.)

Spaziergang

Ausgangspunkt ist der lang gestreckte, kaum als Platz wahrnehmbare **Ybl Miklós tér** zwischen Donau und südlichem Burgberg, den man am besten mit Tram 19 (ab Metro 2 Batthyány tér) erreicht. Der Namensgeber des Platzes, Miklós Ybl (→ S. 32), war ein wichtiger Architekt des Historismus, sein Hauptwerk ist die Staatsoper. Bauten von ihm gibt es auch hier, wie der einst imposante, heute leider völlig verwahrloste und gesperrte sog. → **Várkert-Basar (Burggartenbasar),** die Prunktreppe hinauf zum Burgpalast. Weit besser in Schuss ist das → **Várkert-Casino (Burggarten-Kasino)** einige Schritte südlich. Diesem gegenüber liegt, auf der anderen Seite der Apród utca, ein schmuckes Bürgerhaus mit rot-weißer Barockfassade, in dem das → **Semmelweis-Museum für Medizingeschichte (Semmelweis Orvostörténeti Múzeum)** untergebracht ist. Ein paar Schritte links vom Museum erinnert eine Büste an den ungarischen Ministerpräsidenten József Antall (1932–1993), einst Direktor des Museums.

Sisi, Königin von Ungarn

Wir stehen nun am südlichen Fuß des Burgbergs, wo die Treppen zum Ferdinandstor des Burgpalasts (→ Tour 2) hinaufführen. Hier, am Szarvas tér 1, steht das **Gasthaus zum Goldenen Hirsch** („Aranyszarvas" – ein entsprechendes Relief prangt über einem Tor an der Rückseite), eines der wenigen Gebäude aus dem frühen 19. Jh., die den Abriss des Tabán-Viertels überlebten. Dazu zählt auch das Haus gegenüber mit dem beliebten Café-Restaurant „Tabani Terasz" (Apród utca 1). Links an dessen Eingang vorbei führen Treppen in einen malerischen Innenhof hinab, wo sich ein Dokumentationszentrum der Geschichte Tabáns widmet (Mi, Fr, Sa 14–18 Uhr, So 11–18 Uhr, Eintritt frei). Wieder zurück, umrunden wir die → **Tabáner Pfarrkirche (Tabáni plébánia templom)** und steigen von der Ostseite der Kirche über schmale, gepflasterte Treppen in die Döbrentei utca hinab. Dort weist gleich rechts das grüne Barockhaus (Nr. 15), an dem der Zahn der Zeit schon heftig nagt, zwei historische Marmortafeln mit Hochwassermarken auf, die an die Donaufluten von 1775 und 1838 erinnern.

Weiter entlang der Döbrentei utca erreichen wir den Döbrentei tér am Fuß des Gellértbergs, der von Straßenbahnschienen und den aufgestelzten Zubringerstraßen der Elisabethbrücke dominiert wird. Ein Pfeil weist zum nahe gelegenen → **Raitzen-Bad (Rác fürdő),** das als Teil eines Luxus-Wellness-Hotels bis 2008 wieder zugänglich sein soll. Geradeaus weiter kommen wir zur Grünanlage inmitten der Brückenrampe, wo das → **Elisabeth-Denkmal** steht.

Ein Durchlass in südlicher Richtung führt zum bekannten → **Rudas-Bad (Rudas gyógyfürdő).** Über Stiegen vor dem Bad rechts steigen wir zur stark befahrenen Krisztina körút hinauf, von der schon das nächste Ziel des Spaziergangs zu erkennen ist: das monumentale → **Gellért-Denkmal (Szent Gellért szobor)** am steilen Abhang des gleichnamigen Bergs. Den besten Blick auf das riesige, von einer halbrunden Kolonnade umgebene Bronzestandbild des Hl. Gellért hat, wer sich ein Stück weit auf die → **Elisabethbrücke (Erzsébet híd)** hinaus begibt.

Über einen der von Turulvögeln (→ Kasten S. 116) bewachten Treppenaufgänge, die zu beiden Seiten des künstlichen Wasserfalls unter dem Gellért-Denkmal nach oben führen, beginnt der Anstieg auf den 235 m hohen Gellértberg – rund 140 Höhenmeter sind zu überwinden. Unterwegs genießt man die Blicke zur Donau und zur Elisabethbrücke; der Abstecher direkt zum Gellért-Denkmal lohnt mangels Aussicht kaum.

Rast beim Abstieg vom Gellértberg

Über breite, asphaltierte Wege geht es durch den Wald bergan bis zum Gipfelplateau. Idealerweise kommt man dort bei einem runden, mit Fernrohren bestückten Aussichtsplatz an, der einen beeindruckenden Blick auf den gegenüber liegenden Burgberg gewährt. Auf der Citadella sétany, die Straße, die an den mit historischen Budapestfotos dekorierten Mauern der → **Zitadelle** entlangführt, erreichen wir, vorbei an vielen Souvenirständen (und meist im Pulk mit anderen Touristen), die Südostspitze des Bergs, auf die die Rote Armee 1947 das gigantische → **Befreiungsdenkmal (Szabadság szobor)** klotzte. Von hier aus genießt man abermals einen herrlichen Blick auf die Stadt. Wer hier eine Rast im Grünen einlegen möchte, kann einen Abstecher zum gepflegten **Jubiläumspark (Jubileumi park)** machen, der 1996 zum 40. Jahrestag des Aufstands von 1956 an den oberen Südhängen des Gellértbergs angelegt wurde. Dazu spaziert man die Citadelle sétany an der Rückseite der Zitadelle weiter.

Vom Befreiungsdenkmal führen schmale Wege und Treppen über die bewaldeten Südosthänge des Gellértbergs hinunter zum Szt. Gellért tér am Kopf der Freiheitsbrücke. Kurz bevor man unten ankommt, geht es links auf eine kleine Terrasse mit dem als Fotomotiv beliebten naiven **Denkmal von König Stephan I. (Szent István király)**, der sich vor einem Pferd stehend mit seinen Zehen am Sockel festklammert und eine Kirche im Arm trägt. Mit auf das Bild sollte auch die → **Freiheitsbrücke (Szabadság híd)**, die sich hier von ihrer schönsten Seite zeigt. Von der Terrasse betreten wir die durch ein Gitter geschützte Höhle im Gellértberg, in der sich die → **Felsenkirche (Sziklakápolna)** befindet.

Nun sind es nur noch ein paar Minuten bergab an den Fuß des Gellértbergs. Nicht zu übersehen ist das → **Gellért-Hotel** mit dem angeschlossenen → **Gellért-Bad (Gellért gyógyfürdő)**, ein imposanter, mit Türmen und Kuppeln verzierter Komplex im späten Jugendstil (1918). Am Szt. Gellért tér vor dem Hotel ist der Endpunkt der Tour erreicht. Zurück zum Ausgangspunkt gelangen wir mit der Straßenbahn 19. Die Linien 47 und 49 wechseln über die Freiheitsbrücke hinüber nach Pest. Ab 2010 soll es hier auch einen Metro-Anschluss geben – die Baustelle am Donauufer schräg gegenüber zeugt von den Arbeiten an der vierten U-Bahnlinie der Stadt, von der die Budapester schon seit den 1970ern träumen (www.metro4.hu).

Wer noch gut bei Fuß ist, kann einen Abstecher 400 m donauabwärts zum

1904 errichteten Backsteinbau der → **Technischen Universität TUB (Műszaki Egyetem BME)** anhängen sowie zur neobarocken, zweitürmigen **Zisterzienserkirche St. Emmerich (Cisztерciek Szt. Imre plébániatemplom)**, die 1938 als Pfarrkirche des Viertels eingeweiht wurde.

Sehenswertes

Várkert-Basar: Zwei neobarocke Tore, von Statuen und Säulen bestandene Balustraden, ein kuppelbekrönter Pavillon, von Löwen flankierte breite Treppen und Verkaufsläden (daher der Name Basar) – mit diesen Zutaten versah Ybl die prunkvolle, heute baufällige Burggartenanlage, die er 1875–1882 als Verbindung von Donauufer und Burgpalast errichtete. Als Vorbilder dienten ihm Anlagen in Südeuropa.

Várkert-Casino: Der mit einem Turm geschmückte pavillonartige Backsteinbau entstand zeitgleich mit dem Basar und diente als Pumpstation, um Wasser zum Burgpalast hinauf zu fördern. 1903 zog ein Café ein, heute residiert hier das elegante Várkert-Casino (→ Kasinos S. 72). Ein Denkmal in der Grünfläche vor dem Gebäude zeigt den Baumeister Miklós Ybl.

I., Ybl. Miklós tér. Ⓣ 19.

Ignác Fülöp Semmelweis (1818–1865), der „Retter der Mütter"

Die Sterblichkeit auf der Geburtenstation des Allgemeinen Krankenhauses in Wien, in der der Budapester Arzt Semmelweis Mitte des 19. Jh. praktizierte, war dramatisch hoch. Und erschreckenderweise raffte das gefürchtete Kindbettfieber gerade in seiner Abteilung mehr Mütter hinweg als in der Nachbarstation, die sich nur dadurch unterschied, dass hier keine Medizinstudenten, sondern Hebammenschülerinnen tätig waren. Es war wie verhext: Je intensiver Semmelweis und seine Studenten die Patientinnen behandelten und die Verstorbenen sezierten, um des Rätsels Lösung zu entdecken, umso mehr nahmen die Todesfälle zu.

Sogar ein Arzt, der sich beim Sezieren geschnitten hatte, starb plötzlich an Blutvergiftung. Dessen Krankheitsverlauf, der dem Kindbettfieber ähnlich war, ließ Semmelweis endlich die fatalen Zusammenhänge erkennen: Die Mediziner selbst verbreiteten die Krankheit! Im Unwissen über die Infektionsgefahr hatten er und seine Studenten die Leichen seziert, die Hände danach nicht desinfiziert und so die Krankheitserreger auf die Patientinnen übertragen. Die Hebammenschülerinnen hingegen waren nie mit Leichen in Kontakt gekommen. Als Semmelweis nun strenge Desinfektionsvorschriften für Ärzte und Personal einführte, sank die Sterblichkeitsrate schlagartig.

Von da an kämpfte der „Retter der Mütter" unnachgiebig für eine neue Hygiene im Krankenhaus – und stieß, trotz eindeutiger Erfolge, innerhalb der Ärzteschaft vielerorts auf Unverständnis. Von seinem Chef in Wien diskreditiert und entlassen, ging er vergrämt nach Budapest zurück, um als praktischer Arzt und Geburtshelfer, später als Professor für Geburtshilfe an der heute nach ihm benannten Universität zu arbeiten. Doch da war Semmelweis bereits psychisch schwer krank. Im Sommer 1865 wurde er in die Irrenanstalt Döbling bei Wien gebracht, wo er innerhalb eines Monats starb – tragischerweise an einer Blutvergiftung. Die Bedeutung der Hygiene für die Medizin wurde von den Ärzten erst Jahrzehnte später allgemein anerkannt.

Die Tabáner Pfarrkirche am Fuß des Burgbergs

Semmelweis-Museum für Medizingeschichte: In diesem Haus wurde 1818 der berühmte Frauenarzt und Entdecker des Kindbettfiebers Ignác Semmelweis (→ Kasten S. 123) geboren. Zu sehen ist eine Dokumentation zur Geschichte der Medizin von der Altsteinzeit bis ins 19. Jh.: medizinische Instrumente und Exponate aus vielen Ländern, historische Modelle von Organen, ein mittelalterlicher Keuschheitsgürtel, Schrumpfköpfe, eine originale Apotheke von 1786 sowie das mit Originalmöbeln ausgestattete Sprechzimmer und persönliche Gegenstände von Semmelweis.

Ⓛ März bis Ende Okt. Di–So 10.30–18 Uhr, Nov. bis Ende Feb. Di–So 10.30–16 Uhr. Eintritt in die Dauerausstellung frei, bei Sonderschauen: 300 HUF, erm. 130 HUF. I., Apród utca 1–3. www.semmelweis.museum.hu. Ⓣ 19, Bus 86.

Tabáner Pfarrkirche (Tabáni plébánia templom): Die der Hl. Katharina geweihte Kirche teilt ihre Baugeschichte mit vielen Gotteshäusern in Buda – im Mittelalter errichtet, diente sie während der Türkenzeit als Moschee, wurde bei der Rückeroberung zerstört und 1728–1736 durch einen barocken Neubau ersetzt. Der von Matthäus Nepauer gestaltete Turm wurde 1753 vollendet und 1881 denen der Wasserstädter St.-Anna-Kirche (→ Tour 4) optisch angeglichen.

Ⓛ Tägl. 9-17 Uhr. I., Attila út 11. Ⓣ 18, 19.

Raizen-Bad (Rác Fürdő): Das im Mittelalter erbaute und 1869 von Miklós Ybl erweiterte Thermalbad war im 15. Jh. das Lieblingsbad von König Matthias Corvinus (15. Jh.) – durch einen unterirdischen Geheimgang war es mit dem Burgpalast verbunden. Aus der osmanischen Epoche hat sich ein steinernes Becken erhalten. Diese historischen Teile sollen nun aufgefrischt, um ein 66-Betten-Deluxe-Hotel ergänzt und als *Baglioni Hotel Budapest & Rácz Thermal Spa* (www.baglionihotels.com) 2008 wieder eröffnet werden. (→ Baden S. 87).

Elisabeth-Denkmal: Auf einem breiten Sockel und anmutig an eine Bank voller Rosen gelehnt, sitzt hier seit 1986 die berühmte Sisi, Franz Josephs Gemahlin und Ungarns Königin Elisabeth (ung. *Erzsébet kiralyné*). Obwohl die nahe Brücke nach ihr benannt ist, hätte das Denkmal von György Zala (1896) eine schönere Umgebung verdient, zumal Elisabeth zu den wenigen Habsburgerinnen zählte, die auch von den Ungarn verehrt wurde.

Rudas-Bad (Rudas gyógyfürdő): Es war fast eine Revolution, als das früher nur Männern zugängliche Thermalbad 2005 auch für Frauen geöffnet wurde. Nun dürfen beide Geschlechter in den ältesten Teil des Bades vordringen: das 1566 zur Türkenzeit erbaute achteckige Badehaus mit einem von Säulen umstandenen Marmorbecken, das von einer eindrucksvollen Flachkuppel mit kleinen, bunten Glasöffnungen überspannt ist, durch die das Licht dringt. Die Kuppel ist auch von außen zu erkennen (→ Baden S. 86).

Gellért-Denkmal: Das 1904 von Gyula Jankovits geschaffene Denkmal, eines der bekanntesten der Stadt, zeigt den Hl. Gellért als Missionar mit der erhobenen Rechten, ein Kreuz fest umklammernd. Zu seinen Füßen duckt sich ein bekehrter Heide, der von Ferne wie Asterix aussieht. Der Standort des Denkmals an diesem Abhang soll jene Stelle sein, an der der aus Venedig stammende Benediktinermönch und erste Bischof Ungarns 1046 den Märtyrertod starb: Er wurde von bekehrungsresistenten Heiden in ein Fass gesteckt und in die Donau gekickt – sagt zumindest die Legende. Tatsache ist, dass er 1083 gemeinsam mit König Stephan zu einem der ersten Heiligen Ungarns wurde.

Elisabethbrücke (Erzsébet híd): Die 380 m lange, weiße, moderne Hängebrücke ersetzte 1964 den im Zweiten Weltkrieg zerstörten Vorgängerbau; bei ihrer Eröffnung 1903 war die Erzsébet híd die größte Hängebrücke der

Der Hl. Gellért wacht über die Stadt

Welt, doch wurde sie im Unterschied zu den beiden Nachbarbrücken nicht wieder originalgetreu aufgebaut. Was blieb, war der alte, von der Kaiserin und ungarischen Königin Elisabeth stammende Name.

Zitadelle: Das mittelalterlich anmutende Bauwerk mit den bis zu 3 Meter dicken Mauern ließ Kaiser Franz Joseph 1850–54 auf der Kuppe des Gellértbergs erbauen und mit Dutzenden Kanonen bestücken – nicht, um die Stadt zu verteidigen, sondern um sie besser in Schach zu halten, lag doch die Niederschlagung des Aufstands 1848/49 erst kurz zurück. Nach dem österreichisch-ungarischen Ausgleich 1867 (→ Stadtgeschichte) war die Zitadelle überflüssig

Donaupanorama, gesehen vom Gellértberg

und fiel 1897 an die Stadt. Fortan diente sie als Kaserne, Gefängnis, im Zweiten Weltkrieg als Luftschutzbunker und seit den 1960ern schließlich nur mehr touristischen Zwecken. Neben einem einfachen Hotel und einem ritterburgähnlichen Restaurant mit Caféterrasse ist seit einiger Zeit die bedrükkende Ausstellung **Panoptikum 1944** zu sehen: In den ehemaligen Bunkern wird mit Hilfe von nachgestellten Szenen und Fotos die Zeit der Belagerung Budapests 1944 durch die Rote Armee wieder lebendig. Die Einschusslöcher an vielen Mauerstellen der Zitadelle zeugen von diesen Kriegstagen.

🕐 Tägl. 9–21 Uhr. Eintritt 1.200 HUF. Bus 27.

Befreiungsdenkmal: Eines der typischen, gigantischen Mahnmale, wie man sie aus Ländern des früheren Ostblocks kennt. Errichtet wurde das Monument 1947 von den Sowjets zur Erinnerung an die Befreiung Ungarns vom Nazi-Regime, die eigentlich der Beginn einer neuerlichen Besetzung war. Die Figur des bewaffneten russischen Soldaten, die neben den beiden Jünglingen (Allegorien des Fortschritts und des Kampfs mit dem Bösen) Teil des Denkmals war, wurde deshalb nach 1989 demontiert und musste den Weg in den Skulpturenpark (→ S. 241) antreten. Befremdlich ist auch die Geschichte der 14 m hohen Frauenfigur mit wehendem Kleid: Die Statue, die Admiral Horthy als Denkmal für seinen im Zweiten Weltkrieg als Flieger verunglückten Sohn in Auftrag gegeben hatte, sollte einen Flugzeugpropeller in Händen halten. Nach dem Einmarsch der Sowjets wurde sie zur Freiheitsstatue umfunktioniert und der Propeller durch einen Palmzweig ersetzt.

Freiheitsbrücke (Szabadság híd): Die 1894–1896 anlässlich der Milleniumsfeiern erbaute drittälteste Brücke Budapests überspannt die Donau an der hier engsten Stelle – die grün gestrichene, dekorative Eisenkonstruktion zählt zu den schönsten Brücken Europas. Zuerst trug sie den Namen von Kaiser (König) Franz Joseph, der 1896 symbolisch den letzten Nagel in das 331 m lange Bauwerk schlug. Nach dem Wiederaufbau 1946 erhielt die Brücke ihren heutigen Namen. Die Spitzen der Brückenpfeiler zieren Turule (→ Kasten S. 116), das ungarische Wappen schmückt die Querbalken.

Felsenkirche (Sziklatemplom): Die schon seit Urzeiten bekannte Höhle am Südhang des Gellértbergs wurde 1924–1931 durch Sprengungen erweitert, in eine Felsenkirche umgebaut und 1934 vom ungarischen Paulinerorden übernommen. Dieser errichtete hier ein

Freiheitsbrücke mit Gellért-Hotel

kleines neoromanisches Kloster, das donauseitig an den steilen Abhängen des Gellértbergs klebt und nur vom Flussufer aus zu sehen ist. Zur Zeit des Staatssozialismus wurden die Pauliner vertrieben und die Felsenkirche zugemauert. 1990 erhielten die Mönche ihren Besitz zurück, die Kirche wurde wieder geöffnet. Ein Brocken der 1992 endgültig abgebrochenen Betonmauer ist rechts beim Gittertor erhalten. Über einen schachtartigen Gang erreicht man die Kapellen und Andachtsräume im Inneren der Höhlenkirche.

Ⓞ keine Besichtigung während der Gottesdienste (tägl. 11, 17 und 20 Uhr, So 9.30 und 10.30 Uhr). Ⓣ 19, 47, 49.

Gellért-Hotel/Gellért-Bad: Thermalhotel und Thermalbad – das berühmte Gellért ist beides. Schon im Mittelalter und zur Türkenzeit soll hier geplanscht worden sein, ein erstes großes Bad entstand im 17. Jh. zur Zeit der Habsburger. Nach dem Bau der Freiheitsbrücke wurde 1911–1918 das heutige Hotel und Thermalbad errichtet. Es ist ein Spätwerk des Jugendstils, seine Türme und Erker sind orientalisch inspiriert. Vorbild für das Bad – eine zentrale, von Säulen umstandene Schwimmhalle mit Glasdach und einzelne, mit blauen Mosaiken verkleidete kleinere Bäder zu beiden Seiten – waren die antiken Thermen. Im Freien wurde ein Wellenpool angelegt (→ Baden S. 86). Um einen Eindruck zu erhaschen, sollte man zumindest einen Blick in das Foyer des Thermalbads werfen (Eingang in der Kelenhegyi út).

In der Zwischenkriegszeit, als János Gundel noch aufkochte und die anreisenden Gäste mit Wasserflugzeugen auf der Donau landeten, war das Hotel der Treffpunkt des internationalen Jetset. Heute ist es ein Mittelklassebetrieb mit zum Teil etwas abgewohnten Zimmern – allerdings dürfen die Hotelgäste das Thermalbad kostenlos nutzen. Den Platz vor dem Hoteleingang ziert ein von einer steinernen Gitterhaube überstülpter türkisblauer Brunnen aus Zsolnay-Keramik, aus dem das Thermalwasser der Budapester Quellen rinnt.

Technische Universität (TUB/BME): Die 1782 von Kaiser Joseph II. gegründete Hochschule für Technik und Wirtschaftswissenschaften (Műszaki és Gazdaságtudományi Egyetem) spielte zur Zeit der Industrialisierung Ungarns in den 1920er und 30er Jahren eine wichtige Rolle. 1956 waren es Studenten dieser Uni, die mit ihren Protestmärschen für mehr Demokratie den Volksaufstand auslösten, heute studieren hier rund 24.000 angehende Ingenieure. Das Universitätsgebäude, das sich um mehrere begrünte Höfe gruppiert, wurde 1910 von Alajos Hauszmann geplant. Von der Donauseite her gelangt man in das mit Glas überdachte Atrium, in dem Büsten an die berühmtesten Absolventen der Hochschule erinnern, darunter Imre Steindl, der Architekt des Parlamentsgebäudes, und auch der Zauberwürfel-Erfinder Ernő Rubik.

Praktische Infos

(→ Karte S. 121)

Stadtverkehr auf den Gellértberg

Bus 27: Ab Móricz Zs. körtér (Haltestelle am Beginn der Villányi út) bis Búsuló Juhász am Westende des Jubiläumsparks. Tägl. 5–23 Uhr alle 10–30 Min.

Essen & Trinken

Tabáni Terasz (3), zum Nachmittagskaffee und für seine kreative internationale Küche von Gänseleber bis Garnelen geschätztes Café-Restaurant; angenehmes Ambiente in historischen Mauern bei der Tabaner Pfarrkirche. Innenhofgarten, Terrasse mit Burgblick. Hauptgerichte 2.500–3.500 HUF. Tägl. 12–24 Uhr. I., Apród u. 10, ✆ 2011086. www.tabaniterasz.hu.

Aranyszarvas (2), der „Goldene Hirsch" am Südfuß des Burghügels ist für Wildspezialitäten bekannt: Die Hirschragoutsuppe (650 HUF) wird im Brotlaib serviert, die Hauptgerichte kommen von Hirsch, Reh, Wildschwein, Fasan, Rebhuhn und Hase und sind 2.500 bis 3.500 HUF nicht teuer. Große Weinauswahl, Gastgarten. Di–Sa Pianomusik. Tägl. 12–23 Uhr. I., Szarvas tér 1, ✆ 3756451. www.aranyszarvas.hu.

Tabáni Kakas (1), im einfachen, bekannt guten „Tabaner Hahn" am Fuß des Burgbergs sind Geflügelgerichte die Spezialität – wobei Ente, Truthahn, Gans & Co. als Suppe, gebraten oder gegrillt auf den Teller kommen. Hauptgerichte 2.500–3.500 HUF. Tägl. 11–24 Uhr. I., Attila út 27 (Ecke Dózsa tér), ✆ 1757165.

Marcello (10), seit den 1990ern bestehendes Restaurant im Kellergewölbe eines Ödön-Lechner-Baus; große Auswahl an leckeren italienischen und ungarischen Gerichten, von Holzofenpizza bis Zanderfilet. Preisgünstig, große Portionen und beliebt bei Studenten. Kleiner Gastgarten an der Straße. Mo–Sa 10–24 Uhr. XI., Bartók Béla út 40, ✆ 4466231.

Citadella étterem és söröző (6), Touristenrestaurant in den waffendekorierten Gewölberäumen der Zitadelle am Gellértberg. Zusätzlich von April bis Okt. Grillterrasse, Biergarten und aussichtsreiches Panoramacafé. Abends Zigeunermusik. Große Auswahl an ungarischen Gerichten für 2.000–3.000 HUF. Tägl. 11–23 Uhr. XI., Gellérthegy, ✆ 3864802. www.citadella.hu.

Hemingway (13), prominente Restaurant-Bar mit schöner Terrasse (bzw. Wintergarten) am Feneketlen-tó, dem „bodenlosen See" im Park. Kubanisch, afrikanisch und mediterran gestyltes Interieur nach Hemingways Lebensorten. Die Küche ist international und nicht ganz billig. Den schönen Ort kann man auch bei Kaffee, Tee, einem Glas Wein oder einem von 100 Cocktails genießen. Mo–Sa 12–24 Uhr, So 12–17 Uhr (Nov. bis März So Ruhetag). XI., Kosztolányi Dezső tér 2, ✆ 3810522.

Siesta Étterem (11), kleines, schlichtes Kellerrestaurant, das sich mediterran gibt, aber vorwiegend Ungarisches bis maximal 2.000 HUF anbietet. Tägl. 12–22 Uhr. XI., Villányi út 4, ✆ 4662405.

Der Blick aufs Parlament ist von Víziváros aus am schönsten

Tour 4: Víziváros (Wasserstadt)

Auf einem schmalen Uferstreifen zwischen Burgberg und Donau erstreckt sich Víziváros, ein Stadtteil der Kontraste: Relikte aus der Türkenzeit, Barockbauten, Gründerzeitbauten und Wohnblocks der letzten Jahrzehnte. Wenig touristisch und beschaulich geht es hier zu, ebenso im nordwestlich anschließenden Villenbezirk Rosenhügel (Rózsadomb), wo die Tour endet.

Víziváros galt früher als typische Unterstadt: Wohnten in dem dahinter ansteigenden Burgviertel die Adeligen und Beamten, war das Gebiet an der Donau den Handwerkern, Fischern und Händlern vorbehalten, die sich den Fluss und die hier durchziehenden Fernwege und Handelsstraßen zunutze machten. Der Name „Wasserstadt" soll von den regelmäßigen Überflutungen der Donau stammen, die erst im 19. Jh. mit der Regulierung des Flusses eingedämmt wurden – dies und der Bau der ersten festen Brücke, der Kettenbrücke, führten zu einem Aufschwung in Víziváros. In den letzten Jahren wurden hier viele Häuser renoviert und einige neue Hotels eröffnet. Dennoch steht Víziváros im touristischen Schatten des Burgbergs und Pests und ist gerade deswegen ein authentisches Stück Budapest geblieben.

Spaziergang

Ausgangspunkt ist der **Clark Ádám tér,** der sich als Kreisverkehr zwischen den Budaer Kopf der Kettenbrücke und dem mit vier dorischen Säulen geschmückten Portal des **Burgbergtunnels (Alagút)** zwängt. Der Platz ist nach dem schottischen Ingenieur Adam Clark benannt, der 1839–1849 sowohl den Bau der → **Kettenbrücke (Széchenyi lánchíd)** als auch 1853–1857 den des Tunnels

Die Kettenbrücke: Budapests ältester fester Donauübergang

leitete. Ein Budapester Bonmot sagt, dieses Loch unter dem Burgberg wäre nur geschlagen worden, um bei Schlechtwetter die schöne Brücke zum Schutz hineinschieben zu können. Die würde dann allerdings aus dem 350 m langen Straßentunnel, der Buda mit dem Stadtteil Krisztinaváros (Christinenstadt) verbindet, noch 25 m herausragen. An der Südwestecke des Clark Ádám tér befindet sich die Talstation der **Standseilbahn (Sikló)** auf den Burgberg und die nur für Fußgänger geöffnete Auffahrtsrampe zum Burgpalast. Unweit davon steht in einer Grünanlage seit 1975 der **Nullkilometerstein,** ein etwa 2 m hoher, in Form einer Null gestalteter Stein, von dem aus alle ungarischen Straßenkilometer gemessen werden.

Die **Fő utca (Hauptgasse)** beginnt an der Nordseite des Kreisverkehrs und durchquert Víziváros parallel zur Donau. Schon zur Römerzeit rollten hier die Wagen durch. Heute reihen sich Stadtpaläste des 19. Jh., mehrstöckige Mietshäuser und funktionale Neubauten aus dem 20./21. Jh. aneinander. Gleich rechts zu Beginn steht ein von Miklós Ybl entworfener repräsentativer Bau von 1869. Zwei Quergassen weiter ist im Innenhof des modernen Bürogebäudes Palaház (Nr. 14–18) die Ruine eines Hauses aus dem 15. Jh. erhalten. Mitte des 19. Jh. wurden die Straßen des Viertels wegen ständiger Hochwassergefahr angehoben, daher liegen die Erdgeschosse älterer Bauten meist unter dem heutigen Straßenniveau. So auch beim barocken, von 1811 stammenden **Kapisztory-Haus** (Nr. 20) an der nächsten Straßenecke. Das schmucke Gebäude mit seinem runden Erkertürmchen und der reliefverzierten Fassade beherbergt ein bekanntes französisches Restaurant. Ebenfalls einen runden Erker, allerdings in moderner Architektur, sieht man gegenüber am **Institut français** (Nr. 17), das 1992 nach Plänen von Georges Maurois errichtet wurde.

Die Fő utca weiter, passieren wir linker Hand ein früheres Kapuzinerkloster und die dazugehörige **Kapuzinerkirche (Kapucinus templom),** an deren südlicher Außenwand noch zwei türkische Fenster auszumachen sind. Sie stammen aus jener Zeit, als das im 14. Jh. entstandene Gotteshaus als Moschee genutzt wurde. Nach der Kirche öffnet sich die Straße zu einem ansprechend sanierten Platz, zum → **Corvin tér.** Nach dem Platz noch wenige Schritte an der Fő utca weiter, treffen wir rechter Hand auf den von Bäumen umstandenen, mächtigen, mit rot-gelben Keramikdächern versehenen Backsteinbau der

Budaer Reformierten Kirche (Református templom), der 1893–1896 im neoromanisch-neugotischen Stil erbaut wurde. Fast übersieht man das Brunnendenkmal, dessen kleine Figur *Samu Pecz* (1854–1922), den Baumeister der Kirche, zeigt. Weil Pecz ein großer Bewunderer der Gotik war, wurde er wie ein mittelalterlicher Baumeister dargestellt. Sein bekanntestes Werk ist übrigens die Zentrale Markthalle. Wir begeben uns nun zur Vorderseite der Kirche und setzen den Weg am Bem rakpart (Bem Kai) entlang – mit schönem Blick zum Parlament am anderen Donauufer – Richtung Norden fort.

Nach zwei Häuserblocks gelangen wir, vorbei an der Terrasse des beliebten „Angelika Kávéház“, zum historischen Markt- und heutigen Hauptplatz von Víziváros, dem **Batthyány tér.** Der nach dem Ministerpräsidenten von 1848, Lajos Batthyány, benannte Platz ist keine Schönheit, aber ein wichtiger Knotenpunkt von Metro 2, Straßenbahnen und Buslinien sowie Startpunkt der Vorortlinie HÉV nach Szentendre und Anlegestelle der (sommerlichen) Linienschiffe. Sehenswert ist die doppeltürmige → **St.-Anna-Kirche (Szt. Anna templom).** Der bahnhofsähnliche Backsteinbau an der Westseite des Platzes ist die 1902 errichtete **Vierte Markthalle (Vásárcsarnok).** Seit 2003 sind hier ein Einkaufszentrum, Bankfilialen und ein Supermarkt untergebracht – alles Ableger internationaler Konzerne. Klassisch ungarisch ist noch das Lokal „Nagyi Palacsintázója“ rechts von der Halle, in dem rund um die Uhr (!) Palatschinken gebacken werden. Der benachbarte, etwas abgesunkene hellgelbe Barockbau mit den beiden Balkonen (Nr. 4) lud ab 1770 bis vor kurzem zur Stärkung, erst als Gasthaus, später als Bar. Kaiser Joseph II. und der Frauenheld Casanova sollen hier im 18. Jh. eingekehrt sein. Zur Zeit unserer Recherche wurden neue Mieter gesucht. Ebenfalls vom Ende des 18. Jh. stammt die spätbarocke Fassade des Nachbarhauses Nr. 2, dessen renovierungsbedürftige Reliefs die vier Jahreszeiten darstellen. Links neben der Markthalle führt ein Abstecher durch die *Markovits Iván utca* zur *Iskola utca* mit einigen alten Bürgerhäusern und netten Lokalen.

St.-Anna-Kirche: bedeutendster Barockbau der Stadt

Die Nordseite des Batthyány tér besetzt der dunkelrote Bau eines früheren Klosters und Ordensspitals, zu dem auch die Elisabethkirche gehört (s. u.). Ihm vorgelagert ist ein Denkmal für den romantischen Dichter *Ferenc Kölcsey* (1790–1838). Der glatzköpfige Poet sinniert in seinem Lehnstuhl möglicherweise über sein Gebet „Herr, segne Ungarn“, das als Text für die ungarischen Nationalhymne Verwendung fand. Setzt man den Spaziergang entlang der Fő utca fort, steht man nach wenigen Schritten vor der rosa-weißen Westfassade der → **Elisabethkirche (Erzsébet templom),** die rechts in die Straßenflucht integriert ist. Der von einer Tankstelle dominierte und von langweiligen Bauten umstandene **Nagy Imre tér** erhielt seinen Namen vom Führer des Aufstandes von 1956, der in dem protzigen Backsteinbau des Militärgerichts an der Nordseite des Platzes 1958 zum Tode verurteilt wurde. Weiter

Frisch herausgeputzt: die Budaer Redoute

in der Fő utca folgt links das arg heruntergekommene → **Király-Bad (Király gyógyfürdő),** zunächst sein dunkelgrün gestrichenes Kurhaus aus dem frühen 19. Jh., nördlich anschließend und etwas zurückversetzt die noch aus türkischer Zeit stammenden Bauteile. Einen architektonischen Zeitensprung gleich nebenan setzt die dottergelbe, barocke → **Florianskapelle.** Links, zwischen Kuppeln und Kapelle geradeaus hindurch, trifft man auf ein schön renoviertes Industriegebäude von 1858, mit jener Eisengießerei, aus der sich der Ganz-Konzern entwickelte und die seit 1964 als → **Gießereimuseum (Öntödei Múzeum)** zu besichtigen ist. Die Bem József utca führt wieder donauwärts zum → **Bem József tér.**

Vom Bem József ter führt die Frankel Leó út, eine baumbestandene Straße mit Antiquitätenläden, weiter Richtung Norden. Via Fußgängerunterführung geht es unter dem Margit körút (Margaretenring) hindurch. Geradeaus weiter würde man rechter Hand auf den von József Hild im Neoklassizismusstil errichteten gelben Thermalbadkomplex des **Lukács-Bads (Lukács Fürdő)** treffen, dessen Wurzeln ebenfalls in osmanische Zeit zurückreichen (→ Baden, S. 86). Oder man wendet sich gleich dem – im wahrsten Sinne – Höhepunkt des Spaziergangs zu, indem man in die erste Gasse links einbiegt. Entlang der kopfsteingepflasterten Gül Baba utca steigen wir steil bergauf und halten uns, oben angelangt, zweimal nach links, bis wir vor dem Denkmal und dem Eingang zur → **Türbe des Gül Baba (Gül Baba Türbéje)** stehen, einem islamischen Grabmonument. Nach einer Legende soll der Derwisch Gül Baba (türk. *Vater der Rosen*) die Rosen nach Budapest gebracht haben, weshalb das Viertel, das sich von hier Richtung Westen erstreckt, **Rosenhügel (Rózsadomb)** genannt wird. Es ist seit dem 19. Jh. eine der begehrtesten Wohnadressen der Stadt.

An der Rückseite der Grabanlage geht es über eine Grünanlage wieder hinab und via Margit utca zum Margaretenring (Margit körút) und damit zum Endpunkt der Tour am Kopf der Margaretenbrücke. Hier halten Tram 4 und 6 sowie die Vorortlinie HÉV.

Das Király-Bad – Badekultur aus der Zeit der Osmanen

Sehenswertes

Kettenbrücke (Széchenyi lánchíd): Budapests berühmteste Brücke wird auch Széchenyi-Brücke genannt – den Bau dieser ersten festen Brücke über die Donau soll „Reformgraf" István Széchenyi angeregt haben: Als Széchenyi im Winter 1820 zu seinem sterbenden Vater nach Buda eilen wollte, war die Pontonbrücke wie jedes Jahr wegen der Eisschollen abgebaut und den Schiffern die Fahrt von Pest ans andere Ufer zu gefährlich. 20 Jahre dauerte es noch, bis der Engländer William T. Clark die für die damalige Zeit kühne Konstruktion entwarf, eine 380 m lange Brücke, die an Spannketten von zwei triumphbogenartigen Pfeilern abgehängt wurde. Die Leitung des Baus von 1839 bis 1849 übernahm Clarks Namensvetter Adam. 1850 wurden die Brückenköpfe mit vier Löwen dekoriert. Nach der Sprengung im Zweiten Weltkrieg durch deutsche Truppen wurde die Kettenbrücke 1949 zum 100. Geburtstag wieder eröffnet. Unbedingt sehenswert ist sie am Abend, wenn sie romantisch beleuchtet ist.

Corvin tér (Corvin Platz): Der Platz ist eigentlich eine kleine Parkanlage mit Bäumen, Rastbänken, einem Sommercafé und dem Lajos-Brunnen von 1904, der einen Magyaren zur Zeit der Landnahme 896 zeigt. Von den schönen umstehenden Häusern ist der dottergelbe Barockbau Nr. 11 mit Balkon und steinernen Fensterverzierungen an der erhöhten Westseite des Platzes am auffälligsten. Das hübsche Barockensemble direkt an der Fő utca bildet den rückwärtigen Teil des Art'otels. Die Nordseite des Platzes dominiert die frisch herausgeputzte, neoklassizistische **Budai Vigadó (Budaer Redoute)** von 1900, die man nicht mit ihrem Pester Pendant verwechseln sollte. Die Budai Vigadó ist Spielstätte des Ungarischen Staatlichen Volksensembles, das im reich verzierten Jugendstilsaal des Hauses auftritt (→ Folklore S. 76).

St.-Anna-Kirche (Szt. Anna templom): Die schönste Barockkirche Budapests wurde ab 1740 nach Plänen von *Matthäus Nepauer* und *Christoph Hamom* für die Jesuiten errichtet. Die Auflösung des Ordens und ein Erdbeben verzögerten die Fertigstellung, sodass sie erst 1805 eingeweiht wurde. In der Mitte der prächtigen, grau-weißen Doppelturmfassade sieht man in einer Nische die heilige Anna mit ihrer Tochter Maria, in dem Bogenfeld darüber prangt das Budapester Stadtwappen und zwischen zwei Engeln das goldene Symbol der Dreifaltigkeit. Erst im von zartgrünen Tönen dominierten Inneren erkennt man den ovalen Grundriss des Hauptraums, an den sich ein Chor anschließt. Typisch für das Spätbarock ist der Hochaltar mit einer Figurenszene, die Maria als Kind zeigt, wie sie an Hand ihrer Mutter Anna in den Tempel von Jerusalem geführt wird. Der Altar stammt von 1773, ebenso die mit goldenen Reliefs und weißen Putten verzierte Kanzel. Beides sind Werke des Italieners Carlo Bebo. Die zentrale Kuppel wurde im 20. Jh. neu ausgemalt, das Dreifaltigkeitsfresko über dem Hochaltar ist noch ein Werk aus dem 18. Jh.

Ⓛ Tägl. tagsüber. I., Batthyány tér 7. Ⓜ2 Batthyány tér.

Elisabethkirche (Erzsébet templom): Zur Zeit der Türken stand an dieser Stelle eine Moschee, auf deren Überresten Franziskanermönche 1731–1757 ein Gotteshaus und ab 1781 ein Kloster erbauten. Nach Auflösung des Ordens kam die Anlage an die Elisabethinerinnen, die im Kloster ein Spital einrichteten, das heute als Altersheim dient. 1891 wurde der Turm der Kirche mit einer Zwiebelhaube versehen und so an die nahe St.-Anna-Kirche optisch angeglichen. Im rosa-türkis kolorierten Inneren des Gotteshauses zeigt eine Hand an der ersten Säule rechts den Pegel der Jahrhundertflut vom 15. März 1838 an. Die barocke Ausstattung, darunter die

Gül Baba – „Vater der Rosen"

prächtige Kanzel, wurde im 18. Jh. von den Franziskanermönchen gefertigt. Das Hochaltarbild (1756) zeigt den Kirchenpatron, den heiligen Franziskus.

Ⓛ Tägl. tagsüber. I., Fő utca 41–43. Ⓜ2 Batthyány tér.

Király-Bad (Király gyógyfürdő): Um auch in Zeiten feindlicher Belagerung baden zu können, ließ der türkische Pascha 1565 innerhalb der damaligen Stadtmauern dieses Bad errichten. Weil aber hier keine Quelle war, wird es seit jeher mit dem Wasser der Lukács-Quelle (s. o.) gespeist. Das türkische Bad besteht aus einem großen achteckigen Raum und drei Nebenräumen, die alle mit flachen Kuppeln bekrönt sind. Die Halbmonde außen auf den Kuppelspitzen sind mittlerweile alle abgefallen, der neu hinzugekommene Schmuck in Form von Graffitis ist keine Zier. Unter der großen Kuppel mit Lichtlöchern befindet sich das achteckige, von Arkaden umgebene osmanische Wasserbecken. 1796 erwarb die Familie König (ung. *Király*) das Bad und erweiterte es 1827 um einen klassizistischen Flügel. Die Anlage wurde zuletzt 1950 saniert (→ Baden S. 86).

Víziváros Karte S. 131

Auf Ganz-Rädern rollten einst die Eisenbahnen in halb Europa

St.-Florian-Kapelle (Szt. Flórián kápolna): Matthias Nepauer, Architekt der St.-Anna-Kirche, schuf die Kapelle um 1769, die heute als griechisch-katholische Kirche (Görögkatolikus Templom) genutzt wird. In den Nischen der geschwungenen Fassade stehen die Statuen der Heiligen Nikolaus, Florian und Blasius.

Gießereimuseum (Öntödei Múzeum): Dank der Entwicklung eines innovativen Gussverfahrens zur Herstellung von Eisenbahnrädern, das in ganz Europa nachgefragt war, wurde aus der kleinen Eisengießerei des Schweizers Abraham Ganz (1814–1867) die größte Maschinenfabrik Ungarns – und aus ihrem Inhaber ein reicher Großindustrieller, der sich seine Prachtvilla am Pester Donauufer von Miklós Ybl bauen ließ. Das interessante Museum präsentiert neben der Firmengeschichte auch Möbel und private Objekte von Ganz. Das nahe, spätere Fabrikgelände der Ganz-Werke mit den alten Werkshallen wurde 2001 zum Millenáris-Park (s. u.) umgestaltet.

⌚ Di–So 9–17 Uhr. Eintritt frei. II., Bem József utca 20. www.omm.hu. Ⓣ 4, 6.

Bem József tér (József Bem Platz): Der zur Donau hin offene, im Süden vom modernen Bau des Außenministeriums (Külügyminisztérium KUM) begrenzte Platz ist nach dem Befehlshaber der aufständischen ungarischen Truppen während der Revolution 1848/49 benannt; József Bem, der polnische General, avancierte zum Helden, als er in der Schlacht von Piski 1849 die österreichisch-russischen Heere besiegte. Das 1934 enthüllte Denkmal zeigt „Vater Bem“ *(Bem Apó)* als verwundeten Feldherrn mit dem Arm in der Schlinge. „Ich werde diese Brücke zurückerobern oder fallen. Vorwärts Ungarn!“, sollen seine Worte im Kampf gewesen sein – auf Ungarisch sind sie am Sockel zu lesen.

Türbe des Gül Baba (Gül Baba Türbéje): Gül Baba, ein Derwisch des türkischen Bektaschi-Ordens, der Sultan Süleyman II. bei seinen Feldzügen unterstützte, soll kurz nach der Eroberung Budas 1541 beim Dankgottesdienst in der zur Moschee umgewandelten Matthiaskirche tot umgekippt sein. 1543–1548 ließ der herrschende Pascha für ihn diese Türbe errichten, einen achteckigen, aus Stein gemeißelten Kuppelbau, in dem sein von einem grünen, gold bestickten Tuch bedeckter Sarkophag steht. Ein ummauerter Garten mit zwei türkischen Brunnen umgibt die seit 1997 wieder zugängliche Grabstätte. Für Moslems, die Gül Baba als Heiligen verehren, ist sie ein beliebtes Pilgerziel. Bei warmem Wetter ist ein kleines Gartencafé geöffnet.

⌚ März bis Okt. tägl. 10–18, Nov. bis Feb. tägl. 10–16 Uhr. Eintritt 500 HUF, erm. 250 HUF, mit Budapest-Karte frei. www.btm.hu. II., Türbe tér 1. Ⓣ 4, 6, 17.

Millénaris Park und Haus der Zukunft (Jövő Háza)

Das 35.000 m² große Gelände der früheren Ganz-Werke (s. o.) im Süden des Rosenhügels wurde 2001 in ein

Jövő Háza: Hier hat die Zukunft schon begonnen

Kulturzentrum verwandelt. Die alten Fabrikgebäude wurden teilweise abgerissen, entkernt oder mit modernen Anbauten versehen, dazwischen wurden Rasenflächen, ein Kinderspielplatz und ein künstlicher Teich angelegt. 2006 wurde das Areal zum **Haus der Zukunft (Jövő Háza)** umgestaltet, eine Art moderner Wissenschaftspark mit Wechselausstellungen und zwei unterhaltsamen Museen:

Csodák palotája (Palast der Wunder): Das schon an seinem früheren Standort in der Váci út gut besuchte interaktive „Spielhaus" bietet (vorwiegend für Kinder) Wissenschaft zum Anfassen. So kann man spannende Experimente durchführen, auf einem Nagelbett liegen, am Hochseil Rad fahren, das „Blue-Box"-Verfahren testen, Trockeneis produzieren und vieles mehr (Erklärungen auch in Englisch). Gut zwei bis drei Stunden sollte man für das Museum einplanen.

⌚ Di–Fr 9–18 Uhr, Sa 10–19 Uhr, So 10–17 Uhr. Eintritt 990 HUF, erm. 790 HUF, Familie (max. 6 Pers.) 2.690 HUF. Kombiticket s. u. II., Fény utca 20–22. Ⓜ 2 Moszkva tér.

Jövő Háza (Haus der Zukunft): Gewissermaßen der „Palast der Wunder" für über 14-Jährige. Das hypermoderne Museum mit Robotern anstelle von Empfangsdamen lässt den Besucher in der Abteilung „Raumfahrt im Alltag" mit einem Flugsimulator eine Boeing steuern, mit zahlreichen Tests sein Gehirn überprüfen, in einem Raumschiff auf den Mars fliegen, die jüngsten Entwicklungen der Gentechnik und einen computergesteuerten Haushalt kennen lernen.

⌚ Di–Fr 9–18 Uhr, Sa 10–19 Uhr, So 10–17 Uhr. Eintritt 1.200 HUF, erm. 790 HUF, Familie (max. 6 Pers.) 2.990 HUF. Kombiticket für beide Museen 1.750 HUF, erm. 1.100 HUF, Fam. 4.450 HUF. II., Fény utca 20–22. www.jovohaza.com. Ⓜ 2 Moszkva tér.

Praktische Infos

(→ Karte S. 131)

Essen & Trinken

Le Jardin de Paris (20), einladendes und bekannt gutes französisches Restaurant gegenüber dem Institut français. Der größere Speiseraum mit fein gedeckten Tischen liegt etwas unterhalb des Straßenniveaus, im Sommer wird im lauschigen Garten gespeist. Abends Live-Musik (Jazz), meist recht voll. Hauptgerichte bis 4.000 HUF.

Tägl. 12–24 Uhr. I., Fő u. 20, ✆ 2010047.

Carne di Hall (16), das im eleganten Landhausstil eingerichtete und 2004 eröffnete Restaurant am Budaer Kai ist eine Adresse für Fleischliebhaber: Nach Gänseleber mit Chilli-Mango-Sauce für 2.600 HUF lässt sich das Mahl mit Kalbsmedaillons und Gnocchi für 4.150 HUF fortsetzen und mit Creme brulée (890 HUF) abschließen – nicht gerade billig, aber zu empfehlen. Tägl. 12–24 Uhr. I., Bem rakpart 20, ✆ 2018137. www.carnedihall.com.

Á la carte Kisvendéglő (12), bodenständiges, im rustikalen Stil der 1980er möbliertes Restaurant unweit des Batthyány tér. Riesige Auswahl an ungarischen Gerichten zu moderaten Preisen, besonders lecker die Geflügelgerichte und Süßspeisen. Beispiel: Hühnerbrust mit Erbsenreis für etwa 1.600 HUF. Wer großen Hunger hat, sollte auch Vor- und Nachspeise bestellen. Freundlicher Service. Tägl. 12–23 Uhr. I., Iskola u. 29, ✆ 2020580.

Kacsa Vendéglő (4), von außen unauffälliges, innen elegantes, teureres Restaurant schräg gegenüber dem Király-Bad, das für seine ungarische Küche und Spezialitäten von der Ente (ung. *kacsa*) gelobt wird. Hauptspeisen 3.000–6.000 HUF. Gepflegte Atmosphäre, abends Pianomusik. Tägl. 12–1 Uhr. II., Fő u. 75. ✆ 2019992. www.kacsavendeglo.hu.

Új Lanzhou Étterem (5), der neue (ung. *új*) Lanzhou ist die zweite (neue) Filiale eines Pester China-Restaurants. In dem mit typischen goldenen Holzdrachen dekorierten Lokal kann man aus über 100 Gerichten wählen: Fleischgerichte 1400–2000 HUF, Garnelen und Krebse bis 4.000 HUF, Langusten bis 8.000 HUF. Tägl. 11–23 Uhr. II., Fő u. 71, ✆ 2019247. Www.lanzhou.hu.

Margitkert (1), das an einer steilen Gasse gelegene folkloristische Traditionsrestaurant mit großen Gastgärten hat schon viele Staatsgäste gesehen. Die Auswahl an ungarischen Gerichten ist groß, abends erklingt Zigeunermusik. Trotz Promi-Faktor nicht viel teurer als andernorts. Tägl. 12–24 Uhr, II., Margit u. 15, ✆ 3260860. www.margitkert.com.

Trófea Grill Restaurant (2), das dritte Lokal einer Kette, in dem man in zeitgemäßem Ambiente am All-you-can-eat-Buffet zum Fixpreis völlern kann (Preis je nach Tageszeit – s. u.), einschließlich der Getränke von Sekt bis Kaffee. Riesenauswahl an ungarischen Klassikern von Fischsuppe über Lendenbraten bis Schomlauer Nocken sowie einige mediterrane, asiatische und vegetarische Speisen. Oft sehr voll. Mo–Fr 12–17 Uhr: 2.500 HUF; Mo–Do ab 17.30 Uhr: 6.700 HUF; Fr abends, Sa und So: 4.200 HUF. II., Margit krt. 2, ✆ 4389090. www.trofeagrill.eu.

Seoul Korean Restaurant (23), authentische, leichte koreanische Küche zu akzeptablen Preisen (Hauptgerichte 2.500–3.500 HUF). Straßenterrasse. Mo–Sa 12–23 Uhr. Fő u. 8.

Horgásztanya (18), die „Fischerhütte" ist ein einfaches Lokal mit bodenständiger ungarischer Küche zu günstigen Preisen (Hauptspeisen ca. 2.000 HUF). Spezialität sind Fisch-

„Versunkene" Gebäude am Batthyány tér

Corvin tér – lauschiger Platz für eine Ruhepause

Víziváros Karte S. 131

und Wildgerichte. Kleine Straßenterrasse. Tägl. 12–24 Uhr. I., Fő u. 27, ✆ 2123780.

Éden vegetáriánus étterem (9), farbenfroh präsentiert sich das einzige vegetarische Restaurant in Buda: außen ein Bürgerhaus in Dunkelrot, innen sonniges Design der Provence. Man bedient sich selbst und erhält preisgünstige Gemüsegerichte, Suppen, Sandwiches und 12 frisch gepresste Fruchtsäfte. Mo–Do 7–18 Uhr, Fr 7–15 Uhr. I., Iskola u. 31, ✆ 3757575. www.edenettorem.hu.

Belgian Brasserie Henri (19), gemütliches Lokal, acht Biere vom Fass und 40 aus der Flasche, dazu belgisch-französische Köstlichkeiten, wie Moules & Frites zu gehobenen Preisen. Gastgarten. Tägl. 12–24 Uhr. I., Bem rakpart 12, ✆ 2015082.

Angelika (13), in einem ehemaligen Pfarrhaus links von der Anna-Kirche am Batthyány tér; gemütliches, nostalgisch eingerichtetes Kaffeehaus, das mittlerweile um ein Restaurant erweitert wurde. Von der riesigen Terrasse auf drei Ebenen genießt man einen Traumblick zum Parlament. Kaffeespezialitäten, Desserts, Snacks, Fleisch- und Fischgerichte (2.200–3.000 HUF). Tägl. 10–22 Uhr, I., Batthyány tér 7, ✆ 2123784.

Pizza Marzano (10), Ableger einer internationalen Kette, die preiswerte italienische Küche serviert bzw. nach Hause liefert. Pizza und Pasta 1.250–1.700 HUF, Menüs um 1.300 HUF. Tägl. 10–22 Uhr. I., Batthyány tér 6. www.pizzamarzano.hu.

Bistro Gourmet (21), preiswertes, modernes Selbstbedienungsrestaurant im Innenhof des Palaház. Mo–Fr 8–16 Uhr. I., Fő u. 14–18.

Nagyi Palacsintázója (8), beliebtes, rund um die Uhr geöffnetes Lokal mit allen Crêpes-Varianten von süß bis salzig. 0–24 Uhr. I, Batthyány tér 5, ✆ 2124866.

Bambi Presszó (3), eines der wenigen authentisch gebliebenen Espressos aus sozialistischen Zeiten. Verraucht, abgeschabt, düster, billig – eine Institution. Es gibt Sandwiches, Bier, Kaffee und Kuchen. Mo–Fr 7–21 Uhr, Sa/So 9–20 Uhr. II., Frankel Leó u. 2–4.

Einkaufen

Herend Village Pottery (6), handbemalte Keramik aus Herend (nicht zu verwechseln mit feinem Herender Porzellan), 70 verschiedene Muster von rustikal bis elegant. Di–Fr 9–17 Uhr, Sa 9–14 Uhr. II., Bem rakpart 37. www.herendimajolika.hu.

Zsigray Studio (22), hübscher kleiner Laden mit Papier, Billets und geschmackvollen Deko-Artikeln. I., Fő u. 12.

Mester Porta – Kunst- und Musikgalerie (15), Laden des Volkskunstvereins (der das Fest der Handwerke auf der Burg organisiert → Veranstaltungen). Große Auswahl an ungarischem Kunsthandwerk und Antiquitäten, Musikabteilung mit CDs, DVDs, Videos und Literatur zu traditioneller ungarischer Musik. Mo–Fr 10–18 Uhr, I., Corvin tér 7. www.mesterporta.hu.

Spar Lebensmittelmarkt (11), in der Markthalle. Mo–Sa 6.30–20 Uhr, So 8–17 Uhr. I., Batthyány tér 5–6.

Mammut I und II (7), Shopping-Mall (→ Einkaufen S. 83).

Óbuda – die Keimzelle von Budapest

Tour 5: Óbuda und Aquincum

Budapests ältestes Viertel liegt im Norden der Stadt. Hier bauten die Römer das Militärlager und die Zivilstadt Aquincum. Bedeutende Reste davon sind zwischen Plattenbauten und Vorstadtsiedlungen zu entdecken. Und auch kleinstädtisches Flair hat sich hinter so mancher Ecke erhalten.

Ó heißt auf Ungarisch alt. Óbuda ist also das alte Buda. Seinen Namen erhielt es im 13. Jh., als auf dem weiter donauabwärts gelegenen Burgberg eine neue Siedlung entstand. 1541, mit dem Beginn der Türkenherrschaft, flüchteten die Bewohner aus Óbuda, und das Dorf blieb für über 100 Jahre unbewohnt. Im 17. Jh. gelangte es an die Grafenfamilie Zichy, die es mit jüdischen und deutschen Einwanderern neu besiedelte. So war im 18. Jh. aus Óbuda eine hübsche barocke Kleinstadt geworden. Heute zeugen zwei Kopfsteinpflasterplätze, einige wenige Häuser und das Schloss der Zichys von dieser Zeit. Im 19. Jh. kam mit einer Textildruckfabrik und einer Schiffswerft die Industrie nach Óbuda. 1873 wurde es mit Buda und Pest zu Budapest vereinigt. Sein heutiges Aussehen erhielt Óbuda im Zuge eines Städtebauprojekts der 1960er- und 70er-Jahre, als die riesige Árpád-Brücke über die Donau gebaut wurde und die grauen Wohnblocks entstanden. Dennoch lohnt ein Ausflug hierher: Es gibt einige interessante Museen, ein paar charmante „Denkmalinseln“, bodenständige Fischlokale und die Óbuder Werftinsel, auf der nicht nur während des Sziget-Festivals abends der Teufel los ist. Die vereinzelten römischen Spuren in Óbuda sind nur ein bescheidener Vorgeschmack auf das rund 1½ km nördlich gelegene **Aquincum** mit großem Ausgrabungsgelände und Archäologischem Museum – der Abstecher dorthin lohnt sich! (Aber Achtung: Von Ende Oktober bis Mitte April ist das gesamte Areal dort geschlossen.)

Spaziergang

Die Tour beginnt bei einem im Stadtplan auffälligen Oval an der Pacsirtamező utca, Ecke Nagyszombat utca (Haltestelle von Bus 6 und 86). Es sind die in den 1930ern ausgegrabenen Reste des → **Amphitheaters des Militärlagers (Római katonai amfiteátrum)** von Aquincum, die man frei betreten kann (Eingang bei den hohen Bögen). Die Arena markiert in etwa den Beginn der rund 30.000 Soldaten umfassenden Militärstadt Aquincum, die sich von hier 1 km nördlich bis zum Flórián tér in Óbuda ausdehnte, wo sich die zivile Siedlung anschloss. Vorbei an einer befremdlichen Mischung aus Barockhäusern und tristen Wohnsilos der 1970er-Jahre geht es entlang der Lajos utca, der einstigen Hauptstraße, ins Zentrum von Óbuda. Auf dem Weg passieren wir die ehemalige Textildruckfabrik Sámuel Goldberger, die sich von einer 1785 gegründeten kleinen Blaufärberei zu einem der größten ungarischen Industrieunternehmen des 19. Jh. entwickelte. Im einstigen Hauptbüro auf Nr. 138 zeigt das **Textilmúzeum** Objekte und Dokumente zur Geschichte der ungarischen Textil- und Konfektionsindustrie, die maßgeblich von der jüdischen Industriellenfamilie Goldberger geprägt wurde (Feb. bis Nov. tägl. 10–16 Uhr, Eintritt 450 HUF, erm. 400 HUF, mit Budapest-Karte frei).

200 m weiter erhebt sich, etwas zurückversetzt, auf der rechten Straßenseite die große, tempelartige → **ehemalige Synagoge von Óbuda.** Direkt gegenüber zeigt die 1982 in einem alten Brauhaus eröffnete **Budapest Galéria** (Lajos u. 158) Werke des ungarischen Bildhauers Pál Pátzay und Wechselausstellungen zeitgenössischer Kunst (Di–So 10–18 Uhr, Eintritt 400 HUF, erm. 200 HUF, mit Budapest-Karte frei). Nach der Galerie wenden wir uns nach links und gelangen geradeaus durch eine kurze, verwilderte Allee in die Mókus utca, die für das Traditionsgasthaus „Kéhli Vendéglő" bekannt ist. In diesem Eck haben sich noch ein paar Barockhäuser erhalten, die an den einstigen dörflichen Charme Óbudas erinnern, bevor dahinter Plattenbauten wie eine monströse Kulisse hochgezogen wurden. Die Óbudai utca führt zurück auf die Lajos utca, wo sich am Ende einer stimmungsvollen Kastanienallee die gelbe, spätbarocke → **Óbuder Kirche St. Peter und Paul (Óbudai Szt. Péter és Pál templom)** erhebt.

Noch idyllischer war es hier 1960 vor dem Bau der Árpád-Brücke, die das alte Städtchen in zwei Teile riss. Ein von Obdachlosen als Schlafplatz genutzter Durchgang unter der Brückenzufahrt führt seither in den nördlichen Teil von Óbuda, in dem noch einige verträumte Winkel zu entdecken sind. Wir treffen zunächst auf den **Szentlélek tér (Heilig-Geist-Platz),** wo die Vorortlinie HÉV hält und die Busse Richtung Aquincum abfahren. An der Westseite erhebt sich die barocke Dreifaltigkeitssäule von 1740. Die weißen Gebäude rechter Hand gehören zu **Schloss Zichy (Zichy-kastély),** dem kulturellen Zentrum von Óbuda. Das 1746–1757 von den Grafen erbaute schlichte Barockschloss war einst Mittelpunkt der Herrschaft Óbuda, heute ist es Sitz dreier Museen: Besonders empfehlenswert ist das → **Vasarely-Múzeum,** das in dem der Árpád-Brücke zugewandten früheren Wirtschaftsflügel untergebracht ist. Links am Schloss vorbei erreichen wir durch die verkehrsberuhigte Zone den **Fő tér,** den alten Hauptplatz von Óbuda. Hier wähnt man sich eher in einem Landstädtchen als in einer Hauptstadt, vor allem, wenn man sich die im Hintergrund aufragenden Wohnblocks

Bürgerhaus in Óbuda

wegdenkt. Der gepflasterte Platz mit seinen Bänken, Bäumen und dem niedlichen Wachhaus (18. Jh.) in der Mitte ist von gut instand gehaltenen Bauten aus dem 18./19. Jh. umrahmt. An der Nordseite erhebt sich das dreigeschossige, neobarocke Rathaus (Városháza) des III. Bezirks, an der Westseite (Nr. 4) ein ansehnliches, rot-weißes Bürgerhaus aus dem 18. Jh. Es gehörte Zsigmond Kun, dessen umfangreiche Privatsammlung an ungarischer Volkskunst hier seit 2002 in seiner früheren Wohnung gezeigt wird (**Kun Zsigmond Volkskunstsammlung/Nepművészeti gyűjteménye:** Di–So 10–17 Uhr, Eintritt 300 HUF).

Zwei weitere Museen befinden sich im Flügel des Zichy-Schlosses, das die östliche Seite des Platzes begrenzt: Das → **Lajos-Kassák-Múzeum** im ersten Obergeschoss erinnert an einen Avantgarde-Künstler, das **Óbudai-Múzeum** im Innenhof rechts ist das Heimatmuseum des Stadtteils (Di–Fr 14–17 Uhr, Sa/So 10–17 Uhr, Eintritt frei). Vor der rosa Barockfassade im Schlosshof finden im Sommer Freiluftkonzerte statt. Verlässt man den Fő tér an seiner nordöstlichen Ecke, trifft man auf die vier bronzenen **„Frauen mit Schirm"**, ein Werk des berühmten zeitgenössischen Bildhauers Imre Varga (geb. 1923). Mehr von seinem Œuvre zeigt die interessante → **Imre-Varga-Sammlung (Varga Imre Kiállítóház)** 50 m links in der Laktanya u. 7. Über die Harrer Pál utca gelangen wir wieder auf den Fő tér.

Zum Abschluss der Tour gehen wir aus dem barocken Óbuda nochmals in die Römerzeit zurück. Vom Fő tér geradeaus weiter und dann rechts in die Tavasz utca eingebogen, führt diese zu einer Fußgängerpassage unter der großen Straßenkreuzung des Flórián tér. Was wir dort unten zu sehen bekommen, ist schier unglaublich: Die 1878 freigelegten Reste der römischen **Thermae Maiores,** des Großen Militärbads, wurden in den 1960ern achtlos mit einer

Brückenkonstruktion überbaut – und so ragen heute Betonpfeiler zwischen den alten Mauern in die Höhe, wo einst die römischen Soldaten Heiß-, Warm- und Kaltbäder (Caldarium, Tepidarium, Frigidarium) genossen und sich in Schwitzkammern trimmten (Mitte April bis Ende Okt. Di–So 10–17 Uhr, Eintritt frei).

Sensibler ging man mit den Ruinen der Zivilstadt Aquincum um. Den Abstecher dorthin könnte man jetzt anschließen (3 Stationen mit der HÉV Richtung Szentendre oder Bus 34 bzw. 42). Wer seine Tour hier in Óbuda beendet, gelangt mit der HÉV Richtung Süden zur Margit híd (Anschluss an Tram 4 und 6) oder zur Metro 2 Batthyány tér.

Sehenswertes

Amphitheater der Militärstadt: Die im 2. Jh. n. Chr. erbaute, 132 m lange und 108 m breite Arena zählte zu den größten des Römischen Reichs. Sie bot bis zu 13.000 Personen Platz, die sich hier mit Tierhatzen und Gladiatorenkämpfen unterhalten ließen.

Ehemalige Synagoge von Óbuda: Die von den Grafen Zichy im 17./18. Jh. zur Förderung der Wirtschaft auf ihren Ländereien in Óbuda angesiedelte jüdische Gemeinde besaß eine Synagoge, die durch den Zuzug weiterer Juden im 19. Jh. zu klein wurde. So entstand 1820–1825 dieses repräsentative, klassizistische Bauwerk mit einem offenen Portikus aus sechs korinthischen Säulen und Moses' Gesetzestafeln auf dem Giebel. Von der Innenausstattung ist nichts erhalten – die Synagoge wurde aus wirtschaftlichen Gründen nach dem Zweiten Weltkrieg verkauft und beherbergt heute ein Studio des Ungarischen Staatsfernsehens MTV.

Óbuder Kirche St. Peter und Paul (Óbudai Szt. Péter és Pál templom): Die

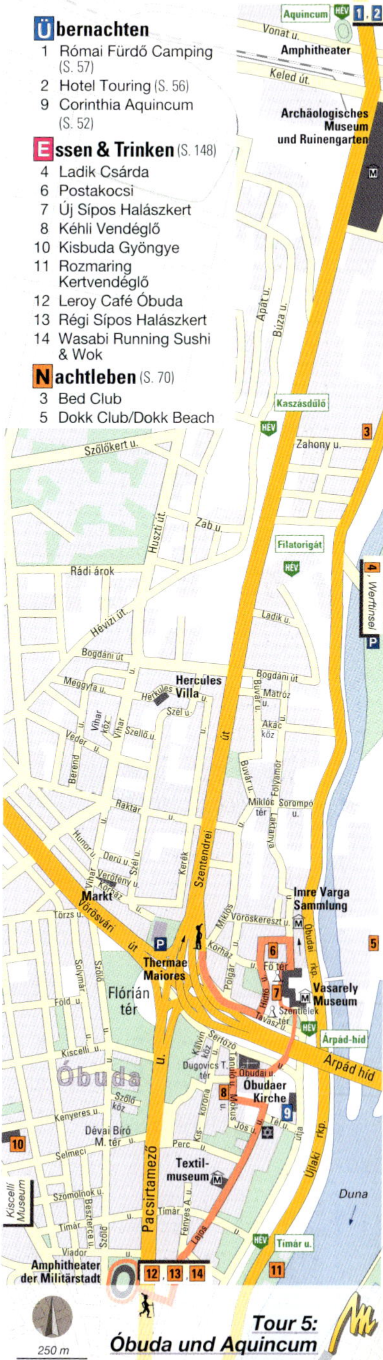

Tour 6 siehe S. 151

Kirche wurde 1744–1749 nach Plänen von Georg Paur im Auftrag der Grafen Zichy errichtet. Im Inneren ist die schön verzierte Rokokokanzel von Carlo Bebo beachtenswert. Im Sommer finden Orgel- und Kammerkonzerte statt.

Vasarely-Múzeum: Mit optischer Kunst (Op-Art) – musterartigen Bildern, die optische Illusionen und 3D-Effekte erzeugen – wurde der 1997 verstorbene Victor Vasarely Mitte der 1960er-Jahre bekannt. Damals lebte der Künstler in Paris, geboren wurde er jedoch 1908 als Győző Vásárhelyi im südungarischen Pécs, von wo er 20 Jahre später in die französische Hauptstadt emigrierte. 1982 schenkte Vasarely seiner alten Heimat rund 400 Gemälde, Zeichnungen und Wandbehänge, die hier seit 1987 in großzügigen Räumlichkeiten gezeigt werden. Die Exponate geben einen guten Überblick über seine künstlerische Entwicklung – von den frühen Werken im Stil der klassischen Moderne bis zu seinen berühmten geometrisch-abstrakten Motiven.

Di–So 10–17.30 Uhr. Eintritt in die Dauerausstellung frei, sonst 600 HUF, erm. 300 HUF. www.vasarely.tvn.hu. III. Szentlélek tér 6. HÉV Árpád híd.

Lajos-Kassák-Múzeum: Lajos Kassák (1887–1967) war Dichter, Publizist und einer der führenden Köpfe der ungarischen Avantgarde. 13 Jahre lebte Kassák in Óbuda, weshalb ihm hier ein kleines Museum gewidmet wurde, das Dokumente und Werke aus seinem Leben zeigt.

Di–So 10–18 Uhr. Eintritt 150 HUF, erm. 100 HUF. III., Fő tér 1. HÉV Árpád híd.

Imre-Varga-Sammlung (Varga Imre Kiállítóház): In mehreren Räumen und im Garten des schmucken Bürgerhauses zeigt die Budapest-Galerie zahlreiche Modelle, Entwürfe, Zeichnungen, Büsten und Nachbildungen von Vargas Arbeiten (→ Architektur und Kunst).

Di–So 10–18 Uhr. Eintritt 500 HUF, erm. 250 HUF, mit Budapest-Karte frei. III., Laktanya utca 7. HÉV Árpád híd.

Die klassizistische Synagoge von Óbuda ist heute ein Fernsehstudio

Ruhiges Plätzchen – der Fő tér in Óbuda

Weitere Sehenswürdigkeiten in Óbuda

Kiscelli Múzeum (Kleinzeller Museum): Das sehenswerte Museum befindet sich rund 1 km westlich des alten Hauptplatzes von Óbuda, am Beginn der Budaer Berge. Über steile Stufen geht es hinauf zu dem reizvoll im Grünen gelegenen schlossartigen Barockbau, der ursprünglich ein Trinitarierkloster war. Die Grafen Zichy gründeten es 1745, Kaiser Joseph II. löste es 40 Jahre später auf. Da das Kloster eine Kopie des Gnadenbildes des österreichischen Wallfahrtsorts Mariazell besaß (heute in der Óbuder Pfarrkirche), wurde es Kiscell (Kleinzell) genannt. 1912 erwarb ein Wiener Kunstliebhaber die Anlage, renovierte sie und vermachte sie mitsamt seiner umfangreichen Sammlung 1935 der Stadt. Diese richtete hier eine Außenstelle des Historischen Museums ein. Zu sehen ist Kunst und Kunsthandwerk aus dem 18./19. Jh.: Gemälde, Biedermeier- und Jugendstil-Möbel, Zunft- und Firmenschilder sowie viele Originale der über die Stadt verteilten Barockskulpturen. Zusätzlich wird eine Sammlung mit ungarischen Kunstwerken des 20. Jh. gezeigt. Die frühere Klosterkirche, heute eine stimmungsvolle Ruine, wird auch für Ausstellungen und Konzerte genutzt.

Ⓛ Di–So 10–18 Uhr, Nov. bis März nur bis 16 Uhr. Eintritt 650 HUF, erm. 350 HU, mit Budapest-Karte frei. www.btm.hu. III., Kiscelli utca 108. Ⓣ 17 oder Bus 60 ab dem Budaer Brückenkopf der Margit híd.

Hercules-Villa: In der Meggyfa u. 21 (Zugang über die Bogdáni út) nördlich des Óbuder Zentrums wurden auf dem Areal einer Schule Teile einer römischen Villa aus dem 3. Jh. ausgegraben, die vermutlich einem höheren Beamten gehörte. Ihre Böden waren mit wertvollen Mosaiken ausgelegt, die Szenen aus den Herkules-Sagen zeigen – die erhalten gebliebenen Reste können besichtigt werden.

Ⓛ Mitte April bis Ende Okt. Di–So 10–17 Uhr, im Sommer bis 18 Uhr. Eintritt frei. III., Meggyfa utca 19–21. Ⓣ 17, Bus 60 oder 86, jeweils ab dem Budaer Brückenkopf der Margit híd.

Óbuda- und Werftinsel (Óbudai- und Hajógyári-Sziget): Auf der nördlich an die Árpád-Brücke anschließenden Donauinsel ließ der Statthalter von Aquincum und spätere Kaiser Hadrian im 2. Jh. n. Chr. einen Marmorpalast errichten. Dessen Reste wurden ab 1835 mit einer Schiffswerft überbaut, die bis ins 20. Jh. zu den bedeutendsten Flusswerften Europas zählte; ihre Anlagen befanden sich großteils auf der südwestlichen Halbinsel. Anfang der 1990er-Jahre wurde die Werft stillgelegt, der alte Name der Insel blieb. Mittlerweile sind rund um den Donauarm Sport- und Freizeitmöglichkeiten entstanden, von Wakeboarden bis Golfen sowie Clubs und Open-Air-Diskos (→ Nachtleben S. 70). Eine Besucherinvasion auf der Hajógyári-Sziget verursacht das alljährliche Sziget-Festival, das im nördlichen Teil der Insel stattfindet (→ Veranstaltungen S. 79)

„Frauen mit Schirm", ein berühmtes Werk von Imre Varga

Investoren wollen nun bis 2010 auf einem Drittel der Werftinsel das umstrittene Projekt einer „Trauminsel" *(Álomsziget)* verwirklichen – ein riesiges Wellness-, Sport- und Vergnügungszentrum mit Hotels und Yachthafen. Umweltschützer warnen vor der Lärm- und Umweltbelastung bei erwarteten 24.000 Besuchern täglich. Auch soll es beim Verkauf des Areals nicht ganz sauber zugegangen sein. Immerhin liegen hier die nicht veräußerbaren Ruinen des oben erwähnten Hadrianspalastes, der nun vor Beginn der großen Bauarbeiten ausgegraben werden soll.

Direkt auf die Insel fahren keine Busse. Die HÉV-Stationen Árpád híd oder Filatorigát am Budaer Donauufer sind die nächsten Haltestellen.

Abstecher Aquincum

Rund 1½ km nördlich der Militärstadt befand sich die zivile Siedlung Aquincum, die zu ihrer Blütezeit im 2. Jh. n. Chr. von rund 15.000 Menschen bewohnt war. Im Römischen Reich war sie nicht nur wegen ihrer militärstrategischen Lage am Limes bekannt, sondern auch wegen ihrer warmen Heilquellen. Von der rund 400 x 600 m großen Stadt wurde seit 1870 ein Drittel freigelegt, ihre Reste sind heute als Ruinengarten in Form von hüfthohen Mauerstümpfen zu besichtigen. Ins Zentrum des Ausgrabungsgeländes platzierte man 1894 einen neoklassizistischen Museumsbau, in dem die bedeutendsten Funde aus Aquincum ausgestellt sind.

Archäologisches Museum im Ruinengarten von Aquincum

Ruinengarten: Auf dem Ausgrabungsgelände sieht man Reste von Wohnhäusern, Werkstätten, Thermen, Heiligtümern und einer Markthalle (Macellum) sowie Straßen mit Radspuren, Anlagen zur Fußbodenheizung und Wasserleitungen mit Kanalisationsdeckel.

Archäologisches Museum: In der *Säulenhalle* und im *Lapidarium* wird eine reiche Sammlung an Grab- und Altarplatten, Kaiser- und Götterstatuen, Meilen- und Mühlsteinen sowie Reliefs präsentiert, im *Inneren* sind weitere Grabungsfunde zu sehen: Töpferwaren, Mosaikfragmente, Trinkgefäße, Bronzestatuetten, Terrakottafiguren, Münzen, Schmuck und Werkzeuge. Zahlreiche Modelle geben eine lebendige Vorstellung vom Leben in der Römerstadt. Das berühmteste Exponat des Museums ist die originalgetreue Nachbildung einer tragbaren Wasserorgel mit bronzenen Pfeifen von 228 n. Chr., die 1931 in so gutem Zustand gefunden wurde, dass auch eine klangliche Rekonstruktion möglich war.

⌚ April und Okt.: Di–So Ruinenfeld 9–17 Uhr, Museum 10–17 Uhr. Mai bis Ende Sept.: Di–So Ruinenfeld 9–18 Uhr, Museum 10–18 Uhr. Nov. bis Mitte April geschlossen. Eintritt (Museum + Ruinenfeld): 850 HUF, erm. 450 HUF; nur Ruinenfeld 450 HUF, erm. 250 HUF; mit Budapest-Karte frei. www.aquincum.hu. Mit HÉV oder Bus 34 oder 42 bis Aquincum.

Amphitheater der Bürgerstadt: Die außerhalb des Ausgrabungsgeländes und einst auch außerhalb der Stadtmauer gelegene Arena war mit 86 m Länge und 76 m Breite kleiner als die des Militärlagers und bot 7000 Zuschauern Platz.

Praktische Infos

(→ Karte S. 143)

Stadtverkehr nach Óbuda und Aquincum

Bus 86: Kosztolányi D. tér – Szt. Gellért tér – Clark Ádám tér – Margit híd – Flórián tér – Óbuda; alle 10–20 Min.

Bus 6: Nyugati pu. – Margit híd – Nagyszombat utca – Óbuda; alle 5–10 Min.

Tram 17: Margit híd – Nagyszombat utca - Váradi utca; alle 10–12 Min.

Bus 60: Batthyány tér – Margit híd - Nagyszombat utca – Óbuda; alle 10–15 Min.
Szentendrei HÉV: alle 8–10 Min.

Essen & Trinken

Kéhli Vendéglő (8), die gemütliche Traditionsgaststätte (seit 1899) in dem hübschen Biedermeierbau liebte schon der Literat Gyula Krúdy (1878–1933), an den im Haus erinnert wird. Große Auswahl an ungarischer Hausmannskost, Spezialität des Hauses sind Wild- und Fischgerichte. Nicht ganz billig, trotzdem oft voll. Abends Livemusik. Reservieren! Tägl. 12–24 Uhr. III., Mókus u. 22, ✆ 2504241. www.kehli.hu.

Rozmaring Kertvendéglő (11), gepflegtes Gartenrestaurant direkt am Donauufer nahe der HÉV-Station Tímár utca. Herrliche Aussicht auf die Margareteninsel und Buda, das Essen ist ganz passabel: Deftiges aus der ungarischen Küche, z. B. gefülltes Sauerkraut für 1.400 HUF, gegrillter Zander 2.650 HUF; akzeptable Preise. Mückenspray nicht vergessen! Mo–Sa 12–24 Uhr, So 12–21 Uhr. III., Árpád fejedelem útja 125, ✆ 3671301. www.rozmaring.kertvendeglo.hu.

Kisbuda Gyöngye (10), Traditionsgaststätte mit vorzüglicher ungarischer Küche, von Einheimischen und Touristen gleichermaßen frequentiert. Im Sommer empfiehlt sich der ruhige Hinterhofgarten, sonst sitzt man im Speisesaal, dessen Wände mit alten Schrankteilen dekoriert sind. Hauptgerichte, z.B. Putenbrust in Honigpanier/-panade ab 2.500 HUF aufwärts, köstliche Strudel und Desserts ca. 1.600 HUF. Abends Klaviermusik. Mo–Sa 12–24 Uhr. Bus 60 oder Ⓣ 17 bis Podolin utca. III., Kenyeres u. 34, ✆ 3686402.

Leroy Café Óbuda (12), eines der in diesem Bezirk seltenen modernen Restaurants. Der Ableger der Leroy-Cafés serviert in kühl-elegantem Ambiente Fusionküche: Salate, Pasta und mediterrane Gerichte aus Hühnerfleisch von 1.500–3.000 HUF, Steaks bis 4.000 HUF, Speisen aus dem Wok ca. 2.000 HUF. Große Cocktail-Auswahl. Tägl. 11–24 Uhr. Ⓣ 17 bis Nagszombat utca. III., Bécsi út 63, ✆ 4391698. www.leroycafeobuda.hu.

Új Sipos Halászkert (7), bodenständige ungarische Küche auf dem malerischen alten Hauptplatz von Óbuda, bekannt für Fischspezialitäten. Mehrere Fischsuppenvarianten und Filets vom Karpfen, Wels oder Zander (bis 3.000 HUF), aber auch Fleisch und Geflügel zu vernünftigen Preisen. Abends Zigeunermusik. Tägl. 12–24 Uhr. Fő tér 6, ✆ 2501812. www.ujsipos.hu.

Postakocsi (6), die „Postkutsche" steht ebenfalls am Óbudaer Hauptplatz, der im Sommer für einen kleinen Gastgarten genutzt wird. Klassisch Ungarisches dominiert hier die Karte, Geflügel, Wild, Gans schlagen mit ca. 2.000–4.000 HUF zu Buche. Tägl. 12–24 Uhr, Fő tér 2, ✆ 2502286.

Regi Sípos Halászkert (13), Familienbetrieb an der verkehrsreichen Hauptstraße nach Óbuda, bodenständige Küche mit Schwerpunkt auf Fischgerichten. Großer Speisesaal, netter Innenhofgarten. Tägl. 12–24 Uhr. Bus 6, 60 oder 86 bis Galagonya utca. III., Lajos u. 46, ✆ 3686480. www.regisipos.hu.

Wasabi Running Sushi & Wok (14), Budapests ältestes Sushi-Restaurant. Am doppelten Förderband ziehen 60 verschiedene Sushi, Maki & Co. vorbei, zudem gibt es Wok-Gerichte und Teppanyaki – alles zum All-you-can-eat-Preis von 3.500 HUF (Mo–Fr mittags) bzw. 4.500 HUF (abends sowie Sa/So). Tägl. 11-23 Uhr. Bus (6, 60, 86) oder Ⓣ 17 bis Kolosy tér. III., Szépvölgyi út 15, ✆ 4301056. www.wasabi.hu.

Werftinsel

Ladik Csárda (4), die im Grünen direkt an der Donau (Mückenspray!) gelegene Csárda entspricht ganz dem Klischee von Ungarn, Folklore und Kitsch. Passend dazu Klassiker der ungarischen Küche für rund 2.500 HUF. In der großen, strohgedeckten Scheune nebenan erfreut man Reisegruppen mit Folkloreabenden. Tägl. 12–23 Uhr. Hajógyári-Sziget 403, ✆ 4379011.

Budapests beliebteste Parklandschaft – die Margitsziget

Tour 6: Margitsziget (Margareteninsel)

Die Margitsziget ist die bekannteste der Budapester Donauinseln und mit ihrer schönen, autofreien Parklandschaft die grüne Lunge der Stadt. Hierher kommt man zum Promenieren, Radfahren, Joggen, Picknicken, Spazierengehen oder zum Schwimmen im größten städtischen Freibad. Und neuerdings auch, um in den Open-Air-Clubs die Nacht abzutanzen.

Wie ein großes Schiff liegt die 2½ km lange und 500 m breite Margareteninsel mitten in der Donau. Schon die Römer schätzten und nutzten ihre Thermalquellen. Später war sie ein bevorzugtes Jagdgebiet der Árpádenkönige und wurde *Haseninsel* genannt. Im Mittelalter war die Margitsziget im Besitz mehrerer Orden, die auf der Insel Klöster errichteten, von denen nur noch Ruinen zeugen. Ihren heutigen Namen erhielt sie von der später heilig gesprochenen *Prinzessin Margarete,* die hier im 13. Jh. als Nonne lebte. Nur die Türken wussten mit der Insel wenig anzufangen: Nachdem sie alle Gebäude zerstört hatten, blieb die Margareteninsel unbewohnt.

Dem Habsburger Erzherzog Joseph sei's gedankt, dass er das Eiland zu Beginn des 19. Jh. in einen beeindruckenden englischen Park verwandeln ließ. Die damals zu Hunderten gepflanzten Platanen und ihre Nachkommen sorgen heute an heißen Sommertagen für kühlenden Schatten. Öffentlich zugänglich wurde die Insel mit dem Bau eines Kurbads 1869. Allerdings war sie damals nur per Boot erreichbar – erst im Jahr 1900 war die Verbindung über die Margaretenbrücke fertig gestellt. 1908 erwarb die Stadt die Insel, doch es sollte noch bis 1945 dauern, bis jeder die grüne Oase kostenlos betreten durfte.

Heute trifft man hier Alt und Jung, Einheimische und Touristen, Jungfamilie und Rentnerpaar. Die einen liegen stundenlang lesend im Gras, andere spielen Frisbee, Fußball oder trainieren Kunststücke für den Auftritt in den Budapester Fußgängerzonen. Fahrradrikschas und Spielautos holpern über die Wege, und alle paar Jahrzehnte ist die Margitsziget mit ihrem Sportstadion im Blickpunkt des internationalen Schwimmsports – zuletzt 2006 als Austragungsort der Schwimm-EM.

Spaziergang

Unser Spaziergang, der auch als Radtour zu empfehlen ist, startet am Südzipfel der Insel, den man über die → **Margaretenbrücke (Margit híd)** von beiden Donauufern mit Tram 4 oder 6 erreicht. Zu Beginn treffen wir auf das bronzene **Zentenariumsdenkmal (Centenariumi emlékmű)** von István Kiss, das inmitten eines mit Blumenbeeten begrünten Kreisverkehrs als metallener Blütenkelch aufragt; 1972 wurde es zum 100. Jahrestag der Vereinigung von Buda, Óbuda und Pest enthüllt. Im Hintergrund sind bereits die Fontänen des angeblich größten ungarischen **Springbrunnens (Szökőkút)** zu sehen, die im Sommer zur Musik „tanzen“ und abends bunt beleuchtet sind. Vor dem ehemaligen, von Miklós Ybl im 19. Jh. entworfenen **Casino** wenden wir uns nach links zu dem am Westufer der Insel gelegenen → **Hajós Alfréd Sportschwimmbad (Hajós Alfréd Sportuszoda).** Zurück auf der Hauptpromenade folgen Richtung Norden haushohe Mauerreste der Kirche eines **Franziskanerklosters (Ferences kolostor romjai)** aus dem 13. Jh. mit einem gotischen Fenster, Teilen der Apsis und des Turms. Beim anschließenden **Rosengarten (Rózsakert)** sind wir im mittleren Teil der Insel angelangt, die hier als weitläufiger englischer Landschaftspark mit Liegewiesen und alten Bäumen am schönsten ist. Mit Kindern lohnt sich hier ein Abstecher zum **Minizoo** an der östlichen Uferpromenade.

Hier lebte Margarete, nach der die Donauinsel heute benannt ist

Links der Hauptpromenade breitet sich über sieben Hektar die großzügige Anlage des **Palatinus-Strandbads (Palatinus strandfürdő)** aus, eines der beliebtesten und größten Freibäder Budapests (→ Baden S. 87). Der Name des Bads erinnert übrigens an die habsburgischen Palatine, die Statthalter des Kaisers, denen die Insel einst gehörte. Nordöstlich davon ragt über die Bäume hinweg das Wahrzeichen der Insel: der

siehe S. 131
Tour 9 siehe S. 179

57 m hohe **Wasserturm (Víztorony)** mit Aussichtsplattform (tägl. 10–18 Uhr). Der Turm wurde 1911 gebaut und ist heute ein Industriedenkmal. An seiner Südseite steht eine **Freilichtbühne (Szabadtéri színpad)** für 3500 Zuseher, auf der im Sommer Konzerte stattfinden (→ Veranstaltungen S. 79). Unweit östlich davon findet sich unter hohen Bäumen die bedeutendste Ausgrabungsstätte der Insel, die → **Ruinen des Dominikanerinnenklosters (Domonkos kolostor romjai)** aus dem 13.–16. Jh. Von hier weiter Richtung Norden geht es eine Künstlerpromenade entlang, in deren Umkreis die Büsten von Ungarns größten Meistern, wie Zoltan Kodály, Ferenc Liszt oder Miklós Ybl, aufgestellt wurden. Ursprünglich befand sich hier ein im 12. Jh. erbautes und von den Türken zerstörtes **Prämonstratenserkloster (Premontrei templom),** dessen → **St. Michaelskirche** 1930/31 wieder vollständig rekonstruiert wurde.

Den nördlichen Teil der Margareteninsel dominiert ein → **Hotel- und Thermalbadkomplex,** der sich aus dem Ende des 19. Jh. angelegten Kurbad entwickelte. Links am Thermalhotel vorbei gelangen wir zum kleinen **Japanischen Garten (Japánkert)** mit Seerosenteichen, Felsengärten, exotischen Pflanzen und einem künstlichen Wasserfall. An seinem nördlichen Ende steht ein kleiner Rundtempel – der **Musikbrunnen (Zenélőkút).** Hinter dem Brunnen erreicht man in wenigen Minuten die Haltestelle von Bus 26, der zum Ausgangspunkt unseres Spaziergangs an die Südspitze der Insel zurückbringt. Geradeaus weiter geht es hinauf auf die Árpád-Brücke, wo Bus 106 nach Óbuda und Aquincum (→ Tour 5) fährt.

Wer kann den Ungarn das Wasser reichen?

Vielleicht liegt es ja an den vielen Bädern des Landes, denn im Schwimm- und Wassersport ist das nur 10,2 Mio. Einwohner zählende Ungarn seit langem eine internationale Großmacht. Im Wasserball der Männer, oft als härtester Mannschaftssport der Welt bezeichnet, schaffte Ungarn bisher unglaubliche acht Olympiasiege, zuletzt 2004 in Athen. Unzählige olympische Goldmedaillen gab es auch im Schwimmen. Auf Alfréd Hajós, den ersten Schwimmolympiasieger aller Zeiten, folgten in den letzten Jahrzehnten etwa der zweifache „Weltschwimmer des Jahres“ Tamás Darnyi (1988, 1992), der begnadete Brustschwimmer József Szabó (1988), der Allrounder Norbert Rózsa (1992, 1996) und der Lagenspezialist Attila Czene (1996). Eine Ausnahmeathletin im Rückenschwimmen war Krisztina Egerszegi. Im Alter von 14 Jahren wurde sie 1988 die jüngste Olympiasiegerin der Geschichte, schaffte 1992 und 1996 weitere vier olympische Goldmedaillen und stellte mehrere Weltrekorde auf. Ungarns bisher letzte Olympiasiegerin ist Ágnes Kovács, die 2000 in Sidney über 200 m Brust siegte und heute noch aktiv ist. Schwimmliebling der Nation ist zur Zeit László „Laci“ Cseh. Der talentierte Lagenschwimmer, Weltmeister 2005 und Weltrekordhalter, holte bei der Heim-EM auf der Margareteninsel 2006 zwei Titel. Damit nicht genug, sind doch die Ungarn auch im Kanu-Rennsport seit Jahren die Nummer eins: Zur Zeit kaum zu schlagen sind Katalin Kovács und Natasa Janics, die Olympiasiegerinnen von Athen 2004 und oftmaligen Weltmeisterinnen im Kajak-Einer und Kajak-Zweier, die obendrein auch als Sport-Beauties gelten.

Sehenswertes

Margaretenbrücke (Margit híd): Die 1872–1876 erbaute, zweitälteste Donaubrücke der Stadt geht zurück auf einen Entwurf von Ernest Gouin, ein Kollege von Gustave Eiffel. Ihr Markenzeichen ist der Knick in der Mitte, an dem die beiden Brückenarme in einem Winkel von 150 Grad aufeinander treffen. Die Verbindung zur Südspitze der Margareteninsel, die der Brücke die heutige Y-Form verlieh, entstand erst 1900. Imposant sind die Skulpturen an den Brückenpfeilern.

Hajós Alfréd Sportschwimmbad: Der Namensgeber des Schwimmstadions, Allround-Talent Alfréd Hajós (1878–1955), war 1896 in Athen der weltweit erste Olympiasieger im Schwimmen (der Wettkampf fand übrigens im Meer statt), 1901–03 war er Mitglied des ungarischen Fußballnationalteams und 1935 der Architekt dieser im Bauhausstil errichteten Anlage. Anlässlich der Schwimm-Europameisterschaften 2006 wurde der Komplex um Sprungtürme und Becken erweitert, denen trotz Protesten 40 alte Bäume zum Opfer fielen.

Ruinen des Dominikanerinnenklosters: Die Jahrhundertflut von 1838 spülte die Reste jenes Klosters frei, das Béla IV. für seine Tochter Margarete erbaute. Der Árpádenkönig hatte 1241 geschworen, sein Kind Gott zu weihen, wenn die Mongolen das Land verlassen würden. So geschah es, und Margarete wurde im Alter von neun Jahren Nonne. Nach einem frommen, zurückgezogenen Leben auf der Insel starb sie mit 29 Jahren, wurde hier beigesetzt und bald selig gesprochen. Eine Marmorplatte markiert die Stelle ihres Grabes, das 1858 – allerdings leer – entdeckt wurde. Die Dominikanerinnen waren 1541 vor den anstürmenden Türken nach Preßburg geflüchtet und hatten die Reliquien mit dabei. Zurück ließen sie eine Krone der Árpádenkönige, die heute im Nationalmuseum zu sehen ist.

St. Michaelskirche des Prämonstratenserklosters: Die von den Türken zerstörte und 1930/31 rekonstruierte hochromanische Kirche steht malerisch inmitten hoher Bäume. In ihrem Turm birgt sie eine Glocke aus dem 15. Jh., die zu den

Attraktion für Kinder – die Fontänen des Szökőkút

Margitsziget
Karte S. 151

ältesten des Landes gehört und beim Einmarsch der Türken offenbar vergraben wurde – erst 1914 kam sie wieder zum Vorschein, als ein Sturm den Baum über dem Versteck entwurzelte.

Grand Hotel/Thermalhotel Margitsziget: Als Mitte des 19. Jh. die Thermalquellen im Norden der Insel erschlossen wurden, plante Miklós Ybl die erforderlichen Bauten: 1869 ein Kurhaus mit Bad, vier Jahre später nebenan ein Grand-Hotel, das zu den elegantesten der Stadt zählte und seit 1986 wieder geöffnet ist. Das alte Kurhaus wurde 1987 durch ein modernes Thermalhotel ersetzt.

Praktische Infos

(→ Karte S. 151)

Verbindung

Die Margareteninsel ist für den privaten Autoverkehr gesperrt, lediglich die Zufahrt zu den beiden Hotels ist von Norden her möglich. Wer nicht zu Fuß gehen oder seinen Kindern eine Freude machen will, kann folgende Verkehrsmittel benutzen bzw. ausleihen:

Bus 26: der Stadtbus vom Nyugati pu. (Metro 3) bis zur Árpád-Brücke durchquert die Insel alle 10–20 Min.

Linienschiff: Im Sommer legt am Ostufer der Insel (Haltestelle Casino und Haltestelle Grand Hotel Thermalhotel) das Schiff Boráros tér-Csillaghegy an (→ Unterwegs S. 44).

Japanischer Garten

Bringóhintó-Verleih: beim Kreisverkehr am Südende der Insel. Bringóhintó ist die nostalgische Tretkutsche (4–6 Pers.), wie man sie auch von den Adriaorten kennt. Selbst wenn man zu viert tritt, kommt man kaum vom Fleck, und hat gerade deshalb Spaß dabei. Es gibt auch Tretautos für 4–6 Personen. Tägl. 8 Uhr bis zur Dämmerung. 2.500–3.800 HUF/Std., mit Budapest-Karte 50 % Nachlass. Hajós Alfréd sétány 1, ✆ 329-2073.

Minizug: Touristenrundfahrten auf der Insel von Mai bis Sept.: Sa, So und Feiertage.

Elektromos Autókölcsönző: Verleih von teuren Elektroautos beim Thermalhotel, 30 Min. 2.900 HUF, 1 Std. 4.300 HUF.

Fiaker: Pferdekutschen für Rundfahrten findet man in der Nähe des Thermalhotels und beim Wasserturm (→ Fiakerrundfahrten S. 47).

Radverleih: Verleihstellen für Räder (auch Tandems) gibt es beim Palatinus-Strandbad, beim Kreisverkehr im Süden sowie beim Wasserturm. Rund 600–1.000 HUF/Std.

Essen & Trinken

Auf der Margareteninsel gibt es **Kioske** mit Hamburgern, Hotdogs, Zuckerwatte und Mais *(Kukorica)* in allen Varianten, Eisverkäufer und Getränkebuden. Das einfache **Margit Terasz-Restaurant** findet sich am Fuß des Wasserturms, für einen Kaffee kann man in das Gartencafé des **Grand Hotels** ausweichen.

Holdudvar (5), Gartenrestaurant im alten Casinogebäude mit bunt gemischtem Publikum. Ungarische und mediterrane Küche zu akzeptablen Preisen (z. B. Penne mit Sahne 1.200 HUF). Ab 11 Uhr geöffnet.

Sark Kert (4), die Sommeradresse der Sark-Bar aus dem Judenviertel ist ein gemütliches Garten- und Ausflugslokal mit Grillterrasse unweit des Casinos. Abends trifft man sich hier zum Chill-Out, gelegentlich gibt es auch Konzerte. Mo–Fr ab 17 Uhr, Sa/So ab 14 Uhr.

Elegante Geschäftspassage: der Pariser Hof (1909)

Tour 7: Südliche Belváros (Innenstadt) und Kiskörút (Kleiner Ring)

Der zwischen Elisabeth- und Freiheitsbrücke (Szabadság híd) gelegene Südteil der Pester Innenstadt ist das traditionelle Universitätsviertel mit einer Fülle von gemütlichen Lokalen und regem Nachtleben. Im Südosten begrenzt ihn der Kleine Ring, an dem sich die prächtige Zentrale Markthalle und das Nationalmuseum befinden.

Belváros, die Innenstadt, entspricht dem historischen Zentrum von Pest, das bis zum Beginn des 18. Jh. von einer Stadtmauer geschützt war. Seit dem Mittelalter war es von einer Handelsstraße auf Höhe der heutigen Elisabethbrücke (Erzsébet híd) in einen nördlichen und einen südlichen Teil getrennt. Während sich der Nordteil zu *dem* touristischen und entsprechend überteuerten Herz von Budapest entwickelte, hat der südliche Teil viel von seinem ursprünglichen Charme bewahrt. Sogar die Váci utca, die berühmteste Einkaufmeile der Stadt, die parallel zur Donau die gesamte Belváros durchzieht, zeigt hier im Süden, wo sie erst 1998 zur Fußgängerzone wurde, noch ein authentisches Gesicht. Dominiert wird das Viertel von den Ende des 19. Jh. entstandenen Universitätsbauten und hübschen Kirchen aus der Barockzeit. Auf zwei bekannte Bauwerke trifft man gegen Ende des Spaziergangs, wo dieser am Vámház körút (Zollhausring) und Múzeum körút (Museumsring) – den schönsten Abschnitten des Kleinen Rings (Kiskörút) – entlang führt: die Zentrale Markthalle, die sich seit ihrer Renovierung zu einem Touristenmagnet entwickelt hat, und der klassizistische Palast des Ungarischen Nationalmuseums.

Spaziergang

Ausgangspunkt unseres Spaziergangs ist der verkehrsreiche **Ferenciek tere (Franziskanerplatz)** in der westlichen Verlängerung der Elisabeth-Brücke (Metro 2, Bus 7). Tagsüber herrscht hier und in der Fußgängerunterführung hektisches Treiben, das sich Taschendiebe und Bettler zunutze machen. Auffälligstes Gebäude ist der reich verzierte Jugendstilbau → **Pariser Hof (Párizsi udvar).** Den Blick Richtung Donau umrahmen die beiden neobarocken, symmetrischen Türme der → **Klothilden-paläste (Klotild paloták).** An der Ostseite des Ferenciek tere erhebt sich die barocke → **Franziskanerkirche (Ferenciek templom),** die dem Platz den Namen gab. Den Kirchenvorplatz schmückt der nach den Meernymphen benannte **Nereidenbrunnen (Néreidák kútja)** von 1835. Von hier geht es weiter in südlicher Richtung. Nach der Franziskanerkirche folgen das berühmte Restaurant „Kárpátia" und der dottergelbe Neorenaissancebau der **Universitätsbibliothek (Egyetemi könyvtár)** von 1873–1876, deren Bestand rund zwei Millionen Bände umfasst. Unter den 160 mittelalterlichen Handschriften befinden sich auch 14 *Corvinen* (→ Kasten S. 23). In dem Eckgebäude schräg gegenüber hat seit 2000 das legendäre „Centrál Kávéház" wieder geöffnet. Die Károlyi Mihály utca, der wir nun folgen, ist nach dem ersten Ministerpräsidenten Ungarns nach 1918 benannt, der in dieser Straße im familieneigenen Palais Károlyi (Nr. 16) geboren wurde. Seit 1957 ist in dem klassizistischen, zweigeschossigen Bau von 1841 das → **Ungarische Literaturmuseum (Petőfi Irodalmi Múzeum)** untergebracht. Die Károlyi Mihály utca mündet in den **Egyetem tér (Universitätsplatz),** auf dem rechter Hand die zwar verschmutzte, aber immer noch prächtige zweitürmige Fassade der sehenswerten → **Universitätskirche (Egyetem templom)** in die Höhe ragt. Links an die Kirche schließt das wuchtige, neobarocke Hauptgebäude (1889) der ältesten ungarischen Hochschule, der → **Loránd-Eötvös-Universität** an. Neben dem Rektorat ist hier die Staats- und Rechtswissenschaftliche Fakultät untergebracht. Die Theologische Fakultät befindet sich in dem früheren Paulinerkloster rechts von der Universitätskirche. An dieser vorbei erreicht man über die Papanövelde utca und die folgende Nyáry Pál utca den südlichen, gemütlicheren Abschnitt der berühmten Fußgängerzone **Váci utca.** Hier erhebt sich die **St.-Michaelskirche (Belvárosi Mihály templom)** mit ihrer grau-weißen Barockfassade. Die einstige Dominikanerkirche erhielt ihre heutige Gestalt um 1750 und ist für ihre Orgelkonzerte bekannt.

Entlang der Váci utca schlendern wir weiter nach Süden (links), begleitet von Souvenir- und Kunsthandwerksläden, linker Hand passieren wir das **Neue Pester Rathaus** (Nr. 62–64), das Parlamentsarchitekt Imre Steindl 1870–1875 baute. Ein kurzer Abstecher in die folgende Seitengasse links führt uns zur barocken, in einem mauerumfriedeten Garten gelegenen → **Serbisch-Orthodoxen Kirche (Szerb ortodox Templom),** deren Bau Ende des 17. Jh. begonnen wurde. Damals wohnten in diesem Viertel viele Serben, die vor den anstürmenden Türken nach Budapest geflohen waren. Weiter in der Váci utca, wo einige Touristenrestaurants um Kundschaft buhlen, sehen wir am Ende der Straße bereits die bunte Ziegelfassade der Zentralen Markthalle. Bevor man in den „Bauch von Budapest" vordringt, sollte man sich am **Fővam tér (Hauptzollplatz),** dem Platz und Verkehrsknotenpunkt am Pester Brückenkopf der

Tour 8 siehe S. 169 ▲

Tour 12 siehe S. 219 ▲

Übernachten

- 2 Erzsébet (S. 54)
- 4 Astoria (S. 53)
- 17 City Hotel Mátyás (S. 54)
- 27 Mercure Korona (S. 53)
- 36 Ibis Budapest Centrum (S. 54)
- 38 Peregrinus (S. 54)
- 42 Domino Hostel (S. 57)
- 43 Boutique Hotel Zara (S. 53)

Essen & Trinken

(S. 162-164)

- 1 Centrál Kávéház
- 3 Belvárosi Auguszt cukrászda
- 9 Jegbufe
- 10 Kárpátia
- 12 Múzeum
- 17 Mátyás Pince
- 20 Vegetárium
- 21 Bécsi Söröző
- 24 Európa Café
- 29 Café Alibi
- 31 Képíró
- 33 Fatál
- 35 Taverna Andreas/Dionysos
- 39 Trattoria Toscana
- 40 Café Intenzo
- 44 Avocado
- 46 Soul Café
- 47 Fakanál Étterem
- 48 Taverna Pireus Rembetiko
- 49 Vörös Postakocsi
- 50 Time Café & Lounge
- 52 Thai Étterem
- 53 Anna Café

Nachtleben

- 5 Living Room Club (S. 72)
- 22 Action Gay Bar (S. 72)
- 25 Fat Mo's Music Club (S. 68)
- 26 Irish Cat Pub (S. 68)
- 30 Café Capella (Gay Disco) (S. 72)
- 34 Cha-Cha-Cha Underground Café (S. 68)
- 41 Jazz Garden (S. 68)
- 51 For Sale Pub (S. 68)

Einkaufen (S. 165)

- 6 Párizsi Udvar Könyvesbolt
- 7 BÁV
- 8 MATCH
- 11 Központi Antikvárium
- 13 Belvárosi Aukcióház
- 14 Náray Tamás
- 15 Eclecktick
- 16 Múzeum Antikvárium
- 18 Ernst Galéria
- 19 Kodály Zoltán Zeneműbolt
- 23 Honi Élelmiszer
- 28 Antikvitas loft
- 32 V-50
- 37 Hephaistos Háza
- 45 Folkart Centrum
- 47 Zentrale Markthalle

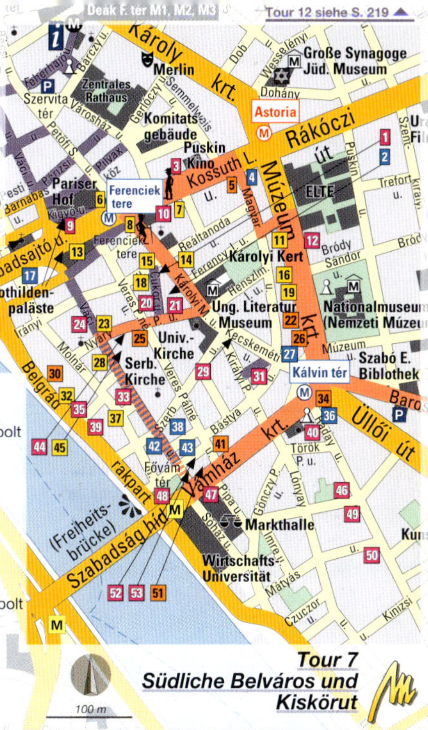

Tour 7
Südliche Belváros und Kiskörut

Freiheitsbrücke, Zeit für eine Rundumsicht nehmen: Man hat einen schönen Blick über die Donau auf den Gellértberg und kann die elegante Konstruktion der Freiheitsbrücke (→ S. 126) mitsamt den beiden repräsentativen Zollhäuschen bewundern, wovon das linke noch den ursprünglichen Brükkennamen „Ferencz József-Híd“ trägt. Der Fővam tér wurde nach dem **Hauptzollamt** rechts neben der Markthalle benannt. Dieser um drei Innenhöfe gruppierte, 1871–1874 von Miklós Ybl erbaute Neorenaissancepalast erstreckt sich mit seiner 170 m langen, mit Kolonnaden und Skulpturen geschmückten Hauptfassade an der Donau entlang und wendet dem Platz nur seine Seitenfront zu. Seit 1951 beherbergt das alte Hauptzollamt die **Wirtschaftsuniversität (Közgázdaságtodományos Egyetem).**

Nach dem Pflichtbesuch in der → **Zentralen Markthalle (Központi Vásárcsarnok)** geht es am stark befahrenen → **Kleinen Ring (Kiskörút)** entlang, der in diesem Abschnitt, von der Freiheitsbrücke bis zum Kálvin tér, Zollhausring (Vámház körút) heißt. Als der **Kálvin tér** noch Heumarkt genannt wurde, war er ein schmucker Platz mit dem Danubiusbrunnen in der Mitte. Heute ist der Brunnen am Erzsébet tér (→ Tour 9) und der Kálvin-Platz von unattraktiven Hotel- und Bankpalästen aus Glas und Stahl umstanden, nur auf seiner Südseite haben sich einige ältere Bauten erhalten. Dazu zählt die → **Reformierte Kirche (Református templom)** und die benachbarten, einstöckigen Bürgerhäuser aus dem 19. Jh. Das linke war einst das „Gasthaus zu den zwei Löwen“, die noch heute die Fassade zieren. In der warmen Jahreszeit breiten sich vor den Häusern Gastgärten aus, dann verschwindet das 2000 errichtete Standbild des Genfer Reformators Kálvin Janós (Johannes Calvin) fast im bunten Treiben. Die Cafés kündigen die Lokalmeile **Ráday utca** an, die gleich um's Eck beginnt. In dieser verkehrsberuhigten Straße, die sich 1½ km weit in Richtung Süden durch Ferencváros (→ Tour 13) erstreckt, haben sich in den letzten Jahren Dutzende Lokale mit schönen Gastgärten angesiedelt (→ Essen und Trinken). Vom Kálvin tér einige Schritte östlich erhebt sich auf einem schmalen, von zwei Straßen und einem kleinen Vorplatz begrenzten Grundstück das üppige neobarocke Wenckheim-Palais, dessen prächtige Räume von der → **Hauptstädtischen Szábo-Ervin-Bibliothek (Fővárosi Szabó Ervin könyvtár)** genutzt werden.

Nach dem Kálvin tér setzt sich der Kleine Ring mit dem belebten **Múzeum körút (Museumsring)** fort, wo gleich zu Beginn der monumentale, tempelartige Bau des → **Ungarischen Nationalmuseums (Magyar Nemzeti Múzeum)** zu einem Rundgang durch Ungarns Geschichte einlädt. Ein Stück weiter folgt, ebenfalls auf der rechten Seite, das von Imre Steindl und Antal Weber im Neorenaissance-Stil gebaute **Universitätsgebäude** der Geisteswissenschaftlichen Fakultät (Bölcsészettudományi Kar) der Eötvös-Loránd-Universität (ELTE, s. o.). Die gegenüber liegende Seite des Museumsrings ist berühmt als Straße der Antiquariate, darunter ist auf Nr. 15 das *Központi Antikvárium* das größte der Stadt. Unweit davon führt die Ferenczy István utca vorbei an einem Rest der früheren Stadtmauer zum **Károlyi kert (Károlyi-Garten),** einer überraschend stillen grünen Oase in der Pester Innenstadt. Der gepflegte Garten war einst Teil des Palais Károlyi, des heutigen Literaturmuseums (s. o), an dessen Rückseite er gelegen ist. Über die Magyar utca gelangen wir in die Kossuth Lajos utca, wo sich rechter Hand das altehrwürdige Hotel Astoria von 1914 erhebt. Links weiter geht es zum Ferenciek tere, dem Ausgangpunkt der Tour. Wer noch Zeit und Lust hat, kann ab hier den Spaziergang durch den nördlichen Teil der Belváros anhängen (→ Tour 8).

Sehenswertes

Pariser Hof (Párizsi udvar): Das 1909 nach Plänen von Henrik Schmal errichtete Geschäftshaus birgt im Erdgeschoss eine reizvolle, mit farbigen Glaskuppeln überspannte Galerie im venezianisch-maurischen Stil. Sie ähnelt den Geschäftspassagen des frühen 20. Jh. in Mailand, Neapel und Paris. Leider sind etliche der alten Verkaufsläden mittlerweile geschlossen, das Geschäft lohnt nicht mehr.

Ⓣ Mo–Fr 8–18 Uhr, Sa 8–14 Uhr.

Klothildenpaläste (Klotild paloták): Üppige spanische Barockformen inspirierten die Architekten der 1902 errichteten Zwillingsbauten, die die Auffahrt zur Elisabethbrücke flankieren. Während sich in den oberen Stockwerken Büro- und luxuriöse Appartements befanden, sind im Erdgeschoss zum Teil noch immer Geschäfte und Cafés untergebracht. Im südlichen Palast gibt es einen Ausstellungssaal der *Budapest Galéria (Budapest Kiállítóterem).* Der nördliche Teil wurde 2002 von einem italienischen Investor erworben, der den Bau bis 2008 in ein Geschäftszentrum und Fünf-Sterne-Hotel umgestalten will.

Ⓣ *Budapest-Galéria* Di–So 10–18 Uhr. Eintritt 400 HUF, erm. 200 HUF, mit Budapest-Karte frei. www.budapestgaleria.hu. V., Szabad sajtó út 5. Ⓜ 3 Ferenciek tere oder Ⓣ 2.

Franziskanerkirche (Ferenciek templom): Schon im 13. Jh. standen hier ein Kloster und eine Kirche der Franziskaner. Während der türkischen Eroberung wurden die Ordensbrüder getötet und das Gotteshaus bis 1687 als Moschee genutzt. 1727–1758, zur Zeit der Gegenreformation, entstand die heutige Kirche im Barockstil. Ihre Fassade schmückt ein prächtiges Portal und die in Nischen platzierten Statuen berühmter Franziskaner (Petrus von Alcántara, Antonius von Padua, Franz von Assisi). 1863 erhielt sie einen reich verzierten Turm über dem Chor. Nach der kommunistischen Zwangspause ab 1950 sind seit 1990 wieder Franziskaner vor Ort. Ein Relief an der zur Kossuth Lajos utca gewandten linken Außenwand erinnert an Baron Miklós Wesselényi, der bei der Großen Flut von 1838 400 Menschen aus der Donau rettete. Das Innere des Gotteshauses beeindruckt mit seinem breiten Mittelschiff und in warmen Braun- und Goldtönen gehaltenen Farben. Der Großteil der Ausstattung, wie Altäre und Kanzel, stammen aus der Mitte des 19. Jh. Die inzwischen renovierungsbedürftigen Deckenfresken schuf Károly Lotz 1894/95. Ein Schild in der ersten Reihe der rechten Kirchenbänke erinnert an Franz (Ferenc) Liszt, der sich 1865 zeitweise in das Kloster zurückgezogen hatte.

Ⓞ Tägl. tagsüber geöffnet. Ⓜ 3 Ferenciek tere.

Ungarisches Literaturmuseum (Petőfi Irodalmi Múzeum): Das Museum dokumentiert die Literaturgeschichte des Landes seit dem 19. Jh. Zu sehen sind Erstausgaben, Briefe, persönliche Gegenstände, Tondokumente, Möbel, Porträts und diverse Andenken der großen ungarischen Schriftsteller, wie Mór Jókai (1825–1904) und Sándór Petőfi (1823–1849), denen Wechselausstellungen gewidmet sind. Das Palais selbst ist mit seiner holzgepflasterten Toreinfahrt, dem baumbestandenen Hof (mit

Ein Tempel für die Kultur: das Nationalmuseum

Café), der Marmortreppe und den fünf vor kurzem wieder hergestellten Repräsentationsräumen im ersten Stock ebenfalls einen Blick wert.

Ⓞ Di–So 10–18 Uhr. Eintritt frei. Audioguide (dt./engl.) 980 HUF. www.pim.hu. V., Károlyi Mihály u. 16. Ⓜ 3 Ferenciek tere.

Universitätskirche (Egyetem templom): Die Kirche zählt zu Budapests wichtigsten Barockbauten. Gebaut wurde sie 1725–1742 als Kirche des benachbarten Paulinerklosters an der Stelle einer türkischen Moschee; Baumeister war vermutlich der bekannte Barockarchitekt Andreas Mayerhoffer. Nach Auflösung des Ordens durch Joseph II. 1782 wurde die Kirche der Universität zugeschlagen. Durch ein reich verziertes Portal betritt man das Innere des Gotteshauses. Marmorne Wandpfeiler trennen die Seitenkapellen vom Mittelschiff, dessen Gewölbe Johann Bergl 1776 mit Fresken bemalte. Der Säulenhochaltar von 1746 zeigt eine figurenreiche Darstellung der Geburt Mariens. Oberhalb davon ist eine Kopie der Schwarzen Madonna aus dem polnischen Tschenstochau zu sehen. Sehenswert sind auch die kunstvoll geschnitzte Kanzel und die mit Intarsien geschmückten Kirchenbänke.

Loránd Eötvös Universität (Eötvös Loránd Tudományegyetem, ELTE): 1635 gründete Kardinal Péter Pázmány, Erzbischof von Esztergom und geistiger Führer der Gegenreformation, in dem nicht von Türken besetzten Oberungarn (heutige Slowakei) eine Universität, die 1777 von Maria Theresia in den Königspalast nach Buda verlegt wurde. Ihr Sohn Joseph II. brachte die Universität in den Räumlichkeiten des von ihm 1784 aufgelösten Paulinerklosters (s. o.) in Pest unter, in dessen Nachbarschaft in den folgenden Jahrzehnten weitere Fakultätsgebäude entstanden. Namenspatron der Hochschule ist seit 1950 der ungarische Physiker und ehemalige Rektor Lóránd (dt. Roland) Eötvös (1848–1919), der sich im Bereich der Schwerkraftmessungen einen Namen machte. Studenten der ELTE waren u. a. die Nobelpreisträger Albert Szent-Györgyi (Entdecker des Vitamin C), György Békésy (Innenohr-Forscher), György Hevesy und der Begründer der Spieltheorie János Neumann. Rund 32.500 Studenten studieren heute an den acht ELTE-Fakultäten (www.elte.hu).

Serbisch-Orthodoxe Kirche (Szerb ortodox templom): Das gefällige Äußere der Kirche geht auf einen Umbau Mitte des 18. Jh. zurück, den Baumeister Andreas Mayerhoffer leitete. Das Kircheninnere ist durch eine Brüstung in einen Teil für Frauen und einen tiefer gelegenen Teil für Männer getrennt. Die farbenprächtige Ikonostase ist ein Werk von Károly Sterios (1850).

⌚ Tägl. 8–16 Uhr. Eintritt. 260 HUF. Häufig wegen Bauarbeiten geschlossen. Szerb utca 2–4.

Zentrale Markthalle (Központi Vásárcsarnok): Die 1897 eröffnete und in den 1990er-Jahren vorbildlich restaurierte Markthalle mit ihrem bunten Majolikadach ist die größte der Stadt. Die imposante, 150 m lange „Kathedrale aus Eisen“, die wie eine mittelalterliche Kirche aus zwei Seitenschiffen und einem überhöhten Mittelschiff besteht, ist das Meisterwerk von Samu Pecz. Einst wurden die Waren von den Donauschiffen direkt über einen unterirdischen Tunnel hierher gebracht. Die Stände im **Erdgeschoss**, ein farbenprächtiges Bild aus Gemüse, Obst, Gänseleber, getrockneten Pilzen, Fleisch- und Wurstwaren, sind bei Einheimischen und Touristen gleichermaßen beliebt. Im **Kellergeschoss** finden sich neben einem modernen Supermarkt die Fischhändler und Stände mit Sauergemüse, deren Vielfalt an eingelegten Paprika und Chilischoten einem das Wasser im Mund zusammenlaufen lässt. In den Galerien des **Obergeschosses** werden bestickte Tischtücher und Kunstgewerbe feilgeboten; hier befindet sich auch eine beliebte, preisgünstige Wirtsstube.

⌚ Mo 6–17 Uhr, Di–Fr 6–18 Uhr, Sa 6–14 Uhr. Fővám tér 1–3. Ⓣ 2, 47, 49.

Kleiner Ring (Kiskörút): Der 1½ km lange Kleine Ring umgibt die Pester Innenstadt (Belváros) an Stelle der alten Stadtmauern, deren Reste an einigen Stellen noch zu sehen sind (z. B. an der Ecke Bástya utca/Veres Pálné utca). Der Ring ist allerdings nicht geschlossen, sondern zieht sich mit den Abschnitten Vámház, Múzeum und Károlyi körút von der Freiheitsbrücke (Szabadság híd) bis zum Deák Ferenc tér.

Reformierte Kirche (Református templom): Ein Portikus mit vier Säulen als

Kompakt auf einen Blick: Freiheitsbrücke, Markthalle, Reformierte Kirche

typisches Merkmal des Klassizismus kennzeichnet die 1816–1830 unter Beteiligung von József Hild erbaute Kirche. Sehenswert im Inneren sind die Kanzel, die Chorgalerie sowie die Glasfenster von Miksa Roth.

Ⓞ Nur während der Gottesdienste geöffnet. Kálvin tér 7.

Szabó Ervin könyvtár (Palais Wenckheim): Dieses Schmuckstück des Späthistorismus mit Kuppel und zweiseitiger Wagenauffahrt ließ sich Frigyes Graf Wenckheim, ein wohlhabender Aristokrat und Enkel des berühmten österreichischen Generals Radetzky, 1886–1891 bauen. Seit 1931 ist das Palais das Hauptgebäude der nach dem Politiker und Sozialreformer Ervin Szabó (1877–1918) benannten größten Bücherei Budapests, die mit beeindruckendem Interieur aufwartet: Zwei Ballsäle, ein Empfangssaal, der frühere Speisesaal mit holzgeschnitzter Wendeltreppe sowie der einstige Rauchersalon werden als Lese- und Ausstellungssäle genutzt.

Ⓞ Mo–Fr 10–20 Uhr, Sa 10–16 Uhr. Szabó Ervin tér 1. Ⓜ3 Kálvin tér.

Ungarisches Nationalmuseum (Magyar Nemzeti Múzeum): Die Gründung des heute größten historischen Museums Ungarns geht auf Ferenc Graf Széchenyi zurück. 1802 stellte er mit seiner 20.000 Objekte umfassenden Antiquitäten- und Porträtsammlung den Grundstock des Museums, das 1847 in dem von Mihály Pollack geplanten klassizistischen Tempelbau seine Pforten öffnete. Dem Zweck des Baus entsprechend thront Pannonia, Ungarns weibliche Symbolgestalt, in der Mitte des Giebelfelds der korinthischen Säulenvorhalle, umgeben von Allegorien der Künste und Wissenschaften. Das große Denkmal in der Grünanlage vor dem Museum, ein Werk von Alajos Stróbl (1893), zeigt den ungarischen Dichter János Arany (1817–1882), der mit seinen epischen Werken einen ungarischen Sagenkreis schaffen wollte. Geschichtsträchtig sind auch die Treppen vor dem Museum. Hier soll Sandor Petőfi am 15. März 1848 sein „Nationallied“ rezitiert haben, das die Revolution gegen die Habsburger entfachte (→ Stadtgeschichte).

Man betritt das Museum am oberen Ende der Treppen, also im **ersten Stock.** Auf dieser Ebene befindet sich im rechten Flügel die 2002 neu und ansprechend gestaltete *Archäologische Ausstellung,* die Ungarns Geschichte von der Altsteinzeit über die Römer bis zur Zeit der Awaren (um 800 n. Chr.) mit Fundstücken dokumentiert.

Der erste Saal im linken Flügel birgt hinter dicken Türen in einem abgedunkelten Raum einen der bedeutendsten Schätze des Museums, den *Ungarischen Krönungsmantel.* Die um 1000 aus byzantinischer Seide gefertigte, mit Christus- und Apostelfiguren kunstvoll bestickte Robe spendete der Hl. Stephan der Kirche als Messkleid, ehe es im 13. Jh. zu einem Mantel umgenäht wurde. Die übrigen Krönungsinsignien (Krone, Zepter, Reichsapfel und Schwert) befinden sich seit 2000 im Parlament (→ Kasten S. 184). In der Schatzkammer des Nationalmuseums sind nur mehr die leeren, gepanzerten Truhen zu sehen, in denen sie einst aufbewahrt waren.

Links und rechts der Eingangshalle führen Treppen hinab in das **Erdgeschoss** (Garderobe, Café) mit dem *mittelalterlichen Lapidarium* und weiter in das **Kellergeschoss,** wo rund um ein großes römisches Bodenmosaik aus Nemesvámos eine respektable *Sammlung römischer Grabsteine* gezeigt wird.

Zurück auf der Eingangsebene erreicht man über das imposante, mit Fresken von Mór Than und Károly Lotz ausgemalte und mit Säulen und Büsten geschmückte Treppenhaus den Kuppelsaal im **zweiten Stock.** Von hier nach links wird in acht Sälen die *Geschichte Ungarns vom 11. bis 17. Jh.* dargestellt, von der Staatsgründung zur Zeit der Árpáden bis zur Vertreibung der Türken 1686. Die wertvollsten Stücke sind zwei Kronen, eine byzantinische von 1055 und die auf der Margareteninsel entdeckte Goldkrone aus dem 13. Jh., ein gotischer Baldachin aus Visegrad, spätgotische Kirchenbänke, ein Glaskelch von König Matthias Corvinus so wie ein Kriegszelt und Waffen aus der Türkenzeit.

Die zwölf Räume rechts des Kuppelsaals widmen sich der *Geschichte Ungarns vom 18. Jh. bis 1990;* zu sehen sind zahlreiche Möbel, Porträts und Gemälde, eine Druckerpresse aus der Zeit der Revolution 1848/49 sowie interessante Film- und Fotodokumente aus dem 20. Jh. Ein Raum befasst sich mit den großen ungarischen Wissenschaftlern des 20. Jh. und Nobelpreisträgern.

Ⓞ Di–So 10–18 Uhr. Eintritt in die Dauerausstellung frei, Wechselausstellungen ca. 2.000 HUF. Audioguide 750 HUF/Std. Kostenloser Orientierungsplan auf Deutsch am Infoschalter gegenüber der Kasse. www.hnm.hu. VIII., Múzeum körút 14–16. Ⓜ 3 Kálvin tér.

Praktische Infos

(→ Karte S. 157)

Essen & Trinken

Kárpátia (10), berühmtes ungarisches Restaurant mit prächtigen, freskenverzierten Gewölben, geschnitzten Säulen und Buntglasfenstern von 1877. Großer Gastgarten in einem früheren Klosterhof. Hauptgerichte 3.200–6.000 HUF. Mitte Okt. bis April Sonntagsbrunch für 4.400 HUF. Abends Zigeunermusik. Tägl. 11–23 Uhr. V., Ferenciek tere 7–8, ✆ 3173596. www.karpatia.hu.

Mátyás Pince (17), das legendäre Touristenlokal ist seit 100 Jahren Ziel von Reisegruppen. Die Wände des „Matthiaskellers" sind mit Szenen aus dem Leben von Matthias Corvinus bemalt. Bekannt für Fisch- und Fleischgerichte (im Schnitt 2.800–4.200 HUF). Zigeunermusik. Tägl. 11–1 Uhr. V., Március 15. tér 7, ✆ 2668008. www.taverna.hu.

Képíró (31), das in der gleichnamigen verkehrsberuhigten Gasse, in einem schön renovierten Haus gelegene Restaurant ist

Sehen und gesehen werden – die Gastgärten am Kálvin tér

französisch inspiriert und schmückt sich mit einer Guide-Michelin-Empfehlung für seine kreativ verfeinerte Küche. Mo–Fr 12–15 und 18–24 Uhr, Sa 18–24 Uhr. V., Képíró u. 3, ✆ 2660430. www.kepirorestaurant.com.

Múzeum (12), von 1885 stammendes Café-Restaurant, wo in eleganten, mit Fresken von Károly Lotz verzierten Räumen Kaffee, Kuchen sowie Klassiker der ungarischen und internationalen Küche von 2.800 bis 5.000 HUF auf den Tisch kommen. Abends Klaviermusik. Mo–Sa 12–24 Uhr. VIII., Múzeum krt. 12, ✆ 3384221. www.muzeumkavehaz.hu.

Avocado (44), neues Restaurant und Musikcafé in einer Seitengasse der Váci utca, gestylt wie ein Club der 1920er. Kreativ verfeinerte internationale Küche, z. B. Entenbrust mit flambierten Erdbeeren (2.900 HUF); 3-gängige Mittagsmenüs für 1500 bzw. 3.000 HUF. Tägl. 10.30–1 Uhr. Fr/Sa im Keller bis 5 Uhr morgens Livemusik oder DJ-Nights. V., Nyáry Pál u. 9, ✆ 2663277. www.avocadomusiccafe.hu.

Thai Étterem (52), in üppigem Rattan-Buddha-Dekor wird hier im Kellergeschoss seit 10 Jahren authentische und preiswerte Thai-Küche serviert (im Schnitt 1.800 HUF). Tägl. 12–23 Uhr. V., Só u. 3, ✆ 2660584.

Fakanál Étterem (47), die schlichte Wirtschaft zum „Holzlöffel" in der Galerie der Zentralen Markthalle serviert klassische ungarische Kost zu moderaten Preisen, z. B. Rindsgulasch 2.000 HUF, Gulaschsuppe 790 HUF und süße Strudel 450 HUF. Mo–Fr 10–17 Uhr, Sa 10–14 Uhr. V., Vámház körút 1–3. www.fakanaletterem.hu.

Fatál (33), das bei Touristen und Budapestern beliebte rustikale Kellerrestaurant trägt den Namen „Holzteller". Und auf diesen werden die deftigen, leckeren ungarischen Spezialitäten serviert, in riesigen Portionen und zu akzeptablen Preisen (ca. 2.500 HUF). Reservieren! Tägl. 11–2 Uhr. V., Váci u. 67 – Eingang in der Pintér utca. ✆ 2662607.

Taverna Andreas/Dionysos (35), Souvlaki, Gyros, Moussaka – hier gibt es die ganze Bandbreite griechischer Küche. Geräumiges Lokal mit typisch weiß gekalkten Wänden, das abends meist aus allen Nähten platzt. Im Sommer kleine Terrasse an der Uferstraße mit schönem Blick auf den Gellértberg. Tägl. 12–24 Uhr. V., Belgrád rkp. 16, ✆ 3181222. www.dionysos.hu.

Trattoria Toscana (39), in gemütlich-rustikalem Ambiente genießt man Bruschette (1.100 HUF), köstliche Holzofenpizza (2.000 HUF), hausgemachte Pasta (ca. 1.800 HUF, mit Meeresfrüchten ca. 2.800 HUF) und Fischgerichte (3.000–4.000 HUF) zu einem Glas Vernaccia. Gastgarten an der Donauuferstraße. Tägl. 12–24 Uhr. V., Belgrád rakpart 13, ✆ 3270045. www.toscana.hu.

Südliche Innenstadt/Kiskörút
Karte S. 157

Vegetárium (20), das empfehlenswerte Kellerlokal war vor rund 15 Jahren der erste Vegetarier der Stadt. Große Auswahl an vegetarischen und veganen Speisen, von Fingerfood, Suppen, Salattellern, Pasta- und Tofugerichten bis Pizza und Burrito für durchschnittlich 1.400 HUF. Freundliche Bedienung. Tägl. 11.30–22 Uhr. V., Cukor u. 3, ✆ 4840848. www.vegetarium.hu.

Taverna Pireus Rembetiko (48), die für Kalamari und Fischgerichte bekannte griechische Taverne hat einen großen Gastgarten am Platz vor der Freiheitsbrücke. Hauptgerichte 2.000–4.000 HUF. Fr/Sa abends Live-Musik. V., Fővám tér 2–3, ✆ 2660292. www.pireus.hu.

Centrál Kávéház (1), das 2000 wieder eröffnete berühmte Literatencafé von 1887 versprüht mit seinen großzügigen, prächtig verzierten Hallen wieder k.u.k.-Kaffeehausflair, hier trifft man sich zu Melange, Guglhupf und Gulasch. Die Galerie dient als gehobenes Restaurant. Tägl. 8–24 Uhr. V., Károlyi Mihály u. 9, ✆ 2662110. www.centralkavehaz.hu.

Bécsi Söröző (21), die urige „Wiener Bierstube" mit Plastik-Holznischen sieht immer noch aus wie vor 20 Jahren. Erwartungsgemäß gibt es österreichisch-ungarische Kost zu moderaten Preisen, z. B. Wiener Schnitzel für 2.000 HUF. Mo–Fr 11–22 Uhr, Sa/So 11–16 Uhr. V., Papanövelde u. 8, ✆ 2670225.

Belvárosi Auguszt cukrászda (3), innerstädtische Filiale der traditionellen Budaer Konditorei, etwas versteckt in einem prächtigen Arkaden-Innenhof, der im Sommer als Gastgarten dient. Köstliche Kuchenspezialitäten. Di–Fr 10–18 Uhr. V., Kossuth Lajos u. 14–16, ✆ 3376379. www.augusztcukraszda.hu.

Európa Café (24), kleines, elegantes Café mit Kaffee, Torten, Eis sowie einladender Terrasse in der Fußgängerzone. Tägl. 8.30–19.30 Uhr. V., Váci u. 45, ✆ 3181003.

Anna Café (53), wegen seiner überdachten Terrasse gegenüber der Markthalle beliebtes, modernes Lokal mit Kaffeespezialitäten, Kuchen, Eisbechern, Paninis, Salattellern, Sandwiches und Cocktails zu Váci-utca-Preisen. Tägl. 8.30–24 Uhr. V., Fővám tér 6, ✆ 2662820. www.annacafe.hu.

Café Alibi (29), kleines, romantisches Studentenlokal mit preiswerten Snacks, Salaten, (gegrillten) Sandwiches, Teespezialiäten und Frühstück bis 12 Uhr. Mo–Mi 8–21 Uhr, Do–Fr 8–22 Uhr, Sa 9–21 Uhr. V., Egyetem tér 4, ✆ 3174109. www.cafealibi.hu.

Jegbufe (9), nostalgisches, von Einheimischen stark frequentiertes Stehbuffet hinter großen Auslagenscheiben – Snacks, Torten, Kuchen und Eisspezialitäten. Man bestellt am Tresen, zahlt an der Kasse und holt sein Essen mit dem Bon. Mo–Sa 7–21 Uhr, Do nur bis 19 Uhr. So 8–21 Uhr. V., Ferenciek tere 10, ✆ 3183271.

Lokale Kálvin tér/Ráday utca

Rund zwei Dutzend Restaurants, Szenelokale und ihre Gastgarten reihen sich hier aneinander. Unsere Empfehlungen:

Café Intenzo (40), gemütliches, in Weinrot, Weiß und Holz eingerichtetes Studentenlokal im historischen „Haus zu den zwei Löwen". Hier gibt es Frühstück, hausgemachte Torten und ungarische Küche zu soliden Preisen. Baumbestandener Innenhof, im Sommer Terrasse am Vorplatz. Tägl. 10–24 Uhr. IX., Kálvin tér 9, ✆ 2195213.

Vörös Postakocsi (49), das nach dem Roman „Rote Postkutsche" von Gyula Krúdy (1870–1933) benannte Traditionslokal (seit 1970) verströmt nostalgisches Flair. Die siebensprachige umfangreiche Speisekarte bietet ungarische Spezialitäten von Gulaschsuppe (900 HUF) über Hirschkeule (2.500 HUF) bis zum Graurindfilet (4.000 HUF); großes Weinangebot. Im Sommer wird im Gastgarten gegrillt. Livemusik. Tägl. 11.30–24 Uhr. IX., Ráday u. 15, 2176756. www.vpk.webzona.hu.

Soul Café (46), schickes, beliebtes Café-Restaurant mit großer Auswahl an mediterraner Küche für jeden Hunger zu vernünftigen Preisen – von Bruschetta bis Hühnerbrust in Parmaschinken, von 1.300 bis 4.000 HUF. Viele Topweine und feine Cocktails. Tägl. 12–1 Uhr. IX., Ráday u. 11–13, ✆ 2176986. www.soulcafe.hu.

Time Café & Lounge (50), trendige Musik- und Cocktailbar über zwei Geschosse, deren Markenzeichen die riesige Uhr im Fußboden ist. Feine Getränke und schöne Terrasse. Mo–Mi 11–1 Uhr, Do/Fr 11–2 Uhr, Sa 15–2 Uhr, So 16–1 Uhr. IX., Ráday u. 23, ✆ 4760433. www.time-cafe.hu.

Einkaufen

Zentrale Markthalle (47), Mo–Fr 6–18 Uhr, Sa 7–13 Uhr. IX., Vámház körút 1-3.

MATCH Szupermarket (8), zentral gelegen, unweit der Metrostation. Mo–Fr 6.30–21 Uhr, Sa 7–18 Uhr, So 8–14 Uhr. V., Ferenciek tere 1.

Kőzponti Antikvárium (11), das „Zentralantiquariat" und Auktionshaus mit riesiger Auswahl ist die erste Adresse für gebrauchte deutschsprachige Bücher. Mo–Fr 10–18.30 Uhr, Sa 10–14 Uhr. V., Múzeum krt. 13–15.

Párizsi Udvar Könyvesbolt (6), der kleine Bücherladen im Pariser Hof ist auf Reiseführer spezialisiert. Mo–Fr 9–19 Uhr, Sa 10–13 Uhr. V., Petőfi Sándor u. 2.

Belvárosi (Dunaparti) Aukcióház és Galéria, (13), im Klothildenpalast, eines der größten Auktionshäuser der Stadt mit breitem Angebot an Kunstgegenständen. Mo–Fr 10–18 Uhr, Sa 10–16 Uhr. V., Váci u. 36. www.belvarosiaukcioshaz.hu.

Náray Tamás (14), Haute-Couture-Laden des bekannten ungarischen Modeschöpfers im Ybl-Palast. V., Károlyi Mihály u. 12.

BÁV (7), große Filiale des staatlichen Auktions- und Pfandhauses, spezialisiert auf Porzellan und Gemälde. V., Kossuth Lajos u.1.

Folkart Centrum (45), auf Echtheit geprüftes ungarisches Kunsthandwerk von Stickerei, Keramik bis Schnitzerei und Trachten. Ideal für Souvenirjäger. Mit Budapest-Karte 20 % Nachlass. Tägl. 10–19 Uhr. V., Váci u. 58. www.folkartcentrum.hu.

Honi Élelmiszer (23), „einheimische Lebensmittel", also ungarische Delikatessen, Törley, Tokaj, Gänseleber und Unicum. Mo–Fr 7–22.30 Uhr, Sa/So 9–19 Uhr. V., Váci u. 48/Ecke Nyáry Pál u.

Hephaistos Háza (37), schöner Shop mit Designermöbeln, Lampen, Kerzenständern, Vasen, Objekten aus Glas und Gusseisen. Mo–Fr 11–18 Uhr, Sa 10–14 Uhr. V., Molnár u. 27.

Eclectick Magyar Dizájn (15), freche, knallig bunte Mode junger ungarischer Designer. Mo–Fr 10–19 Uhr, Sa 12–17 Uhr. V., Irányi u. 20. www.eclectick.hu.

V-50 (32), klassische Damenmode aus Leinen und ausgefallene Hüte von Designerin Váleria Fazekas, ausschließlich Einzelstücke. Mo–Sa 13–18 Uhr. V., Belgrád rakpart 16.

Múzeum Antikvárium (16), Bücher, Stiche, Drucke, Ansichtskarten. Mo–Fr 10–18 Uhr, Sa 9–13 Uhr. V., Múzeum krt. 21.

Kodály Zoltán Zeneműbolt, Antikvárium és Hangszerbolt (19), Musikantiquariat mit riesiger Auswahl an alten und neuen Noten. Mo–Fr 10–18 Uhr, Sa 9–13 Uhr. V., Múzeum krt. 17 u. 21.

Antikvitas loft (28), bildhübscher Krämerladen mit Kitsch und Krempel. V., Váci u. 53.

Ernst Galéria (18), zählt zu den Spitzengalerien der Stadt, Gemälde und Möbel des 19./20. Jh., Keramik und Filmplakate. Mo–Fr 10–19 Uhr, Sa 10–14 Uhr. V., Irányi u. 27. www.ernstgaleria.hu.

Flanieren mit Blick auf Buda: Pests berühmter Donaukorso

Tour 8: Nördliche Belváros (Innenstadt) und Donaukorso

Großstädtischer Trubel prägt den zwischen Elisabeth- und Kettenbrücke gelegenen bekanntesten Teil der Pester Innenstadt. Hier sind die Flaniermeilen Váci utca und Donaukorso, die eine gesäumt von schicken Läden und Einkaufspassagen, die andere berühmt für ihren Panoramablick. Doch auch in den Seitengassen gibt es einiges zu entdecken.

Der Nordteil der Innenstadt, die sich mit dem historischen, einst von einer Stadtmauer umschlossenen Pester Zentrum deckt, gilt noch immer als das Herz Budapests. Sein großbürgerlich-elegantes Gepräge erhielt die nördliche Belváros im 19. Jh., als die monumentalen, historistischen Geschäfts- und Bürobauten entstanden. Das zweite Drittel des 20. Jh. steuerte teils protzige, teils hässliche Gebäude bei, die heute immer öfter der Spitzhacke zum Opfer fallen, um zeitgenössischer Glas-und-Stahl-Architektur Platz zu machen. Jüngstes Beispiel ist der spektakuläre Neubau auf dem Vörösmarty tér. Dieser prominente Platz fehlt in keinem Besuchsprogramm, steht doch hier Budapests berühmtestes Kaffeehaus, das Gerbeaud. Überhaupt ist die nördliche Belváros fest in Touristenhand, hier gibt es die meisten Luxushotels, die Abfahrtsstellen für Donaurundfahrten, die schicksten Läden – und den größten Nepp. Etwas abseits der ausgetretenen Pfade findet man aber auch einige architektonische Juwele, sehenswerte Kirchen, gemütliche kleine Plätze und preiswerte Lokale.

Spaziergang

Unser Streifzug durch den Nordteil der Belváros beginnt wie der Rundgang durch die südliche Hälfte am zentral gelegenen **Ferenciek tere** (→ Tour 7). Aus dem hektischen Verkehr des Platzes tauchen wir in der nach Norden führenden Petőfi Sandor utca gleich rechts im Haus Nr. 3 in die beschauliche Welt der Budapester Hinterhöfe ein. Durch die beiden mit außen umlaufenden Gängen, sog. Pawlatschen versehenen, etwas abgewohnten Innenhöfe hindurch treffen wir auf die Városház utca (Rathausgasse), die ihrem Namen gemäß von Amtsgebäuden gesäumt wird. Das pastellgrüne Palais schräg gegenüber ist das **Pester Komitatsgebäude** (**Pesti Vármegyeháza,** 1811–1838), ein schönes Werk des Klassizismus mit drei großen Innenhöfen. Vorbei an der mit korinthischen Säulen verzierten Fassade erreichen wir einen kleinen, stimmungsvollen Platz, dessen Name und Denkmal an Károly Kamermayer, den ersten Bürgermeister des ab 1872 geeinten Budapests, erinnert. Unser Lokaltipp ist hier das „Café Gerlóczy".

Weiter entlang der Városház utca, an der rechter Hand das rot-gelbe → **Zentrale Rathaus (Központi Városháza)** seine monumentale, 190 m lange Barockfassade zur Schau stellt, gelangen wir auf den **Szervita tér (Servitenplatz).** Der frühere Marktplatz bietet rund um die Mariensäule (1730) ein Panoptikum der Baustile: Zur spätbarocken ehemaligen → **Servitenkirche (Szervita templom)** und den drei → **Jugendstilhäusern** an der Westseite gesellen sich die düsteren Bauten der kommunistischen Ära, mit denen Baulücken rücksichtslos gefüllt wurden. Aber nicht mehr lange: Das Park- und das anschließende Bürohaus wurden jüngst an einen ausländischen Investor verkauft, der hier von Stararchitektin Zaha Hadid bis 2009 einen futuristischen „Diamanten" errichten lassen will. Der geplanten Höhe von 75 m steht allerdings die derzeit in der Innenstadt geltende Hochhausgrenze von 30 m im Wege.

Rechts am Parkhaus vorbei, führt ein Abstecher über die Bárczy István utca zum autofreien **Szomory Dezső tér.** Von hübschen Biedermeierfassaden umschlossen und mit dem Brunnen der Wasserkrüge tragenden Danaiden (Danaidak kútja) geschmückt, hat er eine fast wohnliche Atmosphäre. Seine Cafés und Gastgärten künden davon, dass der Spaziergang nun das gastronomische Kerngebiet der Innenstadt erreicht hat. Am Rand des Szomory Dezső tér befindet sich übrigens das zentrale Tourinform-Büro. Die Fehérhajó utca bringt zurück zum Servitenplatz, an den nordwestlich der Kristóf tér (Fußgängerzone) mit netten Geschäften, Gastgärten und dem Brunnen eines Fischermädchens (ung. *Fischer Rézi*) anschließt. Ein paar Schritte noch, und wir stehen inmitten der berühmtesten und teuersten Straße Budapests → **Váci utca,** in der es nach links weiter geht. Neben den Auslagen sollte man die Aufmerksamkeit auch den Fassaden zuwenden. So besitzt der 1905 eröffnete Blumenladen „Philanthia" (Haus Nr. 9) ein sehenswertes Jugendstilportal und -interieur. Reich verziert und mit blauer Zsolnay-Keramik verkleidet ist das Nachbarhaus links (Nr. 11), ein Ödön-Lechner-Bau von 1890. An der zweiten Seitengasse rechts, der Pesti Barnabás utca, verlassen wir die Váci utca wieder. Dort steht das elegante, 1997 hinter historischen Fassaden hochgezogene Einkaufszentrum „Millenium Center" und nebenan das von Andreas Mayerhoffer gebaute üppig-barocke Bürgerhaus **Palais Péterffy** (1755). Hier residiert seit 1831 das Traditionslokal „Százéves"

(→ Essen und Trinken). Nächstes Ziel ist die südlich knapp an der Elisabethbrücke gelegene → **Innerstädtische Pfarrkirche (Belvárosi plébánia templom),** das hinter einer barocken Doppelturmfassade verborgene älteste Bauwerk von Pest. In dem baumbestandenen, etwas verwahrlosten Ausgrabungsgelände neben der Kirche wurden Reste des Römerlagers Contra Aquincum freigelegt, das hier im 3. Jh. n. Chr. eigentlich im „Feindesland", jenseits des Limes (= Donau), errichtet worden war. Der gesamte Platz zur Donau hin heißt heute in Erinnerung an den Revolutionsbeginn am 15. März 1848 Március 15. tér (→ Stadtgeschichte). Sándor Petőfi, einer zentralen Figur des Aufstands, ist in der nordwestlich anschließenden Grünfläche ein Denkmal gewidmet, das den geliebten Lyriker in deklamierender Pose zeigt. Seit seiner Enthüllung 1882 ist es Standort für politische Kundgebungen. Unweit davon erhebt sich die Rokoko-Fassade der 1794 von hier ansässigen griechischen Kaufleuten erbauten **Griechisch-Orthodoxen Kirche (Dormition cathedral),** die im Zweiten Weltkrieg ihren zweiten Turm verlor, im Inneren aber mit einer prächtigen Ausstattung, allen voran die bemalte hölzerne Ikonostase, überrascht (Mi und Fr–So nachmittags geöffnet).

Innerstädtische Pfarrkirche

An der nächsten Kreuzung wenden wir uns nach links der Donau zu, wo sich die beliebte Promenade **Donaukorso (Dunakorzó)** am Fluss entlang bis knapp vor die Kettenbrücke erstreckt. Die grandiose Aussicht von hier auf den Budaer Burgberg (auch nachts!) tröstet darüber hinweg, dass man vom Donauufer durch eine Straßenbahntrasse und die stark befahrene Kaistraße (Belgrad rakpart) getrennt ist. Vor 1945 säumten den Korso elegante Hotelpaläste, denen nach dem Krieg monströse, unansehnliche Klötze von Luxushotelketten nachfolgten, die auch die jüngsten Renovierungen nicht verschönern konnten. Den Blick also nach links gerichtet, flanieren wir bis zum Zentrum des Korsos, dem **Vigadó tér (Redoutenplatz)** mit seinen stets gut besuchten Restaurants und Cafés und der Anlegestelle für die Donaurundfahrten (→ Unterwegs S. 47). Beherrscht wird der Platz von der 2006 prachtvoll renovierten Fassade der → **Pesti Vigadó (Pester Redoute),** die hinter einer Grünanlage mit Brunnen und Rastbänken aufragt. Dass kleine metallene Skulpturen das Zeug zum Wahrzeichen haben (Brüssel und Kopenhagen machten es vor), bewies die 1989 hier an das Geländer vor der Stra-

ßenbahn gesetzte **Kleine Königstochter (Kiskirálylany)** von László Marton, die heute viele Tourismusprospekte ziert.

Der Donaukorso endet im Norden am **Roosevelt tér,** dem lang gestreckten Platz am Pester Kopf der Kettenbrücke, der seinen Namen dem früheren amerikanischen Präsidenten verdankt. Zwischen den hohen Bäumen der straßenumsäumten Grünfläche stehen zwei Denkmäler ungarischer Staatsmänner: Im Süden thront Ferenc Deák, der liberale Politiker und juristische Wegbereiter des österreichisch-ungarischen Ausgleichs von 1867 (→ Geschichte), im Norden steht das Standbild von István Graf Széchenyi. Direkt hinter seinem Rücken erhebt sich der prächtige Bau der → **Akademie der Wissenschaften (Magyar Tudományos Akadémia),** die er 1825 gründete. Ebenfalls am Roosevelt tér, in der direkten Verlängerung der Kettenbrücke (→ S. 134), erhebt sich das **Palais Gresham,** ein 1907 als Domizil der Londoner Gresham-Versicherung erbautes Jugendstiljuwel. Nach jahrelanger, 90 Mio. Euro teurer Renovierung wurde es 2004 als Luxushotel Four Seasons wiedereröffnet. Einen Blick wert sind die schönen schmiedeeisernen Torgitter und die eleganten Fassadenverzierungen.

Vom Roosevelt tér geht es wieder südlich durch die vielleicht schon bald zur Fußgängerzone umgestaltete → **Dorottya utca (Dorotheengasse)** zum Endpunkt und krönenden Abschluss dieser Tour, dem **Vörösmarty tér:** Der von schirmüberspannten Gastgärten, Straßenmusikern und Porträtmalern belebte Platz, der im Dezember für einen Weihnachtsmarkt (→ Veranstaltungen S. 79) genutzt wird, ist das „Herz" der Belváros. Seinen Namen verdankt der Platz dem romantischen Dichter Mihály Vörösmarty (1800–1855); der sitzt, umringt von einer vielköpfigen Zuhörerschaft aus allen Bevölkerungsschichten, in der Mitte des Platzes zwischen Platanen auf einem Sessel –

auf dem er im Winter nicht frieren muss: Dann wird das aus Carrara-Marmor gemeißelte Denkmal (1908) mit einer kugelförmigen Plastikhülle vor dem Frost geschützt.

Im Zentrum der Belváros: das Gerbeaud

Das berühmteste Haus am Vörösmarty tér ist die › **Konditorei Gerbeaud** an der Nordseite. Vor ihrer breiten Terrasse befindet sich der Eingang zur gelben Metro 1 (Földalatti); die 1896 eröffnete erste U-Bahn des europäischen Kontinents fährt unter der Andrássy út zum Stadtwäldchen. Zu den übrigen, schön renovierten, eklektizistischen Geschäftsbauten soll an der Ostseite des Platzes 2007 ein neuer Blickfang hinzukommen. Das von György Fazakas und dem renommierten französischen Architekten Jean-Paul Viguier entworfene futuristische Gebäude wird unter einer vorgehängten Haut aus fünfeckigen Glastafeln stecken, in den unteren Geschossen Geschäfte, darüber Büros und Appartements aufnehmen und mit einer Aussichtsterrasse punkten. Zuvor befand sich hier – an der Rückseite der Pester Redoute (s. o.) – ein Zweckbau aus den 1960er-Jahren, dem niemand eine Träne nachweint.

Wer sich nach dieser abwechslungsreichen Tour stärken will, wird schnell fündig werden. Und wer keine Pause einlegt, gelangt über die Harmincad utca an der schwer bewachten Britischen Botschaft vorbei zum Deák tér, dem Knotenpunkt aller drei Metrolinien – und zum Ausgangspunkt der Touren 9, 10 und 12.

Sehenswertes

Zentrales Rathaus (Központi Városháza): Der eindrucksvolle Bau ist Budapests größtes Barockgebäude. 1727–1735 wurde es nach Plänen des Wiener Baumeisters Anton Erhard Martinelli als Hospital für 4000 Kriegsversehrte aus den Türkenkriegen gebaut und umfasste ein Krankenhaus, eine Schule, Geschäfte und eine Kapelle, deren Turm über dem mit einer Atlas-Statue und Allegorien von Krieg und Frieden geschmückten Mittelportal zu erkennen ist. 1894 bezog der Stadtrat das Gebäude.

Servitenkirche (Szervita templom): Das 1725–1732 von Georg Paur für den Servitenorden errichtete Gotteshaus heißt heute korrekt „Innerstädtische Anna-Kirche" (Belvárosi Szent Anna

Architekturgeschichte zum Anfassen: Häuserzeile am Szervitá tér

Templom), doch ist der alte Name noch immer gebräuchlich. Während an der 1870 angefügten Einturmfassade die Renovierung noch aussteht, glänzt das barocke Innere schon in Mintgrün und Gold.
⌚ Tägl. tagsüber geöffnet. Szervita tér 7.

Jugendstilhäuser am Szervita tér: Anschaulich illustrieren die drei Gebäude den Übergang vom Jugendstil zur Moderne. Während die ehemalige Türkische Bank (*Török bánkáz,* 1906) in der Mitte (Nr. 3) mit dem farbenfrohen Mosaik der Patrona Hungaria und den steinernen Masken im Giebelfeld noch dem dekorativen Stil der Wiener Sezession verhaftet ist, steht das rechts anschließende Wohn- und Geschäftshaus *Kis Luxus* (Nr. 2) mit seiner funktionellen, auf Wirkung der Baumaterialien ausgerichteten Sachlichkeit à la Adolf Loos schon auf dem Sprung in die Moderne. Als ein Meilenstein moderner ungarischer Architektur gilt schließlich das *Rózsavölgyi-Haus* (Nr. 5) ganz links, das der Lechner-Schüler Béla Lajta 1912 plante.

Váci utca: Budapests größte Shoppingmeile zählt – gemessen an den Mieten – zu den 30 teuersten Einkaufsstraßen der Welt. Ursprünglich war die Váci utca ein mittelalterlicher Handelsweg zu der am Donauknie gelegenen Bischofsstadt Vác (Waitzen). Den Standort des 1789 abgerissenen Waitzener Tors (Váci Kapu) markieren heute die weißen Marmoreinlagen im Pflaster unweit des Kristof tér. War die Váci utca zu Zeiten des Staatssozialismus ein Schaufenster des Westens, ist die Straße heute von Geschäften gesäumt, wie es sie in den Einkaufsmeilen jeder anderen europäischen Großstadt gibt: internationale Mode- und Schuhhändler, Schnellrestaurants, Parfümerien, Coffeeshops, Schmuck- und Dessousläden ... Authentisches aus Ungarn erhält man in Porzellangeschäften und Delikatessenläden, vor allem in den Seitengassen und Hinterhöfen, weil hier die Mieten noch erschwinglich sind.

Nördliche Innenstadt/Donaukorso
Karte S. 169

Akademie der Wissenschaften: Hort der Eliten und Konzertsaal in einem

Innerstädtische Pfarrkirche (Belvárosi plébánia templom): Alle Stilrichtungen von der Romanik bis ins 20. Jh. sind hier vereint: Ursprünglich im 12. Jh. errichtet (und wegen der Mauerreste aus dieser Zeit zum ältesten Gebäude Pests geadelt), wurde sie im 14. Jh. gotisch ausgebaut, zur Türkenzeit in eine Moschee verwandelt, nach einem Brand im 18. Jh. von Georg Paur mit einer Barockfassade versehen, im 19. Jh. von Imre Steindl regotisiert und im 20. Jh. beinahe von der Elisabethbrücke „erschlagen", als deren Rampe wenig sensibel neben die Kirche geklatscht wurde.

Das Kircheninnere betritt man durch das mit einer Dreifaltigkeitsgruppe bekrönte spätbarocke Hauptportal. An das barocke Tonnengewölbe des Schiffs schließt der herrliche hochgotische Hallenchor an, dessen Kreuzrippen bunt bemalt sind. Der heutige Hochaltar stammt aus dem 20. Jh., das Altarbild malte Pál Molnár 1948. An der Wand rechts vom Hochaltar ist eine türkische Gebetsnische (Mihrab) zu erkennen.

Ⓞ Tägl. tagsüber geöffnet. V. Március 15. tér. Ⓣ 2, Bus 7.

Pesti Vigadó (Pester Redoute): Das 1859–1865 von Frigyes Feszl errichtete Ball- und Konzerthaus zählt zu den schönsten Bauten der ungarischen Romantik. Seine romanisch-orientalisch inspirierte Schauseite zur Donau zieren allegorische Figuren, Wappen und ein Fries mit den Büsten verdienter Ungarn, wie Béla IV., Széchenyi und andere. In den Konzertsälen der Redoute traten im 19./20. Jh. alle berühmten Musiker ihrer Zeit auf: Franz Liszt, Richard Wagner, Claude Debussy, Johannes Brahms, Herbert von Karajan und natürlich die Ungarn Bartók, Dohnány und Kodály. Wie die Redoute nach der Renovierung genutzt werden soll, stand zum Zeitpunkt unserer Recherche noch nicht fest.

Akademie der Wissenschaften (Magyar Tudományos Akadémia, MTA): Der in Preußens Diensten stehende Friedrich August Stüler (1800–1865), der die Burg Hohenzollern, Schloss Schwerin und das Berliner Neue Museum entwarf, bescherte Budapest 1864 mit diesem Bau einen der ersten Neorenaissance-Paläste. Die von korinthischen Doppelsäulen klar gegliederte Hauptfassade ist mit Terrakottafiguren geschmückt, die passend zum Bau Allegorien der Wissenschaften darstellen. Der prächtige, von Károly Lotz mit Fresken bemalte Zeremoniensaal, der sich hinter den Fenstern vom ersten ins zweite Geschoss erstreckt, wird heute auch als Konzertsaal genutzt.

Dorottya utca/Dorottya Galerie/ Palazzo Dorottya: An der Dorottya-Straße hat sich im Erdgeschoss von Haus Nr. 6, das ein Otto-Wagner-Schüler entwarf, die **Dorottya Galéria** niedergelassen. Hier stellt das Ernst-Museum (→ S. 198) zeitgenössische ungarische Kunstwerke und Fotografien (auch zum Verkauf) aus (Mo–Sa 10–18 Uhr, Eintritt frei). Die Umgestaltung eines historischen Palais der Jahrhundertwende etwas weiter südlich zum „Palazzo Dorottya" mit elegantem Einkaufszentrum und Luxusappartements soll Ende 2007 vollendet sein.

Konditorei Gerbeaud: 1858 gründete Henrik Kugler, der das Konditorenhandwerk in Paris gelernt hatte, ein Kaffeehaus auf dem heutigen József-Nádor-Platz (an der Rückseite des jetzigen Gerbeaud-Hauses). Die Konditorei wurde 1870 in das von József Hild gebaute Palais hierher verlegt, 1908 von Kuglers Kompagnon, dem Genfer Zuckerbäcker Emil Gerbeaud, übernommen. Seit 1995 ist sie in deutschem

Vor der Pester Redoute

Besitz. Das Gerbeaud zählt zu den traditionsreichsten Konditoreien Europas und ist allein wegen seiner edlen nostalgischen Einrichtung mit Stuckdecken, Kronleuchtern, Marmortischen und Brokattapeten einen Besuch wert. Einheimische sind hier allerdings, schon wegen der Preise, kaum mehr zu finden, denn das Gerbeaud gilt als Touristenattraktion ersten Ranges (→ siehe Kasten unten).

Praktische Infos

(→ Karte S. 169)

Essen & Trinken

Arany Bárány (3), wer rustikale Gewölbe, Zigeunermusik und lammfellbezogene Holzbänke mag und für herzhafte ungarische Küche von der Landnahmezeit bis heute (v. a. Lammgerichte) 4.000–6.000 HUF auszugeben bereit ist, ist im „Goldenen Lamm" richtig. Tägl. 12–24 Uhr, eher als Abendlokal zu empfehlen. V., Harmincad u. 7, ✆ 3172703. www.aranybaranyetterem.hu.

Etno Café & Lounge (11), das beigebraune, puristische Bambus-Dekor lässt einen Edel-Asiaten vermuten, doch wird hier sehr gut international gekocht, z. B. kreative Pastagerichte (ca. 2.000 HUF), bodenständig ungarisch oder asiatisch inspiriert (z. B. Entenbrust auf Ingwersauce 3.500 HUF). Tolle Weinauswahl, abends schnell voll. Im Sommer Gastgarten in der Fußgängerzone. Tägl. 9–23 Uhr. V., Fehérhajó u. 5, ✆ 4110643. www.etno.hu.

Százéves Étterem (24), im traditionellen „Hundertjährigen Restaurant" bleibt man dem Klischee treu – ungarische Klassiker von Paprikahuhn (2.700 HUF) bis zur

Kristof tér: schön zum Draußensitzen

Lendenschnitte (5.000 HUF), dazu feine Weine, Kerzenlicht und abends Zigeunermusik. Tägl. 12–24 Uhr. V., Pesti Barnabás u. 2, ✆ 2665240. www.taverna.hu/szazeves.

Fresco Café-Restaurant (9), prominente Lage vor der Redoute, im Sommer stets gut besuchte Terrasse mit Panoramablick. Große Auswahl an internationalen Gerichten, von Schnitzel über Fajitas bis Sushi ab 2.200 HUF. Gute Desserts. Tägl. 12–24 Uhr. V., Vigadó tér 3. www.fresco.hu.

Gerlóczy Kávéház (14), ein Bistro mit Pariser Flair und mit Pfiff verfeinerter ungarisch-französischer Küche. Idealer Ort fürs Frühstück (ab 7 Uhr), mittags gibt es das 2- oder 3-Gang-Menü für 1.300 bzw. 1.600 HUF, abends speist man bei Livemusik (Harfe bzw. Akkordeon). Schöne Terrasse am Platz. Mo–Fr 7–23 Uhr, Sa/So 8–23 Uhr. V., Gerlóczy u. 1. www.gerloczy.hu.

Cyrano (15) war eines der ersten schicken Downtown-Restaurants – inzwischen ist es neu und cool gestylt und noch immer ein angesagter Gourmettempel für die Besserverdiener. Serviert wird französisch-asiatische Fusionküche von Roquefort-Käse bis Schokoladensoufflé. Die Terrasse am Platz ist im Sommer heiß begehrt. Tägl. 11–24 Uhr. V., Kristóf tér 7, ✆ 2664747.

Ocean bar & grill (22), stets gut besuchtes, auf Fisch und Meeresfrüchte spezialisiertes Restaurant. Innen gestylt wie ein Schiffsdeck, auf den Teller kommen die frisch eingeflogenen Tiere der Ozeane, kanadischer Hummer, Thunfisch oder irische Muscheln – ab 2.500 HUF. Tägl. 1–24 Uhr. V., Petőfi tér 3, www.oceanbargrill.com.

Replay Café (8), großes, gemütliches Lokal der italienischen Jeans-Company. Schön sitzt man im Sommer, wenn die Fenster weit geöffnet sind. Gute mediterrane Küche, große Portionen, solide Preise. Mo–Do 10–24 Uhr, Fr/Sa 10–1 Uhr, So 10–24 Uhr. V., Fehérhajó u. 12–14, ✆ 2668333. www.replaycafe.hu.

Gerbeaud (4), Ungarns bekannteste Konditorei (zur Geschichte s. o.) verführt mit einer großen Auswahl an Torten (ca. 680 HUF), Kuchen und Eisspezialitäten zu internationalen Preisen. Das an sich stimmungsvolle Kaffeehaus mit Original-Interieur aus dem 19. Jh. und die angeschlossene Terrasse bieten jeweils Platz für 300 Gäste und sind dennoch (fast) immer hoffungslos überfüllt. Dann lässt mitunter auch der Service zu wünschen übrig. Tägl. 9–21 Uhr. V., Vörösmarty tér 7, ✆ 4299000. www.gerbeaud.hu.

Gerbeaud Sörház (5), Brauhauskeller mit hauseigenem Gerbeaud-Bier und deftigen ungarischen Speisen – von Bierhäppchen über Grillgerichte bis Pörkölt, das im Tontopf und mit Brotkruste zubereitet wird. Tägl. 12–23 Uhr V., Vörösmarty tér 7 (Eingang von der Dorottya utca), ✆ 4299022.

Restaurantschiffe

Spoon The Boat Café & Lounge (7), modern gestyltes Restaurantschiff vor dem Donaukorso, das mit der herrlichen Panoramaterrasse mit Blick zur Burg punktet. Daneben gibt es zwei Restaurants und eine Oriental Bar im Unterdeck. Große Auswahl an internationalen Gerichten zu gehobenen Preisen, abends Livemusik. Tägl. 12–24 Uhr V., Vigadó tér 3, ✆ 4110933. www.spooncafe.hu.

Dinieren mit Panoramablick

Kossuth Museumsschiff – Vénhajó Restaurant (6), das seit Jahrzehnten bei Reisegruppen beliebte Schiff wurde 1913 in einer Budapester Werft als Schaufelraddampfer „Erzherzog Ferdinand" erbaut und 2004 renoviert. Zu bewundern sind Modelle und Fotos zur Donauschifffahrt und der Maschinenraum. Schöner Blick auf den Burgberg. Die Küche serviert ungarische Klassiker zu akzeptablen Preisen. Tägl. 12–24 Uhr. V., Vigadó tér 2.

Columbus Jazzclub (10)→ Nachtleben S. 68.

Einkaufen

Szamos Marcipán (25), Innenstadtfiliale des bekannten Marzipanherstellers, köstliche Pralinen in allen Variationen und das beste Eis der Stadt. Tägl. 10–19 Uhr. Im Sommer Terrasse in der Fußgängerzone (tägl. 10–20 Uhr). V., Párizsi u. 3.

Vass (26), exklusive Schuhe von László Vass, Ungarns berühmtestem Schuhmacher – handgefertigt in 6 Wochen zu entsprechenden Preisen. *Das* Schuhmodell ist der „Budapester", ein Herrenschuh mit breitem Leisten und Lochverzierung. Mo–Fr 10–18 Uhr, Sa 10–13 Uhr. V., Haris köz 2. www.vass-cipo.hu.

Rózsavölgyi Zeneműbolt (16), Ungarns berühmtester Musikladen im Erdgeschoss des Lajta-Baus (s. o.). Klassik, v. a. die ungarischen Komponisten Kodály, Bartók, Liszt sowie Pop, Jazz und Musikliteratur. Mo–Fr 10–18 Uhr, Sa 9–13 Uhr. V., Szervita tér 5.

Press Point – Világsajtó háza (20), das „Haus der Weltpresse" bietet über 1500 ausländische Zeitungen und Zeitschriften, darunter zahlreiche deutschsprachige. Mo–Fr 7–18 Uhr, Sa 7–14 Uhr, So 8–12 Uhr. V., Városház u. 3–5. www.hungaropress.hu.

Regi Posta Antikvitás (19), kleiner Hinterhofladen mit Antiquitäten, Glas, Bildern und Porzellan in einer Seitenstraße der Váci utca. Tägl. Mo–Fr 10–18 Uhr, Sa 10–13 Uhr. V., Régiposta u. 7–9.

Zsolnay-Márkabolt (23), ausschließlich Keramik der berühmten Manufaktur aus Pécs. Mo–So 10–19 Uhr. V., Váci u. 19–21.

Bon Bon Delikatessen (18), Gänseleberpastete, Salami, Tokajer, Sekt und vieles mehr. Mo–So 8–1 Uhr. V., Váci u. 11b (Ecke Régiposta utca).

Folkart Kézművesház (17), großes Geschäft mit viel Auswahl an Keramik, Porzellan, Spitze aus Kalocsa, Tisch- und Zierdecken, gewebten Stoffen, Teppichen, Holzarbeiten und verzierten Eiern. Mo–Fr 10–19 Uhr, Sa 10–16 Uhr. V., Régiposta u. 12. www.folkartkezmuveshaz.hu.

Vali Folklor (21), echte Volkskunst aus der Puszta, Siebenbürgen und der Vojvodina, Trachten, Leder- und Blaufärberwaren, Keramik, Schnitzereien sowie Devotionalien aus sozialistischen Zeiten. Tägl. 10–18 Uhr. Sa/So manchmal geschlossen. V., Váci u. 23 (Innenhof).

Szabadság tér – viel Grün inmitten monumentaler Paläste

Tour 9: Lipótváros (Leopoldstadt)

Das Parlament, Budapests berühmtestes Wahrzeichen, liegt nördlich des Pester Zentrums in Lipótváros. Hier befindet sich das Regierungs- und Bankenviertel mit Ministerien und Amtsstuben im Stil des 19. Jh., mit schicken Bars, Restaurants, zahlreichen Antiquitätenläden – und mit der Stephansbasilika, dem zweiten Prachtbau von Lipótváros.

Nachdem zwischen 1788 und 1808 die Wallmauern und Tore rund um das damalige Pest abgerissen worden waren, hatte die Stadt Platz, sich auch nach Norden auszudehnen. Der kaiserliche Statthalter Erzherzog Joseph ließ dafür 1808 eine Verschönerungskommission einberufen, die Baumeister János Hild, ein Vertreter des Klassizismus, leitete. Der neue Stadtteil erhielt den Namen *Leopoldstadt* nach Kaiser Leopold II., dem Vater des Erzherzogs. Zunächst konnte nur der Abschnitt zwischen der József Attila utca und dem Freiheitsplatz (Szabadság tér) bebaut werden, da auf letzterem noch eine Kaserne der habsburgischen Armee stand. Auf schachbrettartigem Grundriss entstanden vorwiegend klassizistische Monumentalbauten für die Wirtschaft und die Finanzwelt, begonnen wurde mit dem Bau der riesigen Stephanskirche. Erst nach Abriss der Militärbaracken Ende des 19. Jh. konnte der nördliche Teil bis zum Großen Ring neu gestaltet werden – vornehmlich im mittlerweile in Mode gekommenen Jugendstil – die *Postsparkasse* gilt als eines seiner Hauptwerke. Für das Parlament, das im Hinblick auf die Milleniumsfeiern 1896 gebaut wurde, wählte man die englische Gotik – in Anspielung auf England als Heimat des Parlamentarismus.

Heute herrscht in der Leopoldstadt tagsüber rege Geschäftigkeit, die umliegenden Restaurants und Cafés sind zur

Mittagszeit gut gefüllt, doch abends wird es dann schnell ruhig. Nach den Plänen der Stadtbehörden soll sich das bald ändern, mehr und mehr Straßen sollen verkehrsberuhigt werden, neue Hotels, Einkaufszentren und Apartmenthäuser sollen das Viertel beleben.

Spaziergang

Ausgangspunkt ist der **Deák Ferenc tér,** Kreuzungspunkt der drei Metrolinien. Der Metrolinie 1, der ältesten Untergrundbahn Kontinentaleuropas, ist in der Passage der U-Bahn-Station ein kleines → **U-Bahn-Museum (Földalatti vasúti Múzeum)** gewidmet. An dem stets belebten Platz, der nach dem am politischen Ausgleich 1876 maßgeblich beteiligten Ferenc Deák (→ Stadtgeschichte) benannt ist, erhebt sich die → **Evangelisch-Lutherische Kirche (Evangélikus templom).** Im rechts anschließenden früheren Pfarrhaus und Schulgebäude wartet das → **Evangelische Landesmuseum (Evangélikus Országos Múzeum)** mit dem Original-Testament Luthers von 1542 auf. Wir wenden uns nun Richtung Norden der mit modernen Skulpturen gestalteten Grünanlage zu. Treppen führen hier zum unterirdischen **Klub Gödör** (→ Nachtleben S. 68) hinab, wo sich zuvor jahrelang Ungarns bekannteste Baugrube befand – das hier geplante neue Nationaltheater entstand nach politischen Querelen jedoch andernorts (→ Tour 13). Nach der Wasserfläche mit dem gläsernen Boden wenden wir uns nach links und durchqueren die Parkanlage des **Erzsébet tér (Elisabethplatz),** in deren Mitte sich der → **Danubiusbrunnen** erhebt. Linker Hand, also südlich, begrenzt das von Ungarns derzeit führendem Architekten József Finta 1992 entworfene postmoderne Kempinski-Hotel den Platz. Geradeaus weiter treffen wir auf eine Passage, die unter dem protzigen Bür-

Danubiusbrunnen am Erzsébet tér

germeisteramt (Polgármesteri hivatal) hindurch auf den von Bank- und Amtshäusern aus dem 19. Jh. gesäumten → **József Nádor tér** führt. Hier wenden wir uns nach rechts und verlassen den Platz über die Nádor utca Richtung Norden. An der Kreuzung mit der Zrínyi utca verdienen die umstehenden Gebäude Beachtung: Das linke ist der **Duna Palota (Donaupalast),** die Spielstätte des Duna-Folk-Ensembles (→ Folklore S. 176). Das klassizistische Palais rechts in der Nádor utca 7 errichtete Mihály Pollack 1821. Fünf Jahre später schuf er das Palais Festetics (Nr. 9), das seit 1991 die **Mitteleuropäische Universität CEU (Közép-Európai Egyetem)** beherbergt, eine Elitehochschule, die

Vigszínház: Lustspieltheater am Großen Ring

der aus Ungarn stammende Milliardär George Soros gründete.

Nun biegen wir rechts in die Zrínyi utca ein und steuern direkt auf die imposante → **Szent István bazilika (Stephansbasilika)** zu, eine der größten Kirchen Ungarns, deren Kuppel eine unvergleichliche Rundumsicht über Budapest bietet. Der Szent István tér, der Platz vor der Basilika, wurde 2004 verkehrsberuhigt und wartet mit trendigen Restaurants auf, deren Gastgärten im Sommer immer gut besetzt sind. Von den Bauten rundum ist nur das an der linken Seite der Basilika einen näheren Blick wert – es wurde 1853–1857 im Stil eines venezianischen Palasts erbaut. In sein Nachbargebäude, ein Jugendstilwerk von Béla Lajta (Szt. Istvan tér 15), zog 2006 das → **Museum für Handel und Gastgewerbe (Kereskedelmi és vendéglátóipari Múzeum)** ein, das früher im Burgviertel residierte.

Über die Sas utca weiter, treffen wir an der Ecke zur Arany János utca auf das von dunklem Granit und Glas dominierte Bürohochhaus **Bank Center** von 1998, ebenfalls ein Werk von József Finta. Durch das Atrium des Centers hindurch (oder am Center vorbei) erreichen wir die Bank utca, in der sich das sandfarbene, monumentale Hauptgebäude der **Ungarischen Nationalbank (Magyar Nemzeti Bank, MNB)** erhebt. Der palastartige Bau entstand 1902–1905 nach einem Entwurf von Ignác Alpár, *dem* Budapester „Bankenbauer" der damaligen Zeit. Reliefs an der Fassade stellen Handelsszenen dar. Rechter Hand, an der Ecke Bank utca/Hercegprímas utca ist in der „Apotheke zur Jungfrau Maria" (Gyógyszertar Szüz Maria) noch die alte Inneneinrichtung von 1848 zu bestaunen. Entlang der von Platanen gesäumten Hold utca (Mondgasse) geht es weiter Richtung Norden und vorbei an einem der schönsten Jugendstilgebäude Budapests, der → **Postsparkasse (Postatakarék pénztár)** mit ihrem berühmten grün-gelben Keramikdach (links, Nr. 4). Bald folgt rechts auf Nr. 13 eine der fünf historischen Markthallen (→ Einkaufen S. 81). Schließlich treffen wir auf eine breite Straßenkreuzung, in deren Mitte eine große Laterne mit Ewigem Licht (Batthyány örökmécses) an jene Stelle erinnert, an der Lajos Batthyány im Oktober 1849 von kaiserlichen Truppen erschossen wurde (→ Stadtgeschichte). Scharf links in die Aulich utca eingebogen, führt diese auf den weiten → **Szabadság tér (Freiheitsplatz)**, einen der größten Plätze Pests. Monumentale Bauten säumen den Platz, der nach seiner Verkehrsberuhigung zu einer grünen Oase mit hohen Bäumen, Bänken, Spielplatz und einem kleinen Café geworden ist.

Wir verlassen den Szabadság tér über die Vécsey utca – mit der Kuppel des Parlaments vor Augen. Am Ende der Straße, am Vértanúk tere, erinnert seit 1996 ein viel fotografiertes **Denkmal an Imre Nagy:** Der 1958 hingerichtete Reformer und 1956 Kurzzeit-Ministerpräsident lehnt am Brückengeländer, den Blick sehnsüchtig auf das Parlament gerichtet. Nur wenige Schritte noch, und wir stehen an der Südostecke des weiträumigen Kossuth Lajos tér, wo wir das monumentale → **Parlamentsgebäude (Országház)** erstmals in voller Breite vor Augen haben. Seiner gewaltigen Fassade vorgelagert sind Grün- und Parkflächen, die in unruhigen Zeiten großräumig mit Gitterzäunen abgerie-

Das Ethnographische Museum war als Parlament nicht gut genug

gelt sind. Dort stehen sich die Denkmäler zweier Nationalhelden gegenüber: Lajos Kossuth, der Namensgeber des Platzes und Anführer des Freiheitskampfes gegen die Habsburger 1848/49, ist von Anhängern aus dem Volk umgeben. Dem siebenbürgischen Fürst Ferenc II. Rákóczi, der den Aufstand 1703–1711 leitete, ist ein Reiterstandbild gewidmet.

Die im Vergleich zum Parlament bescheidenen Gebäude direkt gegenüber waren zwar im Architekturwettbewerb unterlegen, wurden aber dennoch realisiert. Das Gebäude mit der Kolonnade im Obergeschoss, das 1885 als **Landwirtschaftsministerium (Földművelésügyi és vidékfejlesztési Minisztérium, FVM)** erbaut wurde, errang im Wettbewerb Platz drei. Die in den Arkaden eingemauerten Metallkugeln erinnern an die Opfer der Schießerei zu Beginn des Aufstands 1956. Der nördlich gelegene Bau (Platz zwei), 1893–1896 als Justizpalast errichtet, beherbergt heute das → **Ethnographische Museum (Néprajzi Múzeum).**

Wer sich nicht für eine Umrundung des Parlaments begeistern kann, die zum 2005 errichteten Holocaust-Mahnmal am Donaukai führt (→ **Denkmäler um das Parlament**), kann den Spaziergang in der **Falk Miksa utca** fortsetzen, die von der Nordostecke des Kossuth tér geradeaus nach Norden führt. Seit den 1990er-Jahren hat sie sich zu *der* Antiquitätenstraße Budapests entwickelt, ein Geschäft reiht sich ans andere. Neben den „Antikvitas"-Läden in der Gasse erfreuen die prächtigen Eingangstore der Gründerzeitbauten das Auge, ganz im Gegenteil zum monströsen Amtsgebäude des Nationalen Sicherheitsdienstes (Nemzetbiztonsági Hivatal, NBH) rechter Hand. Am Großen Ring angekommen, der hier **Szent István körút** (St.-Stephan-Ring) heißt, folgen wir diesem nach rechts, vorbei am beliebten „Kávéház Europa" (Nr. 7). Bald zieht auf der anderen Straßenseite ein imposanter Kuppelbau die Blicke auf sich – es ist das neobarocke **Vígszínház (Lustspieltheater)** von 1895/96, das die unverkennbare Handschrift der berühmten Theaterarchitekten der Jahrhundertwende, Ferdinand Fellner und Hermann Helmer, trägt. Hier steht Schauspiel und Boulevard in Ungarisch auf dem Programm. Das Viertel, das sich vom Szent Istvan körút nach Norden anschließt, ist die → **Neu-Leopoldstadt (Újlipótváros),** eine schon seit der Wende zum 20. Jh. vom jüdischen Bürgertum geschätzte Wohngegend.

Der Szent István körút endet am Nyugati tér (Westplatz), der durch die aufgestelzte Straße und das mit brauner

Glasfassade verkleidete Skála-metro-Kaufhaus ziemlich verschandelt ist. Dabei steht an der Ostseite des Platzes mit dem denkmalgeschützten → **Westbahnhof (Nyugati pályaudvar)** eine sehenswerte Eisenkonstruktion aus dem 19. Jh., der Endpunkt dieser Tour.

Von hier gelangen wir mit Metro 3 wieder zurück zum Deák F. tér. Mit den Tramlinien 4 oder 6 ginge es weiter am Großen Ring entlang. Wer Lust auf Shopping hat, kann das im riesigen, nördlich an den Nyugati-Bahnhof anschließenden **Westend City Center** (→ Einkaufen) tun oder auf dem dahinter gelegenen **Markt am Lehel tér** (Metro 2 Lehel tér), der noch wenig touristisch ist.

Sehenswertes

U-Bahn-Museum (Földalatti vasúti Múzeum): In einem nicht mehr genutzten Tunnelabschnitt der 1896 eröffneten Untergrundbahn (heute gelbe Metro 1) sind Dokumente, Modelle und Schautafeln zu ihrer Geschichte zu sehen – und als Highlight eine Bahngarnitur aus dem Eröffnungsjahr.

Ⓘ Di–So 10–17 Uhr. Eintritt 185 HUF, erm. 130 HUF, mit Budapest-Karte frei. Ⓜ 1, 2, 3 Deák tér.

Evangelisch-Lutherische Kirche/Evangelisches Landesmuseum: Nachdem Joseph II. den Reformierten den Bau eigener Gotteshäuser gestattet hatte, ließ die lutherische Gemeinde 1791 hier eine Kirche bauen, der Mihály Pollack um 1808 den letzten Schliff verpasste. Den klassizistischen Portikus mit den dorischen Säulen fügte József Hild 1856 hinzu. In dem ganz in Weiß gehaltenen Innenraum mit seinen Emporen setzt eine Kopie von Raffaels „Verklärung Jesu" einen Farbtupfer. Berühmtester Schüler der alten evangelischen Schule nebenan war der Nationaldichter Sándor Petőfi. Das kleine **Evangelische Landesmuseum** zeigt das Originaltestament Martin Luthers – fünf 1542 von ihm handgeschriebene Seiten – und dokumentiert die Geschichte der ungarischen Lutheraner.

Ⓘ Di–So 10–18 Uhr, von Nov. bis März nur bis 17 Uhr. Eintritt 400 HUF, erm. 200 HUF, mit Budapest-Karte frei. V., Deák tér 4. Ⓜ 1, 2, 3 Deák tér.

Danubiusbrunnen: Der von Miklós Ybl 1880–1883 gebaute sehenswerte Brunnen zierte einst die Mitte des Kálvin tér (→ Tour 7). Oben thront nackt und bärtig Danubius als Allegorie der Donau, die drei weiblichen Sitzfiguren am unteren Becken verkörpern die Donauzuflüsse Theiß, Drau und Save.

József Nádor ter: Der Platz trägt den Namen von Erzherzog Joseph, der von 1796–1847 Palatin nádor, kaiserlicher Statthalter von Ungarn, war und in Bronze gegossen die Mitte des Platzes bewacht. Bei den Magyaren war er –

Imre Nagy – bis heute verehrt

obwohl Habsburger – beliebt, weil er sich für die Verschönerung der Stadt einsetzte. Die Westseite des Platzes beherrscht der protzige Bau des Finanzministeriums (Pénzügyminisztérium); das nördlich anschließende, schöne klassizistische Palais Gross (Nr. 1), 1824 von József Hild erbaut, ist zurzeit ungenutzt. Gegenüber kann man im Haus Nr. 11 das berühmte Herend-Porzellan erwerben.

Szent István bazilika (Stephansbasilika): Am Ende war es die größte Kirche Budapests, doch die Bauarbeiten hatten es in sich: Begonnen wurde 1851, den klassizistischen Entwurf lieferte József Hild, der zuvor schon die Kirchen von Eger und Esztergom geplant hatte. Als Hild 1867 starb, folgte ihm Miklós Ybl. Ein Jahr später brachte ein Sturm die fertige Kuppel und die halbe Kirche zum Einsturz. Ybl gestaltete daraufhin die Pläne um, wobei er kein Hehl um seine Vorliebe für monumentale Bauten im Stil der Neorenaissance machte. Nach Ybls Tod 1891 vollendete József Kauser die Basilika bis 1905. Sie ist 86 m lang, 55 m breit, ihre Kuppelhöhe beträgt 96 m und ist somit exakt so hoch wie die Kuppel des Parlaments. Die beiden Türme an der Westfassade messen 80 m. In einem der beiden hängt eine neun Tonnen schwere Glocke, die größte Ungarns, die von deutschen Spendern 1989 finanziert wurde.

Das Hauptportal der Basilika ist wie eine Triumphpforte gestaltet. Vier korinthische Pilaster tragen das Giebelfeld mit der Patrona Hungariae im Kreise der Heiligen. Die geschnitzte Tür des Portals zieren die Köpfe der 12 Apostel, das Mosaik darüber schuf Mór Than. Farbenprächtige Mosaike dominieren auch das Innere der Basilika, das sich über einem kreuzförmigen Grundriss erhebt und 8500 Menschen Platz bietet. Die Mosaike wurden von Károly Lotz und Gyula Benczúr entworfen und in Venedig gefertigt. Im Zentrum des halbkreisförmigen Hochaltars steht eine Marmorstatue des Hl. Stephan von Alajos Stróbl, die Mosaike in der Apsis zeigen Szenen aus dem Leben des Heiligen.

Die kostbarste Reliquie der Basilika ist **Szent Jobb,** die „heilige Rechte" von König Stephan I. – das mumifizierte Stück Unterarm ist in einer Kapelle links vom Hochaltar in seinem Schrein ausgestellt und nur zu erkennen, wenn man mit einem 100-HUF-Stück die Beleuchtung einschaltet. Oder man wartet auf den 20. August, den Stephanstag, wenn der Schrein in einer Prozession durch Pest getragen wird. Eine kleine Schatzkammer rechts vom Hauptportal zeigt liturgische Gegenstände. Der Aufstieg in die **Kuppel** führt über 370 Stufen sowie, weniger schweißtreibend, über zwei Aufzüge.

◷ **Kirche**: Mo–Fr 9–17 Uhr, Sa 9–13 Uhr, So 13–17 Uhr sowie tägl. 19–19.30 Uhr. Eintritt frei. Messen tägl. um 18 Uhr, am So 8, 10, 12, 18 Uhr. **Kuppel** (370 Stufen oder Aufzug): April/Mai 10–16.30 Uhr, Juli/Aug. 9.30–18 Uhr, Sept./Okt. 10–17.30 Uhr. Ticket: 500 HUF, erm. 400 HUF, mit Budapest-Karte 20 % Nachlass. Ⓜ 1, 2, 3 Deák tér.

Museum für Handel und Gastgewerbe (Kereskedelmi és Vendéglátóipari Múzeum): Bis zur Fertigstellung der Dauerschau werden hier Wechselausstellungen gezeigt. Zur Zeit unserer Recherche präsentierte das Museum Leben und Werk von Karoly Gundel, Ungarns berühmtestem Koch, sowie eine Schau alter Werbeplakate von 1885–1945.

◷ Mi–Mo 11–19 Uhr. Wechselausstellungen 500 HUF, erm. 300 HUF. Der Eintritt in die Dauerausstellung wird frei sein. www.mkvm.hu. V., Szent István tér 15. Ⓜ 1, 2, 3 Deák tér.

Postsparkasse (Postatakarék pénztár): Mit diesem Bankgebäude schuf Ödön Lechner 1900/01 eines der Hauptwerke des ungarischen Jugendstils. Die mit Backsteinen und bunten Kacheln

Die Stephansbasilika (19 Jh.) ist das größte Gotteshaus der Stadt

EGO SUM VIA VERITAS ET VITA
1456
1956

reich ornamentierte Fassade endet in wellenförmigen Zinnen, auf denen – Symbol der Sparsamkeit – Bienenstöcke aus Keramik sitzen. Wer genau hinschaut, sieht auch die dazugehörigen Bienen die Wände hochkrabbeln. Hinter den Zinnen erhebt sich das mit grünen und gelben Keramikziegeln gedeckte, verspielte Dach, das am besten von der Kuppel der Stephansbasilika aus zu sehen ist. Seit 1945 wird das Postsparkassengebäude von der Nationalbank genutzt.

Szabadság tér (Freiheitsplatz): Der lang gezogene, hufeisenförmige Platz wurde nach Abbruch der verhassten habsburgischen Leopoldstädter Kaserne Ende des 19. Jh. angelegt. Repräsentative Bankenpaläste wurden rund um den Platz hochgezogen, die mit ihren reich verzierten Historismus- und Jugendstilfassaden ein prächtiges Bild ergeben. Die gesamte Westseite des Freiheitsplatzes beherrscht die monumentale **Alte Börse,** 1905 von Ignác Alpár geplant und damals das größte Börsengebäude Europas. 1958 zog MTV hier ein – nicht der Musiksender, sondern das **Ungarische Staatsfernsehen (Magyar Televízió).** Die Nationalbank an der Ostseite des Platzes haben wir schon von der Bank utca aus gesehen (s. o.). Durch Betonpfeiler und Rampen schwer gesichert ist die US-Botschaft im Jugendstilhaus Nr. 12. Der große Obelisk mit dem goldenen Stern im begrünten Rondeau erinnert an die Soldaten der sowjetischen Armee, die bei der Befreiung Budapests 1945 ihr Leben ließen – es ist heute das einzige sowjetische Denkmal, das noch an seinem alten Platz steht. Alle anderen

Nationalsymbol Stephanskrone

Schief ist das Kreuz der ungarischen Stephanskrone – angeblich rührt der Makel von einem Sturz her, was bei einem Gewicht von 2½ kg nicht verwundert. Unklar jedenfalls ist die Herkunft der königlichen Insignie, abenteuerlich ist ihre Geschichte. Obwohl die Krone den Namen von Ungarns erstem König Stephan (1000–1038) trägt, hat sie dieser mit Sicherheit nicht zur Krönung getragen – sie wurde erst später aus zwei Teilen zusammengefügt: Auf den unteren Teil, einen griechisch-byzantinischen Reif aus dem späten 11. Jh., wurde im 13. Jh. ein Kreuzbügel mit lateinischer Inschrift montiert. Byzanz unten, Rom oben – fast scheint es, als hätten die Schöpfer beiden Kirchen gefallen wollen.

Das Stück war als Machtsymbol heiß begehrt, denn wer sie ihr eigen nannte, durfte über Ungarn herrschen. Durch die bewegte Geschichte des Landes kam es dazu, dass die Krone häufig versteckt werden musste, lange Jahre galt sie überhaupt als verschollen. So kam sie während der Türkenherrschaft von Buda nach Preßburg, später nach Prag und Wien. Ihren letzten Einsatz hatte das Prachtstück 1916 bei der Krönung von Karl IV. (Kaiser Karl I.). 1945 nahmen die ungarischen Faschisten die Krone auf der Flucht vor den Sowjettruppen nach Österreich mit. Dort fiel sie in die Hände der Amerikaner, die sie in Fort Knox versperrten. Erst 1978 gab sie US-Präsident Carter an Ungarn zurück. 1990 wurde die Krone symbolisch ins Staatswappen integriert, seither ist Ungarn eine Republik mit den königlichen Insignien der Macht. Im Jahr 2000, zur Tausendjahrfeier der Krönung Stephans I., ließ Ministerpräsident Viktór Orbán die Stephanskrone mit den anderen Krönungsinsignien (außer dem Krönungsmantel) vom Nationalmuseum ins Parlament überführen.

8500 Menschen finden in der Basilika Platz

wurden in den Skulpturenpark (→ S. 242) verbannt.

Parlament (Országház): Budapests bekanntestes Bauwerk entstand in 17-jähriger Bauzeit (1885–1902) nach einem Entwurf von Imre Steindl, der den Architekturwettbewerb für sich entscheiden konnte. Mit 268 m Länge, 123 m Breite und einer Kuppelhöhe von 96 m war es das größte Parlamentsgebäude der Zeit und ein angemessenes optisches Gegengewicht zum Burgpalast in Buda. Für die neugotische Architektur mit Spitzen und Türmchen diente der Londoner Westminster-Palast als Vorbild, die Kuppel im Zentrum ist von der Renaissance inspiriert. Der für den Bau verwendete Kalkstein ist übrigens der Grund, dass man das Parlament nie ganz ohne Baugerüst sehen wird. An den Fassaden reihen sich 88 Statuen von ungarischen Fürsten, Königen und Feldherrn. Die beiden symmetrischen Gebäudetrakte rechts und links des Kuppeltrakts umschließen insgesamt 10 Innenhöfe, 700 Räume und je einen Sitzungssaal, der von außen an seinem von vier Ecktürmchen gesäumten erhöhten Dach zu erkennen ist. Der südliche Saal ist der Plenarsaal für die 386 Abgeordneten, der nördliche dient, weil das Parlament heute nur mehr aus einer Kammer besteht, als Tagungsort für Konferenzen.

Die monumentale Pracht setzt sich auch im reich vergoldeten **Inneren** fort. Höhepunkte sind das prunkvolle Treppenhaus, für das Károly Lotz die Deckenfresken, Miksa Roth die farbigen Fenster und György Kiss die Skulpturen schuf, sowie die Kuppelhalle im Obergeschoss, deren 16 mit Herrscherfiguren verzierte Pfeiler in der Kuppelmitte zu einem goldenen Stern zusammenlaufen. Dort werden die Krönungsinsignien mit der berühmten Stephanskrone aufbewahrt.

Weitere sehenswerte Räume sind der Gobelinsaal mit einem riesigen Wandteppich und der Munkácsy-Saal in der südwestlichen Ecke des Gebäudes mit dem berühmten Historiengemälde „Die Landnahme“ (1896) von Mihály Munkácsy.

Führungen **deutsch:** tägl. 11 Uhr, von Juli bis Sept. auch 15 Uhr; **englisch:** tägl. 10

Lipótváros Karte S. 179

Holocaust-Mahnmal am Donauufer

und 14 Uhr. Die Tickets (2.400 HUF, für EU-Bürger mit Ausweis gratis) sind ab 8 Uhr bei Tor X erhältlich. Bei Sitzungen und Veranstaltungen entfallen die Führungen. Ⓜ 2 Kossuth tér.

Ethnographisches Museum (Néprajzi Múzeum): Seit 1975 ist das Museum im früheren Justizpalast untergebracht, dessen imposante eklektische Architektur von Alajos Hauszmann beeindruckt. Die Fassade dominiert ein Portikus mit sechs Säulen, am Giebel zwischen den beiden Türmen reitet die Göttin der Gerechtigkeit auf einem Dreigespann. Überaus prachtvoll und einen Besuch wert ist das mit viel Marmor und goldenem Stuck gestaltete Innere. Herzstück des Gebäudes ist das weite, über zwei Geschosse reichende Treppenhaus, über das sich ein Deckengemälde von Károly Lotz spannt.

Das Ethnographische Museum war zur Zeit seiner Gründung 1872 eines der ersten Europas und besitzt heute eine Sammlung von rund 200.000 Objekten. Im ersten Obergeschoss widmet sich die volkskundliche Dauerausstellung „Traditionelle Alltagskultur der Ungarn" in 13 Räumen der Lebensweise der ungarischen Bauern vom 18. Jh. bis zum Ersten Weltkrieg. Zu sehen sind Handwerkserzeugnisse, original ausgestattete Stuben, Kunsthandwerk, Trachten, Hausrat und Kleidung; Objekte und Utensilien veranschaulichen die Bräuche des Lebenslaufs von der Geburt bis zum Tod. Im 2. Obergeschoss zeigt die internationale völkerkundliche Sammlung Exponate aus Asien und Ozeanien. Zusätzlich gibt es immer wieder interessante Wechselausstellungen.

🕐 Di–So 10–18 Uhr. Eintritt in die Dauerausstellung frei; Wechselausstellungen 1.300 HUF, erm. 700 HUF. Exponatbeschreibungen auch in Englisch. www.neprajz.hu. Ⓜ 2 Kossuth tér.

Denkmäler um das Parlament/ Holocaust-Mahnmal: Unweit des Reiterstandbilds von Fürst Rákoczi erinnern ein symbolisches Grab und die ungarische Fahne mit dem entfernten Sowjetemblem an die Opfer des Aufstands von 1956. Daran vorbei trifft man vor der Südfront des Parlaments auf die Bronzeskulptur des am Boden sitzenden ungarischen Lyrikers Attila József (1905–1937), ein Werk von László Marton (1980). Richtung Donau findet sich an der Balustrade ein Gedenkstein für die Kossuth-Brücke, die hier von 1948 bis 1960 den Fluss überspannte, als die übrigen Brücken noch zerstört waren.

Das in seiner Schlichtheit bestechende **Holocaust-Mahnmal** von Gyula Pauer befindet sich ein Stück flussabwärts am unteren Donaukai (Achtung beim Überqueren der Kaistraßen): Auf einer Länge von 40 m hat der Künstler 60 Paar metallene Schuhe auf der Kaimauer platziert, die symbolisch an die vielen Tausend Juden erinnern, die hier von den Pfeilkreuzlern Ende 1944 in die Donau getrieben und erschossen wurden – zu einer Zeit, als die Sowjets bereits die Stadt besetzt hatten!

Am breiten Donaukai schlendert man die imposante Ostfassade des Parlaments entlang, steigt an ihrem Ende über Treppen in den nordseitig gelegenen Park hinauf, wo unter einem Bogen die von Imre Varga geschaffene Skulptur eines gebrechlichen Mannes steht – sie zeigt Mihály Graf Károlyi, den ersten ungarischen Ministerpräsidenten nach 1918.

Neu-Leopoldstadt (Újlipótváros): Seit der Wende zum 20. Jh. entwickelte sich dieser Stadtteil zur bevorzugten Wohngegend des jüdischen Bürgertums, und auch heute leben hier wieder viele Juden. Interessanteste Straße des Viertels ist die Pozsony út (Preßburgerstraße), an der in den 1930er-Jahren eine Reihe von Wohnbauten im Bauhaus-Stil errichtet wurden. 1944 richteten die Nazis hier das internationale Ghetto ein, in das alle Juden zwangsumgesiedelt wurden, die Schutzpässe neutraler Länder besaßen (→ Tour 12, Kasten S. 222). Viele entkamen dem Terror der Pfeilkreuzler dennoch nicht. Sie wurden ans Donauufer geschleppt und von dort buchstäblich in den Fluss geschossen.

Nyugati pályaudvar (Westbahnhof): Das mit dem Turm in Paris später weltberühmt gewordene Architekturbüro von Gustave Eiffel errichtete bereits 1874–1877 dieses bemerkenswerte (mittlerweile leider sehr heruntergekommene) Gebäude, ein markantes Beispiel für die Industriearchitektur des 19. Jahrhunderts. In der Halle hinter der großen Glasfassade ist links der Eingang zum ehemaligen königlichen Wartesaal zu erkennen, beschriftet mit dem Wahlspruch der Habsburger „Viribus unitis". Im eleganten historistischen Saal des früheren Bahnhofsrestaurants hat sich inzwischen McDonald's ausgebreitet.

Lipótváros
Karte S. 179

Praktische Infos

(› Karte S. 179)

Essen & Trinken

Lou Lou (37), hervorragendes, nicht ganz billiges französisches Restaurant, das zu den raffiniert verfeinerten Speisen exzellente Weine kredenzt. Unkomplizierte Atmosphäre. Spezialitäten sind Seefisch, Gänseleber und Salate, im Schnitt 3.000 HUF. Reservieren! Mo–Fr 12–15 Uhr, 19–23 Uhr, Sa 19–23 Uhr. V., Vigyázó Ferenc u. 4, ✆ 3124505.

Meridon (20), fast zu übersehen ist der Eingang in das im Keller gelegene Restaurant, das mit edel-minimalistischem Design, schmackhafter ungarisch-internationaler Küche und großer Weinauswahl punktet. Lammrippen kommen für 4.000 HUF auf den Teller, das Lachsfilet für 3.800 HUF, jeweils mit reichlich Beilagen. Tägl. 12–24 Uhr, V. Markó u. 33, ✆ 3540262.

Tom George (44), eines der coolen, neuen Restaurants für schickes Publikum. Die Karte bietet Mediterranes und Ungarisches, modern interpretiert und zu erwartungsgemäß hohen Preisen, das Sushi wird von einem japanischen Koch zubereitet. Tägl. 12–24 Uhr. V., Október 6 utca 8, ✆ 2663525.

Pomo d'Oro (33), beliebte, gemütliche Trattoria mit leckerer Holzofenpizza (1.300–2.000 HUF), auf Lava gegrillten Steaks (3.500 HUF), Pasta, Risotto, Fisch und Meeresfrüchten. Gute Auswahl an italienischen Weinen. Reservieren! Mo–Fr 11–24 Uhr, Sa/So 12–24 Uhr. Arany János u. 9, ✆ 3026473. www.pomodorobudapest.com.

La Fontaine (47), Restaurant-Bistro mit authentischem Pariser Flair, immerhin stammt der Chef aus Marseille. Französische Küche zu gehobenen Preisen (4.000–6.000 HUF), Schwerpunkt sind Fisch und Meeresfrüchte. Wechselnde Tagesgerichte, unprätentiöses Ambiente. Mo–Sa 19–22 Uhr. V., Mérleg u. 10, ✆ 3173715. www.lafontaine.hu.

Mokka (46), modernes, stilvolles Restaurant mit nordafrikanisch-orientalischem Dekor und kreativer, internationaler Küche zu gehobenen Preisen (3.000–8.000 HUF). Die schön angerichteten Speisen lassen sich vorwiegend Geschäftsleute schmecken. Mo–So 12–24 Uhr. V., Sas u. 4, ✆ 328 0081. www.mokkarestaurant.hu.

Kashmir (34), kleines indisches Restaurant mit ausgezeichneter, preiswerter Küche (Curry 1.600–2.000 HUF). Gemütliches Ambiente, netter Service. Große Auswahl an Vegetarischem. Tägl. 12–16 und 18–23 Uhr. V., Arany János u. 13, ✆ 3541806. www.kashmiretterem.hu.

Leroy (43), modern gestyltes, trendiges Lokal in schrillem Grellrosa und Grün, mit Terrasse am Platz vor der Basilika. Ungarisch-internationale Crossover-Küche zu etwas gehobenen Preisen (Hauptspeisen 2.700–6.000 HUF). Tägl. 11–24 Uhr. V., Sas u. 11, ✆ 2665248. www.leroy.hu

Sparen im Jugendstil: die Postsparkasse

Negro (40), Schwarz und Chrom dominieren das schicke Café-Restaurant, das die sonnigste Ecke vor der Stephansbasilika okkupiert hat. Die köstliche, kreativ verfeinerte ungarisch-mediterrane Küche zu noch akzeptablen Preisen zieht ein internationales Publikum an. Lounge und Bar mit tollen Cocktails bis nach Mitternacht. Mo–Do 8–1 Uhr, Fr/Sa 8–2 Uhr. V., Szt. István tér 11, ✆ 3020136.

Café Kör (36), in warmen Farben geschmackvoll eingerichtetes Café-Restaurant mit Bistro-Atmosphäre; hochgelobte ungarische und internationale Küche zu angemessenen Preisen (2.000–4.000 HUF). Besonders leckere Salate, Desserts und Fischgerichte. Reservieren! Mo–Sa 10–22 Uhr. V., Sas u. 17, ✆ 3110053.

Belgisches Biercafé Mosselen (2), Frühstück bis 11.30 Uhr mit Waffel und Croissant, abends gut besuchtes Pub mit 38 verschiedenen Biersorten, darunter auch Framboise und Kriek, das belgische Himbeer- oder Kirschbier. Als Unterlage bieten sich Salate (1.800 HUF), Muscheln (4.000 HUF) oder Fisch (3.000 HUF) an, die in der Karte lustige Namen erhielten. Tägl 8.30–24 Uhr. XIII., Pannónia u. 14, ✆ 4520535. www.mosselen.hu.

Café Picard (14), von Einheimischen gern frequentiertes Café mit Bistro-Atmosphäre, einfachen Holzstühlen und grünen Lampen. Sandwiches, Salate. Mo–Fr 8–22 Uhr, Sa 10–20 Uhr. V., Falk Miksa u. 10, ✆ 4730939.

Nádor Magyaros Borétterem (30), auf Tradition bedachtes, unverkitschtes Restaurant in einem Kellergewölbe, wo Klassiker der ungarischen Speisekarte (Hauptgericht 2.000–4.000 HUF) und rund 70 Weine kredenzt werden – Do bis Sa bei Zigeunermusik. Tägl. 11–24 Uhr. Eingang in der Zoltán utca. V.,Nádor u. 30, ✆ 30230286.

Iguana Bar & Grill (28), die stets belebte „La Cantina de Budapest" bietet lateinamerikanische Kost in entsprechendem Interieur. Tex-Mex Spezialitäten von Chorizo bis Cheeseburger, spätabends kommt Partystimmung auf. Tägl. 11.30–0.30 Uhr. V., Zoltán u. 16, ✆ 3314352.

Pizza Marzano (24), weitere Filiale der internationalen, modern gestylten Kette mit Pizza, Pasta, Wein und Bier zu günstigen Preisen. Tägl. 11–24 Uhr. V., Vécsey u. 5. www.pizzamarzano.hu.

Európa Kávéház és Cukrászda (6), elegantes, geräumiges Kaffeehaus über 2 Etagen mit Dallmayr-Kaffee und -Tee, Canapés und anderen Häppchen sowie Torten und beliebten Eisspezialitäten. Gut besucht. Nov. bis April 8–22 Uhr, Mai bis Okt. 9–23 Uhr. V., Szt. István körút 7–9, ✆ 3122362. www.europakavehaz.hu.

Petit Café Vian (31), Bistro-Ableger des Café Vian vom Liszt Ferenc tér. Quiches, Sandwiches, Paninis, ein Dutzend Salatvarianten und Desserts zu Preisen unter 1.000 HUF. Nur Mo–Fr 7.30–19 Uhr. V., Hercegprímás u. 21.

Okay Italia (9, 15), üppiges italienisches Dekor mit Ziegel- und Steinmauern, gemalten Stadtansichten und günstigem italienischem Essen – das ist das Erfolgsrezept für die beiden stets gut besuchten Restaurants am Großen Ring. Pizze 1.600–2.000 HUF, Pasta 1.800 HUF. V., Szt. István krt. 20 und Nyugati tér 6 (gegenüber Westbahnhof). Tägl. 11–24 Uhr. www.okayitalia.hu.

Govinda (38), Hare-Krishna-Lokal, d. h. vegetarische und vegane indische Gerichte in fernöstlichem Ambiente zu sehr günstigen Preisen. Menü 1.200 HUF. Essen auch zum Mitnehmen. Mo–Sa 12–21 Uhr, So Ruhetag. V., Vigyázó Ferenc u. 4., ✆ 2691625. www.govinda.hu.

Dóm Söröző-Étterem (45), bodenständige, touristische Bierstube und Restaurant mit Terrasse im Schatten der Stephansbasilika. Innen sitzt man in typischen Holznischen. Klassische ungarische Küche von Gulaschsuppe bis Gundel-Palatschinken. Fleischgerichte 2.000–3.000 HUF. Tagesmenü 1.800 HUF. Tägl. 9–22 Uhr. V., Szt. István tér 2, ✆ 3172506.

Farger Kavé (27), gemütliche, jugendliche Wohnzimmeratmosphäre, in der man das Frühstück, preiswerte Sandwiches, Salate, Kaffee oder heiße Schokolade genießt. Im Sommer schöne Terrasse am Freiheitsplatz. Mo–Fr 7–20 Uhr, Sa 9–16 Uhr. V., Zoltán u. 18, ✆ 3730078. www.farger kave.com.

Noa Café (19), beliebtes, trendig gestyltes, unprätentiöses Restaurant mit Cocktailbar gegenüber dem Westbahnhof. Große Auswahl an internationaler Küche von 2.000–4.000 HUF, z. B. Noa-Salat oder Spaghetti, Hummous mit Pita, Kebab oder Sesamhühnchen. Ganzjährig Terrassenbetrieb. Tägl. 10–24 Uhr. V., Nyugati tér 8, ✆ 030/2883854. www.noarestaurant.com.

Tüköry Söröző-Étterem (29), schlichtes, abgeschabtes Einheimischenlokal mit ungarischer Hausmannskost – wie ein Relikt aus vergangenen Tagen. Hauptspeisen 1.000–2.000 HUF. Mo–Fr 11–23 Uhr. V., Hold u. 15, ✆ 2695027.

In der Abendsonne – Gastgarten am Szt. István tér

Csarnok Vendéglő (23), einfache, altmodische Wirtschaft bei der Markthalle mit preiswerter ungarischer Küche. Hauptspeisen 1.000–1.500 HUF. Mo–Fr 11–23 Uhr. V., Hold u. 11, ✆ 3280382.

Kisharang (35), schlichte, von Beamten in der Mittagspause geschätzte Kantine mit wenigen Tischen und bodenständigen, einfachen Gerichten unter 1.000 HUF. Mo–Fr 11–20 Uhr, Sa/So 11.30–16 Uhr. V., Október 6 u. 17, ✆ 2693861.

Szeráj (10), stets gut besuchtes türkisches Fastfood-Restaurant gegenüber dem

Vígszínház. Große Auswahl, kleine Preise. Szt. István krt. 13, ✆ 3116690.

Pick Ház (25), großes, einfaches Selbstbedienungsrestaurant des bekannten Wurstladens (s. u.), neben dem Eingang zur Metro-Station. Mo–Do 6–19 Uhr, Fr 6–18 Uhr. Lajos Kossuth tér.

Tokaji Borozó (5), zünftiges Kellerlokal, das Tokajerweine aller Klassen für 600–800 HUF pro Deziliter ins Glas füllt. Mo–Fr 12–21 Uhr. Falk Miksa u. 32.

Einkaufen

Rothschild Szupermarket (32), Mo–Fr 7–20 Uhr, Sa 7–16 Uhr, So 9–14 Uhr. V, Arany János út 27–29.

SPAR (13), Mo–Fr 6.30–20 Uhr, Sa 6.30–17 Uhr. V, Szt. István krt. 17.

Innerstädtische Markthalle (26) → Einkaufen S. 81.

Herend Porzellan (49), Budapester Stammgeschäft der berühmten ungarischen Manufaktur (seit 1842) mit edlem Tafelgeschirr. Mo–Fr 10–18 Uhr, Sa 10–14 Uhr. V., József Nadór tér 11.

Pick Húsárú Ház (25), Salami-Shop der berühmten ungarischen Wurstfabrik in Szeged. Salami in allen Varianten: weich, hart, mit und ohne Paprika, die bekannteste ist die Wintersalami. Mo–Do 6–19 Uhr, Fr 6–18 Uhr. V., Kossuth tér 9.

Bestsellers (39), arrivierter Laden für englisch- und französischsprachige Bücher und Zeitungen. Mo–Fr 9–18.30 Uhr, Sa 10–17 Uhr, So 10–16 Uhr. V., Október 6 utca 11. www.bestsellers.hu.

Alexandra Könyvesház (17), riesiges Bücherparadies auf 7 Geschossen, auch DVDs, CDs; im Untergeschoss Belletristik und Ungarn-Reiseführer in deutscher Sprache. Tägl. 10–24 Uhr. V., Nyugati tér 7.

Katti Zóob (12), bekannteste ungarische Avantgarde Designerin, ausgefallene und teure Haute Couture für die Dame. V., Szt. István krt. 17, ✆ 3121865.

Bortársaság Bazilika (41), Weinhandlung mit großer Auswahl an ungarischen Tropfen; an der Ecke zur Hercegprímás u. Mo–Fr 12–20 Uhr, Sa 10–16 Uhr. V., Szt. István tér 3.

Ajka Kristály (7), große Auswahl an mundgeblasenem Glas- und Bleikristall aus Ungarns traditionsreicher Glasfabrik (seit 1878). Mo–Fr 10–18 Uhr, Sa 10–13 Uhr. V., József Attila u. 7 und XIII., Szt. István körút 22. www.ajka-crystal.hu.

Aqua-tick Budapest-Berlin (42), Designer-Mode junger Ungarn, von farbenfroh bis feminin-elegant. Mo–Fr 10–19 Uhr, Sa 11–16 Uhr. V., Zrinyi u. 12.

Westend City Center (3) → Einkaufen S. 83.

Markt am Lehel tér (Lehel tér piac) (1) → Einkaufen S. 82.

Antiquitätenstraße Falk Miksa utca (8)

Pintér, auf 1800 m² und mehreren Etagen kann man hier zwischen moderner Kunst und alten Möbeln, Gemälden, Silber und Porzellan stöbern – und danach im kleinen Café eine Pause einlegen. Mo–Fr 10–18 Uhr, Sa 10–14 Uhr. V., Falk Miksa u. 10. www.pinterantik.hu.

Qualitas Antiquitas, Zsolnay- und Herender Porzellan neben Gemälden, Leuchtern, Kleinmöbeln und Kunstgewerbe. Mo–Fr 10–18 Uhr, Sa 10–13 Uhr. V., Falk Miksa u. 32.

Nagyházi Galéria, großer Laden für Gemälde, Möbel und Volkskunst. Regelmäßig auch Auktionen. Mo–Fr 10–18 Uhr, Sa 10–14 Uhr. V., Balaton u. 8/Ecke Falk Miksa utca. www.nagyhazi.hu.

Anna Antikvitás, Möbel, Keramik, Kunsthandwerk. Mo–Fr 10–18 Uhr, Sa 10–15 Uhr. V., Falk Miksa u. 18–20.

Antik Zsolnay Kerámia Galéria, Keramik, antike Möbel, Silber, Gemälde, Skulpturen. Mo–Fr 10–18 Uhr, Sa 10–13 Uhr. V., Falk Miksa u. 28. www.antikzsolnay.hu.

BÁV, Filiale des traditionsreichen Pfand- und Auktionshauses (seit 1773), Möbel, Gemälde und Lampen. Mo–Fr 10–18 Uhr, Sa 9–13 Uhr. V., Szt. István krt. 3/Ecke Falk Miksa u. www.bav.hu.

Haas Galéria, spezialisiert auf Kunst des 20. Jh. Mo–Fr 10–18 Uhr, Sa 10–13 Uhr. V., Falk Miksa u. 6 und 13. www.haasgaleria.hu.

Mű-Terem Galéria, von Judit Virág geführte Spitzengalerie; jährlich gibt es drei Auktionen, auf denen Höchstpreise erzielt werden. V., Falk Miksa u. 30. www.muterem.hu.

Kieselbach, die zweite bedeutende Galerie der Stadt, (inter-)nationale Kunst des 18. und 19. Jh. Tägl. 10–18 Uhr. V., Szt. István krt. 5. www.kieselbach.hu.

Die Kuppel des Parlaments, hinten die Villen in den Budaer Bergen

Liszt Ferenc tér – ein Lokal reiht sich an's andere

Tour 10: Entlang der Andrássy út durch die Terézváros (Theresienstadt)

Schnurgerade verläuft Budapests Prachtboulevard von der Innenstadt bis zum Stadtwäldchen. Die 2½ km lange Straße ist zu beiden Seiten von Theaterbauten, Gründerzeitpalästen, edlen Geschäften, noblen Cafés und repräsentativen Villen gesäumt. Unter ihr verkehrt die kleine Metro 1, die älteste Untergrundbahn des europäischen Kontinents.

Die Prachtstraße und ihre U-Bahn stehen seit 2002 auf der Weltkulturerbe-Liste der UNESCO. Errichtet wurden beide mit Blick auf das ungarische Jubiläumsjahr 1896, als die Nation ihr 1000-jähriges Bestehen mit Pomp und Trara zelebrierte. Damals wurde die Andrássy út als neue Verbindung von der Innenstadt quer durch Terézváros (Theresienstadt) zum Stadtwäldchen benötigt, in dem die große Millenniums-Ausstellung stattfand. Vorbild für die Anlage waren die Pariser Champs-Elysées. Die Pläne stammten von Miklós Ybl, die Bauarbeiten dauerten von 1872 bis 1884. Viel rascher, von 1893 bis 1896, ging der Bau der Untergrundbahn vonstatten. Streng genommen war es ja nur eine Straßenbahn, die man unter den Holz(!)pflasterbelag legte – man war nämlich der Meinung, dass eine oberirdische Bahn das elegante Ambiente der Andrássy út stören würde.

Seinen Namen erhielt der Boulevard von Graf Gyula Andrássy, dem ersten ungarischen Ministerpräsidenten nach dem österreichisch-ungarischen Ausgleich von 1867 (→ Stadtgeschichte). Seit 1990 heißt er auch wieder so. Vorher nannte man ihn Sztálin út (1945–1947), dann Straße der Ungarischen Jugend (Magyar Ifjúság útja, 1948–1957), schließlich Straße der Volksrepublik (Népköztársaság útja, 1947–1989).

Auch die beiden Plätze Oktogon und Kodály körönd, die die Andrássy út in drei Abschnitte unterteilen, wechselten häufig ihre Namen. Seit einigen Jahren entwickelt sich die Andrássy út bis zum Oktogon zur Budapester Luxusmeile: Neben kaltstarren Bankfilialen ersetzen internationale Marken- und Designergeschäfte von Louis Vuitton bis Zegna die alteingesessenen Läden.

Spaziergang

Die Tour startet am Beginn der Andrássy út, wo diese von der Bajcsy-Zsilinszky út abzweigt (Metro 1 Bajcsy-Zsilinszky út). Der erste Abschnitt bis zum Oktogon ist von alten, hohen Platanen gesäumt, dazwischen finden vier Fahr-, zwei Park- und zwei Radstreifen Platz. Gleich zu Beginn rechts auf Nr. 3 ist in den prächtigen Räumen des Palais Saxlehner (1886) das → **Postamúzeum** untergebracht. Drei Querstraßen (oder eine Metrostation) weiter erhebt sich gegenüber der Staatsoper an der rechten Seite das schlossähnliche **Palais Drechsler,** ein Frühwerk der Jugendstilmeister Ödön Lechner und Gyula Pártos von 1882, das noch ganz vom Historismus geprägt ist. Nach langem Dornröschenschlaf soll es, wie viele historische Bauten der Stadt, ein Luxushotel werden. Rechts hinter dem Palais ist in der Paulay Ede utca 33 das **Neue Theater (Új Színház)** zu bewundern, ein bemerkenswertes Art-déco-Gebäude (1909) von Lechner-Schüler Béla Lajta mit schlichter Marmorfassade und Affen als Dekoration.

Nun wenden wir uns der → **Ungarischen Staatsoper (Magyar Állami Operaház)** zu, einem Höhepunkt in der Andrássy út. Die Gassen um das Opernhaus wurden jüngst verkehrsberuhigt und neu gestaltet. Hier gibt es – besonders in der Hajós utca – einige nette Bars und Cafés mit für das Umfeld passenden „künstlerischen" Lokalnamen. Weiter an der linken Seite der Andrássy út folgt auf Nr. 26 die **Opera patika,** eine sehenswerte alte Apotheke von 1889. Direkt gegenüber auf der anderen Straßenseite erwartet das schöne alte „Művész Kávéház" (Andrássy út 29) bis spätabends seine Gäste. Wenige Schritte weiter quert die **Nagymező utca,** der „Pester Broadway". In ihren Abschnitten links und rechts der Andrássy út häufen sich Theater, Casinos, Cafés und Bars. Beginnen wir links: Dort steht rechter Hand das 1894 von den Theaterarchitekten Ferdinand Fellner und Hermann Helmer entworfene und 2001 renovierte **Budapesti Operett Szinház,** *das* Haus für Operetten und Musicals (→ Oper S. 74). Nebenan lockt der traditionelle Nachtclub der Stadt, das „Moulin Rouge", (→ Nachtleben S. 70) und gegenüber das 1913

Wachsame Affen – am Neuen Theater

Andrássy út
Karte S. 194/195

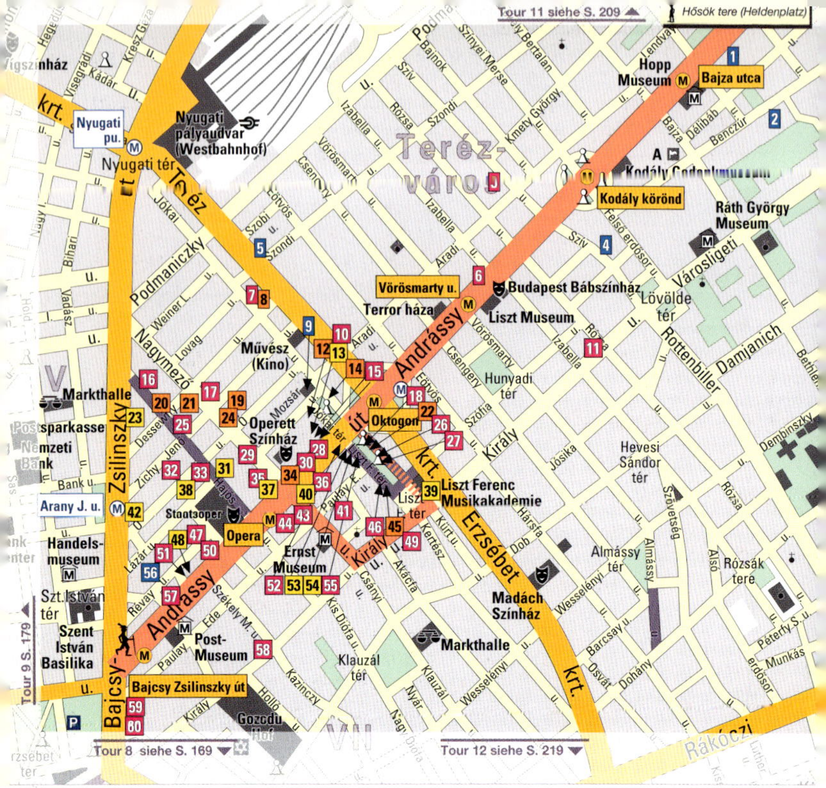

erbaute Thália Theater sein Publikum (→ Oper S. 74). Abends, vor Vorstellungsbeginn, wimmelt es hier von fein gekleideten Theaterbesuchern. Nicht übersehen sollte man das für seine Fotoausstellungen bekannte → **Ungarische Haus der Fotografie** im **Mai-Manó-Haus (Magyar Fotográfusok Háza Mai Manó Ház)** links neben dem Thália-Theater. Das Gebäude wurde 1893/94 für den k.u.k. Hoffotografen Manó (Emanuel) Mai als Atelier erbaut und die Fassade entsprechend dekoriert: Zwei der vier Keramik-Putten über den Fenstern des Erdgeschosses halten eine Kamera in Händen. Bevor wir in die Nagymező utca rechts von der Andrássy út wechseln, sollte man einen (letzten?) Blick auf das **Pariser Kaufhaus (Párizsi Áruház)** in der Andrássy út Nr. 39 werfen. Zurzeit noch in desolatem Zustand, soll der frühe Eisenbetonbau von 1909, dessen Vorbild das erste Pariser Kaufhaus *Le Bon Marché* war, bis 2008 von der französischen Stararchitektin Manuelle Gautrand spektakulär umgestaltet werden. In der Nagymező utca folgt rechter Hand das → **Ernst Múzeum** (Nr. 8), ein Jugendstilbau mit einem Portal von Ödön Lechner.

Unweit, an der Ecke zur Király utca, ragt die Pfarrkirche des VI. Bezirks, die dottergelbe **Theresienstädter Kirche (Szent Teréz templom)** von 1811 auf – mit einem Turm von Miklós Ybl und einem Hochaltar von Mihály Pollack (7.30–12.00/16.30–19 Uhr, im Sommer 7.30–13.00/15–19 Uhr). Schräg gegenüber ist an der Király utca Nr. 47 das *Pekáry-Haus* von 1847 einen Blick wert – das neugotische Eckgebäude sieht wie eine romantische Burg aus. Nun geht es

links ein Stück entlang der Király utca (Königsgasse) weiter. Vor dem Bau der Andrássy út war sie die Hauptstraße des Viertels, heute macht sie einen etwas heruntergekommenen Eindruck. Bald öffnet sich links der Liszt Ferenc tér und wir stehen vor dem eindrucksvollen Jahrhundertwendebau der → **Franz-Liszt-Musikakademie (Liszt Ferenc Zeneművészeti Főiskola** bzw. **Zeneakadémia)**, an deren späthistoristischer Fassade der Komponist höchstpersönlich sitzt, von Alajos Stróbl in Bronze gegossen. Meist dringt Klavier- oder Bläserklang aus den Fenstern der international renommierten Hochschule. Studenten und Konzertbesuchern ist es vorbehalten, das prächtige Jugendstilinterieur der Akademie zu bewundern (→ Konzerte S. 75). Der bis zur Andrássy út reichende, mit alten Platanen und Rastbänken bestandene **Liszt Ferenc tér (Franz-Liszt-Platz)** ist eines der belebtesten Restaurant- und Barviertel der Stadt, ein gutes Dutzend Lokale und ihre (im Spätherbst beheizten) Gastgärten reihen sich hier aneinander. In der Mitte des Platzes steht eine 1986 von László Marton geschaffene **Ferenc-Liszt-Skulptur.** Liszts auffällige Hände sind übrigens nicht Ergebnis künstlerischer Gestaltungsfreiheit, sondern sollen tatsächlich so riesig gewesen sein, was ihm als Klaviervirtuose zugute kam. An der Nordseite des Platzes befindet sich ein Tourinform-Büro.

Wieder auf der Andrássy út, grüßt von der anderen Straßenseite das **Jókai-Denkmal (Jókai szobor),** die von Alajos Stróbl gestaltete Sitzfigur des Schriftstellers Mór Jókai (1825–1904). Der romantische Poet verlieh nicht nur dem dahinter gelegenen und als Ausgehmeile beliebten Platz **Jókai tér** seinen Namen (schöner Innenhof auf Nr. 3), sondern auch der *Jókai Bableves,* einer ungarischen Bohnensuppe. Der erste Abschnitt der Andrássy út endet am hektischen und verkehrsträchtigen **Oktogon,** ein achteckiger Platz, an dem der Große Ring quert und die Metro 1 auf die Tramlinien 4 und 6 trifft. Die Fassaden der umstehenden, einheitlichen Jahrhundertwendebauten wurden farbenfroh renoviert, in die Geschäftslokale sind Banken und die üblichen Fastfood-Lokale eingezogen.

Ab dem Oktogon säumen Seitenalleen die Andrássy út, die Platanen stehen nun in Zweierreihen. Fußgänger und Radfahrer teilen sich eine mit Rastbänken versehene Promenade. Auf der linken Seite fallen bald die Worte „TERROR“, ein Pfeilkreuz und ein Sowjetstern am Dachvorsprung des taubengrauen Hauses Nr. 60 ins Auge. Es ist das einstige Hauptquartier der Geheimpolizei, das seit 2002 unter dem Namen → **Haus des Terrors (Terror Háza)** als Gedenk-

Andrássy út
Karte S. 194/195

Die Ungarische Staatsoper ist eines der schönsten Opernhäuser der Welt

stätte dient. Schräg gegenüber auf der rechten Seite der Andrássy út befindet sich in einem italienisch anmutenden Neorenaissance-Palast die Alte Musikakademie, wo in der früheren Wohnung des Komponisten das → **Ferenc-Liszt-Gedenkmuseum (Liszt Ferenc Emlékmúzeum)** untergebracht ist. Im Kammersaal der Alten Akademie finden häufig Matineen statt (→ Konzerte S. 75). Das benachbarte Gebäude Andrássy út Nr. 69–71, dessen historistische Fassade mangels Renovierung schwarz und brüchig ist, war Budapests erste Kunsthalle; heute beherbergt es die Wechselausstellungen der **Akademie der Schönen Künste (Magyar Képzőművészeti Egyetem)** und das Budapester Puppentheater **(Budapest Bábszínház),** angeblich das größte Mitteleuropas (→ Theater S. 76). Seinen Eingang markiert eine nostalgische Strichmännchen-Leuchtreklame. Auf der linken Seite der Andrássy út bietet sich die Traditions-Konditorei „Lukács Cukrászda" (Haus-Nr. 70) für eine Kaffeepause an.

Das zweite Teilstück des Boulevards endet am **Kodály körönd,** einem kreisförmigen Platz, der von vier symmetrischen Neorenaissancepalästen mit halbrunden Fassaden (1884) umgeben ist. Der bauliche Zustand des Ensembles ist bedenklich, was sich aber bald ändern wird, weil die Bauten zu Luxusappartements umgestaltet werden sollen. In den vier Grünflächen des Platzes erinnert jeweils ein Standbild an einen ungarischen Freiheitskämpfer. Benannt ist der KöröND nach dem berühmten Komponisten und Volksliedforscher Zoltán Kodály, der in dem Gebäude rechts (Nr. 1) wohnte, wo der Körönd in den letzten Teil der Andrássy út übergeht. In seiner ehemaligen Wohnung ist heute das → **Zoltán Kodály Gedenkmuseum (Kodály Zoltán Emlékmúzeum)** untergebracht.

In ihrem letzten Abschnitt verliert die Andrássy út ihren städtischen Charakter und wird zum Villenviertel mit parkähnlichen Gärten, in dem sich viele Botschaften und diplomatische Vertretungen niedergelassen haben. Auf der rechten Seite (Nr. 103) präsentiert das → **Museum für Ostasiatische Kunst (Hopp Ferenc Kelet-Ázsiai Művészeti Múzeum)** in der einstigen Villa des Kunstsammlers Ferenc Hopp Wechselausstellungen. Wer mehr von Hopps Ostasiatika-Sammlung sehen möchte, macht einen Abstecher über die Bajza utca in die Városligeti fasor, die zweite Parallelstraße zur Andrássy út, in der sich in der Villa Nr. 12 das → **Ráth György Múzeum** befindet. Schräg gegenüber lohnt die **Kalvinistenkirche** von 1913, ein Sakralbau des Jugendstils mit Keramikkacheln an der Fassade, einen Blick.

Zurück in der Andrássy út, befindet sich auf der linken Straßenseite das 2004 in einer prächtigen Villa eröffnete private Kunsthaus → **KOGArt Ház.** Rechts, an der Ecke zur Munkácsy Mihály utca, folgt das von Schwimm-Olympiasieger Alfréd Hajós 1937 im Bauhaus-Stil errichtete **Andrássy Hotel,** einst exklusive Herberge der Kommunisten, in der ausländische Parteigrößen logierten. Heute steht das luxuriös sanierte Anwesen jedem offen und bietet mit dem „Baraka" das zurzeit beste Restaurant Ungarns. Nun trennen uns nur mehr wenige Minuten vom Heldenplatz, dem Endpunkt dieses Spaziergangs (und Beginn von → Tour 11).

Nur zwanzig Stufen sind es zur Metro Nr. 1

Sehenswertes

Postamúzeum: Ein prachtvolles, mit Fresken von Károly Lotz verziertes Treppenhaus führt in das Obergeschoss des Palais, wo in der mit Stuckdecken, Fresken, Putten, Holzvertäfelungen und Kristalllüstern ausgestatteten Jahrhundertwendewohnung des reichen Kaufmanns Andreas Saxlehner das Postmuseum logiert, das allein wegen dieser Räumlichkeiten einen Besuch wert ist. Die Geschichte der ungarischen Post dokumentieren Uniformen, Posthörner, Kutschen, Arbeitsgerät, Fotografien usw.
⌚ Di–So 10–18 Uhr. Eintritt 400 HUF, erm. 100 HUF, mit Budapest-Karte frei. Für den Eintritt an der Klingel läuten. www.postamuzeum.hu. VI., Andrássy út 3. Ⓜ 1 Bajcsy-Zs. út.

Ungarische Staatsoper (Magyar Állami Operaház): Wegen ihrer prachtvollen Ausstattung gilt sie als eines der schönsten Opernhäuser der Welt. Miklós Ybl entwarf den 1875–1884 im Neorenaissance-Stil errichteten Bau. In den Nischen links und rechts der Loggia zeigen Skulpturen von Alajos Stróbl die beiden berühmten ungarischen Komponisten Franz (Ferenc) Liszt und Ferenc Erkel. Letzterer war zugleich der erste Direktor des Hauses, 1888 folgte ihm Gustav Mahler. Die Balustraden schmücken die Statuen von 16 großen europäischen Komponisten.

In üppigem Prunk strahlt das Innere: Mosaikböden, Marmorsäulen, vergoldeter Stuck und farbenfrohe Deckenfresken von Károly Lotz, Bertalan Székely und Mór Than prägen das Foyer, von dem eine doppelläufige Prunktreppe zum Zuschauerraum führt. Dieser erstreckt sich mit seinen Logen über drei Geschosse, von der von Károly Lotz mit Fresken geschmückten Decke hängt ein tonnenschwerer Lüster. Die größte Loge war für Kaiser Franz Joseph reserviert, der den Bau finanziell unterstützt haben soll. Wer keine Aufführung besuchen will (→ Oper S. 74), kann sich eine Führung durch das Haus gönnen (Dauer ca. 1 Std.).

Wie in Wien und Prag gibt es seit 1996 auch in Budapest wieder einen Opernball, der bereits von 1886 bis 1934 Tradition hatte (→ Veranstaltungen S. 78).

Führungen tägl. 15 und 16 Uhr, auch in Deutsch. Ticket 2.500 HUF, erm. 1.300 HUF, mit Budapest-Karte 10 % Nachlass. www.opera.hu. Ⓜ 1 Opera.

Ungarisches Haus der Fotografie: Das repräsentative, innen reich verzierte Mai-Manó-Haus ist das einzige aus dem 19. Jh. erhaltene Atelierhaus Europas. Eine Stiftung bemüht sich seit 1995 um seine Erhaltung und nutzt es auf mehreren Ebenen: Im Mezzanin gibt es einen Shop und eine Fotogalerie. In Manó Mais früherer Wohnung im 1. Stock werden viel beachtete Wechselausstellungen zur historischen und zeitgenössischen Fotografie gezeigt, im 2. Stock kleinere Schauen. Dort befindet sich auch das restaurierte, mit einer Glasdecke versehene Tageslichtatelier des früheren Hausherrn. Als Hintergrundkulisse dienten ihm Wandfresken, die 1996 hinter Tapeten wiederentdeckt wurden. Im 3. Stock ist eine Fotografie-Fachbibliothek untergebracht. Das 4. und 5. Stockwerk sollen noch restauriert werden. Im Erdgeschoss ist eine kleine, nette Café-Bar eingezogen.

⌚ Mo–Fr 14-19 Uhr, Sa/So 11-19 Uhr. Eintritt 700 HUF, erm. 300 HUF, mit Budapest-Karte frei. www.maimano.hu. Ⓜ 1 Opera.

Ernst Múzeum: Eigentlich kein Museum, sondern ein Ausstellungshaus, dessen Name auf Lajos Ernst (1872–1937) zurückgeht. Ernst war leidenschaftlicher Kunstsammler und brachte hier 1912 seine umfangreiche Sammlung unter, deren Bestände er später als Leihgaben auf andere Budapester Museen verteilte. Heute finden hier Wechselausstellungen zu zeitgenössischer Kunst statt.

⌚ Di–So 11–19 Uhr. Eintritt 500 HUF, erm. 250 HUF, mit Budapest-Karte frei. www.ernstmuzeum.hu. VI., Nagymező u. 8. Ⓜ 1 Opera.

Franz-Liszt-Musikakademie (Liszt Ferenc Zeneakadémia): 1875 gründete Franz Liszt in Budapest die k.u.k.-Musikhochschule, für die 1904–1907 dieses prächtige Palais entstand. Außen noch historistisch, zählt die Innenausstattung zum Feinsten, was der Budapester Jugendstil zu bieten hat. Wände und Pfeiler im Foyer (das von der Király utca aus betreten wird) sind mit dunkelgrünen Keramikkacheln, Gold, Marmor und Mosaiken verkleidet. An einem einzigartig ornamentierten Brunnen vorbei gelangt man in den 1200 Plätze fassenden, freskenverzierten Großen Saal (Nagyterem), eine der führenden Konzerthallen Budapests, die für ihre Akustik berühmt ist.

Im 1. Stock befindet sich der kleine Saal (Kisterem) für 400 Besucher, dessen Foyer ein Fresko des Jugendstilkünstlers

Aladár Kőrösfői-Kriesch ziert. 1925 wurde die Akademie nach dem Namen ihres Gründers benannt. Zu Liszts berühmtesten Schülern bzw. Lehrern zählten Béla Bartók, Zoltán Kodály, Ernö (Ernst) Dohnányi und Leo Weiner.

Haus des Terrors (Terror Háza): 1880 von der jüdischen Familie Perlmutter als Palais erbaut, diente das Gebäude ab 1940 als Zentrale und Folterkeller der Geheimpolizei zweier Terror-Regime – zunächst der nationalsozialistischen Pfeilkreuzler bis 1944, dann der Kommunisten bis 1956. Hier fanden Folterungen, Hinrichtungen und die berüchtigten Verhöre statt, zunächst antisemitisch motiviert, dann im Stil der stalinistischen Säuberungskampagnen. Auf vier Geschossen erinnert das Haus heute an diesen Terror, weniger als Museum, sondern als Installation mit bedrückenden Geräuschen, Lichteffekten, einem bedrohlichen Panzer im Innenhof, mit Schwarz-Weiß-Porträts der Opfer, dramatischer Musik, Dokumenten und Videos. Seit der Eröffnung 2002 haben über zwei Millionen Menschen das Haus besucht. Politisch ist die Schau, die unter der rechtskonservativen Orbán-Regierung entstand, allerdings umstritten. Kritisiert wird, dass Stalinismus und Antisemitismus sehr ungleich gewichtet werden: Obwohl dem Nazi-Regime in Ungarn zwanzigmal mehr Menschen zum Opfer fielen als den Untaten der Kommunisten, widmet die Ausstellung nur zwei der fast 50 Räume dem Holocaust. Wechselausstellungen zu diesem Thema sollen künftig für Abhilfe sorgen.

Ⓧ Di–Fr 10–18 Uhr, Sa/So 10–19.30 Uhr. Eintritt 1.500 HUF, erm. 750 HUF, mit Budapest-Karte 20 % Nachlass. Audioguide (dt./engl.) 1.300 HUF. www.terrorhaza.hu. VI., Andrássy út 60. Ⓜ 1 Oktogon.

Haus des Terrors – Gedenkstätte in der Andrássy út

Ferenc-Liszt-Gedenkmuseum (Liszt Ferenc Emlékmúzeum): Von 1865 bis zu seinem Tod lebte Franz Liszt abwechselnd in Rom, Weimar und Budapest. Für seine Aufenthalte in der ungarischen Hauptstadt wurde ihm 1881 eine repräsentative Drei-Zimmer-Wohnung im 1. Stock der damaligen Musikakademie zur Verfügung gestellt, in der er auch Klavierunterricht erteilte. Bis heute erhalten blieb das ungarisch-deutsche Schild gegenüber der Eingangstür mit Liszts „Sprechstunden“. In der teils noch mit dem Originalmobiliar ausgestatteten Wohnung sind Porträts von Liszt, persönliche Habseligkeiten, ein Bronzeabguss der beeindruckenden Hand des Klaviervirtuosen und mehr zu sehen.

Ⓧ Mo–Fr 10–18 Uhr, Sa 9–17 Uhr, im Aug. geschlossen. Eintritt 500 HUF, erm. 230 HUF, mit Budapest-Karte frei. Eingang von der Vörösmarty utca. www.lisztmuseum.hu. Ⓜ 1 Vörösmarty utca.

Franz (Ferenc) Liszt (1811–1886)

Er galt als Wunderkind und startete als Neunjähriger seine Karriere am Klavier. Seine Ausbildung in Kompositionstechnik erhielt der aus dem deutschsprachigen Westungarn (heutiges Burgenland) stammende Liszt in Wien und Paris, danach tourte er zwei Jahrzehnte als größter Klaviervirtuose seiner Zeit durch Europa. Wegen seiner neuen Spieltechnik, bei der die Finger nur so über die Tasten flogen, soll die weibliche Zuhörerschaft bei den Konzerten reihenweise in Ohnmacht gefallen sein – bisweilen auch in seine Hände, denn Liszt war für zahlreiche Affären bekannt. Aus einer solchen entstand Cosima, die spätere Frau seines Freundes Richard Wagner.

Finger eines Klaviervirtuosen

1848–1861 war Liszt Hofkapellmeister in Weimar, 1865 nahm er in Rom die „niederen Weihen", eine Vorstufe zum Priesteramt, an. Trotz seines ausschweifenden Lebensstils war er sozial sehr engagiert und blieb immer tief religiös. Liszt war ein bedeutender Musikpädagoge und hatte mehr als 400 Klavierschüler. In Budapest gründete er 1875 die heute nach ihm benannte Musikhochschule. Mit seinen Kompositionen gilt Liszt als einer der Hauptvertreter der Romantik. Bekannt sind seine 19 „Ungarischen Rhapsodien", die auf alte Zigeunerweisen zurückgehen, sein Spätwerk gelangte an die Grenze zur Atonalität und war Wegbereiter zur Moderne. Die Ungarn verehren Liszt bis heute, und er selbst fühlte sich zeitlebens als Ungar – obwohl er kein Wort Ungarisch sprach.

Zoltán Kodály Gedenkmuseum (Kodály Zoltán Emlékmúzeum): Zoltán Kodály (1881–1945) studierte in Budapest Musik und widmete sich seit 1905 der Sammlung und Erforschung des ungarischen Volkslieds. Ab 1907 war er Professor an der hiesigen Musikhochschule, wo er eine neue Lehrmethode für den Musikunterricht entwickelte. Die eher einfache Wohnung in der Andrássy út bewohnte er von 1924 bis zu seinem Tod. Salon, Ess- und Arbeitszimmer sind im Originalzustand zu sehen, ein weiterer Raum ist für Ausstellungen reserviert. Neben zwei Klavieren, Büsten, Porträts, Originalmanuskripten und Briefen gibt es viel Keramik und Stickarbeiten zu sehen, die Kodály auf seinen Reisen zur Volksliedforschung zusammentrug.

Ⓞ Mi 10–16 Uhr, Do–Sa 10–18 Uhr, So 10–14 Uhr. Eintritt 230 HUF, erm. 120 HUF, mit Budapest-Karte frei. Bei Haus Nr. 11 läuten. www.kodaly-inst.hu. VI., Kodály körönd 1. Ⓜ 1 Kodály körönd.

Ferenc-Hopp-Museum für Ostasiatische Kunst (Hopp Ferenc Kelet-Ázsiai Művészeti Múzeum): Fünf Weltreisen unternahm Ferenc Hopp zwischen 1882 und 1914 und brachte davon 4000 Objekte aus Ostasien mit nach Hause. Die Sammlung, die er 1919 mitsamt seiner Villa dem Staat vermachte, ist in der Zwischenzeit auf rund 20.000 Kunstwerke aus China, Japan, Indien, Südostasien, Nepal, Tibet, Korea und der Mongolei angewachsen – ein reicher Fundus für spannende Wechselausstellungen (bisher z. B. „Japanische Lackkunst des 19. Jh." und „Keramik aus China").

Ⓛ Di–So 10–18 Uhr. Eintritt 440 HUF, erm. 220 HUF. Audioguide erhältlich. VI., Andrássy út 103. Ⓜ 1 Bajza utca.

Ráth György Múzeum: Die Dependance des Ferenc-Hopp-Museums, in einer von Miklós Ybl 1870 für den Kunstsammler György Ráth gebauten Villa untergebracht, erinnert an seinen Gönner und Sammler. Zu sehen sind u. a. Holzschnitzarbeiten und Keramik aus China, Lackkunst, Figuren aus Elfenbein, Bronzeskulpturen aus Nepal (14. Jh.) und Tibet sowie eine buddhistische Stele aus dem 6. Jh. Das ehemalige Esszimmer von György Ráth im Obergeschoss der Villa wurde 1990 originalgetreu rekonstruiert.

Ⓛ Di–So 10–18 Uhr. Eintritt frei. www.hoppmuseum.com. VI., Városligeti fasor 12. Bus 78.

KOGArt Ház: Seit 2003 hat hier die Kovács Gabor Art Foundation, die private Kunstsammlung des wohl erfolgreichsten Investmentbankers Ungarns, ihren Sitz. Rund 300 Werke ungarischer Kunst vom 18. bis zum 20. Jh. trug Kovács zusammen, die des 21. Jh. sollen noch hinzukommen. Zu diesem Zweck veranstaltet das KOGArt-Haus auch Ausstellungen und Messen zeitgenössischer Kunst, aus denen Exponate zugekauft werden.

Ⓛ Tägl. 10–18 Uhr. Eintritt 800–1.000 HUF, erm. 400–500 HUF, mit Budapest-Karte frei. www.kogart.hu. VI., Andrássy út 112. Ⓜ 1 Bajza utca.

Franz-Liszt-Musikakademie: Hochschule mit Stil und Renommee

Praktische Infos

(→ Karte S. 194/195)

Verbindung

Über eine kurze Treppe mit nur 20 Stufen steigt man zur gelben **Metro 1 (Földalatti)** hinunter, die alle 3–6 Min. von 5–23 Uhr direkt unterhalb der Andrássy út fährt. Die ebenerdige Alternative ist **Bus 4,** der von 5–23 Uhr alle 15–20 Min. verkehrt.

Ab dem Oktogon wird die Andrássy út immer grüner

Essen & Trinken

Baraka (1), zur Zeit das beste Restaurant der Stadt. Seit 2006 befindet sich das Baraka nicht mehr im V. Bezirk, sondern in einem sehr modernen Designerlokal im Andrássy-Hotel. Mit der neuen irisch-israelischen Köchin Shani Prusman wird nach wie vor kosmopolitische Küche auf höchstem Niveau geboten. Reservieren! Hohe Promidichte, sehr teuer. Mo–Sa 12–15 und 18–23 Uhr. VI., Andrássy út 111, ✆ 4831355. www.barakarestaurant.hu.

Fausto's Étterem (58), der für viele der beste Italiener der Stadt ist aus dem Judenviertel (dort residiert jetzt Fausto's Osteria) in ein schick gestlytes Lokal mit riesigen roten Lampenschirmen umgezogen. Die Pasta ist hervorragend (2.500–3.000 HUF), für die Fleisch- und Fischgerichte (4.500–6.000 HUF) zeichnet der Friulaner Fausto Di Vora verantwortlich. Dazu beste ungarische und italienische Weine. Reservieren! Unser Tipp: der 3-gängige Businesslunch mit Kaffee für 3.500 HUF. VI., Székely Mihaly u. 2, ✆ 8776210. www.fausto.hu.

Chez Daniel (3), kleines, von außen unscheinbares französisches Restaurant mit legerer Atmosphäre und der viel gepriesenen kreativen Küche von Daniel Labrosse. Täglich wechselnde Speisekarte, herrliche Meeresfrüchte und Gänseleber. Hauptgerichte ab 2.000 HUF aufwärts, Businesslunch 1.000 HUF. Im Sommer sitzt man angenehm im Innenhof. Tägl. 12–15 und 19–23 Uhr. VI., Szív u. 32, ✆ 3024039.

Belcanto (47), das altbacken-elegante Restaurant neben der Oper punktet bei Touristen mit seinen musikalischen Kellnern, die nach 20 Uhr das eher mittelmäßige Essen mit spontan dargebotenen Opernarien versüßen. Wem das gefällt, möge reservieren und eine dicke Brieftasche mitnehmen (Hauptgerichte 4.000–6.000 HUF). Tägl. 12–15 und 18–2 Uhr. VI., Dalszínház u. 8, ✆ 2692786. www.belcanto.hu.

Articsóka (32), das von mediterraner Küche inspirierte Restaurant ist trotz seiner Lage in einer heruntergekommenen Gasse eine elegante Adresse – gediegen sitzt man im glasüberdachten, üppig begrünten Innenhof. In einem Veranstaltungsraum wird zeitweise Theater oder Musik geboten. Hauptgerichte 2.000–4.000 HUF. Dazu gibt es erlesene Weine. Tägl. 12–24 Uhr. VI., Zichy Jenő u. 17, ✆ 3027757. www.articsoka.hu.

Abszint (30), legeres, in den Farben der Provence gestyltes Café-Restaurant direkt an der Prachtstraße. Die schmackhafte Küche kombiniert Ungarisches und Südfranzösisches. Salate und Pasta gibt es für 1.800 HUF, Fisch und Fleisch für rund

3.000 HUF. Und wer scharf darauf ist: Neben französischen und ungarischen Weinen gibt es hier tatsächlich Absinth. Tägl. 10–24 Uhr. VI., Andrássy út 34, ✆ 3224993. www.abszint.hu.

Callas Kávéház (50), sehr schickes, Ende 2006 neben der Oper eröffnetes Café-Restaurant unter gold- und stuckverzierten Arkaden, das trotz des prächtigen Ambientes recht unkompliziert daherkommt. Geboten wird ein bunter Mix von Sushi bis Paprikahuhn zu gehobenen Preisen (Hauptspeisen 3.000–5.000 HUF). Man kann auch schön frühstükken (8–11 Uhr), Kaffee und Torte (400–500 HUF) oder abends einen Cocktail genießen. Tägl. 8–23 Uhr. VI., Andrássy út 20.

Goa (57), schickes Café-Restaurant im trendigen Ethno-Design aus dunklen Edelhölzern direkt an der Andrássy út. Aus der Küche kommen mediterrane und eurasische Gerichte (u. a. Sushi, Salate, Sandwiches, Wok-Gerichte) für 2.000–4.000 HUF, Mittagsmenüs (12–15 Uhr) 1.500–1.800 HUF, Cocktails 900 HUF. Abends reservieren! Tägl. 12–24 Uhr. VI., Andrássy út 8, ✆ 3022570. www.goaworld.hu.

Café Bouchon (17), das unprätentiöse Restaurant, benannt nach den einfachen Lyoner Gaststuben, bietet feine ungarische und französische Gerichte zu gehobenen Preisen: Lachssteak mit Rosmarinkartoffel 3.600 HUF, Kalbsgulasch 3.500 HUF. Kleine Portionen 30 % günstiger. Tägl. 10–23 Uhr. VI., Zichy Jenő u. 33, ✆ 3534094. www.cafebouchon.hu.

Haxen Király Étterem (11), seit 1994 bestehende Gaststätte, wo in Schihüttenatmosphäre eine große Auswahl zünftig-bayerischer Kost auf den Teller kommt – von Rostbratwurst bis Schweinshaxn (2.000–4.000 HUF), aber auch Gemüseplatten (ab 1.700 HUF). Dazu trinkt man Paulaner-Bier. Tägl. 12–24 Uhr. VI., Király u. 100, ✆ 3526793. www.haxen.hu.

Indigo (7), mit dem „Best of Budapest"-Siegel ausgezeichnetes indisches Restaurant, das im geräumigen Speisesaal z. B. hervorragendes Makhanwalla (Hühnchengericht) für 1.800 HUF oder Chicken madras (1.600 HUF) auftischt. Tägl. 11–23 Uhr. VI., Jókai u. 13., ✆ 4282187. www.indigo-restaurant.hu.

Café Eklektika (29), das Restaurant-Café im nostalgischen Retro-Stil besticht mit entspannter Atmosphäre. Es gibt Frühstück, zum italienischen Illy-Kaffee Süßes aus der eigenen Backstube sowie ungarisch-mediterrane Küche zu vernünftigen Preisen (Hauptgerichte ca. 2.000 HUF). Abends Programm mit Livemusik, Vernissagen und DJs. Cocktails 1.100–1.500 HUF. Mo–Fr 8–24 Uhr, Sa/So 12–24 Uhr. VI., Nagymező u. 30, ✆ 2661226.

Marquis de Salade (16), im gemütlichen Kellergewölbe im Untergeschoss gibt's eine große Auswahl an Salaten, Steaks und Eintopfgerichten aus Aserbaidschan, Russland, Nordafrika und China. Mittleres Preisniveau: Hauptgerichte 2.000–3.500 HUF. Reservieren! Im Erdgeschoss kleine Café-Bar. Tägl. 12–24 Uhr. VI., Hajós u. 34, ✆ 3024086.

Kiadó Kocsma és étterem (15), von Studenten, Journalisten und Touristen gut besuchtes Pub-Restaurant mit großem Frühstücksangebot, leckerer Gulaschsuppe und leichten Fleischgerichten. Günstig etwa ist das mit Hühnerbrust und Gemüse gefüllte Sandwich für 700 HUF. Große Getränkeauswahl von Pálinka bis Cocktails (850–1550 HUF). Tägl. 9–24 Uhr. VI., Jókai tér 3, ✆ 3311955.

Két Szerecsen (43), dank dunkelorange-orientalischem Ambiente herrscht bei den „Zwei Sarazenen" gemütliche Stimmung. Studenten, Touristen und Theaterbesucher stärken sich hier mit Salaten, Tapas, Pasta und Mediterranem zu vernünftigen Preisen. Cocktails und Frühstück den ganzen Tag. Mo–Fr 8–1 Uhr, Sa/So 9–1 Uhr. VI., Nagymező u. 14, ✆ 3431984. www.ketszerecsen.com.

Művész Kávéház (44), das seit 1898 bestehende „Künstlerkaffeehaus" verströmt mit Seidentapeten, Marmortischchen, Lüstern und Gemälden gediegen-nostalgisches Flair. Große Auswahl an Torten (350 HUF), Sandwiches, Frappés, Eis. Internationale Presse. Tägl. 9–24 Uhr. VI., Andrássy út 29, ✆ 2670689.

Lukács Cukrászda (6), das 1998 wieder zu altem Glanz renovierte Kaffeehaus, das in kommunistischer Zeit der benachbarten Geheimpolizei als Kantine diente, wird durch den Eingang einer Bank betreten. Von dort gelangt man auf die Nichtraucher-Empore, dahinter erstreckt sich der denkmalgeschützte Salon mit vergoldetem Stuck und Kronleuchtern. Die Torten (ca. 400 HUF), Schomlauer Nocken 550 HUF und Sandwiches genießt ein buntes Publikum aus Touristen, Studenten und älteren Damen. Mo–Fr 9–20 Uhr, Sa/So 10–20 Uhr. VI., Andrássy út 70, ✆ 3028747.

Pizza Marzano (36), moderne, zentral gelegene Filiale der internationalen Kette mit Pizza, Pasta, Wein und Bier zu günstigen Preisen. Tägl. 11–24 Uhr. VI., Andrássy út 41. www.pizzamarzano.hu.

Művészinas (59), noch eines der (touristischen) Restaurants der alten Sorte mit holzvertäfelten Speisesaal und nostalgischem Flair. Ungarische und internationale Küche von 3.000–6.000 HUF. Tägl. 12–24 Uhr. VI., Bajcsy-Zsilinszky út 9, ✆ 2681349.

Grand Café Oktogon (10), modernes Café-Restaurant am Oktogon, dessen geräumiges Interieur eine französische Brasserie imitieren soll. Ebensolche Küche mit z. B. Quiche Lorraine (650 HUF), gegrillter Gänseleber (2.900 HUF) und Créme brulée (450 HUF). 3-gängiges Tagesmenü (12–15 Uhr) 1.000 HUF. Große Auswahl an Kaffeespezialitäten, Weinen und Cocktails. Tägl. 11–24 Uhr. VI., Teréz körút 23, ✆ 2692935.

Balletcipő (33), das „Ballettschuh"-Espresso ist ein alteingesessener Künstlertreff hinter der Oper. Neben einem Tagesgericht gibt es Frühstück, Burgers, Salate und Sandwiches zu soliden Preisen. Mo–Sa 10–24 Uhr, So 12–23 Uhr. VI., Hajós u. 14, ✆ 2693114.

Chagall Café (25), in Lindgrün und Weiß gestyltes Café mit einer Birke vor der Bar, auf der Karte kleine Gerichte, Sandwiches und Salate. Auch schön zum draußen Sitzen an einer ruhigen Straßenecke. Tägl. 8–24 Uhr. VI., Hajós u. 27, ✆ 3026030.

Ferencz József Söröző (52), die Bierstube im Theaterviertel fällt mit den alten Werbemotiven auf den Fensterläden ins Auge. Gemütlicher Platz zum Abhängen bis nach Mitternacht. Mo–Sa 9–1 Uhr, So 13–1 Uhr. VI., Nagymező u. 12, ✆ 3445316.

Mai-Manó Café (35), winziges, meist gesteckt volles Café im Mai-Manó-Haus mit orientalischem Ambiente – im Sommer ist dank Straßenterrasse mehr Platz. Großes Angebot an Kaffees, frisch gepressten Säften, Milkshakes, Alkoholischem und kleinen Snacks. Tägl. 10–1 Uhr. VI., Nagymező u. 20, ✆ 3445316.

Bombay Express (28), cool designtes indisches Fastfood-Lokal, das mit Wraps, Kebab oder vegetarischen Gerichten (700–900 HUF), Tandoori-Menüs (1.200 HUF) oder Salaten schnell und billig den Hunger stillt. Tägl. 11–23 Uhr. VI., Andrássy út 44.

Frici papa Kifőzdéje (49), einfaches, bodenständiges Gasthaus mit überaus preiswerter Küche, in dem gerne Schüler und Studenten einkehren. Hauptspeisen für 400–600 HUF! Mo–Sa 11–20 Uhr. VII., Király u. 55, ✆ 3510197.

Falafel Faloda (41), kleines, preiswertes Lokal unweit des Liszt tér mit Suppen, Salaten, Falafel (690 HUF) und Desserts, alles auch zum Mitnehmen. Mo–Fr 10–20 Uhr, So 10–18 Uhr. VI., Paulay Ede u. 53.

Duran Szendvich (60), Budapester Filiale der Wiener Brötchenkette; die mit Wurst, Schinken oder Aufstrichen belegten und garnierten Weißbrotschnitten gibt es für rund 140 HUF/Stück, auch zum Mitnehmen. Mo–Fr 8–18 Uhr, Sa 9–13 Uhr, So 8–12 Uhr. VI., Bajcsy-Zsilinszky út 7.

Spaghetti Ice (51), auf zwei Etagen verteiltes buntes Lokal mit rund 30 Sorten Eis sowie Sandwiches. Tägl. 9–23 Uhr. VI., Andrássy út 14.

Lokale am Liszt Ferenc tér

Viele Restaurants und Szenelokale mit großen Gastgärten am Platz; unsere Empfehlungen:

Café Vian (26), freundliches Café-Restaurant mit sonniger Terrasse und Pariser Flair (der Name stammt von einem französischen Poeten); großes Frühstücksangebot, Sandwiches, ungarische und internationale Küche zu akzeptablen Preisen. Gelegentlich Ausstellungen oder Konzerte. Tägl. 9–24 Uhr. VI., Liszt Ferenc tér 9, ✆ 2681154.

Café Miro Grande (27), das im Miró-Stil surrealistisch gestaltete Restaurant punktet seit 2006 mit Patrick Lenôtre am Herd, ein Franzose, der andernorts schon Michelin-Sterne erkocht hat. Gehobene, französisch-ungarische Küche (Hauptgerichte 2.900–5.000 HUF), aber auch Sandwiches und Salate (z. B. Caesar's Salad mit Garnelen 2.000 HUF); ein Gedicht sind die kreativen Desserts (ca. 900 HUF). Viele Kaffeespezialitäten, große Auswahl an Cocktails und Weinen. Tägl. 10–2 Uhr. VI., Liszt Ferenc tér 9, ✆ 3218666.

Menza (55), beliebtes, im trendigen Retro-Stil eingerichtetes Lokal mit köstlichen ungarischen und internationalen Gerichten von Penne über Langós bis Gänseleber, die in großen Portionen auf modischem Tafelgeschirr serviert werden. Beliebt ist die Consommé, die in einer Teekanne serviert wird. Tägl. 10–24 Uhr. VI., Liszt Ferenc tér 2, ✆ 4131482. www.menza.co.hu.

Karma (18), populäres Café-Restaurant auf zwei Etagen mit mediterraner und asiatisch inspirierter Küche; das Interieur aus Holz- und Rattanmöbeln verströmt jugendliches Feeling. Fisch- und Fleischspeisen 2.000–

Asiatisch oder mediterran? Das Lokalangebot am Liszt Ferenc tér ist international

3.000 HUF, Pasta, Wok- und Tandoori-Gerichte sind unter 2.000 HUF zu haben. Große Auswahl an Kaffee- und Teespezialitäten sowie Cocktails. Tägl. 10–1 Uhr. VI., Liszt Ferenc tér 11, ✆ 4136764. www.karmabudapest.com.

Buena Vista (46), ein Klassiker unter den Szenecafés am Liszt-Platz – bestehend aus Café, stimmungsvollem Pub und Restaurant im 1. Stock. Internationale Küche von Gulasch bis Sushi von 1.800 bis 4.000 HUF. Mo–Fr 8–1 Uhr, Sa/So 11–2 Uhr. VI., Liszt Ferenc tér 4–5.

Einkaufen

MATCH Szupermarket (37), zentral an der Ecke zur Nagymezö utca. Mo–Fr 7–21 Uhr, Sa 7–18 Uhr, saisonal auch So 8–13 Uhr. VI., Andrássy út 30.

SPAR (39), Mo–Fr 6.30–20 Uhr, Sa 6.30–17 Uhr. VI, Teréz krt. 2.

Herend Porzellan (48), neuester Laden der berühmten ungarischen Manufaktur mit edlen, teuren Stücken. Mo–Fr 10–18 Uhr, Sa 10–14 Uhr. VI., Andrássy út 16.

Alexandra Könyves és Bor (Books & Wine) (40), große, moderne Buchhandlung mit fremdsprachiger Abteilung und kleinem Café. Tägl. 10–22 Uhr. VI., Andrássy út 35.

Havalda Leather – Szíjgyártó mester (31), handgemachte Lederwaren, Hundehalsbänder, Handtaschen. Mo–Fr 11–19 Uhr. VI., Hajós u. 23.

Írók Boltja (54), Schriftstellerladen mit fremdsprachiger Abteilung, Autorenlesungen und Cafébetrieb. Mo–Fr 10–18 Uhr, Sa 10–13 Uhr. VI., Andrássy út 45.

BÁV (53), kleine Filiale der staatseigenen Warenhauskette, die hier Möbel, Teppiche, Porzellan und Silber feilbietet. VI., Andrássy út 43. www.bav.hu.

Helikon Könyvesház (23), großer, traditioneller Buchladen mit fremdsprachiger Abteilung. VI., Bajcsy-Zsilinszky út 37.

Haas & Czjzek (42), große Auswahl an ungarischem Porzellan, etwa das bodenständige Hollóháza sowie Alföldi und Zsolnay; Glas und Bleikristall aus Böhmen. Mo–Fr 10–18 Uhr, Sa 9–13 Uhr. VI., Bajcsy-Zsilinszky út 23. www.porcelan.hu.

Tóthvirág (38), Kleider, Schals, Taschen und Körbe mit verspielten Mustern. VI., Ó u. 17.

Knoll Galéria (22), Budapester Filiale des Wiener Galeristen Hans Knoll, der seit den 1990ern viele zeitgenössische ungarische Künstler bekannt gemacht hat. Di–Fr 14–18 Uhr, Sa 11–14 Uhr. VI., Liszt Ferenc tér 10.

Erika Deák Galéria (13), die aus New York wieder heimgekehrte Galeristin zeigt in einem Hinterhof zeitgenössische Kunst aus Ungarn. Mi–Fr 12–18 Uhr. VI., Jókai tér 1. www.deakgaleria.hu.

Andrássy út
Karte S. 194/195

Der Heldenplatz gehört zum touristischen Pflichtprogramm der Stadt

Tour 11: Hősök tere (Heldenplatz) und Városliget (Stadtwäldchen)

Die imposante Anlage des Heldenplatzes mit seinem mächtigen Denkmal und den beiden Kunstmuseen entstand 1896 anlässlich der Budapester Milleniumsfeiern. Der Platz ist das Eingangstor zum Stadtwäldchen, einer großen Parkanlage, die den Zoo, den Vergnügungspark, das prächtige Széchenyi-Bad und die romantische Kitsch-Burg Vajdahunyad beherbergt.

Der Heldenplatz ist eine der Hauptattraktionen Budapests. Keine Reisegruppe, keine Stadtrundfahrt, die hier nicht einen Stopp einlegt, den Platz in Beschlag und die umstehenden Heldenstatuen vor die Linse nimmt. 1896 als symbolträchtiges Ensemble zur Feier des tausendjährigen Bestehens Ungarns geplant, wurden der Platz und seine Bauten erst 1929 fertig. Im 20. Jh. war der Hősök tere Schauplatz bedeutender historischer Ereignisse: 1938 fand hier ein eucharistischer Weltkongress statt, 1989 gab es einen feierlichen Staatsakt zur Rehabilitation von Imre Nagy, 1991 zelebrierte Papst Johannes Paul II. eine Messe. Und alljährlich am 1. Mai ist der Platz Standort für politische Kundgebungen.

Ein wahrer Kontrast zur weiten, gepflasterten Fläche des Hősök tere ist das anschließende, etwa 1 km² große Stadtwäldchen. Das sumpfige Gelände war seit dem 15. Jh. königliches Jagdgebiet. Zu Beginn des 18. Jh. machte es Leopold I. der Stadt Pest zum Geschenk, die hier vom französischen Landschaftsgärtner Henry Nebbion 1810 einen Park und später einen Teich anlegen ließ. 1896 war das Stadtwäldchen Messegelände für die Ausstellung zur Milleniumsfeier – rund 200 Pavillons lockten Besucher aus aller Welt an. Heute ist der Városliget Erholungs- und Vergnügungszentrum der Budapester.

Spaziergang

Unser Rundgang beginnt direkt am Heldenplatz (Metro 1 Hősök tere), der hier zugleich die Andrássy út (→ Tour 10) abschließt. In der Mitte des Platzes, den tagsüber Busladungen von Touristen bevölkern, erhebt sich das zu Ehren ungarischer Nationalhelden errichtete monumentale → **Milleniumsdenkmal (Milleniumi emlékmű)**, das aus einer 36 m hohen Säule und zwei halbrunden Kolonnaden besteht. Flankiert wird der Hősök tere von zwei Prachtbauten: links das → **Museum der Schönen Künste (Szepművészeti Múzeum)**, das für seine Galerie der Alten Meister international bekannt ist, rechts die → **Kunsthalle (Műcsarnok)**. Beide Gebäude wurden von Albert Schickedanz im Stil griechischer Tempel errichtet.

Eine nach Plänen von Gustave Eiffel gebaute Straßenbrücke an der Rückseite der Kolonnaden führt über den **Stadtwäldchen-See (Városligeti-tó)**. Im Sommer wird das künstliche Gewässer zum Rudersee, von Oktober bis Marz verwandelt sich der südliche Teil in die **Műjégpálya**, eine riesige Kunsteisbahn (→ Sport S. 88), die vor allem in den Abendstunden von den Budapestern gestürmt wird. Kaiser Franz Josephs Sohn Kronprinz Rudolph war es, der 1870 den Bau der Eislauffläche mitsamt einer Wärmehalle anregte. Ödön Lechner entwarf den schönen Kuppelbau, der auch Garderoben und ein Buffet beherbergt.

Nach der Brücke wenden wir uns links und spazieren am Ufer entlang bis zur Nordspitze des Teichs, von der schon das markante Jugendstilportal des beliebten → **Budapester Zoos (Állatkert)** zu erkennen ist. Ein paar Meter links davon residiert Ungarns berühmtestes Restaurant, das **Gundel** (→ Kasten S. 213). Vom prächtigen Hauptportal des Tiergartens geht es rechts außerhalb der Zoomauer weiter, wo hinter dem Zaun bald die berühmten, türkisen Kuppeln des Elefantenhauses zu sehen sind. Nach dem Zoo folgt in einem mit Clowns verzierten Zweckbau der → **„Hauptstädtische Großzirkus“ (Fővárosi Nagycirkusz)**. Ebenfalls der Unterhaltung dient der benachbarte → **Vidám Park (Vergnügungspark)**, der jährlich von März bis Oktober rund eine Million Besucher anzieht. Das dottergelbe, neobarocke Gebäude rechter Hand, das uns schon geraume Zeit begleitet, ist das → **Széchenyi-Bad (Széchenyi gyógyfürdő)**, das Lieblingsbad der Budapester. Rechts um den großzügigen Komplex herum treffen wir auf die für den Verkehr freigegebene Hauptpromenade des Parks, Kós Károly sétány, der wir kurz rechts folgen. Dann biegen wir links ab und steuern direkt auf den burgartigen Komplex zu, der auf einer Insel im Stadtwäldchen-See errichtet wurde. Eine Büste links vor der sogenannten Löwenbrücke zeigt Ignác Alpár, den Baumeister des Ensembles, der → **Vajdahunyad-Burg (Vajdahunyad Vára)**. Durchqueren wir den Burghof, treffen wir nach der Kapelle linker Hand auf das bemerkenswerte, 1903 von Miklós Ligeti geschaffene **Anonymus-Denkmal**. Die bronzene Gestalt, die auf einer Marmorbank lehnt, stellt den Geschichtsschreiber des 12./13. Jh. dar, der die erste ungarische Chronik verfasst haben soll. Da seine Identität unbekannt ist, zog ihm der Bildhauer die Kapuze weit über das Gesicht, so dass es nicht mehr zu erkennen ist. Leicht zu erkennen ist dagegen, welches Teil des Denkmals Glück bringen soll – es ist der Griffel, der von den vielen Berührungen golden glänzt.

Über eine Brücke verlassen wir die Burg und die Insel und wenden uns gleich

Museum der Schönen Künste – bekannt für seine El-Greco-Sammlung

nach rechts, wo wir bald auf das **Denkmal von George Washington,** des ersten amerikanischen Präsidenten, treffen, das 1906 von in die USA ausgewanderten Ungarn gespendet wurde. Wir überqueren die Olof-Palme-Promenade (Sétány) und gelangen auf den knapp außerhalb des Wäldchens gelegenen, weiten Felvonulási tér, der früher als Aufmarschgelände diente. Hier erhob sich das riesige Stalin-Denkmal, bis es während des Volksaufstands 1956 vom Sockel gestürzt und zerstört wurde. Nachfolger Lenin hielt sich als Statue immerhin bis 1990 und wurde dann im Skulpturenpark (→ S. 241) abgeliefert. Seine Stelle nahm im Oktober 2006 zum 50. Jahrestag das 3,5 Mio. Euro teure → **Revolutionsdenkmal** ein, das wiederum die Gemüter erhitzte. Ebenfalls fast neu und mit seinen schrägen Wänden und Fensterschlitzen recht spektakulär ist auch das Gebäude gegenüber: Das **Park Atrium,** der ungarische Hauptsitz des ING-Immobilienmultis, wurde 2004 nach den Plänen des Rotterdamer Architekten Erick von Egeraat gebaut.

Wer mag, kann von hier entlang der Dózsa Györgyi út zum Heldenplatz zurückgehen oder weiteres Sehenswerte im und um das Stadtwäldchen entdecken: Das → **Verkehrsmuseum** findet sich an der Ostecke des Parks. Architekturfans pilgern zu zwei Meisterwerken des Jugendstils, der → **Villa Hermina út 47** und dem → **Geologischen Institut.**

Sehenswertes

Milleniumsdenkmal: Die Figuren des 1896 von György Zala geschaffenen, nach 1945 veränderten Denkmals symbolisieren Eckpunkte der ungarischen Geschichte. Auf der zentralen korinthischen Säule thront Erzengel Gabriel mit Riesenflügeln und der Stephanskrone in der Hand, die er König Stephan überreicht haben soll. Den Sockel der Säule umstehen hoch zu Ross die sieben magyarischen Stammesfürsten, die 896 das Land eroberten. Der mittlere ist Fürst Árpád, Stammvater der gleichnamigen Dynastie, deren Könige in den Kolonnaden links (gemeinsam mit ihren Nachfolgern aus dem Haus Anjou) zu sehen sind. In der rechten Kolonnade standen ursprünglich fünf Habsburgerkönige, die von den Kommunisten durch ungarische Freiheitskämpfer von Ferenc Rákóczi bis Lajos Kossuth ersetzt wurden. Die Figuren auf den äußeren Eckpfeilern der Säulenhallen symbolisieren Arbeit und Wohlstand (links) bzw. Ruhm und Wissenschaft, innen stehen sich Allegorien für Krieg (links) und Frieden gegenüber. Der marmorne Gruftdeckel vor der zentralen Säule ist

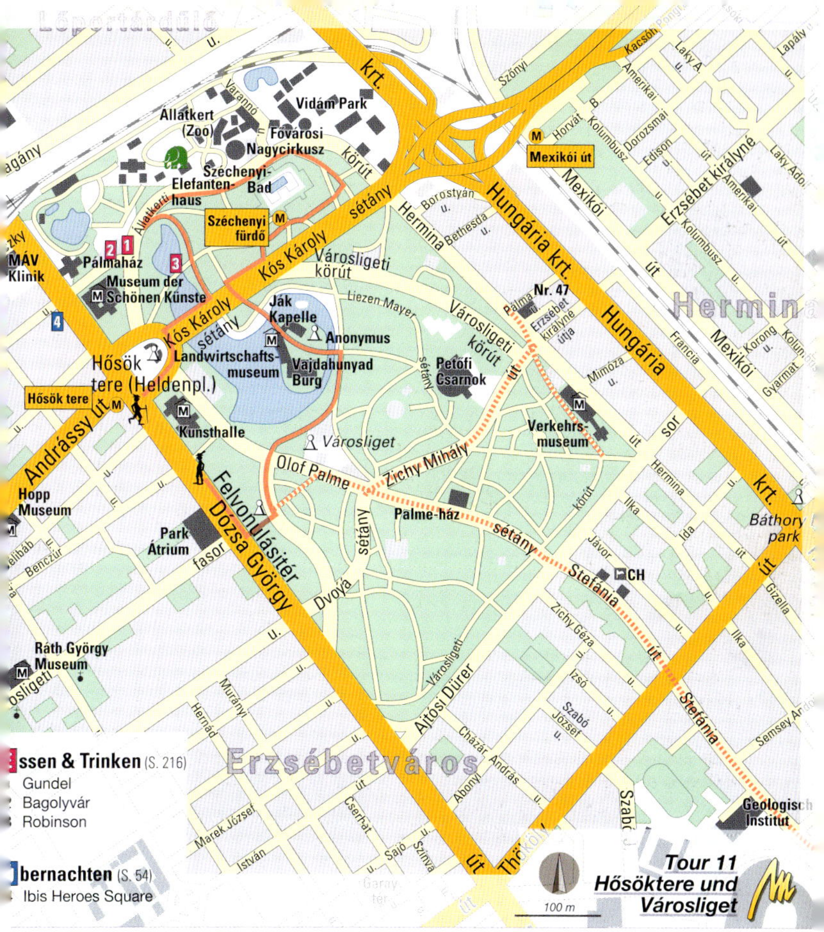

ein Gedenkstein für die Helden der Nation (Hőseink emlékére). Er musste vor einiger Zeit eingezäunt werden, nachdem ihn Inline-Skater als Schanze lieb gewonnen hatten.

Museum der Schönen Künste (Szepművészeti Múzeum): Ungarns führendes und erfolgreichstes Kunstmuseum mit seiner renommierten Galerie der Alten Meister logiert in einem typischen neoklassizistischen Museumsbau des 19. Jh., bei dem drei tempelartige Bauten miteinander verbunden wurden. Der mittlere Portikus, der oft mit Werbebannern für Sonderausstellungen verhangen ist, trägt im Giebelfeld eine Kopie des Reliefs vom Zeustempel in Olympia. 2006 feierte das Museum seinen 100. Geburtstag und den Abschluss der jahrelangen Renovierung mit einer Reihe von Ausstellungen, darunter eine hochkarätige Van-Gogh-Schau.

Im **Erdgeschoss** präsentiert das Museum in fünf Sälen Kostbarkeiten aus seiner *Antikensammlung*. Prunkstücke unter den römischen, griechischen und etruskischen Arbeiten sind eine Tänzerinnenfigur aus Marmor (3. Jh. v. Chr.) und der bronzene Grimani-Krug (5. Jh. v. Chr.). Im Barocksaal und der Renaissancehalle, die beide über zwei Geschosse reichen, werden italienische Barockgemälde (u. a. von Guido Reni) und Skulpturen aus dem 11. bis 16. Jh. gezeigt – darunter auch die von Leonardo da Vinci geschaffene, bronzene Reiterstatuette des französischen Königs Franz I. Die umfangreiche *Grafische Sammlung* des Museums mit Meisterwerken von Leonardo über Rembrandt bis Cézanne ist wegen ihrer Lichtempfindlichkeit nur in zeitlich begrenzten Sonderschauen zu sehen.

Zu den schönsten Perlen des Museums gehört die *Galerie der Alten Meister* im **Obergeschoss,** die 2003–2006 umgruppiert und neu gehängt wurde: Stark vertreten ist hier die *Italienische Malerei* vom 13. bis zum 18. Jh. mit Schwerpunkt auf der Renaissance. Grundstock der Kollektion war die Sammlung der Fürsten Esterházy, die der ungarische Staat 1870 erwarb; an diese erinnert die „Esterházy-Madonna", ein Meisterwerk von Raffael (1508). Vom selben Künstler stammt das „Porträt von Pietro Bembo" (1504), daneben hängen Gemälde von Tintoretto und Veronese, Tizians bekanntes „Bildnis des Dogen Marcantonio Trevisani" (1553) sowie Barockgemälde von Tiepolo und Canaletto.

Die *Niederländische Malerei* wartet mit Gemälden aus dem 16. Jh. auf, darunter ein Meisterwerk Pieter Brueghels d. Ä. „Die Predigt Johannes des Täufers" (1566) sowie mit Bildern aus dem 17. Jh., zu denen drei Rembrandts und Porträts von Frans Hals gehören. Die *Flämische Malerei* ist durch Rubens und Van Dyck vertreten. Die Sammlung *Spanischer Malerei* ist die größte außerhalb des Madrider Prado. Dazu zählen sieben Werke von El Greco (z. B. „Büßende Maria Magdalena", 1576, und „Jesus auf dem Ölberg", 1612), fünf Gemälde von Francisco de Goya (darunter „Die Wasserträgerin", 1810) sowie Arbeiten von Murillo und Velázquez. Glanzstücke der *Deutschen* und *Österreichischen Malerei* sind Hans Holbeins „Marientod" (um 1490) und Albrecht Dürers „Bildnis eines jungen Mannes" (1510); weitere Vertreter sind Cranach und Maulbertsch. Die kleine Sammlung an *Französischer* und *Britischer Malerei* zeigt Werke von Poussin, Lorrain und Constable.

Ebenfalls im Obergeschoss ausgestellt ist die *Kunst nach 1800* mit einer umfangreichen französischen Sammlung, darunter Gemälde von Delacroix, Courbet, Monet, Cézanne, Gauguin und Plastiken von Rodin. Das österreichische Bieder-

Wie der Coach nach Kutschdorf kam

Topmanager und Politiker haben einen, Hollywoodstars sowieso – den Coach, der sie in Karriere und Fitness voranbringen soll. Wer nach dem Ursprung dieses trendigen Businessworts sucht, findet sich unerwartet im nordwestungarischen Dorf Kocs nahe der Donau wieder. Dort konstruierten im 15. Jahrhundert die Kocser Wagenbauer ein neuartiges Pferdefuhrwerk mit vier Rädern *(szekér),* das den Gästen nicht nur mehr Platz bot, sondern obendrein mit Lederriemen am Chassis befestigt und somit gut gefedert war. Wegen des hohen Fahrkomforts war der „Wagen aus Kocs" (*kocsi széker,* kurz *kocsi*) bald überall heiß begehrt. Die Wiener nannten die neumodische *Kocsi* „Kutsche", die Pariser tauften sie „coche", die Engländer „coach". In Oxford nannten die Studenten bald auch ihre Tutoren so, von denen sie sozusagen weich durch das Studium *gekoutscht* wurden. Dann wurde auch der Sport-Trainer zum „Coach", schließlich der professionelle Promi-Berater. So kam, ebenso unerwartet, das neu-englische Wort mit neuer Bedeutung wieder nach Ungarn zurück, wo es über 500 Jahre zuvor geboren worden war.

Ungarns unbekannter Chronist – Anonymus-Denkmal im Stadtwäldchen

meier ist durch Waldmüller und Danhauser vertreten, die deutsche Kunst des 19. Jh. durch Menzel und Lenbach.

Das **Untergeschoss** zeigt Exponate aus der *Ägyptischen Sammlung,* die von ungarischen Archäologen vor Ort ausgegraben wurden. Die wertvollsten Stücke sind die Figur einer sitzenden Katze und die Statue des Baumeisters Imhotep (beide im 3. Jh. v. Chr. in Bronze gegossen) sowie die knieende Statue von Prinz Sheshong (Ägypten 9. Jh. v. Chr.). Die Abteilung *Kunst des 20. Jahrhunderts* schließlich lockt mit Werken von Kokoschka, Chagall, Picasso und Vasarely.

Ⓞ Di–So 10–17.30 Uhr, Do bis 21.30 Uhr, Mo geschlossen. Eintritt in die Dauerausstellung frei, Audioguide (engl.): 1.000 HUF. Sonderausstellungen bis zu 3.400 HUF, erm. 1.700 HUF. www.szepmuveszeti.hu. Ⓜ 1 Hősök tere.

Kunsthalle (Műcsarnok): Der neoklassizistische Bau mit seinen sechs Säulen, vergoldeten Kapitellen und dem bunten Giebelmosaik wurde als Pendant zum Museum der Schönen Künste entworfen, um der zeitgenössischen Kunst Ausstellungsfläche zu bieten. Als einziger Bau am Platz pünktlich zur Milleniumsfeier 1896 fertig gestellt, wurde er 100 Jahre später von Grund auf renoviert und dient heute – nach Jahren konservativer Ausstellungsthemen – wieder seinem ursprünglichen Zweck. Schön sitzt man im Sommer im Café unter den Säulen.

Ⓞ Di–So 10–17 Uhr, Do 12–20 Uhr, Mo geschlossen. Okt. bis Ende April Di–Fr 10–16 Uhr, Sa/So 10–17 Uhr. Eintritt je nach Ausstellung ca. 1.200 HUF, erm. 800 HUF. Dienstags Eintritt frei. www.mucsarnok.hu. Ⓜ 1 Hősök tere.

Budapester Zoo (Állatkert): Der 1866 gegründete „Zoologische Garten" wurde 1910–1912 zum damals modernsten Tiergarten Europas umgebaut und dabei von den Architekten um Károly Kós als Spielwiese der Jugendstilarchitektur genutzt: Den sezessionistischen Haupteingang flankieren zwei steinerne Elefanten; von den ursprünglich elf Tierhäusern sind sieben noch im Originalzustand erhalten: Das bekannteste – das *Elefantenhaus* im ungarischen

Hősök tere/Városliget
Karte S. 209

Steinerne Elefanten weisen den Weg zum Budapester Zoo

Jugendstil (1910–1912) – erinnert mit seinen türkis gekachelten Kuppeln und dem Aussichtsturm an eine Moschee. Beeindruckend ist auch das zur gleichen Zeit gebaute *Vogelhaus*, das vom Pariser Büro Eiffel 1917 entworfene *Palmenhaus* mit Aquarium, Terrarium, Vivarium (und einem netten Kaffeehaus) sowie der große künstliche Felsen im Bergtier-Gehege (um 1910), der einem echten Karpatenfelsen nachgebildet ist (Renovierung 2007). Abgesehen von den Bauten, die in den letzten Jahren reihum restauriert wurden, sind rund 2000 Tiere aus allen Erdteilen zu bestaunen. Bekannt ist der Zoo übrigens für seine große, 200 Tiere zählende Affenpopulation sowie für seine Zuchterfolge: Im Januar 2007 kam hier das weltweit erste Nashornbaby nach künstlicher Befruchtung zur Welt.

Täglich geöffnet. Mai bis Aug. 9–19 Uhr, April/Sept. 9–18 Uhr, März/Okt. 9–17 Uhr, Nov. bis Feb. 9–16 Uhr. Eintritt 1.400 HUF, erm. 950 HUF, mit Budapest-Karte frei. Palmenhaus und Aquarium kosten 400 HUF extra. www.zoobudapest.com. XIV., Állatkerti körút 6–12. Ⓜ 1 Hősök tere.

Hauptstädtischer Großzirkus (Fővárosi Nagycirkusz): Der 1891 gegründete Zirkus ist seit 1971 hier untergebracht und heute der einzige in Europa, in dem ganzjährig Vorstellungen stattfinden.

Vorstellungen Mi–Fr 15 Uhr, Sa/So 10.30 und 15 Uhr, Sa 19 Uhr. Tickets 2.200, erm. 1.800 HUF. www.maciva.hu. XIV., Állatkerti körút 7. Ⓜ 1 Széchenyi fürdő.

Vidám Park (Vergnügungspark): Der Budapester Vergnügungspark, dessen Wurzeln bis ins 19. Jh. zurückreichen, bietet heute einen Mix aus modernen und altmodischen Fahrgeschäften, von Looping Star, Top Spin und Break Dance bis zu denkmalgeschützten Attraktionen, wie einer wackeligen, hölzernen Achterbahn von 1926 *(Hullámvasút)*, einem entzückenden Karussell *(Körhinta)* und einer nostalgischen Grottenbahn *(Barlangvasút)*, beide von 1906.

Juni bis Aug. Mo–Fr 10–19 Uhr, Sa/So 10–20 Uhr. April/Mai/Sept./Okt. Mo–Fr 11–18.30 Uhr, Sa/So 10–19 Uhr. Tagespass mit freier Fahrt auf nahezu allen Anlagen: 2.950 HUF, Kinder unter 100 cm frei, bis 140 cm und über 62-Jährige 1.950 HUF. XIV., Állatkerti körút 14–16. Ⓜ 1 Széchenyi fürdő.

Széchenyi-Bad (Széchenyi gyógyfürdő): Gab es in Buda schon zur Römer- und Türkenzeit Thermalbäder, stieß man in Pest erst 1879 durch Bohrungen im Stadtwäldchen in einer Tiefe von 970 m auf 74 °C heißes Wasser – 1881 wurde das erste Pester Badehaus gebaut. Der heutige palastartige Komplex mit seiner zentralen Kuppelhalle, einem Hallenbad,

Blick über den Stadtwäldchensee zum Gundel

Gundel – die Wiedergeburt eines Gourmet-Tempels

Das Restaurant im Pester Stadtwäldchen, die mit Nuss und Rosinen gefüllten, mit Rum-Schokoladensoße übergossenen Palatschinken, die zahlreichen Kochbuch-Bestseller – sie alle tragen den Namen eines Mannes: Károly Gundel (1883–1956), Ungarns Gourmet-Legende. Der Sohn eines Gastwirts übernahm 1910 das zur Milleniumsfeier 1896 errichtete Ausflugsrestaurant beim Budapester Zoo und verwandelte es in kürzester Zeit zu einem Feinschmeckertempel von Weltrang. Sozusagen nebenbei kreierte er kulinarische Köstlichkeiten, die bis heute nach ihm benannt sind. Von 1927 an hatte Gundel auch die Restaurants im Hotel Gellért gepachtet. Doch mit dem 2. Weltkrieg waren die glorreichen Zeiten vorbei. 1949 wurden die Betriebe verstaatlicht, Gundel erkrankte schwer und starb 1956. Seinen letzten Glanz verlor das Etablissement im Stadtwäldchen im Sozialismus – doch 1992 begann die Renaissance des Gundel: George Lang, ein 1947 nach New York ausgewanderter, dort reich gewordener Ungar, und Ronald S. Lauder, Erbe der Parfümdynastie Esteé Lauder, ließen sich die Komplettrenovierung des Traditionshauses 16 Mio. Euro kosten. Der Stuck wurde nachgearbeitet, der Marmor der Säulen und Treppen aufpoliert. Zusätzlich zu den 165 Plätzen im Hauptrestaurant wurden weitere Räume in prunkvolle Bankettsäle umgewandelt, so die ehemalige Wohnung der Gundels und die Kellergewölbe, die nun als Weinkeller dienen. Heute hat das Gundel Platz für 1700 Gäste – und seinen alten Ruf zu neuem Leben erweckt.

Dampf- und Wannenbädern sowie drei Freibecken wurde bis 1927 fertig gestellt und erst jüngst renoviert. Die bekannten Budapest-Ansichten mit Schach spielenden Badegästen stammen aus diesem Bad (→ Baden S. 86).

Burg Vajdahunyad: Die mit ihren Türmen und Zinnen so mittelalterlich anmutende Burganlage ist gerade einmal 100 Jahre alt. Wie der Heldenplatz war sie ein Projekt der Milleniumsausstellung 1896 und sollte die für Ungarn typischen Baustile in einem Gebäudekomplex darstellen. Dazu wurden 21 Bauwerke aus dem gesamten Land nachgebildet und zusammengefügt – zunächst aus Pappe und Holz. Weil dieses „Disneyland" aber beim Publikum der Renner war, errichtete man es nochmals aus Stein.

Durch das zinnenbewehrte Burgtor gelangt man in den weiten Burghof, der im Uhrzeigersinn von Bauten aus Romanik, Gotik, Renaissance und Barock umstanden ist. Das Portal der romanischen Kapelle ist eine Kopie der Benediktinerkirche in Ják, die gotische Burg ein Nachbau der Veste Vajdahunyad im heutigen Siebenbürgen, die Namensgeber der gesamten Anlage ist. Im barocken und gotischen Gebäudeteil rechts residiert das **Museum für Landwirtschaft (Mezőgazdasági Múzeum),** das sich der Geschichte der ungarischen Land- und Forstwirtschaft, der Jagd, Fischerei, Viehzucht und dem Weinbau widmet.

⌚ Landwirtschaftsmuseum: Mai bis Ende Okt. Di–So 10–17 Uhr, Nov. bis März Di–So 10–16 Uhr. Eintritt frei. Schautafeln auch in Englisch. Ⓜ 1 Hősök tere.

Revolutionsdenkmal: Das 2006 enthüllte Monument besteht aus 2600 Stahlpfeilern, die auf der einen Seite rostig und lose herumstehen, während sie zur anderen Seite hin in einem glänzenden Keil zusammenlaufen, der den Boden unter sich aufbricht. Die Künstlergruppe *i-ypsilon* will mit diesem Bild zeigen, wie einzelne Menschen zu einer Einheit zusammenwachsen und damit der Geschichte eine neue Wendung geben können. Die Revolutionäre von 1956 kritisieren, dass das Denkmal das Schicksal der anti-sowjetischen Freiheitskämpfer nicht klar genug thematisiere.

Burg Vajdahunyad – „Disneyland" im 19. Jahrhundert

2600 rostige Stahlpfeiler erinnern an das Jahr 1956

Weitere Sehenswürdigkeiten

Verkehrsmuseum (Közlekedési Múzeum): Ein Doppeldecker-Flugzeug auf dem Dach, zwei alte Loks vor der Fassade und Trümmer der im Weltkrieg zerstörten Donaubrücken weisen den Weg zum Haupteingang des 1899 gegründeten Museums. Ursprünglich für die Milleniumsausstellung als Schau des modernen Verkehrswesens konzipiert, widmet sich das Haus heute der ungarischen Geschichte von Eisenbahn, Straßen- und Schiffsverkehr. Von dem einst prächtigen Museumspalast blieb nach 1945 nur mehr das Erdgeschoss übrig, das 1987 um einen modernen Anbau erweitert wurde. Auf 8000 m² sind historische Lokomotiven und Waggons aus dem 19. Jh. zu sehen (z. B. der königliche Salonwagen von 1884 und ein Speisewagen des Orient-Express), eine Straßenbahn von 1889, Motorräder und Oldtimer um 1900 sowie Modelle alter Kreuzfahrtschiffe, die auf Donau und Plattensee verkehrten. Und zu jeder vollen Stunde dreht die beliebte Modelleisenbahn ihre Runden (Modellbahn-Tickets 250 HUF, erm. 150 HUF).

⌚ Mai bis Ende Sept. Di–Fr 10–17 Uhr, Sa/So 10–18 Uhr. Okt. bis Ende April Di–Fr 10–16 Uhr, Sa/So 10–17 Uhr. Eintritt frei. Schautafeln auch in Deutsch. XIV., Városligeti körú 11. Trolley-Bus 70, 72.

Villa Hermina út 47: Im eleganten historischen Wohnviertel an der Rückseite des Városliget steht die 1905/06 nach Plänen von Ödön Lechner gebaute Villa mit einer bemerkenswerten Jugendstilfassade, inklusive glasüberkuppeltem Wintergarten.

Geologisches Institut (Magyar Állami Földtani Intézet): Das 1898/99 in der Stefánia út 14 am Rande eines Villenviertels errichtete Gebäude, ebenfalls ein Werk von Ödön Lechner, beeindruckt mit seinen eisblauen Dachziegeln, die schön mit der blau dekorierten Backsteinfassade harmonieren. Auch im Inneren, in dem das Landesmuseum für Geologie (Országos Földtani Múzeum) Fossilien und andere geologische Schätze präsentiert, blieb viel von der originalen Jugendstilausstattung erhalten.

Ⓞ Do/Sa/So 10–16 Uhr. Eintritt 400 HUF, erm. 250 HUF, mit Budapest-Karte frei. XIV., Stefánia ú 14. Wer von der Pester Innenstadt direkt hierher kommen möchte, fährt mit Bus 7 ab Ⓜ 3 Ferenciek tere bis Stéfania út – dann auf dieser noch 300 m rechts.

Praktische Infos

(→ Karte S. 209)

Essen & Trinken

Gundel (1), Ungarns berühmtestes Luxusrestaurant (→ Kasten) hat schon die Queen, den Papst und andere Promis verzückt. Aus gutem Grund: Man diniert oder tagt in einem der prunkvollen Speisesäle, trinkt erlesene Kaffees oder Cocktails an der Bar, verkostet edle Weine im Gewölbekeller, genießt das Menü im parkähnlichen Garten und nimmt zum Schluss aus der Boutique noch ein mit Gundel-Elefanten dekoriertes Souvenir mit nach Hause. Hauptgerichte von 6.000 bis 10.000 HUF. Günstiger sind die drei wöchentlichen Mittagsmenüs (3 Gänge) für 3.330–4.200 HUF und der All-you-can-eat-Sonntagsbrunch (11.30–15 Uhr) für 5.800 HUF. Die berühmte Gundel-Palatschinke gibt es für 1.520 HUF, flambiert 1.780 HUF. Reservierung erforderlich. Abends für Herren Sakkozwang! Tägl. 12–16 Uhr und 18.30–24 Uhr, Bar und Terrasse 9–24 Uhr. XIV., Állatkerti út 2, ✆ 4684040. www.gundel.hu.

Bagolyvár (2), die immer gut besuchte, freundliche „Eulenburg“ 50 m links hinter dem Gundel ist dessen rustikaler Schwesterbetrieb, eine Gründung des Gundel-Retters George Lang. Geboten wird hier ungarische Hausmannskost auf hohem Niveau – zu niedrigeren Preisen als nebenan (Hauptspeisen 2.500–3.500 HUF). Schöner Gastgarten. Tägl. 12–23 Uhr. XIV., Állatkérti út 2, ✆ 4683110. www.bagolyvar.com.

Robinson (3), eine lukullische Insel der Ruhe im Stadtwäldchen-See. Mit seiner verglasten Front bietet das Café-Restaurant eine bezaubernde Aussicht, das Innere ist gepflegt-elegant und zugleich gemütlich, die Hintergrundmusik dezent. Die Küche ist international und nicht ganz billig – Lachssteak mit Beilagen oder Kalbsgeschnetzeltes mit Pilzen gibt es für 4.000 HUF, Desserts für 800–1.000 HUF. Aber auch bei Kaffee und Kuchen lässt sich's hier entspannen – in der warmen Jahreszeit sind die Terrassen im Erdgeschoss und auf dem Dach dafür ideal. Tägl. 12–16 Uhr und 18–24 Uhr, Café 12–24 Uhr. XIV., Városligeti-tó, ✆ 4220222. www.robinsonrestaurant.hu.

Széchenyi gyógyfürdő – ein neobarockes Badeschloss

Die „silberne Trauerweide“ hinter der Großen Synagoge – ein Werk von Imre Varga

Tour 12: Erzsébetváros (Elisabethstadt) und Jüdisches Viertel

Jüdische Tempel und Gründerzeitpaläste, charmante Hinterhöfe aus dem Biedermeier und kühl-moderne Apartmentblocks, koschere Zuckerbäcker und berühmte Kaffeehäuser – mit spannenden Gegensätzen wartet die dicht besiedelte Elisabethstadt auf, die sich im 19. Jahrhundert aus einem früheren Pester Vorort entwickelte.

Die Erzsébetváros (VII. Bezirk) erstreckt sich zwischen der Király utca und der südlicher gelegenen Rákóczi út, die beide vom Kleinen Ring aus nach Nordwesten führen. Das Gebiet bis zum Großen Ring wurde seit Mitte des 19. Jh., als auch Juden das Recht auf uneingeschränkte Niederlassungsfreiheit erhielten, zum Zentrum des jüdischen Lebens in Budapest. Eine vielschichtige Infrastruktur entstand, und zu der großen Synagoge kam nach der Spaltung der jüdischen Gemeinde 1867 für jede Gruppierung im Viertel ein eigenes Bethaus hinzu. Nach einer Blütezeit bis 1914 waren die Juden ab den 1920/30er-Jahren wieder zahllosen Repressionen ausgesetzt. Mit dem Einmarsch der Nazitruppen 1944 begann der Holocaust: Erzsébetváros wurde zum Ghetto, in dem 70.000 Juden auf engstem Raum zusammengepfercht dahinvegetierten. Die bereits geplante vollständige Vernichtung der jüdischen Bevölkerung konnte durch die Ankunft der sowjetischen Truppen noch verhindert werden. Doch die Zahl der Budapester Juden war nach dem Krieg von 246.000 auf 86.000 gesunken. In sozialistischer Zeit, als religiöses Leben nur im Geheimen stattfinden durfte, mussten viele jüdische Einrichtungen des Viertels verkauft werden.

Erst nach der Wende 1989 erholte sich die jüdische Gemeinde in Budapest wieder und zählt heute mit rund 80.000 Mitgliedern zu den aktivsten Gemeinden Europas. Rund 30 Synagogen, jüdische Schulen, aber auch zahlreiche Klezmer-Ensembles, darunter die berühmte *Budapest Klezmer Band,* und das beliebte jährliche Jüdische Sommerfestival (→ S. 79) zeugen von einem vitalen Kulturleben.

Die Ursprünglichkeit des Viertels ist heute allerdings erneut bedroht, seit hier ein regelrechter Bauboom ausgebrochen ist. Immobilienfirmen aus aller Welt haben Gefallen an der zentralen Lage gefunden und ersetzen reihum die maroden alten Biedermeierhäuser durch mehrstöckige Apartmentblocks, für die sie Mieten auf westeuropäischem Niveau verlangen. Inzwischen haben sich Bürgerinitiativen formiert, die sich dem Treiben der Baufirmen und dem drohenden Gesichtsverlust der Elisabethstadt entgegenstellen.

Spaziergang

Ausgangspunkt ist der **Deák Ferenc tér,** Kreuzungspunkt der drei Metrolinien. Blickt man am Platz mit dem Rücken zur Innenstadt nach Osten, fallen zwei imposante Bauwerke ins Auge: An der Ecke zur Bajcsy-Zsilinszky út ragt der **Anker-Palast,** ein mächtiger, gelber Jahrhundertwendebau mit Kuppel und Säulenvorbau in die Höhe. Er war einst Sitz der gleichnamigen Versicherung, heute bröckelt an allen Seiten der Putz. Rechts davon schließt ein lang gestreckter Block mit mehrgeschossigen Backsteinbauten an, die → **Madách-Häuser.** Zwischen Madách-Häusern und Anker-Palast beginnt die **Király utca (Königsgasse),** die bis zum Bau der Andrássy út die Hauptverbindung zwischen Innenstadt und Stadtwäldchen war. An ihre Zeit als blühende Geschäftsstraße, einst gesäumt von Läden jüdischer Händler und Handwerker, die oft zugleich Werk- und Wohnstätten waren, erinnern heute nur mehr ein paar vergilbte Geschäftsschilder: Die Abrissbirne war hier in den letzten Jahren eifrig am Werk und ließ öde, moderne Apartmenthäuser entstehen. Wir folgen der Gasse bis zur Nr. 13 auf der rechten Seite, wo sich die Passage durch den → **Gozsdu-Hof (Gozsdu-udvar)** auftut.

Denkmal für Carl Lutz, einer der „Gerechten unter den Völkern“

Nun gehen wir in der Király utca wieder zurück bis zur ersten Seitengasse nach links, der nach einem Arzt benannten Rumbach Sebestyén utca. An dieser steht die 1870–1872 vom später weltberühmten Wiener Jugendstilarchitekten Otto Wagner für die konservative jüdische Gemeinde gebaute → **Rumbach-**

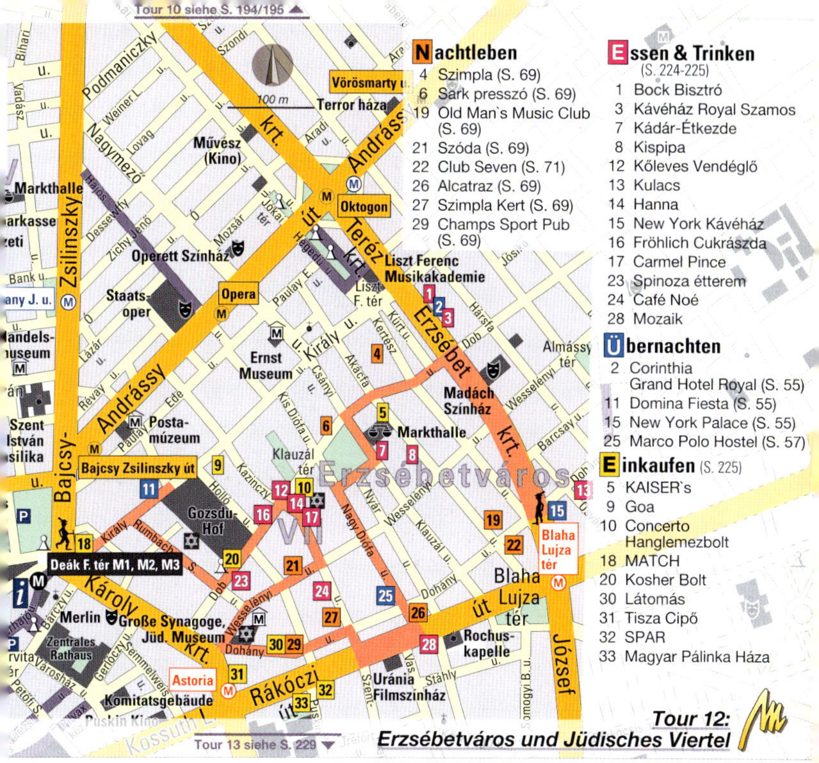

Tour 12: Erzsébetváros und Jüdisches Viertel

Synagoge. Weiter entlang der Rumbach S. utca, wenden wir uns an der folgenden Kreuzung links in die Dob utca (Trommelgasse). Hinter einem Hauseingang an der rechten Straßenseite sind stimmungsvolle Innenhöfe zu erkennen, linker Hand treffen wir auf das an einer Feuermauer platzierte → **Denkmal für Carl Lutz.** An dieser Stelle befand sich 1944/45 der Eingang zum Jüdischen Ghetto, das sich von hier über sieben Querstraßen bis zum Erzsébet-Ring erstreckte. Gleich anschließend folgt ein kleiner koscherer Lebensmittelladen *(Kóser bolt)* und schräg gegenüber das „Spinoza", ein Szenelokal, dessen Bühne vom Jüdischen Sommerfestival bespielt wird. Ein Stück weiter passieren wir die koschere „Fröhlich Cukrászda" auf Nr. 22, die seit 1953 die Stellung hält – auch hier rücken die Immobilienhaie näher, erst 2006 wurde das alte Haus gegenüber platt gemacht.

An der nächsten Kreuzung biegen wir rechts in die Kazinczy utca ein, wo sich gleich links der Backsteinbau der → **Orthodoxen Synagoge** ins Blickfeld drängt. Weiter südlich in der Straße kann man gegen Voranmeldung das **Museum für Elektrotechnik (Elektrotechnikai Múzeum)** mit historischen Transformatoren und Dynamos besuchen (Di–Sa 10–17 Uhr, ✆ 3425750, www.emuzeum.hu). Von der Kazinczy utca rechts abgebogen, geht es in der nach Baron Miklós Wesselényi benannten Gasse wieder stadteinwärts bis zu *dem* Anziehungspunkt des Jüdischen Viertels, der → **Großen Synagoge** mit **Jüdischem Museum (Zsidó Múzeum)** und dem dahinter stehenden **Holocaust-Denkmal,** auf das man bereits von der Wesselényi utca aus durch den

Eine Institution im Jüdischen Viertel: die „Konditorei Fröhlich"

Gitterzaun einen Blick werfen kann: Die große silberne Trauerweide, ein Werk von Imre Varga (1991), ist den 600.000 ungarischen Holocaust-Opfern gewidmet, deren Namen in die metallenen Blätter eingraviert sind.

Der Eingang zur Synagoge befindet sich unterhalb der beiden Zwiebeltürme in der Dohány utca (Tabakgasse). Der davor gelegene Platz, der quirlige **Herzl Tivadar tér,** erinnert an den ungarischen Schriftsteller und Begründer des politischen Zionismus Theodor Herzl, der 1860 im damaligen Nachbarhaus der Synagoge zur Welt kam. Herzl starb 1904, der von ihm erträumte Staat Israel wurde 1948 geschaffen.

Unser Spaziergang führt weiter die Dohány utca entlang, in der die Innenhöfe der Häuser Nr. 3 und 20 sowie die schon in die Moderne weisende Keramikfassade am Eckhaus Nr. 22 (Arkád Bazár, 1908) sehenswert sind. Über die Síp utca biegen wir nach rechts in die belebte, verkehrsreiche Einkaufsmeile **Rákóczi út.** Die von Gründerzeitbauten geprägte Radialstraße verbindet den Kleinen Ring mit dem Ostbahnhof (Keleti pályaudvar) und begrenzt die Erzsébetváros nach Süden. Wir wechseln auf die andere, südliche Seite der Rákóczi út, wo wir weiter links auf den von Henrik Schmal geschaffenen venezianisch-arabischen Jugendstilpalast des Nationalen Filmtheaters **Uránia Filmszínház** (Nr. 21, 1895) treffen, dessen prächtig renoviertes Foyer einen Blick lohnt (→ Kinos S. 77). Weiter östlich ist die kleine, gelb gestrichene barocke **Rochuskapelle (Szt. Rókus kápolna)** zu erkennen, die 1711 zum Dank für das Ende der Pestepidemie damals noch außerhalb der Stadtmauern erbaut und Ende des 18. Jh. vergrößert wurde. Neben der Kapelle entstand 1796 das später nach Ignac Semmelweis benannte erste Krankenhaus der Stadt, der hier von 1851 bis 1857 die Geburtenstation leitete (→ Kasten S. 123).

Noch vor der Kapelle verlassen wir die laute Rákóczi út wieder, um über die Nagy Diófa utca in das beschauliche Herz des historischen Judenviertels vorzudringen. Vorbei am koscheren King's Hotel spazieren wir bis zum **Klauzál tér,** der einst die Mitte des jüdischen Ghettos bildete, heute ist er eine heruntergekommene Grünfläche.

Aufmerksamkeit zieht nur die historische Markthalle an der Ostseite des Platzes auf sich, die den Großteil ihrer Verkaufsflächen aber an einen Supermarkt abgetreten hat (→ Einkaufen S. 81). An der Nordostecke des Klauzál tér treffen wir wieder auf die **Dob utca (Trommelgasse),** die nach rechts zum **Erzsébet körút (Elisabeth Ring)** führt. Dieser prächtigste Abschnitt des Großen Rings ist mit seinen aufpolierten Fassaden, den teuren Cafés und edlen Hotels ein krasser Gegensatz zu den dunklen, maroden Gassen der übrigen Elisabethstadt. Zu den bemerkenswerten Bauten am Erzsébet körút zählt das 2003 wieder eröffnete **Traditionshotel Royal;** der 1896 eröffnete Neorenaissancebau wurde samt marmornem Ballsaal und historischem Hallenbad für 100 Mio. € herausgeputzt und mit modernen Glasanbauten versehen. Das **Madách-Theater (Madách Szinház)** auf Nr. 29–33 wurde 1952 vom ungarisch-jüdischen, vorwiegend in Berlin tätigen Theaterarchitekten Oskar Kaufmann geplant und 1961 eröffnet (→ Oper S. 74). Blickt man von hier den Ring entlang nach Süden, sieht man schon den reich gegliederten Turm des → **Palais New York** aufragen, dem 2006 als Luxushotel neues Leben eingehaucht wurde – der glanzvolle Endpunkt dieser Tour.

Madach-Theater: Haus für Musicals

Vom nahen Blaha Lujza tér können wir mit Metro 2 wieder zum Ausgangspunkt der Tour zurückkehren. Direkt vor dem Palais halten auch die Ringlinien 4 und 6.

Sehenswertes

Madách-Häuser: Der 1937 im Bauhaus-Stil errichtete Gebäudekomplex trägt den Namen des ungarischen Dichters Imre Madách (1823–1864), dessen Hauptwerk „Die Tragödie des Menschen" (1861) eine Art „ungarischer Faust" ist. An der Stelle der Madách-Häuser stand seit dem frühen 19. Jh. das Orczy-Haus, die Keimzelle des jüdischen Pest; es umfasste rund 50 Wohnungen, eine Synagoge, Gebetsräume, Geschäftslokale, Cafés und ein großes Handelszentrum, weswegen es den spöttischen Beinamen „jüdische Karawanserei" trug.

Gozsdu-Hof (Gozsdu-udvar): Der von dem rumänisch-ungarischen Mäzen Manó Gozsdu 1901 errichtete Hof besteht aus sieben Gebäuden mit sechs Innenhöfen, die einen Durchgang von der Király utca 13 in die Dob utca 16 ermöglichen. Einst herrschte in den stimmungsvollen Hinterhöfen mit den kleinen Lokalen, Sozialwohnungen und Werkstätten geschäftiges Treiben. Seit 2006 sind in dem mittlerweile desolaten Komplex umfangreiche Umbauarbeiten im Gange, die sich ein israelischer Immobilienunternehmer über 30 Mio. Euro kosten lässt. Es wird sich weisen, ob die geplanten

Erzsébetváros/Jüdisches Viertel
Karte S. 219

Luxuswohnungen, exklusiven Geschäfte und Restaurants wieder das einstige Flair herbeizaubern können oder das Ensemble damit „zu Tode saniert“ wird.

Rumbach-Synagoge (Rumbach Zsinagóga): Otto Wagner orientierte sich an dem damals im Synagogenbau üblichen romanisch-maurischen Stil sowie am Vorbild der Großen Synagoge (s. u.) – er dekorierte die gelb-rot gestreifte Fassade mit kleinen, blauen Kacheln und zwei minarettartigen Türmen. Das Innere lässt in der achteckigen, von gusseisernen Säulen flankierten Bethalle bereits den Jugendstil anklingen. Nach schweren Schäden im Zweiten Weltkrieg ist die Restaurierung des Gebäudes bis heute noch nicht abgeschlossen. Die Synagoge kann jedoch besichtigt werden und dient dem Jüdischen Sommerfestival als Veranstaltungsort.

Ⓞ Mo–Do 10–16.30 Uhr, Fr 10–14.30 Uhr, So 10–16.30 Uhr. Eintritt 500 HUF, erm. 100 HUF. Rumbach S. utca 11. Ⓜ 1, 2, 3 Deák tér.

Denkmal für Carl Lutz: Ein goldener Engel, der waagerecht aus der Wand strebt und ein Tuch herablässt, um damit einen am Boden liegenden Menschen zu retten – so verwirklichte Tamás Szabó den ihm 1991 erteilten Auftrag für ein Denkmal zu Ehren des Schweizer Konsuls Carl Lutz, der zu den Lebensrettern der Budapester Juden zählt (→ Kasten).

Orthodoxe Synagoge: Die jüngste der drei großen Synagogen im Judenviertel ist die der orthodoxen Gemeinde. 1913 wurde sie von den Brüdern Sándor und Béla Löffler im Übergang vom späten Jugendstil zum Funktionalismus errichtet und dabei dem Knick der Straße angepasst (der Innenraum ist nicht zu besichtigen). An der Rückseite der Synagoge rund um einen straßenähnlichen Hof (Eingang in der Dob utca) findet

Raoul Wallenberg, Carl Lutz, Angelo Rotta – „Gerechte unter den Völkern“

Als die Situation der Budapester Juden nach dem Einmarsch der Nazis im März 1944 lebensgefährlich wurde, setzte eine einzigartige Rettungsaktion ein. Den Verfolgten wurden Schutzpässe oder -briefe neutraler Länder ausgestellt, die sie als deren Staatbürger deklarierten und ihnen damit die Auswanderung ermöglichten. Zuflucht für die Übergangszeit erhielten die Juden in sogenannten Schutzhäusern, wo sie mit Lebensmitteln versorgt wurden und vor dem Zugriff ungarischer und deutscher Soldaten sicher waren. Mehrere zehntausend Menschen konnten so der Deportation in die Vernichtungslager entkommen.

Wer aber waren die „Gerechten unter den Völkern“, wie die Retter heute genannt werden? Der wohl bekannteste und mutigste war der schwedische Bankierssohn *Raoul Wallenberg* (geb. 1912), der im Alter von 32 Jahren als schwedischer Diplomat nach Budapest kam. Im Januar 1945 wurde er von den Sowjets unter dem Vorwurf der Spionage gefangengenommen, 1947 soll er in einem Moskauer Gefängnis gestorben sein. Ein dichtes Hilfsnetzwerk betrieb auch der Schweizer Konsul *Carl Lutz* (1895–1975). 1945 kehrte Lutz in sein Heimatland zurück, wo ihm Kompetenzüberschreitung vorgeworfen wurde – erst 1958 wurde er rehabilitiert. *Angelo Rotta* (1872–1965) verteilte als Nuntius des Vatikans päpstliche Schutzpapiere.

An Rotta erinnert eine Tafel im Burgviertel (Úri utca 6), an Lutz ein Denkmal im Judenviertel, an Wallenberg eines am Fuß der Budaer Berge (→ S. 238).

sich das Gemeindehaus, eine orthodoxe Schule, das koschere Restaurant „Hanna“, weitere Beträume sowie eine schmiedeeiserne *Chuppa,* ein bei jüdischen Hochzeiten verwendeter Traubaldachin.
VII., Kazinczy utca 29–31. Ⓜ 1, 2, 3 Deák tér.

Große Synagoge (Dóhany utca Zsinagóga): Die repräsentative Synagoge wurde 1854–1859 für die große liberale jüdische Gemeinde nach Plänen von Ludwig Förster gebaut, der zuvor schon in Wien einen später zerstörten jüdischen Tempel errichtet hatte. Hier in Budapest schuf Förster ein typisches Werk der Romantik. Dabei ließ er sich von der maurisch-islamischen Baukunst inspirieren, versah die farbenprächtige Fassade mit orientalischen Ornamenten, integrierte aber auch Stilelemente des christlichen Kirchenbaus, wie die beiden mit Zwiebelkuppeln bekrönten Türme zeigen.

Durch die Vorhalle betritt man den eigentlichen Betraum, der mit seiner gewaltigen Größe und prächtiger Ausstattung beeindruckt. Verantwortlich für die Innengestaltung war der junge Architekt Frigyes Feszl, der später die Pester Redoute (→ S. 172) entwarf. Auf drei Seiten tragen elegante, gusseiserne Säulen die den Frauen vorbehaltenen Holzemporen, sodass in dem Gebäude – der größten Synagoge Europas – insgesamt rund 3000 Menschen einen Sitzplatz finden. Der Thoraschrein wurde nicht wie üblich mittig, sondern ganz vorne platziert, auch die große Orgel ist für eine Synagoge ganz und gar ungewöhnlich – Gestaltungselemente, die die orthodoxen Juden zum Bau eigener Bethäuser veranlassten.
In der Großen Synagoge gibt es nicht nur während des Jüdischen Sommerfestivals regelmäßig Konzerte.

1929–1931 wurden an die linke Seite der Synagoge zwei Bauten angefügt: In dem stilistisch gleichen **Jüdischen Museum (Zsidó Múzeum)** links vorne

Europas größte Synagoge steht in Budapest

dokumentieren religiöse Gegenstände (Thora- und Talmud-Schriften, Goldschmiedekunst) und Werke ungarisch-jüdischer Künstler die Geschichte der ungarischen Juden von der Römerzeit bis ins 20. Jh. Ein eigener Raum widmet sich mit Fotos und Dokumenten den Schrecken des Holocaust. Der von einer Kuppel gekrönte **Tempel der Helden (Hősök temploma)** links hinten erinnert an die 10.000 im Ersten Weltkrieg gefallenen jüdischen Soldaten. In dem von Arkaden gesäumten Garten vor dem Tempel wurden während der deutschen Besatzung mehrere Tausend Tote aus dem umliegenden Ghetto in Massengräbern beigesetzt. Gedenktafeln und Grabsteine erinnern daran.
🕐 Mo–Do/So 10–18 Uhr, Fr 10–14 Uhr. Eintritt in die Synagoge 400 HUF. Eintritt ins Museum 1.000 HUF, erm. 350 HUF, mit Budapest-Karte frei. VII., Dohány utca 2. Ⓜ 2 Astoria.

2004 wurde in Ferencváros im IX. Bezirk eine **neue Holocaust-Gedenkstätte** eröffnet (→ Tour 13).

Palais und Café New York: Die US-Versicherungsgesellschaft „New York" ließ den prunkvollen Neobarockpalast nach Plänen von Alajos Hauszmann 1891–1895 bauen. Das „Café New York" im Erdgeschoss blickt auf eine bewegte Geschichte zurück. Bis in die 1930er-Jahre war es *der* Treffpunkt für Künstler und Literaten und gleichsam ihr zweites Zuhause – der Schriftsteller Ferenc (Franz) Molnár soll gar am Eröffnungstag den Schlüssel in die Donau geworfen haben, damit das Etablissement niemals schließen möge. Kriegsbedingt schloss es dann doch und wurde 1954 als „Restaurant Hungaria" wieder eröffnet. 1990 erhielt es seinen alten Namen zurück und zählt heute wegen seiner verschwenderischen Innenausstattung mit dicken, gedrehten Rokokosäulen, goldenen Leuchtern, Spiegeln, opulenten Deckengemälden und logenartigen Galerien zum touristischen Pflichtprogramm. Nach mehrjähriger Renovierung, bei der das Palais von einer italienischen Hotelgruppe in ein Fünf-Sterne-Haus umgebaut wurde, öffnete es 2006 wieder seine Pforten. Ob sich aber im frischen Interieur mit italienischer Küche die einstige Atmosphäre wieder einstellen wird, ist fraglich.

Praktische Infos

(→ Karte S. 219)

Essen & Trinken

Spinoza étterem, szinház és kávéház (23), das gemütlich-nostalgische, vom Jugendstil inspirierte Szenelokal ist Restaurant, Bühne und Café zugleich; betrieben wird es von einer ungarischen Jüdin, die lange Jahre in Amsterdam lebte. Große Speisenauswahl, internationale Küche mit viel Gans und Fisch, große Weinkarte. Pasta und Vegetarisches 1.700–2.000 HUF, Fleischgerichte 2.400–3.000 HUF. Regelmäßig Konzerte und Ausstellungen. Tägl. 11–23 Uhr. VII., Dob u. 15, ✆ 4137489. www.spinoza.hu

Carmel Pince (17), der „Carmel-Keller" ist ein nicht koscheres Restaurant im eleganten Stil der 1980er-Jahre mit reicher Auswahl an traditionellen jüdischen und ungarischen Gerichten. Kalbsgulasch und Karpfenfilet gibts für 2.500 HUF, jüdisches Tscholent (Bohneneintopf) mit Gänsekeule für 2.900 HUF. Freitag abends spielt häufig eine Klezmerband. Tägl. 12–23 Uhr. VII., Kazinczy u. 31, ✆ 3424585. www.carmel.hu.

Hanna (14), einfaches, koscheres Restaurant im Hinterhof der orthodoxen Synagoge. Hier treffen sich die Bewohner des Judenviertels zum Mittagessen. Es gibt die traditionellen Gerichte, wie *gefilte Fish* (Fischklößchen) oder Tscholent (Bohneneintopf). Eingang in den Hof von der Dob utca und der Kazinczy utca. Tägl. 8–15.30 Uhr, Fr–So auch abends. VII., Dob u. 35, ✆ 3421072

Kádár-Étkezde (7), wie ein Relikt aus vergangenen Tagen mutet die schlichte Volksküche neben der Markthalle am Klauzálplatz an. Auf den mit Plastik geschützten karierten Tischdecken verspeist man täglich wechselnde Menüs zu billigsten Preisen. Di–Sa 12–15.30 Uhr. VII., Klauzál tér 10.

Kőleves Vendéglő (12), das pfiffig dekorierte Ecklokal mit hohen Räumen und dunklen Holztischen ist nach der „Steinsuppe", einem ungarischen Märchen, benannt. Lockere Atmosphäre, viel junges Publikum und große Auswahl an ungarischen, jüdischen und internationalen Gerichten zu vernünftigen Preisen; abends schnell voll. Hauptspeisen 1.600–2.600 HUF, abends Barbetrieb und Club im Keller. Tägl. 11–4 Uhr. VII., Dob u. 26, ✆ 3221011. www.koleves.com.

Kispipa (8), die „Kleine Pfeife", ein sehr traditionelles Restaurant mit nostalgisch-ungarischem Flair, hat über 100 ungarische Spezialitäten auf der Karte. Günstige Preise, z. B. Wildgerichte für etwa 2.800 HUF. Dazu gibt es Klaviermusik. Abends unbedingt reservieren. Tägl. 12–1 Uhr. VII., Akácfa u. 34, ✆ 3422587. www.kispipa.hu.

Bock Bisztró (1), gediegene, viel gelobte Gourmet-Weinbar im Grand Hotel Royal, benannt nach Starwinzer József Bock. Zu den 200 Weinen, die man auch im Shop nebenan kaufen kann, gibt es traditionelle ungarische Spezialitäten, wie Kalbspaprikasch (2.600 HUF) und Lendenbraten (2.900 HUF). Mo–Sa 12–

23 Uhr. Reservieren! VII., Erzsébet krt. 43–49, ✆ 3210340. www.bockbisztro.hu.

Mozaik (28), nostalgisch-elegant gestyltes Café-Restaurant mit Tiffanylampen gegenüber der Rochus-Kapelle. Serviert werden Kaffee, Kuchen sowie ungarische und internationale Küche zu akzeptablen Preisen. Do/Fr abends Livemusik. Mo–Fr 9–23 Uhr, Sa/So 10–23 Uhr. Rákóczi út 29, ✆ 3382429. www.mozaiketterem.hu.

Kulacs (13), in dem geschichtsträchtigen, schlichten ungarischen Lokal verfasste Rezső Seress sein Lied vom „Traurigen Sonntag" *(Gloomy Sunday)*, das in den 1930ern in Budapest eine Selbstmordwelle auslöste. Die Story wurde übrigens 1999 mit Joachim Król und Ben Becker in „Gloomy Sunday – Ein Lied von Liebe und Tod" verfilmt. Heute spielt hier abends eine Zigeunerband Jazzweisen, dazu gibt's bodenständige Hausmannskost von Wels bis Wildschwein (3.000–4.000 HUF). Tägl. 11–24 Uhr, VII., Osvát u. 11, ✆ 3223611.

Fröhlich Cukrászda (16), legendäre, kleine und koschere Konditorei, seit 1953 in Familienbesitz. Neben Getränken gibt es köstliche, streng nach religiösen Regeln hergestellte Desserts und Mehlspeisen. Mo–Do 9–20 Uhr, Fr 7.30–18 Uhr, So 10–16 Uhr. VII., Dob u. 22. www.frohlich.hu.

Café Noé (24), kleines Café mit Torten, Kuchen, jüdischem Feingebäck und Eis, auch zum Mitnehmen. Mo–Do 10–18 Uhr, Fr 10–16 Uhr. VII., Wesselényi u. 13, ✆ 3444208.

New York Kávéház (15), das legendäre Kaffeehaus (s. o.) mit sehenswertem, üppig-neubarockem Interieur wurde 2006 nach Jahren wieder eröffnet, allerdings als Café-Bar mit italienischem Touch und ebensolcher Speisekarte. Neben Kaffeespezialitäten gibt es Snacks, Paninis, Salate und einige Pasta- und Fleischgerichte zu gehobenen Preisen. Tägl. 10–24 Uhr. VII., Erzsébet körút 9–11.

Kávéház Royal Szamos (3), im Grand Hotel Royal eröffnete Konditoreifiliale des Marzipanherstellers. Sehr elegantes Interieur, das so neu noch etwas steril wirkt. Große Auswahl an Kaffeespezialitäten, köstlichen Torten (ca. 320 HUF/Stück) und Kuchen, hoher Bedienungszuschlag 15 %. Tägl. 9–20 Uhr. VII., Erzsébet krt. 43–49. www.szamos.hu.

Neobarocke Pracht am Palais New York

Einkaufen

MATCH Szupermarket (18), Ecke Deák tér/Király utca. Mo–Fr 7–21 Uhr, Sa 7–14 Uhr. Deák tér 6.

KAISER's Szupermarket (5), in der alten Markthalle, Mo–Fr 7–20 Uhr, Sa 7–15 Uhr. Klauzal tér 11.

SPAR (32), Mo–Fr 6.30–20 Uhr, Sa 6.30–17 Uhr, So 8–13 Uhr. VIII., Rákóczi út 19.

Kosher Bolt (20), Élelmiszer Bolt, Dob u. 12.

Magyar Pálinka Háza (33), das „Haus der Pálinka" bietet 250 Obstbrände und Schnäpse aus allen Regionen Ungarns und in allen Aromen, auch koscher. Mo–Sa 9–19 Uhr. Rákóczi út 17.

Látomás (30), Designermode und Secondhand-Klamotten für Damen, Hüte, Taschen, Ketten, Regenschirme – und Mode für den vierbeinigen Begleiter. Dohány u. 20.

Goa (9), geschmackvolle Wohnaccessoires, Decken, Kissen, Lampen. Mo–Fr 10–18 Uhr, Sa 10–13 Uhr. VII., Király u. 19–21. www.goaworld.hu.

Concerto Hanglemezbolt (10), Secondhand-Schallplattenladen, Mo–Fr 12–19 Uhr, So 12–16 Uhr. VII., Dob u. 33.

Tisza Cipő (31), die ungarische Schuhmarke hat die kommunistische Ära überdauert und produziert nun kultige Schuhe und Taschen im Retro-Design. Mo–Fr 10–19 Uhr, Sa 10–14 Uhr. VII., Károly krt. 1.

Die Lokalmeile Ráday utca in vormittäglicher Ruhe vor dem Ansturm

Tour 13: József körút (Josefsring) und Ferencváros (Franzenstadt)

Der Große Ring durchquert in seinen südöstlichen Abschnitten die Pester Bezirke Josefstadt und Franzenstadt, die seit dem 18. Jh. die Namen der beiden Habsburgerkaiser tragen. Seit 1990 wird hier heftig saniert – neue Miethäuser wurden gebaut, Lokalmeilen und neue Treffpunkte entstanden, donauabwärts schoss am Ufer ein großer Kulturbezirk aus dem Brachland. Und das soll noch lange nicht alles gewesen sein.

Der József körút trennt den gleichnamigen Bezirk in zwei Teile. Während sich Richtung Innenstadt ein bürgerliches Wohnviertel mit Adelspalais und Universitätsgebäuden erstreckt, ist die stadtauswärts bis zum Kerepeser Friedhof gelegene Gegend ein Armenviertel mit hohem Roma-Anteil – zumindest bisher: 2006 startete das 600 Mio. € teure Stadtentwicklungsprojekt „Corvin Sétany" (Corvin-Promenade), im Zuge dessen bis 2013 entlang einer Fußgängerzone 4000 neue Wohnungen sowie Büros, Geschäfte, Hotels und Kulturbauten entstehen sollen.

Auch Ferencváros, die Franzenstadt, die sich südlich der Üllői út bis zur Donau ausbreitet, war nach den schweren Schäden durch die große Flut 1838 ein unattraktiver Arbeiter- und Industriebezirk, der lediglich durch den lokalen Fußballclub bekannt wurde (→ Kasten). Im Sozialismus zum Elendsviertel verkommen, gilt Ferencváros heute als das größte und erfolgreichste Revitalisierungsgebiet Budapests. Nachdem zunächst der Nordteil entlang der Ráday utca aufgefrischt wurde, ist zurzeit das Viertel bis zur Haller utca dran. Es wird renoviert, verkehrsberuhigt und neu gebaut. Mittelklassehotels entstehen und Wohnhäuser mit kleinen Parks, deren Mieten den früheren Bewohnern oft unerschwinglich sind. Höhepunkt ist der Milleniumpark mit den imposanten neuen Kulturbauten am Donauufer im Süden von Ferencváros.

2006 – Trauerjahr für den ungarischen Fußball

Nicht mit Torerfolgen erhitzte der Budapester Traditionsclub Ferencváros „Fradi" 2006 die Gemüter. Die „Grün-Weißen", 28-facher ungarischer Rekordmeister und populärster Verein des Landes, mussten wegen Finanzproblemen in die zweite Liga absteigen – immerhin der erste Abstieg seit der Klubgründung 1900. Eine Tragödie, die für den desolaten Zustand des ungarischen Fußballs symptomatisch ist. Aber so war das nicht immer!

Von 1930 bis 1960 war Ungarn eine Fußballgroßmacht: Das Nationalteam erreichte je zwei Mal das WM-Finale (1938, 1954), das WM-Viertelfinale (1962, 1966), das EM-Halbfinale (1964, 1972) und holte dazu drei Mal Olympiagold (1952, 1966, 1968). Als erste Mannschaft überhaupt bezwang die legendäre „Goldene Elf" in einem Jahrhundertmatch 1953 im Wembley-Stadion England mit 6:3 – 32 Spiele lang blieb das Wunderteam ungeschlagen. Sein Kapitän und fortan *die* Symbolfigur des ungarischen Fußballs war der aus dem Budapester Vorort Kispest stammende Ferenc Puskás, der „begnadete Linksfuß" mit der Nummer 10, der in 84 Länderspielen zwischen 1945 und 1956 83 Tore erzielte. Nur der größte Triumph blieb Puskás versagt: Als Favorit erreichte Ungarn 1954 zwar das WM-Finale in der Schweiz, unterlag aber im „Wunder von Bern" Deutschland mit 2:3.

Nach dem gescheiterten Volksaufstand von 1956 wechselten viele der Ballkünstler ins Ausland, Puskás ging zu Real Madrid. Seit der letzten WM-Teilnahme 1986 sind die glorreichen Zeiten des ungarischen Fußballs vorerst vorbei. Zuletzt versuchte Lothar Matthäus 2004/05 dem Nationalteam wieder Leben einzuhauchen, scheiterte aber in der Qualifikationsrunde für die WM 2006. Endgültig zu einem Trauerjahr wurde das Jahr 2006, als am 17. November Ferenc Puskás, der größte ungarische Fußballer aller Zeiten, 79-jährig nach langer Krankheit starb.

Spaziergang

Startpunkt unserer Tour ist der → **Blaha Lujza tér,** ein wichtiger Verkehrsknotenpunkt an der Kreuzung von Großem Ring und Rákóczi út, allerdings kein Ort zum längeren Verweilen (v. a. die Fußgängerunterführung ist ein Tummelplatz von Tagelöhnern und Schwarzhändlern). Vom Blaha Lujza tér gelangt man über die Smogyi Béla utca, eine Parallelstraße zum Josefs-Ring (József körút) auf den kleinen **Gutenberg-Platz (Gutenberg tér).** In dem weinroten Eckgebäude links wurde 1877 im Beisein von Kaiser Franz Joseph I. ein **Rabbinerseminar** eröffnet, in dem bis heute – mittlerweile als Universität – Thora und Talmud studiert werden (www.or-zse.hu); seine Fachbibliothek birgt eine der größten Judaica-Sammlungen Europas. Den Platz beherrscht das prächtige Jugendstilpalais „Gutenberg Otthon" (1906), ein Verlagshaus, an dessen Fassade ein modernes Porträt an Johannes Gutenberg, den

Karte S. 229

Erfinder des Buchdrucks, erinnert. Wieder auf dem Ring zurück, schließt hier gegen Westen der weitflächige, baumbestandene **Rákóczi tér** an, an dessen Rückseite eine der fünf historischen Markthallen vom Ende des 19. Jh. steht (→ Einkaufen S. 81). Das Viertel um den Platz ist jedoch eine eher zwielichtige Gegend und war jahrelang als Rotlichtviertel verschrien, wogegen nun mit Videoüberwachung angekämpft wird.

Jugendstilkuppel des Kunstgewerbemuseums

Das nächste Ziel der Tour befindet sich am Ende des Josefs-Rings, weshalb man am besten vom Rákóczi tér mit Straßenbahnlinie 4 oder 6 zwei Haltestellen bis zur Kreuzung mit der Üllői út fährt. Dort sticht die mit grünen Keramikziegeln gedeckte Jugendstilkuppel des prachtvollen → **Kunstgewerbemuseums (Iparművészeti Múzeum)** ins Auge, das schon wegen seiner Architektur einen Besuch wert ist. Unweit der Kreuzung am Josefs-Ring befindet sich in der Passage Corvin-köz das beliebte **Corvin-Kino (Corvin Filmpalota),** das bei seiner Eröffnung 1923 das größte Budapests war (→ Kinos S. 77). Gedenktafeln am Gebäude erinnern daran, dass sich hier und in einer benachbarten Kaserne Widerstandszentren des Volksaufstands von 1956 befanden.

Nach einem kurzen Stück am Ferenc körút biegen wir links in die Tűzoltó utca ein. An der Ecke zur Liliom utca riefen französische Hausbesetzer 1998 in einem historischen Umspannwerk von 1909 das **TRAFÓ,** ein progressives Kultur- und Kunstzentrum ins Leben, das heute einen festen Platz in Budapests Kultur- und Nachtleben hat (→ dort). Eine Straßenecke weiter wurde die frühere Synagoge in eine → **Holocaust-Gedenkstätte** (Páva utca 39) umgebaut. In der Páva utca nach Süden und dann rechts wendend, geht es entlang der verkehrsberuhigten Tompa utca wieder stadteinwärts über den Ferenc körút zur **Franzenstädter Pfarrkirche (Ferencvárosi templom).** Der neoromanische Bau von 1867 ist ein Werk von Miklós Ybl, die Fresken im Inneren schufen Károly Lotz und Mór Than. Vom Hauptportal der Kirche führt die Ráday utca südlich zum **Boráros tér** am Brückenkopf der Petőfi híd. Der weite, verkehrsumtoste Platz ist ein wichtiger Umsteigeknoten, von dem die HÉV-Vorortbahn nach Süden fährt und die sommerlichen Linienschiffe Richtung Norden ablegen. Die architektonisch belanglose, 1937 (und 1952 wieder) erbaute Petőfi-Brücke führt hinüber in den Stadtteil **Lágymányos** am anderen Donauufer, der als Gelände für die Weltausstellung Wien-Budapest 1996 vorgesehen war. Nachdem das Projekt aus finanziellen Gründen gescheitert war, wurde das Areal in den letzten Jahren zum Campus der Technischen Universität ausgebaut. Unter den Brückenköpfen in Buda und Pest hat sich in den letzten Jahren eine Open-Air-Vergnügungsmeile etabliert (→ Nachtleben).

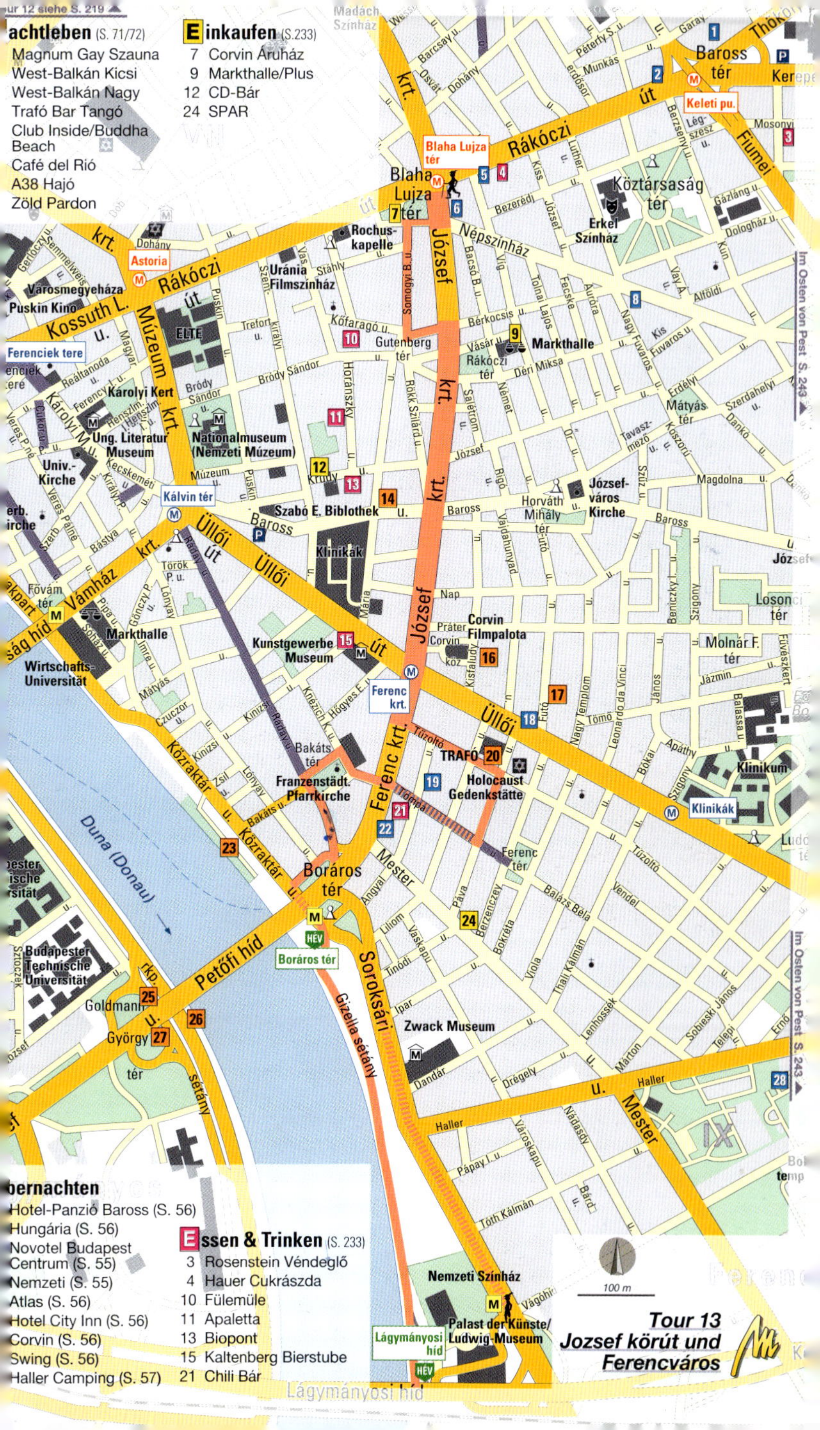

ur 12 siehe S. 219
achtleben (S. 71/72)
Magnum Gay Szauna
West-Balkán Kicsi
West-Balkán Nagy
Trafó Bar Tangó
Club Inside/Buddha Beach
Café del Río
A38 Hajó
Zöld Pardon
Einkaufen (S.233)
7 Corvin Áruház
9 Markthalle/Plus
12 CD-Bár
24 SPAR
bernachten
Hotel-Panzió Baross (S. 56)
Hungária (S. 56)
Novotel Budapest Centrum (S. 55)
Nemzeti (S. 55)
Atlas (S. 56)
Hotel City Inn (S. 56)
Corvin (S. 56)
Swing (S. 56)
Haller Camping (S. 57)
Essen & Trinken (S. 233)
3 Rosenstein Vendéglő
4 Hauer Cukrászda
10 Fülemüle
11 Apaletta
13 Biopont
15 Kaltenberg Bierstube
21 Chili Bár
Tour 13
Jozsef körút und Ferencváros
Madách Színház
Baross tér
Keleti pu.
Blaha Lujza tér
Rákóczi út
Köztársaság tér
Erkel Színház
Rochus-kapelle
Népszínház
Astoria
Uránia Filmszínház
Városmegyeháza
Puskin Kino
Kossuth L. u.
ELTE
Ferenciek tere
Gutenberg tér
Markthalle
Rákóczi tér
Károlyi Kert
Ung. Literatur Museum
Nationalmuseum (Nemzeti Múzeum)
Univ.-Kirche
Mátyás tér
Múzeum krt.
Kálvin tér
Szabó E. Bibliothek
József krt.
Horváth Mihály tér
Józsefváros Kirche
Klinikák
Üllői út
Vámház krt.
Fővám tér
Markthalle
Wirtschafts-Universität
Kunstgewerbe Museum
Corvin Filmpalota
Losonci tér
Molnár F. tér
Ferenc krt.
TRAFÓ
Holocaust Gedenkstätte
Klinikum
Bakáts tér
Franzenstädt. Pfarrkirche
Ferenc tér
Duna (Donau)
Boráros tér
Petőfi híd
Budapester Technische Universität
Goldmann György tér
Soroksári út
Gizella sétány
Zwack Museum
Haller u.
Mester u.
Nemzeti Színház
Palast der Künste/ Ludwig-Museum
Lágymányosi híd
100 m
Im Osten von Pest S. 243

Holocaust-Gedenkstätte in spannender Architektur

Die letzte Station dieser Tour, der **Milleniumpark,** ist Budapests jüngster Kulturbezirk und zukünftiges Zentrum eines geplanten Millenium-Stadtviertels. Er liegt donauabwärts kurz vor der jüngsten Budapester Brücke, der **Lágymányori híd** von 1996, deren Markenzeichen die roten Leuchtmasten sind. Dorthin gelangt man entweder über die neu angelegte, 1½ km lange Donauuferpromenade Gízella sétány oder mit Tram 2, die unterhalb der Brückenrampe der Petőfi híd hält. Vorbei an vielen Baustellen und dem neu eröffneten → **Zwack-Museum** erreichen wir an der Station „Millenniumi Kulturális Központ" das mit Statuen angereicherte Grünareal, in dessen Mitte sich das architektonisch auffällige, 2002 gebaute → **Nationaltheater (Nemzeti Színház)** erhebt. In dem 2005 nebenan eröffneten → **Palast der Künste (Művészetek Palotája)** sind ein großer Konzertsaal und ein Festivaltheater untergebracht. In den donauseitigen Teil ist das → **Ludwig-Museum zeitgenössischer Kunst (Ludwig Kortárs Műveszeti Múzeum)** eingezogen, das vorher im Burgpalast residierte. Der gesamte 130 Mio. € teure Komplex wurde vom ungarischen Großinvestor Sandor Demjan finanziert, dem der Staat das Geld nun 30 Jahre lang zurückzahlt. Mit Tram 2 kehren wir von hier flussaufwärts wieder ins Zentrum von Pest zurück.

Sehenswertes

Blaha Lujza tér: Der Platz ist benannt nach Lujza Blaha (1850–1926), eine ungarische Schauspielerin und Star des Nationaltheaters, das bis zum Bau der Metro in den 1960er-Jahren an dieser Stelle stand. Erst 2002 erhielt es einen würdigen Nachfolgebau im Süden Pests, den wir gegen Ende dieser Tour erreichen. Lässt man den Blick über den Blaha Lujza tér schweifen, fällt unter den grauen Bauten nur die blaue Jahrhundertwendefassade des Mercure-Nemzeti-Hotels ins Auge sowie das noch aus sozialistischer Zeit stammende Corvin-Warenhaus (→ Einkaufen S. 84). Vielleicht erhält der Platz mit dem geplanten Geschäfts- und Hotelkomplex Europeum bald ein attraktiveres Gesicht. Am östlichen Ende der Rákóczi út, die den Platz quert, ist übrigens die monumentale Hauptfassade des **Ostbahnhofs (Keleti palyaudvar)** zu erkennen, der 1884 im Neorenaissancestil erbaut wurde. Ein Tipp für Freunde von Friedhöfen: Unweit des Ostbahnhofs befindet sich der sehenswerte Kerepeser Friedhof (→ S. 244).

Kunstgewerbemuseum (Iparművészeti Múzeum): Der 1896 von Ödön Lechner (sein Denkmal steht rechts vom Eingang) und Gyula Pártos errichtete Bau ist ein Hauptwerk des ungarischen Jugendstils – besonders beeindruckend sind seine mit bunter, folkloristischer Zsolnay-Keramik verkleideten Fassaden und Dächer. Für den von einem Glasdach überspannten Innenhof des U-förmigen Baus ließen sich die Architekten vom Orient inspirieren und umgaben ihn mit zweistöckigen, ganz in Weiß gehaltenen Arkaden.

Den Grundstock des Museumsbestands bildet die für die Wiener Weltausstellung 1872 zusammengetragene Kunsthandwerk-Sammlung, die nach der des Londoner Victoria-und-Albert-Museums und des Wiener Museums für Angewandte Kunst (MAK) die drittälteste Europas ist. Die Budapester Sammlung umfasst Glas- und Keramikwaren mit schönen Stücken der Manufakturen Herend und Zsolnay, kostbare Goldschmiedarbeiten aus der Esterházy-Kollektion, Textilkunst, Leder- und Papierarbeiten sowie Teppiche und Möbel vom Biedermeier bis zur Sezession. 2006 wurde die Dauerschau im 1. Obergeschoss neu arrangiert und zeigt nun die 400 kostbarsten Stücke in chronologischer Abfolge. Im Erdgeschoss finden periodische Ausstellungen statt.

Ⓘ Di–So 10–18 Uhr. Eintritt in die Dauerausstellung 800 HUF, erm. 400 HUF. Sonderausstellungen 500–800 HUF, erm. 250–400 HUF. Kombiticket 1.200 HUF, erm. 600 HUF. www.imm.hu. IX., Üllői út 33–37. Ⓜ 3 Ferenc körút oder Ⓣ 4 und 6.

Holocaust-Gedenkstätte (Holokauszt Emlékközpont): Das am 15. April 2004 zum 60. Jahrestag des Beginns der Deportationen aus Budapest eröffnete Museum erinnert an die 600.000 ungarischen Opfer des Holocaust, ist Forschungsstätte und will die überfällige Aufarbeitung des Themas im Land fördern. Eingerichtet wurde die Gedenkstätte in einer prächtig restaurierten Synagoge von 1924, die mit modernen unterirdischen Ausstellungsräumen und neuen Anbauten für Archive und Büros versehen wurde – ihre dekonstruktivistische Architektur erinnert an das bekannte Jüdische Museum von Daniel Libeskind in Berlin. Auf einer 8 m hohen, den Innenhof begrenzenden schwarzen Wand, einer Art „Klagemauer", sind die Namen der Opfer eingraviert.

Das neue Nationaltheater im Süden der Stadt

Die Dauerausstellung spürt dem Leid der Holocaust-Opfer nach, erzählt Einzelschicksale, erinnert an die zerstörten Gebetshäuser und ehrt jene, die, wie Wallenberg und Lutz (→ Kasten S. 222), unter Einsatz ihres Lebens die Verfolgten retteten. Zusätzlich gibt es themenbezogene Wechselausstellungen.

Die noch von der rechtskonservativen Regierung Orbán geplante Gedenkstätte ist übrigens nicht unumstritten. Massiv kritisiert wird ihre unattraktive Lage

József körút/Ferencváros
Karte S. 229

Palast der Künste – Kunstgenuss auf höchstem Niveau

außerhalb der Innenstadt, ihre Unterbringung in einer Synagoge (was den Holocaust auf den jüdischen Glauben eingrenze) und die nur knappe Auseinandersetzung mit Antisemitismus und Horthy-Regime vor 1944.

⌚ Di–So 10–18 Uhr. Eintritt 1.000 HUF. Kinder, Studenten und über 65-Jährige frei. Audio Guide (engl.) 500 HUF. IX. Páva u. 39. www.hdke.hu. Ⓣ 4 und 6.

Zwack Unicum Múzeum: Das dem Kräuterbitter *Unicum* gewidmete Museum spannt den historischen Bogen von der Erfindung des berühmten Gebräus am Kaiserhof Josephs II. über die Verstaatlichung der Brauerei 1948, die Flucht der Familie Zwack nach Amerika und deren Rückkehr nach Ungarn noch vor der Wende. Den Beginn macht eine Filmvorführung (20 Min., auch deutsch), zum Schluss gibt es alkoholhaltige Kostproben. Zum Museum gehört auch eine der europaweit größten Sammlungen an Miniaturflaschen (rund 15.000 Stück) sowie ein Souvenirshop.

⌚ Mo–Fr 10–18 Uhr. Eintritt 1.500 HUF, erm. 850 HUF (ohne Kostprobe), mit Budapest-Karte frei. IX., Soroksári út 26 (Eingang in der Dandár utca). www.zwack.hu. Ⓣ 2.

Nationaltheater (Nemzeti Színház): Nach jahrelanger Standortsuche ging der Neubau des Nationaltheaters 2000/01 in nur 15 Monaten quasi in Rekordzeit über die Bühne. Ein steinerner Vorhang leitet zu dem von Statuen umringten, heftig kritisierten Bau von Mária Siklós, der in verspielter, postmoderner Manier Elemente des Historismus, der Antike und der organischen Architektur (→ Architektur und Kunst) kombiniert. Als bauhistorisches Zitat liegen gar Teile der Fassade des früheren Nationaltheaters in dem vorgelagerten künstlichen See, von dem aus das Gebäude wie ein geflügeltes Schiff anmutet. Auf dem Programm des Nationaltheaters stehen Schauspielaufführungen in Ungarisch und Englisch (→ Theater S. 76).

XI., Bajor Gizi Park 1. Ⓣ 2, Ⓣ 24, HÉV Lágymányosi híd.

Palast der Künste (Művészetek Palotája): Im Gegensatz zum benachbarten Nationaltheater entschied sich Architekt Gábor Zoboki außen für einen schlicht-modernen, mit beige-braunen Kalksteinplatten verkleideten Bau, der sich mit Glasfassade und hoher Säulenhalle zur Innenstadt hin öffnet. Einen Kontrast dazu bildet das Innere, das mit bauchigen, warmen Holzverkleidungen, roten Teppichen, verwinkelten Ecken und einem leuchtenden Sternenhimmel an der Decke überaus traditionell anmutet. Die Perle des Palasts ist der 1800 Sitzplätze fassende, Béla Bartók gewidmete **Nationale Konzertsaal (Bartók Béla Nemzeti Hangversenyterem)** mit seiner hervorragenden Akustik. Das kleinere **Festivaltheater (Fesztivál Színház)** bietet 450 Personen Platz (→ Klassische Konzerte S. 75). Der tagsüber geöffnete Palast bietet neben einem Musik- und

Bücherladen, Bar und Restaurant auch eine Panoramaterrasse. Allabendlich wird das Areal in bunten Farben spektakulär angestrahlt.

IX., Komor Marcell utca 1. Ⓣ 2, Ⓣ 24, HÉV Lágymányosi híd.

Ludwig-Museum zeitgenössischer Kunst (Ludwig Kortárs Művészeti Múzeum): Eine Schenkung sowie Dauerleihgaben des Aachener Kunstsammlerpaars Irene und Peter Ludwig legten 1989 den Grundstein für die rund 200 Exponate umfassende Sammlung des einzigen zeitgenössischen Kunstmuseums Ungarns, die auf drei Geschossen in neuem, zeitgemäßem Zuhause präsentiert wird. Neben Werken von Picasso, Andy Warhol, Roy Lichtenstein, Jasper Johns, Georg Baselitz, Markus Lüpertz, Joseph Beuys und Arnulf Rainer sind Beispiele ungarischer Gegenwartskunst von György Jovánovics, László Fehér, Miklós Erdély und Tibor Hajas zu sehen. Symposien, Konzerte und periodische Ausstellungen ergänzen das Programm.

Di–So 10–20 Uhr, letzter Sa im Monat 10–22 Uhr. Eintritt frei, bei Wechselausstellungen 1.050 HUF, erm. 600 HUF. IX., Komor Marcell utca 1. www.ludwigmuseum.hu. Ⓣ 2, Ⓣ 24, HÉV Lágymányosi híd.

Praktische Infos

(→ Karte S. 229)

Essen & Trinken

Lokale in der Ráday utca → Tour 7.

Rosenstein Vendéglő (3), der jüdische Familienbetrieb beim Ostbahnhof und sein Patron Tibor Rosenstein sind in Budapest eine Institution. Große Auswahl an traditionell zubereiteten, köstlichen ungarischen und jüdischen Gerichten (2.500–4.000 HUF). Das große Restaurant besteht aus mehreren Räumen. Mo–Sa 12–23 Uhr. VIII., Festetics u. 7, ✆ 3333492. www.rosenstein.hu. Ⓜ 2 Keleti pu.

Chili Bár (21), einfaches, kleines Lokal mit Terrasse an einer verkehrsberuhigten Straße. Frühstück, ein paar warme, preiswerte Gerichte, abends gibt es Cocktails. Tägl. 10–24 Uhr. IX., Tompa u. 7, ✆ 2161637. www.chilibar.hu.

Hauer Cukrászda (4), in den 1920/30er-Jahren ein ernsthafter Konkurrent des Gerbeaud, dann jahrzehntelang geschlossen. 2002 wurde das Kaffeehaus mit seinem stuckverzierten Saal wieder eröffnet und bietet wie einst eine große Auswahl an Torten (350–400 HUF). Tägl. 10–21 Uhr. VIII. Rákóczi 47–49, ✆ 3231476.

Kaltenberg Bajor Királyi Söröző és Sörfőzde (15), (Kaltenberg Königlich-Bayerische Bierstube und Brauerei), traditionelles bayerisches Spezialitätenrestaurant mit Schweinshaxe & Co. im Gewölbekeller einer alten Tabakfabrik. Eigene Brauerei. Livemusik ab 18 Uhr. Preiswert, Hauptspeisen 1.800–3.000 HUF. Mo–Fr 7–24 Uhr, Sa/So 12–24 Uhr. IX., Kinizsi u. 30–36/Ecke Üllői út, ✆ 2159792. www.kaltenberg.hu.

Fülemüle (10), in dem Josefstädter Traditionslokal „Nachtigall" steht ungarische, europäische und jüdische Küche auf der Karte. Hauptgerichte 2.000–3.000 HUF. Mo–Do 12–22 Uhr, Fr/Sa 12–23 Uhr. VIII., Kőfaragó u. 5, ✆ 2667947.

Apaletta (11), Café-Restaurant in einer alten Pfeifenfabrik, die zu einem Atelier- und Ausstellungshaus umgestaltet wurde. Schlichtes Styling, köstliche, kreativ verfeinerte ungarische und internationale Küche. Fleischgerichte 2.000–5.000 HUF. Tägl. 10–24 Uhr. VIII., Horanszky u. 5, ✆ 4862370.

Biopont (13), winziges, preiswertes Einheimischen-Lokal mit 6 Tischen – eine Mischung aus Bioladen und Restaurant. Es gibt gefüllte Teigtaschen, Palatschinken und täglich zwei Tagesmenüs (ca. 1.000 HUF). Mo–Fr 7–22 Uhr, Sa 12–22 Uhr. VIII., Krúdy Gyula u. 7, ✆ 2664601.

Einkaufen

SPAR-Supermarkt **(24),** Mo–Fr 6.30–17 Uhr, Sa 8–13 Uhr. IX., Mester u. 30–32.

CD-Bár (12), Musikladen mit großer Auswahl an Jazz, Klassik, Blues und ungarischer Volksmusik, auch Vinyl und DVDs. Mo–Fr 10–20 Uhr, Sa 10–16 Uhr. VIII., Krúdy Gyula u. 6. www.cdbar.hu.

Corvin Warenhaus (Áruház) (7) → Einkaufen S. 81.

Plus-Supermarkt **(9),** in der Markthalle, Mo 7–16 Uhr, Di–Fr 7–18 Uhr, Sa 7–13 Uhr. VIII., Rákóczi té 7–9.

Der grüne Rand der Stadt – in den Budaer Bergen

Tour 14: In den Budai-Hegység (Budaer Berge)

Im Westen wird Buda vom 400 bis 500 m hohen Budaer Bergland umschlossen, dessen Ausläufer bis in die Stadt reichen und schon seit gut 100 Jahren ein begehrtes Wohngebiet sind. Mit 270 km Spazierwegen und Mountainbike-Routen, Aussichtspunkten, Spiel- und Sportplätzen locken die bewaldeten Höhen die Budapester am Wochenende in Scharen an.

Wer Lust auf viel Grün und frische Luft verspürt oder einfach raus aus der Stadt möchte, hat es in Budapest leicht: Das Budaer Bergland liegt noch innerhalb der Stadtgrenzen und ist mit öffentlichen Verkehrsmitteln einfach und schnell zu erreichen – dabei kommen auch eine Zahnradbahn, eine Schmalspurbahn und ein Sessellift zum Einsatz.

Die wegen ihrer Fernsehsender und Aussichtstürme wichtigsten Orientierungspunkte der Budaer Berge sind der **Széchenyi-hegy** (Széchenyiberg, 482 m) und der nordwestlich folgende, höchste Gipfel **János-hegy** (Johannesberg, 527 m). Weiter im Norden, getrennt durch das Hűvösvölgyi (Kühles Tal), erhebt sich der **Hármashatárhegy** (Dreigrenzenberg, 496 m). Eine Besonderheit dieser nördlichen Budaer Berge sind die ausgedehnten Höhlensysteme, von denen die **Szemlőhegyi-** und die **Pálvölgyi-Höhle** touristisch erschlossen sind.

Rundtour

Ausgangspunkt der beliebten Rundwanderung ist der Moszkva tér (Metro 2 Moszkva tér). Ab hier geht man 10 Minuten zu Fuß entlang dem Szilágyi Erzsébet fasor Richtung Westen (oder fährt zwei Stationen mit Tram 18 oder 56) bis zur Talstation der 1874 erbauten → **Zahnradbahn (Fogaskerekű vásut)** am Városmajor-Park. Mit dieser geht es meist gemeinsam mit Mountainbikern 15 Minuten bergan bis zur Endstation auf dem Széchenyi-hegy. Dort angekommen, folgen wir den Pfeilen Richtung → **Kindereisenbahn (Gyermekvasút)**, deren Bahnhof nach wenigen Minuten durch einen Park erreicht ist. Wer will, kann nun mit dem Zug bis zur Station János-hegy fahren, aussichtsreicher ist allerdings der Weiterweg zu Fuß. Man wandert zunächst etwa 800 m parallel zu den Schienen bis zur Haltestelle Normafa. Hier geradeaus weiter erreichen wir über die Eötvös út den **Normafa-lejtő (Normafa-Abhang)**, eine aussichtsreiche, steile Wiese, die bei entsprechender Schneelage zum Schifahren und Rodeln genutzt wird (Bus 21 fährt ab Metro 2 Moszkva tér direkt hierher) – ihren eigenartigen Namen erhielt die Wiese von einer Opernsängerin, die hier unter einem Baum (ung. *fa*) eine Arie aus Bellinis „Norma" geträllert haben soll.

Ab hier folgen wir dem grün-weiß bzw. mit einem blauen, runden Pfeil markierten Wanderweg Richtung János-hegy. Nahezu eben geht es über aussichtsreiche Wiesen, durch Buchen- und Eichenwälder, vorbei an einem Kinderspielplatz und mehreren Sendemasten dahin, bis wir nach 1,8 km auf die Bergstation eines **Doppelsessellifts (Libegő)** treffen. Bevor wir mit diesem wieder talwärts schweben, steht noch die Besteigung von Budapests höchster Erhebung an: Über steile Treppen geht es auf den 529 m hohen **Johannesberg (János-hegy)**, auf dem sich der schöne, 2005 renovierte → **Elisabethturm (Erzsébet-kilátó)** mit vier Aussichtsplattformen erhebt. Wer nicht mit dem Sessellift zurück ins Tal möchte, kann mit der Kindereisenbahn weiter fahren – ihre Haltestelle „János-hegy" liegt rund 700 m weiter westlich (Wegweiser). Schließlich kann man die 262 Höhenmeter zur Talstation des Sessellifts in Zugliget auch zu Fuß absteigen; allerdings führt der Weg südlich der Lifttrasse steil und teils rutschig bergab durch den Wald und dann vorbei an den Felsabbrüchen Tündér-szikla (Trittsicherheit!). Von der Talstation geht es mit Bus 158 zum Moszkva tér zurück.

Sehenswertes

Zahnradbahn (Fogaskerekű): Die 4 km lange Bahn auf den Schwabenberg (Sváb-hegy) wurde 1874 nach dem Vorbild der Rigi-Bahn im schweizerischen Luzern errichtet und war damit die zweitälteste Zahnradbahn Europas. 1929 wurde die Strecke elektrifiziert, die nostalgischen Waggons stammen noch aus den 1960er-Jahren. Unweit der vorletzten Station „Művész út" befindet sich der turmartige **Széchenyi-kilátó (Széchenyi-Aussichtspunkt)**. Die südlichen Ausläufer des Sváb-hegy tragen seit 1860, nach dem Tod des Grafen István Széchenyi, dessen Namen.

Betriebszeiten Tägl. 5–23 Uhr, alle 12–20 Min. BKV-Fahrscheine sind gültig, für ein Fahrrad ist ein zusätzlicher Fahrschein zu lösen. Ⓣ 18 oder 56 ab Ⓜ 2 Moszkva tér.

Kindereisenbahn (Gyermekvasút): Die beliebte Schmalspurbahn wird seit 1948 von 8- bis 14-jährigen Kindern (ursprünglich den Pionieren der kommunistischen Jugendorganisation) betrieben, die unter Aufsicht der Erwachsenen alle Aufgaben mit Ausnahme des Lokführers übernehmen dürfen. Die 11 km lange Strecke schlängelt sich ab Széchenyi-hegy (Endstation der Zahnradbahn) durch Laubwälder, vorbei an der Haltestelle János-hegy und um den 454 m hohen Nagy-Hárs-hegy (Großer Lindenberg) bis zur Endstation im Hűvösvölgy(-Tal), dessen weiter Wiesengrund

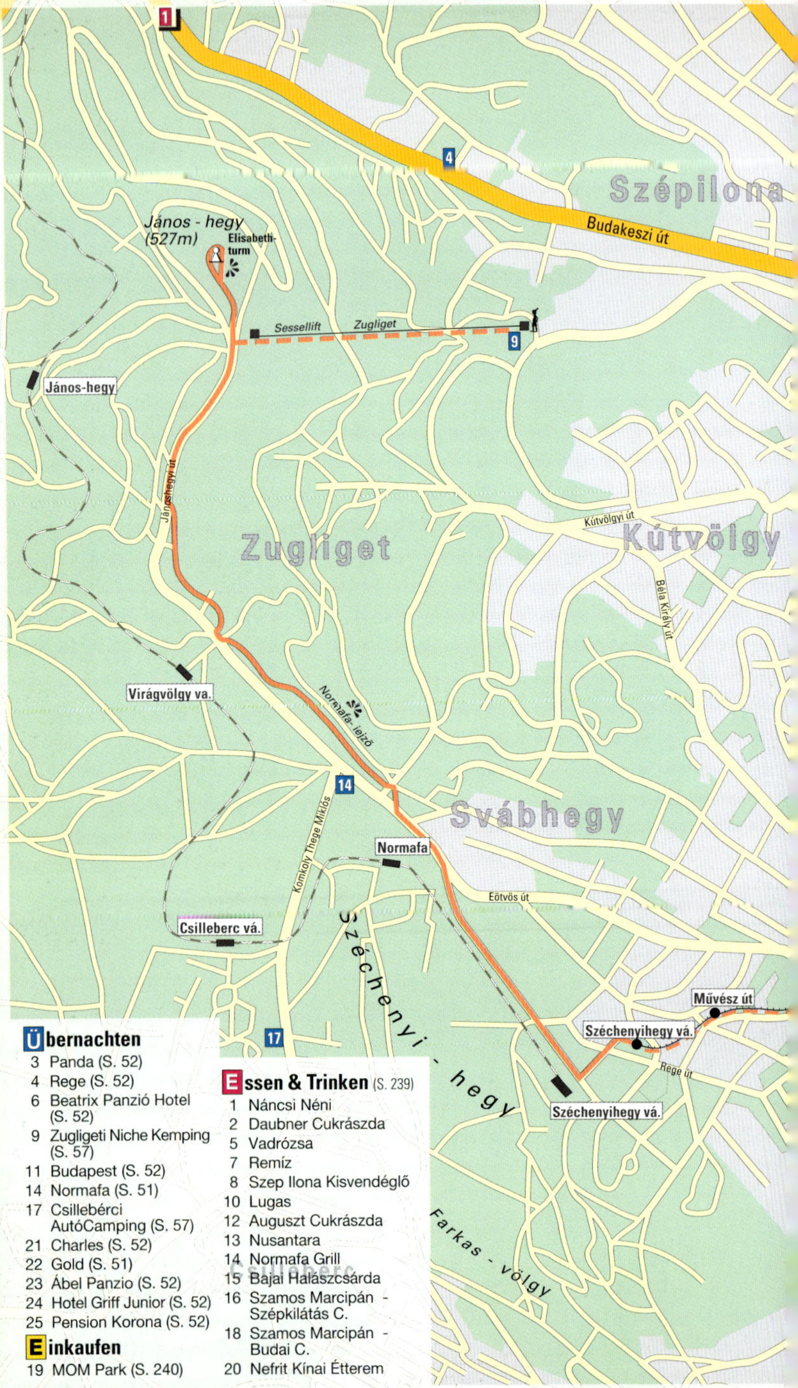

Übernachten

3 Panda (S. 52)
4 Rege (S. 52)
6 Beatrix Panzió Hotel (S. 52)
9 Zugligeti Niche Kemping (S. 57)
11 Budapest (S. 52)
14 Normafa (S. 51)
17 Csillebérci AutóCamping (S. 57)
21 Charles (S. 52)
22 Gold (S. 51)
23 Ábel Panzio (S. 52)
24 Hotel Griff Junior (S. 52)
25 Pension Korona (S. 52)

Einkaufen

19 MOM Park (S. 240)

Essen & Trinken (S. 239)

1 Náncsi Néni
2 Daubner Cukrászda
5 Vadrózsa
7 Remíz
8 Szep Ilona Kisvendéglő
10 Lugas
12 Auguszt Cukrászda
13 Nusantara
14 Normafa Grill
15 Bajai Halászcsárda
16 Szamos Marcipán - Szépkilátás C.
18 Szamos Marcipán - Budai C.
20 Nefrit Kínai Étterem

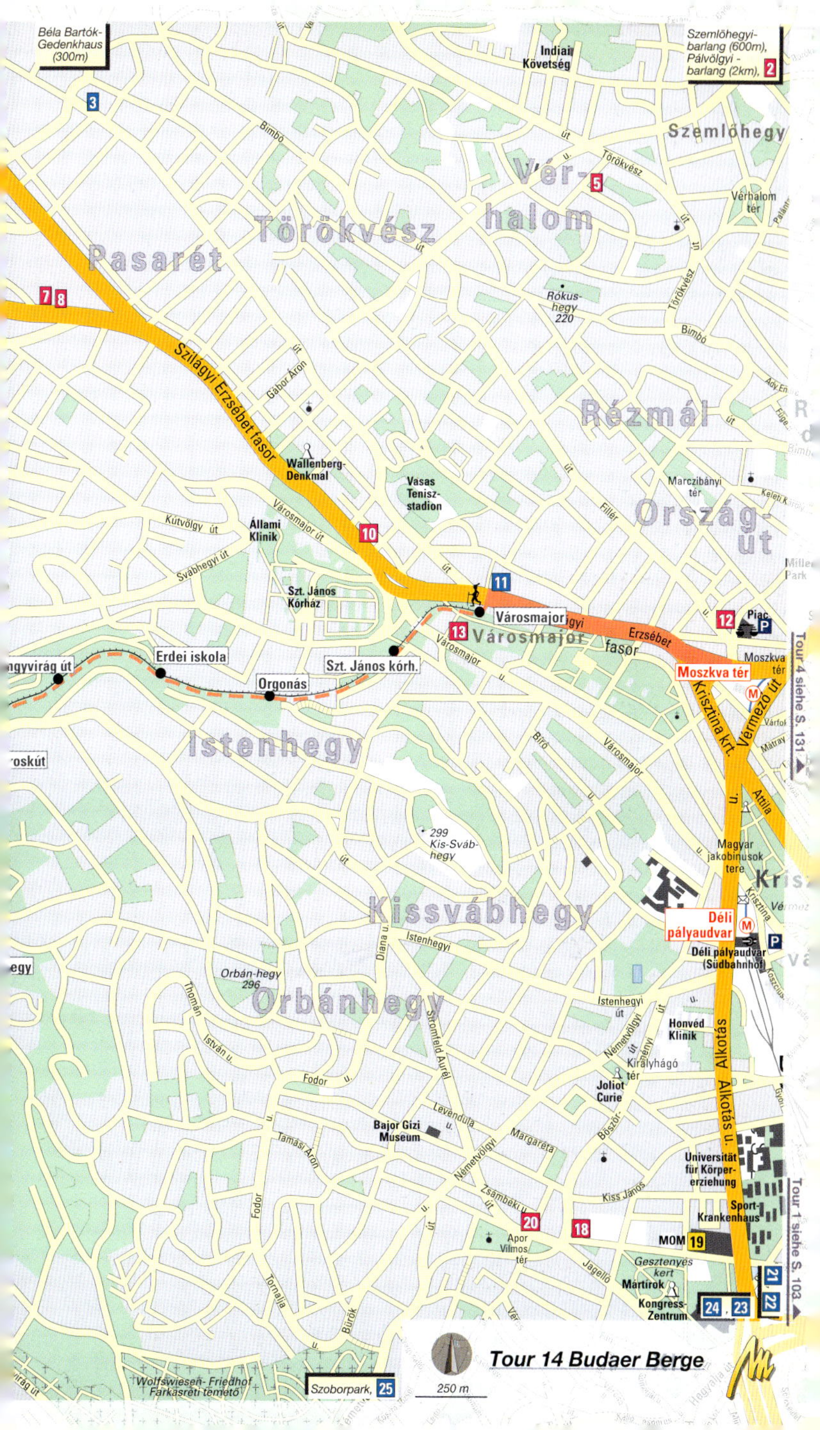
Béla Bartók-Gedenkhaus (300m)
Szemlőhegyi-barlang (600m), Pálvölgyi-barlang (2km), 2
Indiai Követség
3
Szemlőhegy
Vérhalom
5
Törökvész
Pasarét
7 8
Vérhalom tér
Rókus-hegy 220
Szilágyi Erzsébet fasor
Gábor Áron út
Wallenberg-Denkmal
Vasas Tenisz-stadion
Rézmál
Marczibányi tér
Ország-út
Kútvölgy út
Állami Klinik
Városmajor út
10
Svábhegyi út
11
Szt. János Kórház
Városmajor
12 Piac
13 Városmajor
Erzsébet fasor
Moszkva tér
Erdei iskola
Orgonás
Szt. János kórh.
Krisztina krt.
Vérmező út
Tour 4 siehe S. 131
Istenhegy
Bíró u.
Attila
299 Kis-Sváb-hegy
Magyar jakobinusok tere
Kissvábhegy
Déli pályaudvar
Déli pályaudvar (Südbahnhof)
Istenhegyi út
Orbán-hegy 296
Orbánhegy
Thomán István u.
Diana u.
Stromfeld Aurél
Honvéd Klinik
Németvölgyi út
Királyhágó tér
Joliot Curie
Fodor u.
Alkotás u.
Levendula u.
Bajor Gizi Museum
Margaréta
Tamási Áron
Böszörményi
Universität für Körpererziehung
Kiss János
Sport-Krankenhaus
Zsámbéki u.
20
18
MOM 19
Apor Vilmos tér
Jagelló
Gesztenyés kert
Mártírok
Kongress-Zentrum
24 23
21 22
Tour 1 siehe S. 103
Tornalja
Bürök
Wolfswiesen-Friedhof Farkasréti temető
Szoborpark, 25
250 m
Tour 14 Budaer Berge

ein beliebtes Picknickziel ist. Tram 56 bringt von dort zurück zum Moszkva tér.

Betriebszeiten Mitte März bis Ende Okt. tägl. 10–17 Uhr, sonst Di–So 10–16 Uhr Abfahrt immer zur vollen Stunde, Fahrtzeit 45 Min. Fahrpreis einfach 500 HUF, hin/zurück 1.000 HUF, erm. 350 HUF. Sa/So verkehrt auch eine Dampflok, für die ein „Nostalgiezuschlag" (200 HUF) erhoben wird. www.gyermekvasut.com. Ⓣ 56 ab Ⓜ 2 Moszkva tér.

Elisabethturm (Erzsébet-kilátó): Der 1910 eröffnete, 24 m hohe Turm auf dem Gipfelplateau des János-hegy ist Kaiserin und Königin Sisi gewidmet. Sein Stil erinnert an die Fischerbastei, was nicht verwunderlich ist, wurde er doch vom selben Architekten Frigyes Schulek entworfen. Von den Plattformen genießt man einen eindrucksvollen, weiten Rundblick über die Wälder hinweg bis zur Donau, an deren Ufer das Parlamentsgebäude zu erkennen ist.

⌚ Tägl. 8–20 Uhr, Eintritt frei.

Sessellift Zugliget (Zugligeti Libegő): Auf einem der wenigen Sessellifte Ungarns liegt einem bei der Talfahrt die Stadt zu Füßen. Bus 158 verbindet die Talstation mit dem Moszkva tér.

Betriebszeiten Mitte Mai bis Mitte Sept. 9.30–17 Uhr, sonst bis 16 Uhr. In ungeraden Kalenderwochen montags wegen Instandhaltungsarbeiten kein Betrieb. Ticket einfach 500 HUF, erm. 200 HUF. www.libego.hu.

Sonstige Sehenswürdigkeiten

Szemlőhegyi-Höhle (Szemlőhegyi-Barlang): Der Eingang zu der 1930 entdeckten, etwa 2 km langen Höhle befindet sich an der Pusztaszeri út 35 (II. Bezirk), mitten im bebauten Gebiet südwestlich von Óbuda. Im Höhleninneren sind auf dem 300 m langen Besichtigungsweg merkwürdige Kalkgebilde zu bewundern – sogenannte Erbsensteine und Gipskristalle, die über Jahrhunderte von den Thermalquellen geschaffen wurden. In einem anderen Trakt wird die Höhlenluft zur Linderung von Atemwegsbeschwerden genutzt.

⌚ Mi–Mo 10–16 Uhr. Eintritt 800 HUF, erm. 600 HUF, mit Budapest-Karte frei. Ⓣ 17 ab Margit híd bis Kolosy tér, dann Bus 29 bis Pusztaszeri út.

Pálvölgyi-Tropfsteinhöhle (Pálvölgyi-cseppkőbarlang): Ungarns mit 13 km Länge zweitgrößte Höhle liegt nordwestlich der Szemlőhegyi-Höhle in den südlichen Ausläufern des Hármashatár-hegy. Ihr Eingang befindet sich an der Szépvölgyi út 162 (II. Bezirk). Im Rahmen der Führung gelangt man auf dem 2002 neu angelegten, 500 m langen Weg vorbei an imposanten Stalaktiten, die ihrer Form nach an Tiere erinnern. Die Höhlentemperatur beträgt ganzjährig 11 °C.

⌚ Di–So 10–16 Uhr. Eintritt 1.000 HUF, erm. 750 HUF, mit Budapest-Karte frei. Ⓣ 17 ab Margit híd bis Kolosy tér, dann Bus 65 bis Pálvölgyi cs.

Raoul-Wallenberg-Denkmal: Imre Varga schuf 1987 das Denkmal für den schwedischen Diplomaten und „Retter der Juden" Raoul Wallenberg (→ Kasten S. 222). Es steht in einem Grünstreifen an der Szilágyi Erzsébet fasor/Ecke Nagyajtai utca.

Ⓜ 2 Moszkva tér, dann Ⓣ 56 bis Nagyajtai utca.

Béla-Bartók-Gedenkhaus (Bartók Béla Emlékház): Der im heutigen Rumänien geborene ungarische Komponist Béla Bartók (1881–1945) bewohnte die Villa in den Budaer Bergen von 1932 bis 1940, als er in die USA emigrieren musste. Schon ab 1899 hatte er an der Budapester Musikhochschule Klavier und Komposition studiert und dort von 1908–1934 als Professor gewirkt. Seine Konzertreisen in den 1920er-Jahren hatten ihn als Komponisten und Pianisten berühmt gemacht. Animiert durch seinen Freund Zoltán Kodály, widmete er sich der Erforschung der traditionellen Volksmusik, die er auf ausgedehnten Reisen durch Ungarn, Rumänien, Transsilvanien und den Vorderen Orient sammelte. Die repräsentative Villa von 1924 wurde 1981 zum Gedenkhaus umgestaltet, ihren Garten ziert ein Bartók-Denkmal von Imre Varga. Im 2. Stock sind zwei original möblierte Zimmer erhalten mit persönlichen Gegenständen des Komponisten, Briefen, Fotos, Briefmarken mit Bartóks Konterfei sowie Gemälden und Skulpturen, die ihm gewidmet wurden. Der Konzertsaal eine Etage tiefer dient als Raum für Vorträge und hochkarätige Kammermusikabende (→ Konzerte S. 75).

Di–So 10–17 Uhr. Eintritt 600 HUF, erm. 300 HUF, mit Budapest-Karte frei. www.bartokmuseum.hu. II., Csalán út 29. Bus 5 ab Ⓜ2 Moszkva tér bis Endstation, dann Bus 29 bis Kapy utca.

Wolfswiesen-Friedhof (Farkasréti temető): Der 1894 gegründete Friedhof liegt an den bewaldeten Hängen der Budaer Berge 3 km westlich des Gellértbergs. Er ist die bevorzugte letzte Ruhestätte der Kunstschaffenden, unter ihnen Béla Bártók, Zoltán Kodály, der Dirigent Sir Georg Solti und die Keramikkünstlerin Margit Kovács. Das Innere der großen Aufbahrungshalle *(Ravatalozó)* stammt von Imre Makovecz, dem Meister der organischen Baukunst (→ Architektur und Kunst), und erinnert mit einem Holzrippengewölbe an einen Brustkorb (nur bei Beerdigungen geöffnet).

Elisabethturm am János-hegy: Panoramablick auf vier Geschossen

Mo–Fr 7–19 Uhr, Sa/So 9–17 Uhr. Németvölgyi út 99. Ⓜ2 Moszkva tér, dann Ⓣ 59 bis Farkasréti temető. Im Friedhof grüner Wegweiser zur Künstlerparzelle *(Művesz parcella)*.

Praktische Infos

(→ Karte S. 236/237)

Essen & Trinken

Bajai Halászcsárda (15), das schlichte, freundliche Bilderbuchgasthaus am Svábhegy wird seinem Namen „Fischgasthaus" gerecht – etwa bei der köstlichen Fischsuppe (2.400 HUF) oder der gemischten Platte für zwei mit Zander, Forelle, Wels und Karpfen (6.400 HUF). Gute Auswahl an ungarischen Weinen. Schöner Gastgarten. Tägl. 12–23 Uhr, XII., Hollós út 2, ✆ 2755245. Zahnradbahnstation Svábhegy oder Bus 21 ab Ⓜ2 Moszkva tér bis Svábhegy.

Szép Ilona Kisvendéglő (8), in der schlichten, relativ preiswerten „Schönen Ilona" kommen Wiener Schnitzel und andere leckere Fleischgerichte auf den Tisch (1.700–2.500 HUF). Gastgarten. Tägl. 12–22 Uhr. II., Budakeszi út 1/3, ✆ 2751392. Bus 22 oder 158 ab Ⓜ2 Moszkva tér bis Szépilona.

Normafa Grill (14), ungezwungenes, in bunten Farben dekoriertes Ausflugsrestaurant im gleichnamigen Hotel am Svábhegy. Große Auswahl an internationalen Gerichten, von Tsatsiki und Hortobágyi-Palatschinken (1.500 HUF) über Pasta und Wildgerichte (ca. 2.500 HUF) bis Wiener Schnitzel (3.200 HUF). Tägl. 12–24 Uhr. XII., Eötvös út 52–54, ✆ 3956505. Ⓜ2 Moszkva tér, dann Bus 21 bis Endstation.

Náncsi Néni (1), beliebtes Landgasthaus weitab am grünen Rand der Stadt, das der Besitzer nach seiner Großmutter, die „Tante Náncsi" gerufen wurde, benannt hat. Serviert

Budaer Berge
Karte S. 236/237

Nostalgisches Gefährt – Sessellift in den Budaer Bergen

wird mit Pfiff verfeinerte ungarische Hausmannskost in mittlerer Preislage. Lauschiger, baumbestandener Gastgarten, der im Sommer schnell belegt ist. Mo–Fr 12–23 Uhr, Sa/So 9–23 Uhr. II., Ördögárok u. 80, ✆ 3972742. www.nancsineni.hu. Ab Ⓜ2 Moszkva tér mit Ⓣ 56 ca. 20 Min. bis Endstation, dann Bus 157 ca. 5 Min. bis Nagyrét utca.

Remíz (7), das von Touristen geschätzte Lokal bei der alten Straßenbahnremise besticht mit zwangloser Atmosphäre, einem stimmungsvollen Garten und köstlichem Essen zu akzeptablen Preisen (Hauptgerichte 2.000–3.500 HUF). Bekannt für Gegrilltes vom Lavastein, das auf Holztellern verspeist wird. Tägl. 9–1 Uhr. Bus 22 oder 158 ab Ⓜ2 Moszkva tér bis Szépilona. II., Budakeszi út 5, ✆ 2751396.

Nusantara (13), hoch gelobte indonesische Küche, zubereitet von einem Meisterkoch aus Jakarta. Geschmackvoll modernes Interieur mit viel Orange, dunklem Holz und Bambus. Das Nasi Goreng kostet 2.400 HUF, Sate Campur (Spießchen mit Erdnuss-Soße) 3.500 HUF. Mo–Fr 12–15 Uhr, 18–23 Uhr, Sa/So 12–23 Uhr. XII., Városmajor u. 88, ✆ 2011478. www.nusantara.hu. Ⓣ 56 ab Ⓜ2 Moszkva tér bis Szt. János Kórház.

Nefrit Kínai Étterem (20), geräumiges Chinarestaurant in einer alten Villa am Beginn der Budaer Berge. Spezialitäten aus Canton und der Provinz Szetschuan zu mittleren Preisen; z. B. Cantonesisches Huhn mit Pilzen für 2.000 HUF, Tofu mit Brokkoli 1.700 HUF, Beilagen extra. Im Sommer Gartenbetrieb. Tägl. 12–24 Uhr. XII., Apor Vilmos tér 4, ✆ 2100000. www.nefrit-restaurant.hu. Ⓣ 59 ab Ⓜ2 Moskva tér bis Apor Vilmos tér.

Vadrózsa (5), die „Wildrose" in der schmucken Neobarockvilla am Rosenhügel gilt seit Jahren als verlässliche Adresse für exklusives und teures Speisen. Spezialitäten sind Gänseleber sowie Wild- und Fischgerichte, die in intimer Atmosphäre auf feinstem Porzellan serviert werden. Abends Klaviermusik. Tägl. 12–16 und 19–24 Uhr. II., Pentelei Molnár u. 15, ✆ 3265817. www.vadrozsa.hu. Bus 11 ab Ⓜ2 Batthyány tér.

Lugas (10), einfaches Restaurant mit großem, schattigem Garten. Gekocht wird bodenständig und traditionell, z. B. Steaks vom Mangalitza-Schwein (2.800 HUF) oder Letscho mit Gänseleber (3.000 HUF), abends und am Wochenende auch auf dem Holzkohlengrill. Tagesmenü (Mo–Fr 12–17 Uhr) 800 HUF. Tägl. 12–24 Uhr. II., Szilágyi Erzsébet fasor 77, ✆ 2253690. www.lugas.hu. Ⓣ 56 ab Ⓜ2 Moszkva tér bis Szt. János Kórház.

Szamos Marcipán – Budai Cukrászda (18), kleine Konditorei der im ganzen Stadtgebiet präsentem Marzipanhersteller mit Wintergarten und Sommerterrasse. Bekannt für Creme- und Mignonschnitten, aber auch die übrige Patisserie ist von höchster Qualität. Mo–So 10–19 Uhr, Sommer bis 20 Uhr. XII., Boszormenyi u. 44–46. www.szamos.hu. Ⓣ 59 ab Ⓜ2 Moskva tér bis Apor Vilmos tér.

Szamos Marcipán – Szépkilátás Cukrászda (16), die winzige Konditoreifiliale „Zur schönen Aussicht" präsentiert sich wie eine nostalgische Puppenstube; unweit der Zahnradbahnstation Svábhegy. Tägl. 9–19 Uhr. XII., Szépkilátás út 1.

Auguszt Cukrászda (12), für viele Budapester Schleckermäuler bäckt die Familie Auguszt – inzwischen in der fünften Generation – die besten Kuchen und Torten der Stadt. Einer ihrer Läden versteckt sich hier in der Nähe des Moszkva tér. Mo–Fr 10–18 Uhr, Sa/So 10–14 Uhr. II., Fény u. 8. Ⓜ2 Moszkva tér.

Daubner Cukrászda (2), legendäre Konditorei mit himmlischen Eis-, Kuchen- und Konfektspezialitäten. Tägl. 9–19 Uhr. II., Szépvölgyi út 50. Ⓣ 17 ab Margit híd bis Kolosy tér, dann Bus 65 bis Folyondár utca.

Einkaufen

MOM Park (19), Shopping-Mall (→ Einkaufen S. 83).

Beliebtes Ausflugsziel: Szentendre nördlich von Budapest

Ziele außerhalb des Zentrums

Neben Römerresten in Aquincum und Attraktionen in den Budaer Bergen finden sich in den äußeren Bezirken Budapests verstreut weitere Sehenswürdigkeiten, die mit Bus und Straßenbahn gut erreichbar sind.

Im Süden Budas

Budafok-Tétény heißt der im Südwesten der Stadt gelegene XXII. Bezirk. Donauschwaben betrieben hier im 19. Jh. regen Weinanbau, und noch heute durchzieht ein 60 km langes Kellersystem den karstigen Untergrund. Der berühmteste Produzent süffiger Tropfen aus Budafok ist die Sektkellerei *Törley,* die hier seit 1822 ansässig ist. Budafoks meistbesuchte Attraktion ist der **Skulpturenpark,** ein ca. 8 km südlich des Gellértbergs gelegenes einzigartiges Freilichtmuseum. 3 km weiter südlich trifft man auf das moderne, viel besuchte **Tropicarium-Óceanárium,** und weitere 3 km stadtauswärts steht das barocke **Schloss Nagytétény** mit einer Außenstelle des Kunstgewerbemuseums. Diese drei Sehenswürdigkeiten lassen sich zu einer Route verbinden, wenn man vom Skulpturenpark mit Bus 50 zum Tropicarium und von dort mit Bus 3 weiter zum Schloss Nagytétény fährt.

Skulpturenpark (Szoborpark)

Monumentale Statuen von Revolutionären, Politikern und Helden, die zu Zeiten des Staatssozialismus prominente Plätze in Budapest zierten, sind seit 1993 auf diesem staubigen Areal an einer Hauptverkehrsstraße versammelt. Von der als Eingangstor gedachten Ziegelfassade grüßen Lenin, Marx und Engels, dahinter stehen verstreut weitere 40 Statuen und Ehrentafeln, die als offizielle Auftragsarbeiten zwischen 1950 und 1986 für die Stadt geschaffen wurden. Bis zu 10 m hohe Figuren mit heroischer Mine und klobigen Gliedmaßen, darunter der sowjetische Soldat

Karte S. 243

vom Befreiungsdenkmal am Gellértberg und modernere Denkmäler, wie das Béla-Kun-Memorial aus Chrom und Kupfer (Imre Varga, 1986), das den Kommunistenführer vor einer mehr oder minder begeisterten Menge zeigt. Wenn auch hier, wie manche kritisieren, keine ernsthafte Auseinandersetzung mit dem ungarischen Staatssozialismus gesucht wird, so wurde doch ein Stück der Geschichte Ungarns bewahrt. Souvenirjägern sei der Museumsshop empfohlen, der Denkmalkopien, sowjetische Marschmusik, Spielzeug-Trabis und sonstige realsozialistische Memorabilia feilbietet.

◷ Tägl. 10 Uhr bis Sonnenuntergang. Eintritt 1.500 HUF, mit Budapest-Karte frei. www.szoborpark.hu. Der Skulpturenpark liegt an der Straße 7 Richtung Plattensee (Balatoni út). Ⓜ 3 bis Ferenciek tere, dann Bus 7 bis Endstation Etele tér, dann mit gelbem Volán-Bus (eigenes Ticket) ca. 20 Min. Richtung Diósd-Érd bis Szoborpark. Direktbusse tägl. um 11 Uhr ab Ⓜ Deák tér (inkl. Eintritt 2.500 HUF).

Tropicarium-Óceanárium

Die mit 3.000 m² größte Anlage ihrer Art in Mitteleuropa wurde 2000 in der Campona-Shopping Mall (→ Einkaufen S. 83) eröffnet. Man spaziert durch einen Urwald voller exotischer Vögel, die sich im freien Flug nähern, überquert auf einer Holzbrücke ein Alligatorenbecken, bestaunt Schlangen und Leguane, Schildkröten, Seidenaffen und entdeckt Stabschrecken und andere Insekten. In riesigen Aquarien tummeln sich farbenprächtige Fische und Haie, die am besten vom Glastunnel aus zu beobachten sind. Eine besondere Attraktion ist das große Rochenbecken, wo man die Fische mit der Hand füttern darf.

◷ Tägl. 10–20 Uhr, Einlass bis 19 Uhr. Eintritt 1.700 HUF, erm. 1.000 HUF, mit Budapest-Karte 30 % Nachlass. Schautafeln in Englisch. www.tropicarium.hu. Das Tropicarium liegt an der Straße 6, die das westliche Donauufer entlang führt. XXII., Nagytétényi út 37–45. Ⓣ 6 oder Bus 7 bis Móricz Zs. kőrtér, dann Bus 3 rot ca. 20 Min. bis Lépcsős utca.

Schlossmuseum Nagytétény (Nagytétényi Kastélymúzeum)

Das von der Adelsfamilie Száraz-Rudnyánszky Mitte des 18. Jh. beauftragte Barockschloss ist eines der schönsten Ungarns und der bedeutendste Bau in Nagytétény, einem eingemeindeten Vorort am südlichen Stadtrand. Sein prächtiger Park reichte einst bis zur Donau, wurde aber durch den Bau der Eisenbahn zerschnitten und danach nochmals verkleinert. Nach den schweren Kriegsschäden wurde das zweiflügelige Kastély, das stilistisch mit Schloss Gödöllő (→ S. 245) verwandt ist, 2000 umfassend renoviert und dient seither als Außenstelle des Kunstgewerbemuseums. Die Dauerschau „Europäisches Mobiliar von der Gotik bis zum Biedermeier“ erstreckt sich über 28 Schlossräume und präsentiert in chronologischer Abfolge Möbel, Ofenkacheln, Teppiche, Uhren und Gemälde. Dazu gibt es Wechselausstellungen sowie die beliebten Adventveranstaltungen.

◷ Di–So 10–18 Uhr, Jan./Feb. nur Fr–So. Eintritt frei. Sonderausstellungen 900 HUF, erm. 450 HUF, mit Budapest-Karte 20 % Nachlass. www.nagytetenyi.hu. Das Schloss liegt an der Nagytétényi út, der Eingang des Schlossmuseums ist in der Seitengasse Kastélypark utca. XXII. Kastélypark utca 9–11. Ⓣ 6 oder Bus 7 bis Móricz Zs. kőrtér, dann Bus 3 rot bis Petőfi utca/Kastélymúzeum.

Im Osten von Pest

Inseln der Ruhe inmitten des öden Industriegebiets im Osten der Stadt sind der **Kerepeser Friedhof** und der schon weit außerhalb des Zentrums gelegene **Neue Stadtfriedhof** mit dem benachbarten **Jüdischen Friedhof**. Wer mit der Straßenbahnlinie 28 dorthin fährt, passiert nicht nur den berüchtigten Chinesenmarkt (→ Märkte S. 82), sondern auch die einen Stopp lohnende **Ladislauskirche** im Zentrum von **Kőbánya.** Weiter südlich, in Kispest, ist die idyllische

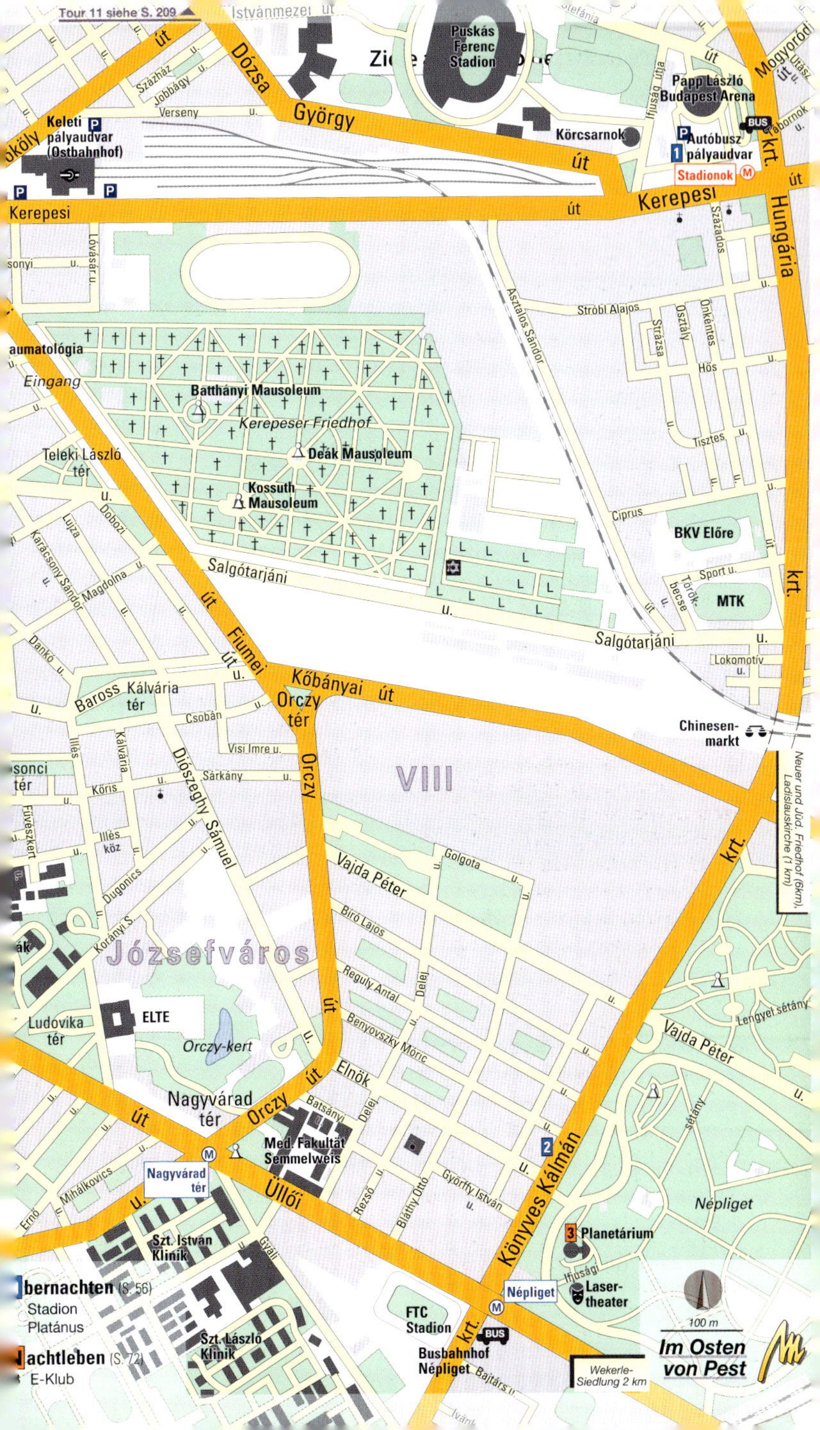
Tour 11 siehe S. 209
Puskás Ferenc Stadion
Papp László Budapest Aréna
Keleti pályaudvar (Ostbahnhof)
Dózsa György út
Verseny u.
Jobbágy u.
Százház u.
Körcsarnok
Autóbusz pályaudvar
Stadionok
Kerepesi út
Hungária krt.
Mogyoródi út
Ifjúság útja
Lóvásár u.
Asztalos Sándor
Stróbl Alajos
Százados
Strázsa
Osztály
Önkéntes
Hős
Tisztes u.
Ciprus
BKV Előre
Sport u.
Törökbecse
MTK
Lokomotív u.
Eingang
Batthányi Mausoleum
Kerepeser Friedhof
Deák Mausoleum
Kossuth Mausoleum
Teleki László tér
Dobozi
Luiza
Karácsony Sándor u.
Magdolna u.
Dankó u.
Salgótarjáni u.
Fiumei út
Kőbányai út
Orczy tér
Baross
Kálvária tér
Csobán
Visi Imre u.
Sárkány u.
Chinesenmarkt
Neuer und Jüd. Friedhof (6km), Ladislauskirche (1 km)
VIII
Illés
Kálvária
Kőris
Illés köz
Diószeghy Sámuel
Orczy út
Golgota u.
Vajda Péter
Bíró Lajos
Dugonics
Korányi S.
Józsefváros
Reguly Antal
Delej
Benyovszky Móric
Lengyel sétány
Ludovika tér
ELTE
Orczy-kert
Elnök
Batsányi
Nagyvárad tér
Nagyvárad tér
Med. Fakultät Semmelweis
Mihálkovics
Ernő
Üllői út
Rezső
Bláthy Ottó
Győrffy István u.
Könyves Kálmán krt.
Népliget
Planetárium
Laser-theater
Szt. István Klinik
Gyáli
Übernachten (S. 56)
Stadion
Platánus
Nachtleben (S. 72)
E-Klub
Szt. László Klinik
FTC Stadion
Népliget
Busbahnhof Népliget
Bajtárs u.
Wekerle-Siedlung 2 km
100 m
Im Osten von Pest

Arbeitersiedlung **Wekerle** einen Abstecher wert, Eisenbahnfreunde zieht es in den Norden Pests.

Kerepeser Friedhof (Kerepesi temető)

Die von alten, hohen Bäumen, Arkaden und prunkvollen Grabdenkmälern gezierte parkähnliche Begräbnisstätte südlich des Ostbahnhofs ist seit 1847 der Prominentenfriedhof von Budapest. Am eindrucksvollsten ist das mächtige Mausoleum für den Nationalhelden Lajos Kossuth, ein Werk von Alajos Stróbl. Imposant sind auch die Grabmonumente für Ferenc Deák, Vater des politischen Ausgleichs von 1867, für Lajos Batthyány, Ungarns ersten Ministerpräsidenten, und József Antall, den ersten Regierungschef nach der Wende 1989. In der Künstlerparzelle fällt das Mausoleum für die beliebte Volksschauspielerin Lujza Blaha ins Auge. Ungarns kommunistische Prominenz fand ab 1958 im monströsen Pantheon der Arbeiterbewegung (Munkásmozgalmi) ihren letzten Ruheplatz. Das *Bestattungsmuseum* (Kegyeleti Múzeum) zeigt u. a. historische Särge und Trauerkleidung aus dem 19./20. Jh.

⌚ Friedhof: ab 7 Uhr bis Abenddämmerung, Eingang Fiumei út, dort auch Übersichtstafeln mit allen wichtigen Namen. Bestattungsmuseum: Mo–Do 10–15 Uhr, Fr 10–13 Uhr, Eintritt frei. VIII. Fiumei ú 16. Ⓜ 2 Keleti pu., dann Ⓣ 24 oder 300 m zu Fuß.

Neuer Friedhof (Új köztemető) und Jüdischer Friedhof (Zsidó temető)

Das riesige, unübersichtliche Areal des **Neuen Friedhofs** im Südosten Pests (X. Bezirk Kőbánya) ist wegen seiner abgelegenen *Parzelle 301* bekannt, auf der die Führer und Opfer des Volksaufstands von 1956, unter ihnen auch Imre Nagy, von den Kommunisten heimlich in Massengräbern verscharrt wurden (→ Stadtgeschichte). Nach einer nachträglichen feierlichen Beisetzung 1990 wurden die Ehrendenkmäler und hölzernen Grabstelen errichtet. Die Parzelle liegt vom Haupteingang aus am linken hinteren Ende des Friedhofs, gut 2 km weit entfernt; Für den Weg dorthin kann man auch den Friedhofsbus *(Temető járat)* nehmen.

Nördlich schließt der heute größte **Jüdische Friedhof** Ungarns an (gegründet 1891). Neben einer Zeremonienhalle mit kugelförmigen Kuppeln ist die Rabbiner- und Künstlerparzelle mit bekannten Namen der jüdischen Welt sehenswert, darunter das bis heute von Pilgern aufgesuchte Grab des Rabbiners Simon Oppenheim. Vornehme und reiche Mitglieder der jüdischen Gemeinde ließen entlang der Friedhofsmauer prächtige Mausoleen im Jugendstil errichten. Das bekannteste ist die mit türkischen Fliesen und Blumenmotiven verzierte Gruft der Familie Schmidl von 1903, ein Werk Ödön Lechners und seines Schülers Béla Lajta.

⌚ Ab 7 Uhr bis Abenddämmerung. Der Jüdische Friedhof hat einen eigenen Eingang in der Kozma u. 6. Ⓜ 2 Blaha Lujza tér/Népszínhaz utca, dann Ⓣ 28 bis Endstation (Fahrzeit 35 Min.).

Ladislauskirche von Kőbánya (Kőbányai Szt. László templom)

Ein architektonischer Leckerbissen ist das nach 1890 am Szent László tér (X. Bezirk) gebaute Gotteshaus, an dem Jugendstilmeister Ödön Lechner gotische und traditionelle ungarische Stilelemente kombinierte. Bunte Zsolnay-Keramik schmückt das Dach, im Inneren sind Altar und Kanzel sehenswert – meisterliche Schnitzwerke vom Beginn des 20. Jh.

⌚ Während der Gottesdienste geöffnet, X., Szt. László tér. Ⓣ 28 ab Blaha Lujza tér/Népszínház utca (Ⓜ 2).

Wekerle-Siedlung (Wekerletelep)

Südlich von Ferencváros, in Kispest (XIX. Bezirk), entstand 1909–1926 eine nach dem damaligen Ministerpräsidenten benannte autonome Gartenstadt für 20.000 Arbeiter und Angestellte. Das soziale Wohnprojekt wurde von mehreren Architekten geplant, die sich von traditionellen ungarischen und siebenbürgischen Bauformen inspirieren ließen. Die etwas verwahrloste, aber immer noch sehenswerte Siedlung erstreckt sich auf einem quadratischen Areal, von den vier äußeren Ecken führen Alleen (Pannónia und Hungária út) auf den zentralen Hauptplatz (Kós Károly tér), eine baumbestandene Parkfläche. Um diese gruppieren sich neben transsylvanischen Tordurchgängen die wichtigsten Gebäude, wie Schule, Kirche, Post. An den anderen rechtwinklig und diagonal zu den beiden Alleen angelegten Straßen reihen sich Einfamilien- und Mietshäuser mit Veranden, hölzernen Giebeln und bunten Ziegeldächern. Wer hier herumflaniert, fühlt sich nicht nur wegen des vielen Grüns fernab der Großstadt.

Ⓜ3 Határ út, dann Bus 194 bis Kós Károly tér.

Wekerle-Siedlung – ländliche Architektur inmitten der Stadt

Museumspark für Eisenbahnen (Vasúttörténeti Park)

Das Freilichtmuseum auf einem alten Werksgelände der Ungarischen Staatsbahnen rund 3 km nördlich des Stadtwäldchens wurde 2000 eröffnet. Zu bestaunen sind rund 100 historische Lokomotiven, Schienenautos, Draisinen, Schneepflüge und Waggons, darunter Ungarns älteste Dampflok (1870), sowie ein Speisewagen des Orient-Express von 1912. Gegen Aufpreis kann man viele der alten Fahrzeuge benutzen, mit der Minieisenbahn fahren oder sich auf einer Lokdrehscheibe drehen lassen.

April bis Ende Okt. Di–So 10–18 Uhr, sonst Di–So 10–15 Uhr. Jan. bis Mitte März geschlossen. Eintritt 950 HUF, erm. 300 HUF, mit Budapest-Karte frei. www.vasuttorteneti park.hu. XIV., Tatai út 95. Ⓜ2 Keleti pu., dann Bus 30 bis Rokoly utca; von April bis Okt. Shuttle-Zug ab Westbahnhof (Nyugati pu.).

Ausflüge in die Umgebung

Königsschloss Gödöllő (Gödöllői Királyi Kastély)

30 km oder eine knappe Bahnstunde nordöstlich von Budapest liegt eines der schönsten ungarischen Schlösser. Das Barockjuwel Gödöllő, einst das Lieblingsschloss von Kaiserin und Ungarns Königin Sisi, ist heute eine viel besuchte Attraktion.

Karte S. 243

Barockbaumeister Andreas Mayerhoffer baute für Graf Antal Grassalkovich, einen Vertrauten Kaiserin Maria Theresias, von 1733 bis 1749 das prächtige Landschloss mit großem Landschaftspark, das zum Prototyp ungarischer Adelssitze wurde. Wirklich berühmt wurde das Anwesen, als es Franz Joseph I. und seine Frau Elisabeth „Sisi" 1867 von Ungarn als Krönungsgeschenk erhielten. Sisi schätzte Gödöllő, wo ihr alle Wünsche von den Augen abgelesen und die Salons in ihrer Lieblingsfarbe Lila ausgestattet wurden – die Monarchin verbrachte hier mehr Zeit als am Hof in Wien. Nach 1945 wurde das Schloss zum Soldatenquartier und Altersheim und verfiel zusehends.

Seit 1990 wurde Gödöllő sukzessive wieder instand gesetzt, 1996 konnte im mittleren Flügel das **Schlossmuseum** eröffnet werden. In über 20 originalgetreu rekonstruierten Räumen präsentiert es eine mit Porträts, Historiengemälden und Möbeln bestückte Dauerausstellung über die Grafen Grassalkovich, die königliche Ära in Gödöllő und das Leben von Sisi. Die Besichtigungstour führt über die Prunktreppe, durch die einstigen Privatgemächer, zum Königsoratorium in der barocken Schlosskirche und in den repräsentativen, barocken Festsaal, der heute zusammen mit dem Ehrenhof für Veranstaltungen genutzt wird. 2002 wurde der mit 54 Fürstenporträts verzierte Königspavillon auf einem Hügel im Schlosspark rekonstruiert, die originalgetreue Restaurierung des Barocktheaters (1785) im Südflügel des Schlosses war 2003 abgeschlossen. Der rund 26 ha große Schlosspark, der seit 1998 unter Naturschutz steht, ist tagsüber frei zugänglich.

⌚ 1. April bis 31. Okt. Di–So 10–18 Uhr, sonst bis 17 Uhr. Im Jan. geschlossen. Eintritt 10 €.

• *Veranstaltungen* Frühlingsfestival im März, Kammermusikfestival im Juni/Juli, Barocktage im August, Advent im Schloss. Details unter www.kiralyikastely.hu.

• *Anfahrt* **Bahn:** mit der Vorortlinie HÉV ab Örs vézer tere (Ⓜ2) bis Gödöllő Szabadság tér, Fahrzeit 15 Min. **Bus:** Volánbus ab Busbhf. Népstadion (Ⓜ2 Stadionok). **Straße:** ab Budapest über die Autobahn M 3 oder die Nationalstraße 3.

Szentendre (St. Andreas)

Das malerische Städtchen am Donauknie mit seinen verwinkelten Plätzen und schmalen, kopfsteingepflasterten Gassen ist ein beliebtes Ausflugsziel und traditioneller Ferienort der Budapester. Kaum 45 Min. benötigt die Vorortlinie HÉV vom Budapester Batthyány tér bis ins 20 km donauaufwärts gelegene Szentendre, dessen mediterrane Atmosphäre den serbischen und griechischen Zuwanderern des 17. Jh. zu verdanken ist.

Im frühen 20. Jh. entwickelte sich Szentendre zum Künstlerstädtchen – Galerien, Ausstellungen und Souvenirläden prägen heute das verkehrsberuhigte Zentrum. In dessen Mitte liegt der dreieckige, von barocken Bürgerhäusern umstandene Hauptplatz *Fő tér,* den die serbisch-orthodoxe Kirche (1754) überragt. In der malerischen Görög utca, die vom Fő tér zur Donau führt, lädt das *Margit-Kovacs-Museum,* das Ungarns berühmtester, 1977 verstorbener Keramikerin gewidmet ist, zum Besuch ein (April bis Okt. tägl. außer Mo 9–18 Uhr). Entlang der Alkotmány utca erreicht man vom Fő tér den Burghügel, auf dem sich die katholische Pfarrkirche erhebt. Von hier hat man den schönsten Blick über die verschachtelte Dachlandschaft des Städtchens. Im *Szabó-Szamos-Marzipanmuseum* in der Dumtsa Jenö u. 14 ist das Ungarische Parlament in Marzipan zu bewundern (Mai–Okt. tägl. 10–19 Uhr, Eintritt 400 HUF) – und in der Konditorei nebenan kann man die süßen Werke gleich vernaschen.

3 km nordwestlich von Szentendre (Busverbindung ab HÉV-Station Szen-

An sonnigen Wochenenden platzt Szentendre aus allen Nähten

tendre) befindet sich das größte ungarische Freilichtmuseum *Szabadtéri Néprajzi Múzeum (Skanzen),* das anhand von wieder aufgebauten und original möblierten Gebäuden (Bauerngehöfte, Mühlen, Kirchen ...) die Volksbaukunst der ungarischen Regionen aus dem 18./19. Jh. präsentiert (April bis Ende Okt. Di–So 9–17 Uhr, Nov. bis 9. Dez. nur Sa/So. 10–15 Uhr. Eintritt 1000 HUF. www.skanzen.hu).

• *Information* **Tourinform,** Sommer Mo–Fr 9–16.30 Uhr, Sa/So 10–14 Uhr; Winter Mo–Fr 9.30–16.30 Uhr. Dumtsa Jenő u. 22, ✆ 26/-317965. www.szentendre.hu (nur ung.).

• *Verbindung* **Bahn:** Vorortlinie HÉV ab Batthányi ter (Ⓜ2), Fahrzeit 45 Min. **Bus:** Volánbus ab Busbhf. Árpád híd (Ⓜ3). **Schiff:** Mahart bietet von Mai bis Sept. tägl. ein Linienschiff Budapest/Vigadó tér-Szentendre an. Hinfahrt 10.30 Uhr (Fahrzeit 80 Min.), Rückfahrt 17 Uhr (Fahrzeit 55 Min.). Ticket hin/zurück 2.085 HUF. **Fahrrad:** ab Buda auf dem Radweg bis Szentendre in rund 90 Min.

• *Essen und Trinken* **Aranysárkány,** der gemütliche, kleine „Goldene Drache" unweit des Fő tér ist mit seiner Schauküche eine bekannte Adresse. Koch Attila Máhr und sein Team zaubern köstliche ungarische und österreichische Spezialitäten. Touristenmenü 3.100 HUF, 4-gängiges Businessmenü 4.800 HUF. Tägl. 12–22 Uhr. Alkotmany u. 1a, ✆ 26/301479. www.aranysarkany.hu.

Nemzeti Bormúzeum és Labirintus Étterem, im Keller des „Weinmuseums" kann man ungarische Weine verkosten und kaufen. Die Gaststätte darüber serviert deftige ungarische Kost, manchmal mit Zigeunermusik untermalt. Hauptgerichte ab 2.500 €. Im Sommer schattiger Innenhof. Bogdányi u. 10, ✆ 26/317054. www.bor-kor.hu.

Nosztalgia Café, bekanntes Künstlercafé mit leckeren Kuchen, Eis und Kaffeespezialitäten zu maßvollen Preisen. Wer auf der winzigen Straßenterrasse keinen Platz findet, kann auf den Innenhof ausweichen. Das Museum nebenan ist dem Erfinder der berühmten Dobos-Torte gewidmet (Sa/So 10–18 Uhr, 300 HUF). Bogdányi u. 2, ✆ 26/311660.

Wer mehr Informationen zu Szentendre und weiter entfernte Ziele um Budapest kennen lernen möchte, dem empfehlen wir das umfangreiche „Ungarn"-Reisehandbuch aus dem Michael Müller Verlag.

Etwas Ungarisch

Betonung & Aussprache

Alle ungarischen Wörter werden auf der **ersten Silbe** betont. Ausgesprochen werden die Wörter im Prinzip so, wie sie geschrieben werden. Hier die wichtigsten Abweichungen von der deutschen Sprache:

Vokale mit einfachen oder doppelten Akzenten werden lang ausgesprochen:

á = langes a
a = wie in Washington – eher wie ein O
é = lang wie in Wege
e = ä, wie in weg
í = lang wie in siezen
i = wie in sitzen
ó = lang wie in Pose
o = wie in Posse
ő = lang wie in mögen
ö = wie in können
ú = lang wie nur
u = wie in null
ű = lang wie fühlen
ü = wie in füttern

Konsonanten

c = tz
cs = tsch, wie in deutsch
dz wie in azzuro
dzs wie in Jeans
gy = dj, wie in Adjektiv
ly = j, wie in Jahr
ny = nj, wie in Sonja
r = Zungen-r
s = sch
sz = ß
z = s
zs = sch, wie in Journalist
v = w, w
ty = tj, wie in Antje

Ein paar ungarische Eigenarten

„Das Wichtigste zuerst" ist den Ungarn ein beliebtes Motto: Immer wird die erste Silbe eines Wortes betont, das Datum wird als Jahr, Monat und Tag angegeben (→ Datum), der Familienname wird vor dem Vornamen genannt. So nennt sich Ferenc Sípos: Sípos Ferenc. Noch ungewohnter ist mitunter der Name seiner Ehefrau: Traditionellerweise behält sie im Ungarischen nicht einmal ihren Vornamen. Sie wird zwar noch damit angeredet, offiziell aber trägt sie den kompletten Namen ihres Mannes, wobei dem Ende des Namens ein „né" (ung. *Frau von*) angehängt wird. So nennt sich Mária Kovács als frischgebackene Ehefrau von Ferenc Sípos auf der Visitenkarte Sípos Ferencné. Mittlerweile aber nutzen die ungarischen Frauen immer öfter die Möglichkeit, nach der Heirat ihren kompletten Mädchennamen beizubehalten.

Elementares, Grüße & Small Talk

ja/nein	igen/nem	*i-gen/nem*
bitte	kérem	*ke-räm*
danke (schön)	köszönöm (szépen)	*kö-ßö-nöm (ße-pän)*
danke (umgangssprachlich)	kösz	*köß*
Entschuldigung	bocsánat	*bo-tscha-not*
Ich wünsche Ihnen …	… kívanok	*ki-wa-nok*
guten Morgen (bis 9 Uhr)	jó reggelt (kívánok)	*jo räg-gält ki-wa-nok*
guten Tag (9 bis 19 Uhr)	jó napot (kívánok)	*jo no-pot ki-wa-nok*
guten Abend (ab 19 Uhr)	jó estét (kívánok)	*jo äsch-tet ki-wa-nok*
gute Nacht	jó éjszakát (kívánok)	*jo ej-ßo-kat ki-wa-nok*

auf Wiedersehen	Viszontlátásra	*wiß-ßont la-tasch-ro*
Wiedersehen	Viszlát	*Wiß-la-t*
Hallo/Tschüß (eine Person)	Szervusz/Szia	*ßär-wuß/ßi-ja*
Hallo/Tschüß (mehrere P.)	Szervusztok/Sziasztok	*ßär-wuß-tok/ßi-joß-tok*
Wie geht es Ihnen (Dir)?	Hogy van (vagy)?	*hodj won (wodj)?*
Danke, gut!	Köszönöm jól!	*kö-ßö-nöm jol*
Alles klar! Okay!	Jól van!	*jol won*

Verständigung

Ich verstehe Sie (nicht)	(Nem) értem	näm er-täm
Ich spreche (nicht)	(Nem) beszélek	näm bä-ße-lek
...ungarisch	...magyarul	mo-djo-rul
Sprechen Sie ...	Beszél ...	bä-ßel
Deutsch/Englisch?	németül/angolul?	ne-mä-tül/an-go-lul
Französisch/Russisch?	franciául/oroszul?	fran-zi-a-ul/o-ro-ßul
Ich heiße	A nevem	O nä-wem

Hinweise

geöffnet/geschlossen	nyitva/zárva	*njit-wa/sar-wo*
drücken/ziehen	tolni/húzni	*tol-ni/hus-ni*
Öffnungszeiten	Nyitvatartás	*Njit-wa-tor-tasch*
Eingang/Ausgang	Bejárat/Kijárat	*bä-ja-rot/kih-ja-rot*
(Eintritt) verboten!	Tilos (a belépés)!	*tih-losch (o bä-leh-pesch)*
Polizei	Rendőrség	*Rend-öhr-scheg*

Krankheit & Notfall

Hilfe!	Segítség!	*schä-giht-scheg*
Ich brauche einen Arzt!	Szeretnék egy orvost!	*ßä-rät-nek ädj or-wost*
Hier habe ich Schmerzen!	Itt fáj!	*itt faj*
Ich habe Fieber	Lázas vagyok	*la-sasch wa-djok*
Ich habe Durchfall	Hasmenésem van	*hasch-mä-ne-schäm wan*
Zahnarzt	fogorvos	*fog-or-wosch*
Krankenhaus	kórház	*kor-has*
Rufen Sie bitte	Kérem, hívja fel a	*ke-räm, hiw-ja fäl a*
... die Polizei!	... a rendőrséget!	*a ränd-ör-sche-gät!*
... einen Arzt!	... az orvost!	*as or-woscht!*
... den Pannendienst!	„sárga angyalt"!	*schar-ga an-djalt*

Fragen & Wünsche

Wo ist ... (das Museum)?	Hol (a múzeum)? oder	*hol a mu-sä-um*
	Hol van ... (a múzeum)	*hol won a mu-sä-um*
Wann findet ...	Mikor van ...	*mi-kor won*
(das Konzert) statt?	(a koncert)?	*(a kon-zärt)*
Wie viel kostet das?	Mennyibe kerül?	*män-nji-bä kä-rül*
Wer? Was? Wie?	Ki? Mi? Hogy?	*Ki? Mi? Hodj?*
Warum?	Miért?	*mi-ert*
Ich möchte ...	Szeretnék ...	*ßä-rät-nek ...*
Haben Sie ...?	Van ...?	*Wan*

Wochentage &Tageszeiten

Montag	hétfő	*het-fö*	Monat	Hónap	*ho-nop*
Dienstag	kedd	*käd*	Jahr	év	*ew*
Mittwoch	szerda	*ßär-do*	gestern	tegnap	*täg-nop*
Donnerstag	csütörtök	*tschü-tör-tök*	heute	ma	*ma*
Freitag	péntek	*pen-täk*	morgen	holnap	*hol-nop*
Samstag	szombat	*ßom-bot*	morgens	reggel	*räg-gäl*
Sonntag	vasárnap	*wa-schar-nap*	mittags	délben	*del-bän*
Tag (Sonne)	nap	*nop*	abends	este	*äsch-tä*
Woche	hét	*het*	nachts	éjszaka	*ej-ßa-ka*

Datum & Uhrzeit

Im Ungarischen wird immer zuerst das Jahr, dann der Monat, zuletzt der Tag angegeben. Der 15. März 2007 heißt also 2007 március 15. Oder 2007 03. 15. Bei der Angabe der Uhrzeit schreibt man immer die kommende volle Stunde. 6:30 Uhr schreibt sich auf Ungarisch also ½7. 18.45 Uhr ist ¾19.

Wie spät ist es?	Hány óra (van)?	*hanj o-ro won*
Stunde/Minute	óra/perc	*o-ro/pärtz*
Es ist ein/neun Uhr	Egy/Kilenc óra	*Edj/ki-länz o-ro*
viertel neun (8:15 Uhr)	negyed kilenc (n9)	*nä-djäd ki-länz*
halb neun (8:30 Uhr)	fél kilenc (f9)	*fäl*
dreiviertel neun (8:45 Uhr)	háromnegyed kilenc (h9)	*ha-romnä-djäd ki-länz*

Unterwegs

Flughafen	repülőtér	*rä-pü-löh-ter*
(Bus-)Bahnhof	(autóbusz-) pályaudvar	*(auto-buß)pal-jo-ud-wor*
Haltestelle	megálló	*mäg-al-lo*
Tram/Bus/Zug	Villamos/busz/vonat	*Will-lo-mosch/buß/wo-not*
Wann fährt ... ab?	Mikor indul ... ?	*mi-kor in-dul*
Fahrkartenschalter	(jegy)pénztár	*(jä-dj)päns-tar*
Bitte eine Fahrkarte nach ...	Jegyet ... kérem szépen	*jä-djät ...ke-räm ße-pän*
Wo soll ich aussteigen (nach ...)?	Hol kell kiszállnom (... felé)?	*hol käll ki-ßal-nom (... fäle)*
Wo muss ich umsteigen (nach ...)?	Hol kell átszállnom (... felé)?	*hol käll at-ßal-nom (... fäle)*
Abfahrt/Ankunft	indulás/érkezés	*in-du-lasch/er-kä-sesch*
Hinfahrt/Rückfahrt	csak oda/oda-vissza	*tschok-o-do/o-do-wiß-ßo*
links/rechts	balra/jobbra	*bol-ro/jobb-ro*
Norden/Süden	észak/dél	*ä-ßok/däl*
Westen/Osten	Nyugat/kelet	*nju-got/ke-let*

Im Hotel & Restaurant

Hotel/Pension	Szálloda/panzio	*ßal-lo-do/pon-si-o*
Einzelzimmer	egyágyas szoba	*ädj a-djosch ßo-bo*
Doppelzimmer	kétágyas szoba	*ket a-djosch ßo-bo*
... mit Bad (Dusche)	... fürdő szobával (zuhannyal)	*... für-dö ßo-ba-wol (su-chonj-njol)*
... mit Frühstück	... reggelivel	*ßoba räg-gä-li-wäl*
Das ist zu teuer	Túl drága	*tul dra-go.*
Die Speisekarte bitte!	Az étlapot, kérem!	*as et-lo-pot, ke-räm*
Guten Appetit!	Jó étvágyat!	*jo et-wa-djot*
Prost! (auf Sie)	Egészségére!	*ä-ge-sche-ge-rä*
Prost! (auf dich)	Egészségedre!	*ä-ge-sche-gäd-rä*
Ich möchte zahlen	Fizetni szeretnék	*fi-sät-ni ßä-rät-nek*

Zur Speisekarte und den ungarischen Spezialitäten siehe Kapitel „Essen und Trinken".

Zahlen & Gewichte

0	nulla	*nulla*	50	ötven	*öt-wän*
1	egy	*ädj*	60	hatvan	*hot-won*
2	kettő	*kät-tö*	70	hetven	*hät-wän*
3	három	*ha-rom*	80	nyolcvan	*njolz-won*
4	négy	*nedj*	90	kilencven	*ki-länz-wän*
5	öt	*öt*	100	száz	*ßas*
6	hat	*hot*	101	százegy	*ßas-ädj*
7	hét	*het*	102	százkettô	*ßas-kät-tö*
8	nyolc	*njolz*	110	száztíz	*ßas-tis*
9	kilenc	*ki-länz*	111	száztizenegy	*ßas-tis-än-ädj*
10	tíz	*tis*	200	kétszáz	*ket-ßas*
11	tizenegy	*ti-sän-ädj*	500	ötszáz	*öt-ßas*
12	tizenkettô	*ti-sän-kät-tö*	1000	ezer	*ä-sär*
13	tizenhárom	*ti-sän-ha-rom*	1100	ezeregyszáz	*ä-sär-ädj-ßas*
19	tizenkilenc	*ti-sän-ki-länz*	2000	kétezer	*ket-ä-sär*
20	húsz	*huß*	5000	ötezer	*öt-ä-sär*
21	huszonegy	*hu-ßon-ädj*	10.000	tízezer	*tis-ä-sär*
22	huszonkettô	*hu-ßon-kät-tö*	ein paar	egy pár	*ädj pa-r*
23	huszonhárom	*hu-ßon-ha-rom*	Kilogramm	kiló	*ki-lo*
30	harminc	*hor-minz*	½ kg	fél kiló	*fel ki-lo*
40	negyven	*nädj-wän*	¼ kg	Negyed kiló	*nä-djäd ki-lo*

Verlagsprogramm

- Abruzzen
- Ägypten
- Algarve
- Allgäu
- Altmühltal & Fränk. Seenland
- Amsterdam *MM-City*
- Andalusien
- Apulien
- Athen & Attika
- Azoren
- Baltische Länder
- Barcelona *MM-City*
- Berlin *MM-City*
- Berlin & Umgebung
- Bodensee
- Bretagne
- Brüssel *MM-City*
- Budapest *MM-City*
- Bulgarien – Schwarzmeerküste
- Kanada – der Westen
- Chalkidiki
- Chianti – Florenz, Siena
- Cornwall & Devon
- Costa Brava
- Costa de la Luz
- Côte d'Azur
- Dolomiten – Südtirol Ost
- Dominikanische Republik
- Ecuador
- Elba
- Elsass
- England
- Franken
- Fränkische Schweiz
- Friaul-Julisch Venetien
- Gardasee
- Genferseeregion
- Golf von Neapel
- Gomera
- Gran Canaria
- Gran Canaria *MM-Touring*
- Graubünden
- Griechenland
- Griechische Inseln
- Hamburg *MM-City*
- Haute-Provence
- Ibiza
- Irland
- Island
- Istanbul *MM-City*
- Istrien
- Italien
- Italienische Adriaküste
- Kalabrien & Basilikata
- Karpathos
- Katalonien
- Kefalonia & Ithaka
- Korfu
- Korsika
- Kos
- Krakau *MM-City*
- Kreta
- Kroatische Inseln & Küste
- Kykladen
- La Palma
- La Palma *MM-Touring*
- Languedoc-Roussillon
- Lanzarote
- Lesbos
- Ligurien – Italienische Riviera, Genua, Cinque Terre
- Liparische Inseln
- Lissabon & Umgebung
- Lissabon *MM-City*
- London *MM-City*
- Madeira
- Madrid & Umgebung
- Mainfranken
- Mallorca
- Malta, Gozo, Comino
- Marken
- Mittel- und Süddalmatien
- Mittelitalien
- Montenegro
- Naxos
- Neuseeland
- New York *MM-City*
- Niederlande
- Nord- u. Mittelgriechenland
- Nordkroatien – Kvarner Bucht
- Nordportugal
- Nordspanien
- Norwegen
- Nürnberg, Fürth, Erlangen
- Oberbayerische Seen
- Oberitalien
- Oberitalienische Seen
- Ostfriesland & Ostfriesische Inseln
- Ostseeküste – Mecklenburg-Vorpommern
- Ostseeküste – von Lübeck bis Kiel
- Paris *MM-City*
- Peloponnes
- Piemont & Aostatal
- Polen
- Polnische Ostseeküste
- Portugal
- Prag *MM-City*
- Provence & Côte d'Azur
- Rhodos
- Rom & Latium
- Rom *MM-City*
- Rügen, Stralsund, Hiddensee
- Salzburg & Salzkammergut
- Samos
- Santorini
- Sardinien
- Schottland
- Schwäbische Alb
- Sinai & Rotes Meer
- Sizilien
- Skiathos, Skopelos, Alonnisos, Skyros – Nördl. Sporaden
- Slowakei
- Slowenien
- Spanien
- Südböhmen
- Südengland
- Südfrankreich
- Südmarokko
- Südnorwegen
- Südschweden
- Südtirol
- Südtoscana
- Südwestfrankreich
- Teneriffa
- Teneriffa *MM-Touring*
- Tessin
- Thassos, Samothraki
- Toscana
- Tschechien
- Tunesien
- Türkei
- Türkei – Lykische Küste
- Türkei – Mittelmeerküste
- Türkei – Westküste
- Türkische Riviera – Kappadokien
- Umbrien
- Ungarn
- Usedom
- Venedig *MM-City*
- Venetien
- Wachau, Wald- u. Weinviertel
- Westböhmen & Bäderdreieck
- Wien *MM-City*
- Zakynthos
- Zypern

Register

Museen und Ausstellungen in Budapest